Bischof Stefan Oster

Das
CREDO

Bischof Stefan Oster

Das
CREDO

Eine Gebrauchsanweisung
für das Leben

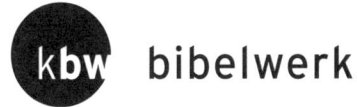

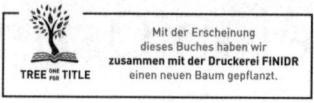

Mit der Erscheinung dieses Buches haben wir **zusammen mit der Druckerei FINIDR** einen neuen Baum gepflanzt.

4. Auflage 2024

© Verlag Katholisches Bibelwerk, Stuttgart, 2019
Alle Rechte vorbehalten.

Die Nutzung der Inhalte dieses Werkes für Text- und Data-Mining im Sinne des § 44b UrhG ist ausdrücklich vorbehalten (§ 44b Abs. 3 UrhG) und daher verboten. Die Inhalte dieses Werkes dürfen auch nicht zur Entwicklung, zum Training und/oder zur Anreicherung von KI-Systemen, insbesondere von generativen KI-Systemen, verwendet werden.

Für die Texte der Einheitsübersetzung der Heiligen Schrift
© Katholische Bibelanstalt GmbH, Stuttgart 1980
Alle Rechte vorbehalten.

Für die Texte der Einheitsübersetzung der Heiligen Schrift
vollständig durchgesehene und überarbeitete Ausgabe
© Katholische Bibelanstalt GmbH, Stuttgart 2016
Alle Rechte vorbehalten.

Umschlaggestaltung: Finken & Bumiller, Stuttgart
Umschlagsmotiv: © shutterstock.com, Nuk2013
Satz: wunderlichundweigand, Schwäbisch Hall
Hersteller gemäß ProdSG:
Druck und Bindung: Finidr s.r.o.,
Lípová 1965, 737 01 Český Těšín,
Verlag: Verlag Katholisches Bibelwerk GmbH,
Silberburgstraße 121, 70176 Stuttgart
www.bibelwerk.de

ISBN 978-3-460-25603-3
Auch als E-Book erhältlich unter der ISBN 978-3-460-51055-5

Inhalt

Statt eines Vorworts – eine Gebrauchsanweisung 7

I   Ich glaube an Gott 11

II   Exkurs: Die sieben Merkmale des Glaubens 33

III Den Vater, den Allmächtigen 47

IV   Den Schöpfer des Himmels und der Erde 63

V   Und an Jesus Christus 87

VI   Seinen eingeborenen Sohn, unseren Herrn 104

VII Empfangen durch den Heiligen Geist, geboren von der Jungfrau Maria 122

VIII Exkurs: Wo ist das Leben Jesu im Glaubensbekenntnis? 135

IX   Exkurs: Die Mitte der Verkündigung Jesu: Das Reich Gottes – und das Herz des Menschen 152

X   Gelitten unter Pontius Pilatus 173

XI   Gekreuzigt, gestorben und begraben 193

XII Hinabgestiegen in das Reich des Todes, am dritten Tage auferstanden von den Toten 211

XIII Aufgefahren in den Himmel. Er sitzt zur Rechten Gottes, des allmächtigen Vaters 227

XIV Von dort wird er kommen, zu richten die Lebenden und die Toten 245

XV   Ich glaube an den Heiligen Geist 261

XVI Die heilige katholische Kirche, Gemeinschaft der Heiligen, Vergebung der Sünden 290

XVII Auferstehung der Toten und das ewige Leben. Amen. 312

Zum Autor 330

Stichwortregister 331

Das Credo – jetzt auch online

Sonntag für Sonntag beten Katholiken im Gottesdienst einen gemeinsamen Text: Das Credo – unser apostolisches Glaubensbekenntnis. Die allermeisten beten es auswendig. Doch wissen wir überhaupt, was wir damit bekennen? Wer ist Gott? Warum nennen wir ihn Vater? Und was heißt das überhaupt, „Glauben"?

Über diese Fragen und viele andere, die sich aus dem Glaubensbekenntnis ergeben, spricht der Passauer Bischof Stefan Oster in seiner Video-Reihe über das Credo. Von der ersten bis zur letzten Zeile stellt er das Gebet vor, das von Christen weltweit und durch die Jahrhunderte gebetet wurde – und er öffnet damit einen erstaunlichen Einblick voller überraschender Einsichten und Hintergründe, voll Tiefgang und existenzieller Relevanz.

Lassen Sie sich ein auf eine persönliche Auseinandersetzung mit unserem Glauben – mit Ihrem Gebetskreis, Ihrem Ehepartner, mit guten Freunden oder auch alleine. Alle Videos finden Sie auf dem Blog (www.stefan-oster.de) oder auf der YouTube Seite von Bischof Stefan Oster:
https://www.youtube.com/BischofStefanOsterSDB
(Playlist: Credo – das Glaubensbekenntnis. Bischof Stefan Oster)

Statt eines Vorworts – eine Gebrauchsanweisung

Dieses Buch ist kein Theologie-Buch – und doch ist es nicht ohne theologische Argumente.

Es ist auch kein Philosophie-Buch – und doch ist es nicht ohne philosophische Argumente.

Es ist auch kein Buch, das du von vorne bis hinten lesen musst – auch wenn du es natürlich so lesen kannst.

Du kannst es auch einfach irgendwo aufschlagen oder unter einer bestimmten Überschrift oder einem bestimmten Stichwort nachschlagen – und du wirst hoffentlich etwas finden, was dein Nachdenken über den Glauben vertieft.

Du wirst merken, dass das Buch eine Mitte hat, um die sich alles dreht: Jesus! Und du wirst merken, dass es in allem und immer wieder um Liebe geht, um Liebe zu Jesus, zu den anderen Menschen, zu dir selbst und zur ganzen Schöpfung. Es geht um Jesus und um die Liebe – weil ich der tiefen Überzeugung bin, dass er selbst die für uns menschgewordene Liebe Gottes in Person ist! Und die faszinierendste Person, die je über diese Erde gelaufen ist!

Du wirst merken, dass das Buch auch herausfordert, wenn du ein ernsthafter Leser bist. Oder besser: Du wirst merken, dass Jesus herausfordert und sein Evangelium. Denn es geht nicht nur um Liebe, es geht auch um Wahrheit und um Vertrauen. Es geht um Mut und Demut. Es geht auch um die Kirche, denn die Kirche ist die Gemeinschaft derer, die an Jesus glauben und mit ihm gehen wollen – und zwar trotz allem, was sonst noch über Kirche erzählt wird.

Und deshalb geht es vor allem auch um dich: Denn wer sich wirklich ernsthaft auf den Weg mit Jesus macht, auf den Weg des Glaubens, der lässt sich auf ein Abenteuer ein. Du lässt dich ein auf das Abenteuer deines Lebens, auf die Gottsuche, auf das Ringen mit Gott, auf die Suche nach Sinn und Tiefe und

Glück. Und auf die Suche nach deinem Weg, nach deinem einzigartigen Weg, den nur du selbst gehen kannst.

Freilich ist es auch ein Weg mit anderen, auf den du dich einlässt; auf Menschen, die auch glauben, denn niemand kann alleine glauben. Und du lässt dich womöglich auch auf den Weg mit anderen ein, die vielleicht ganz weit weg sind vom Glauben oder die auf der Suche sind. Oder auf die, die leiden und sich ausgeschlossen fühlen. Menschen, die an Jesus glauben, lassen sich oft auch besonders auf die ein, die am Rand sind.

Das Buch will dir helfen zu verstehen, dass der Glaube nicht einfach nur altmodisches Zeug ist, das keiner mehr versteht. Es will dir helfen zu verstehen, dass der Glaube an Jesus auch für dich aktuell ist und dass es auch um dich geht, um dein Herz, um deine Entscheidungen – und um das Heil, das Jesus, der Christus, für dich bereithält.

Das Buch ist aus aus Vorträgen zu unserem Glaubensbekenntnis entstanden, die ich vor Jugendlichen und jungen Erwachsenen in Passau gehalten habe. Deswegen habe ich auch hier im Buch die persönliche Ansprache, das Du, beibehalten. Die meisten der Teilnehmer waren katholisch, aber es waren auch Christen anderer Konfessionen und Ungetaufte dabei. Die Gruppe heißt „Believe and Pray". An insgesamt 17 Abenden habe ich zunächst mit ihnen gebetet, geschwiegen, dann einen Impulsvortrag gehalten – und anschließend haben wir darüber diskutiert. Es gab Nachfragen, andere Positionen, vertiefte Klärungen und anderes mehr.

Diese Möglichkeit, unmittelbare Rückfragen zu stellen, fällt mit einem Buch natürlich weg. Aber wenn du willst, kannst du mit mir unter folgenden Adressen Kontakt aufnehmen und diskutieren oder nachfragen – und ich hoffe, ich finde immer schnell die Gelegenheit zu antworten:

🌐 www.stefan-oster.de
📘 bischofstefanoster
📷 bischofstefanoster
▶️ BischofStefanOsterSDB

Ich wünsche dir jedenfalls sehr, dass du auch etwas von der Freude ahnst, die mich beim Vortragen und beim Schreiben dieses Buches immer wieder erfüllt hat. Die Freude, sich von unserem Herrn geliebt zu wissen, an ihn zu glauben und mit ihm gehen zu dürfen.

Sei herzlich gegrüßt und gesegnet
Dein Bischof Stefan Oster SDB

PS: Ich widme dieses Buch voller Dankbarkeit den jungen Menschen, die durch ihr Fragen und Suchen zur Entstehung des Buches beigetragen haben. Anna Sophia Demeter danke ich sehr für ihren so qualitätsvollen Beitrag bei der Erstellung des Manuskripts.

I
Ich glaube an Gott

Meine Lieben, wir fangen also an mit dem Satz:
„Ich glaube an Gott."
Aber was heißt das eigentlich? Was heißt eigentlich „glauben"? Irgendwie weiß es ja jeder, weil jeder weiß, wie man dieses Wort „glauben" in der normalen Sprache verwendet. Jeder verbindet also irgendwas damit. Oder aber, weil jeder von uns irgendeine Form von Glauben im weitesten Sinn hat. Denn selbst wenn einer sagt: „Ich glaube, es gibt gar keinen Gott", dann hat er immerhin diesen „Glauben". Und damit sind wir schon mittendrin im Fragen.

Fragen über Fragen

Sicher geht es beim Glauben um die Suche nach Antworten auf Fragen, die wir nicht einfach so erforschen können, wie zum Beispiel die Naturwissenschaft Dinge erforscht. Es geht um Antworten, die wir suchen, weil wir sie mit unseren Sinnen gerade nicht sehen und begreifen können oder weil sie sehr tief unser eigenes Leben betreffen. Solche Fragen sind zum Beispiel: Warum gibt es überhaupt irgendetwas? Und nicht nichts? Das hat schon die frühesten oder auch die besten Philosophen beschäftigt: Es gibt etwas, aber wieso könnte es denn nicht sein, dass es nichts gibt?

Warum gibt es überhaupt etwas?

Gott oder Zufall?

Nun: Wir stellen fest: Es gibt etwas, auch wenn man das anzweifeln kann. Aber man kann es schlecht wegzweifeln. Denn – so sagt Descartes – selbst wenn ich alles anzweifle, was es zu geben scheint, dann bin immer noch ich da, der zweifelt. Und das kann ich dann schlecht leugnen. Daher fragen wir weiter. Wenn es etwas gibt, ist dann ein Gott dafür verantwortlich? Oder nicht doch irgendein Zufall? Oder ein Urknall und dann die Evolution mit ihren zufälligen Prozessen? Oder beides? Benutzt Gott vielleicht den Urknall und die Evolution, um die Welt entstehen und sich entwickeln zu lassen?

Gott als Uhrmacher

Gibt es Gott überhaupt? Wer oder was ist das? Und wenn es Gott gäbe, könnte man ihn erkennen? Könnte man ihm begegnen? Und wenn man ihn erkennen kann, wie wirkt er eigentlich in der Welt? Wirkt er überhaupt in der Welt oder lässt er sie in Ruhe ihren Gang gehen? Das ist ein Modell, das auch manche Philosophen vertreten haben: Es gibt vielleicht Gott, der hat vielleicht auch die Welt geschaffen; aber er hat die Welt so eingerichtet, wie man früher eine Uhr aufgezogen hat: Einmal aufgezogen lässt er die Uhr weiterlaufen und kümmert sich nicht mehr darum. Einmal die Welt geschaffen, lässt er sie einfach nach den Naturgesetzen weiterlaufen – so sagen manche.

Der Sinn von allem

Aber wir fragen weiter: Was ist der Sinn von allem? Wir stellen nicht nur fest, dass es etwas gibt, dass es die Welt gibt, aber wir fragen uns: Hat das Ganze einen Sinn, hat jedes Einzelne Sinn? Hat dein und mein Leben Sinn? Oder bist du ein in der Evolution erscheinendes Menschengewächs, das im Grunde doch sinnlos ist, weil es sowieso wieder stirbt und zu Staub zerfällt? Es gibt Leute, die diese Meinung vertreten – mit einigen guten Argumenten. Aber wenn wir schon sterben müssen, fragen wir gleich: Was kommt danach? Was für eine Bedeutung hat überhaupt der Tod? Kommt danach irgendwas? Müssen wir unser Leben verantworten?

Und wir fragen weiter: Woher kommen eigentlich das Böse, die Lüge und das Leid? Das ist die Frage, die auch Christinnen und Christen umtreibt. Georg Büchner, ein Schriftsteller des 19. Jahrhunderts, hat einmal den berühmten Gedanken formuliert, dass diese Frage nach dem Bösen, nach dem Leid, nach dem Tod der „Fels des Atheismus" sei: So wie der Apostel Petrus (Petrus heißt Fels!) in der Kirche als der Fels des Glaubens, der Fels der Wahrheit gesehen wird, sagt Büchner, so sei die Existenz von Leiden, von Ungerechtigkeit, von Tod der Fels des Atheismus. Wenn Gott ganz gut sein soll, aber so viel Schreckliches, so viel Leid auf der Welt zulässt, dann kann er doch nicht ganz gut sein, oder? Oder wenn er das Übel nicht beseitigen kann, dann ist es doch gar kein Gott. Kein ganz schlechtes Argument, nicht wahr?

Das Böse und das Leid

Gibt es eigentlich das schlechthin Gute? Oder vielleicht sogar das schlechthin Böse? Gibt es die absolute Liebe oder den absoluten Hass? Gibt es eine Tat oder etwas, was zu tun ist, das immer richtig ist, oder etwas, das zu tun unter allen Umständen immer falsch ist? Oder ist das immer nur kontextabhängig, ist es immer nur von der jeweiligen Situation und ihren Umständen abhängig? Und habe ich etwas in meinem Leben zu vollbringen, das ich tun soll und tun kann? Habe ich eine Aufgabe, vielleicht sogar eine, die nur ich ausführen kann? Weil es so etwas wie das Schicksal gibt? Das sind Fragen, die wir uns als Menschen stellen, die auf der Suche nach Glauben und nach Antworten sind. Das sind Fragen, die uns bewegen – und natürlich noch einige mehr.

Das Gute und das Böse

Einwände gegen den Glauben

Wissenschaft

Mit den Fragen alleine habe ich schon einige Einwände gegen den Glauben angedeutet. Hier einige der gängigsten: Die meisten Gegner von Glaube und Kirche, vor allem unter den jungen

Menschen, sagen: Der christliche und besonders der katholische Glaube und ein modernes, wissenschaftliches Weltbild seien unvereinbar. Ein großer Teil der Menschen, die sich vom Glauben entfernen, findet: Da wir in einer wissenschaftlich dominierten Welt leben, brauchen wir den Glauben nicht mehr. Manche sagen uns dann: „Euer Gott ist ein Lückenfüllergott: Alles, was die Wissenschaft noch nicht erklären kann, dafür muss dann noch Gott herhalten. Aber weil die Wissenschaft immer mehr erklärt, ist euer Gott auch immer mehr auf dem Rückzug." Ganz ehrlich: So einen Gott auf dem Rückzug bräuchte ich auch nicht!

Die Sache mit dem Sex

Weitere Kritikpunkte, warum Menschen vor allem den katholischen Glauben zurückweisen, sind dann natürlich die vielen Fragen, die mit Sexualität oder mit dem Verhältnis der Geschlechter zusammenhängen: also die Position der Kirche zu Homosexualität, Zölibat, vorehelichem Sex, der Umgang mit Menschen, die geschieden und wiederverheiratet sind, die Meinung zur sogenannten Genderforschung, der Ausschluss der Frauen von der Priesterweihe. All das und anderes mehr finden sehr viele Menschen nicht mehr zeitgemäß.

Die Skandale

Hinzu kommt, dass die katholische Kirche, die den Anspruch hat, den „wahren Glauben" zu vertreten, von Skandalen erschüttert ist. Zahlreiche Missbrauchsfälle, Bischöfe und Priester mit einem zu üppigen Lebensstil, Finanzskandale: All das hat zu vielen Austritten geführt. Ich kann solche Entfernung wirklich verstehen. Aber dazu gleich ein Gegenargument: Von Beginn der Kirchengeschichte an sind die Menschen, die sich dem Glauben an Jesus zuwenden, allesamt Sünder und noch keine Heilige. Man muss nur mal an das Verhalten mancher Apostel in der Bibel denken; an ihr Versagen, denkt einfach nur an den Verrat von Judas, die Verleugnung von Petrus und vieles andere. All das gibt es in der Gemeinschaft der Jesusnachfolger von Anfang an. Die Kirche und ihr Glaube an Jesus sind nämlich dafür da, dass aus Sündern bessere Menschen werden, Menschen die wirklich mit Gott leben, weil sie ihn kennen und lieben. Aber dass das nicht immer schon der Fall ist, sehen wir auch an jedem von uns. Keiner ist ganz heil und jeder braucht so etwas wie Erlösung. Das heißt: Ja, natürlich hat die Kirche ein Glaubwürdigkeitsproblem. Aber ehrlich gesagt, das hatte sie schon immer, weil ihre Vertreter zwar werden sollen wie Jesus – aber es eben noch nicht sind und es oft genug nur halbherzig oder gar nicht wirklich werden wollen. Die Tatsache also, dass wir Menschen Sünder sind – und Erlösung brauchen und daher auch geneigt sind, Jesus und den Glauben zu verraten, das gehört von Anfang an in das Bild von Kirche mit hinein. Das erklärt noch nicht alle Skandale oder alles Abstoßende und es entschuldigt das schon gar nicht, aber es erklärt auch etwas.

Gleichzeitig gibt es auf der Welt eine Vielzahl von Religionen. Und die Katholiken behaupten einfach, im Besitz der Wahrheit zu sein. Na toll – und was machen die anderen, die Muslime, die Juden und alle anderen Religionen und Überzeugungen? Es gibt ja auch keine oberste Wahrheitsinstanz für alle, die das klären könnte. Eine Art oberreligiösen Führer, der als neutraler Schiedsrichter sagt: „In dem Punkt haben die Katholiken mehr recht und da sind Buddhisten gescheiter und dort die Evangelischen?" Diese Vielfalt der Religionen führt dann viele Menschen zu dem Punkt, dass sie sich ihren eigenen Glauben basteln: Ein wenig von hier, ein wenig von dort – und so entsteht eine Art Patchwork-Religion, die vermutlich das religiöse Phänomen ist, das heute am weitesten verbreitet ist.

Andere Religionen

Und obendrein sagen die Menschen nicht selten: Die Religion sei Ursache von Kriegen und Gewalt. Man brauche ja nur in die Geschichte gucken. Und es stimmt: Nicht selten sind religiöse Argumente der Vorwand gewesen für irgendwelche machtpolitischen Interessen. War zum Beispiel der unfassbar lange und

Religion und Gewalt

grausame 30-jährige Krieg in Europa im 17. Jahrhundert ein Religionskrieg? Ja, irgendwie schon, aber im Grunde war er vor allem ein Krieg, in dem es um Macht und Politik, Landgewinn, Reichtümer, Heiratspolitik und vieles andere ging. Die Religion war immer auch irgendwie dabei, aber man kann, glaube ich, auch sehen, dass sie sehr oft nur als Vorwand benutzt wurde.

Aber!

Glaube und Wissenschaft

Ich möchte gleich zu Beginn ein paar Menschen nennen, die tief gläubig waren, aber die Wissenschaften wirklich vorangebracht haben. Schon an diesen Personen kann man ablesen, dass Kirche und Glaube alles andere als wissenschaftsfeindlich sind:

- Der Begründer der Urknalltheorie, die immer noch als ein dominierendes Modell für die Entstehung der Welt gilt, war ein katholischer Priester aus Belgien, Georges Lemaître, der auch Astrophysiker war und diese Idee als Theorie ins Feld geführt hat.
- Der Begründer der biologischen Vererbungslehre, Grundlage der modernen Genetik, heißt Gregor Mendel. Er war ein katholischer Ordenspriester.
- Der Priester Pierre Teilhard de Chardin, ein französischer Jesuit, war einer der Ersten, der die Theorie von der Evolution mit dem christlichen Glauben zu versöhnen versucht hat.
- Die kritische Geschichtsschreibung, die nicht einfach nur schöne Geschichten und Legenden erzählt, sondern sehr konkret untersucht, was in den Quellen steht, wer was gesagt hat und warum sich Ereignisse so entwickelt haben, ist in den Klöstern entstanden, zumindest in Deutschland. Einer ihrer ersten Vertreter war der katholische Priester Karl Meichelbeck, der im bayerischen Kloster Benediktbeuern gelebt hat.

Von solchen Beispielen gibt es sicher noch unzählige mehr. Das heißt, die Kirche kann im Grunde nicht einfach als wissenschaftsfeindlich abgetan werden. Im Gegenteil, die Kirche hat immer auch Interesse an der Welt gehabt, weil sie glaubt, dass diese Welt von Gott geschaffen ist und ihre eigene Gesetzmäßigkeit hat – und die dürfen und sollen wir erforschen. Ich bin sogar überzeugt, dass der besondere Erfolg der Naturwissenschaften gerade in den Kulturräumen, die christlich geprägt sind oder waren, zumindest indirekt mit dem Christentum zusammenhängt. Und zwar deshalb, weil wir glauben, dass Gott uns die Welt auch zur Verfügung gestellt hat, damit wir sie erkunden, erforschen, aber auch hüten und pflegen. Natürlich ist das auch zweideutig: In dem Augenblick, in dem der Mensch sich nicht mehr wie ein von Gott eingesetzter Gärtner für die Natur mitverantwortlich fühlt, in dem Augenblick neigt er auch dazu, die Natur auszubeuten und zu vergewaltigen – für die eigenen, egoistischen Zwecke. Daher sind vielleicht dann auch gerade dort, wo die größten wissenschaftlichen Erfolge erzielt werden, die Gefahren, dass die Natur einfach nur gewaltsam benutzt und verbraucht wird, genauso groß.

Der katholische Glaube kennt im Grunde immer schon so etwas wie die Selbstständigkeit der Welt. Warum? Wir glauben, wir haben einen Gott, der in einer ganz bestimmten Weise eine „Erstursache" ist, das heißt, der Ursprung, die erste Ursache von allem – und er erschafft eine Welt, die in geheimnisvoller Weise von ihm erzählt, in die er sich hineingibt, ohne sich darin zu verlieren. Wer zum Beispiel ein Kunstliebhaber ist, der weiß darum, dass Künstler durch ihr Werk „sprechen", dass sie etwas mitteilen, dass sie darin irgendwie gegenwärtig sind – auf geheimnisvolle Weise.

Gott als Erstursache

Und wenn wir Menschen künstlerisch tätig sind, beispielsweise als Schriftsteller, dann schaffen wir etwas, was in anderen Menschen, die unser Werk lesen, weiterwirkt. Die Gedanken-

Kunst wirkt anders

welt des Schriftstellers wirkt sich im Leser aus – und verändert womöglich sogar sein Denken und Handeln. Obwohl doch der Autor den Leser dazu gar nicht zwingt. Der Autor und sein Roman sind zwar die Ursache für das neue Denken des Lesers. Aber eben nicht wie Ursache und Wirkung in der Physik, wo notwendig die eine Wirkung aus der einen Ursache folgt – und immer wieder beobachtet und gemessen werden kann. So ist es hier nicht. Es ist eher ein Geschehen von Freiheit zu Freiheit, wie eine Gabe, der man sich öffnen oder verschließen, wie ein Geschenk, das man empfangen oder verweigern kann.

Das Neue in der Welt

Und von hier kann man folgenden Gedanken verstehen: Wir nennen Gott zunächst einen Schöpfer, der die Welt aus nichts geschaffen hat und ins Dasein bringt. Aber wir glauben, dass Gott die Welt so schafft, dass sie selbst in gewisser Weise schöpferisch sein und sich entfalten kann. Gott ordnet die Welt zwar, indem er ihr auch einen festen Rahmen gibt, zum Beispiel in den Naturgesetzen. Aber mitten in diesem Rahmen taucht immer wieder das Neue auf. Es entsteht und entwickelt sich Unvorhergesehenes.

Ich bin kein Experte für die Evolutionstheorie, aber so viel habe ich verstanden: Naturwissenschaftler können oftmals Veränderungen erklären. Sie können nachvollziehen, warum plötzlich an einem Tier oder einer Pflanze diese Veränderung stattgefunden hat. Beispielsweise bevorzugt eine bestimmte Vogelart Würmer, die sich tief in der Baumrinde verstecken – daher schafft die Natur demjenigen Vogel einen Vorteil, der zufällig mit einem längeren Schnabel geboren wird. Und so setzen sich unter den vielen Vögeln auf einmal diejenigen in der Fortpflanzung durch, die längere Schnäbel haben – und allmählich entwickelt sich eine neue Unterart dieser Vögel – nämlich die mit den langen Schnäbeln.

Das heißt: Im Nachhinein kann man erklären, warum und wie sich diese neue Variante entwickelt hat. Aber ich habe noch nie einen Naturwissenschaftler gehört, der mir erklären konnte, was als Nächstes kommt! Es ist also so wie bei einem Künstler: Wer das Werk eines Künstlers gut kennt, der wird vielleicht ein bestimmtes Gemälde in diese oder jene Schaffensperiode einordnen können und ein wenig erklären können, warum es entstanden ist, mit welchem Material und nach welcher Komposition. Aber ganz ehrlich: Meistens sind diese Gründe nie vollständig. Warum ein Künstler genau dieses Bild genauso gemalt hat, weiß im Grunde nur er selbst – und oft genug „weiß" er es selbst auch gar nicht. Er hat halt ein Bild irgendwie in sich und malt es einfach. Und zweitens wird auch der größte Kunstkenner nie sagen können, was der von ihm so geschätzte Künstler als Nächstes produzieren wird.

Daher: Wir glauben, dass Gott seiner Schöpfung eingestiftet hat, selbst schöpferisch zu sein, selbst „Ursache" zu sein, also in diesem weiten Sinn verstanden „Zweitursache" zu sein. Und am tiefsten vollendet sich diese Eigenschaft, innerhalb der Schöpfung so etwas wie eine eigene schöpferische Kraft am Werk zu sehen, in der menschlichen Freiheit. Der Mensch kann schöpferisch sein.

Schöpfung ist schöpferisch

Wir bewundern zwar die Schönheit der Natur, zum Beispiel das großartige Gesamtkunstwerk eines Ameisenstaates oder ein kunstvolles Spinnennetz oder die Schönheit und Komplexität eines Baumes. Aber wir schreiben alles das nicht so sehr den einzelnen Tieren oder Pflanzen zu, sondern eher der „Natur" und ihrer schöpferischen Kraft – wer immer sich dahinter verbirgt.

Beim Menschen jedoch schreiben wir seine künstlerischen Leistungen ihm selbst zu. Beethovens Neunte Symphonie ist eben von ihm und sonst niemandem. Und die Pietà im Petersdom in Rom ist eben in ihrer unfassbaren Schönheit von Michelangelo – und von sonst niemandem. Niemand hätte je vorhersehen können, was und wie Michelangelo das tut. Er ist ihr Schöpfer, er ist im besten Sinne eine „Zweitursache" in einer Welt, in einer Schöpfung, die Gott als „Erstursache" eben so angelegt hat, dass darin das Neue und vor allem die menschliche Freiheit erscheinen kann.

In aller Freiheit

Die Freiheit des Menschen ist dafür ein herausragendes Beispiel. Der Mensch kann einen Anfang in einer natürlichen Kausalkette setzen. Was heißt das? Die Naturwissenschaftler erklären: Die ganze Welt ist eigentlich ein geschlossener Kreislauf von Ursache und Wirkung. Wenn ich mich entscheide, einen Gegenstand fallen zu lassen, setzt das in gewisser Hinsicht eine neue Kausalkette in Gang: Am Boden angekommen, übt er Gewicht aus. Und wenn er ein Jahr lang liegen bleibt, dann fault darunter der Teppich. Das würde nicht passieren, wenn ich den Gegenstand nicht fallen und liegen lasse.

Ich kann jederzeit anders handeln

Das heißt, ich kann einen Anfang setzen in einer natürlichen Kausalkette, der ohne mich nicht passieren würde. Natürlich kann man jetzt einwenden, dass ich vielleicht trotzdem so gepolt bin. Denn wenn ich alles über mich wüsste, jede einzelne Hirnströmung, jede einzelne chemische, physikalische, biologische Reaktion in mir kennen würde, dann wüsste ich auch, dass ich das Ding jetzt gleich fallen lasse! Aber dieser Einwand ist, ehrlich gesagt, gegen unsere Intuition. Es widerspricht komplett meiner eigenen Erfahrung von Freiheit. Jeder von euch weiß: Ich habe jetzt die Wahl, ich kann in diesem Buch weiterlesen oder ich könnte sagen, keine Lust mehr, ich surfe jetzt lieber im Internet. Du weißt, dass du die Wahl hast. Dass du sie nicht hast, weil du so gepolt und nicht frei bist, hier weiterzulesen, müsste mir erst jemand beweisen. Und dieser Beweis steht komplett aus!

Es gibt also Freiheit!

Jeder von uns kann in jedem Moment einen neuen Anfang setzen, eine neue Ursachenkette in der Welt in Gang bringen. Das heißt, ich glaube als Christ, dass die Naturgesetze ihre Gültigkeit haben, aber dass die Naturgesetze selber Freiheit ermöglichen, dass mitten in den Naturgesetzen auf einmal Freiheit erscheint. Ich glaube sogar, dass Gott die Natur so eingerichtet hat, dass in ihr Freiheit erscheinen kann oder das Neue, das Unvorhergesehene und Unvorhersehbare.

Jesus handelt aus meiner Sicht nicht einfach irgendwie – nach dem Motto: Jetzt kommt er und ändert alles, nein. In Jesus erscheint gewissermaßen von innen nach außen ein Maß an Freiheit, das noch viel größer ist als meines oder deines. Auf einmal erscheint da einer, der nicht nur einen neuen Anfang in einer physikalischen Ursachenkette in Gang bringen kann, sondern einer, der auch zum Beispiel innere Prozesse heilen kann.

Ja und Jesus?

Stell dir einen großartigen Arzt vor, der sehr viel kann und viel Erfahrung hat und deswegen weiß, wie bestimmte Krankheiten entstehen und heilen. Und vielleicht ist dir dann auch schon einmal aufgefallen, dass manche Krankheiten schneller heilen bei einem Arzt, der nicht nur sein Fach, sondern der dich auch als Mensch richtig gut versteht, der einen Raum des Vertrauens öffnet, in dem du dich leicht öffnen kannst, innerlich; ein Raum, in dem du dich selbst ein wenig loslassen kannst und in dem sich deshalb Spannungen lösen – und Heilungsprozesse deshalb schneller gehen. Du spürst: So ein Arzt hat auch ein Herz für mich!

So ein Mensch war Jesus in Bezug auf Krankheiten, nur noch viel tiefer als jeder von uns: Er konnte das Herz der Menschen und ihre Leiden gewissermaßen in sich selbst aufnehmen und heil werden lassen – mit seinem gottmenschlichen Herzen. Deshalb habe ich kein Problem damit, dass von Jesus Wunder der Heilung erzählt werden. Und mehr noch: Von ihm werden auch Wunder des Wachstums in der Natur, Wunder der Vermehrung von Brot, Wunder der Beherrschung der Naturkräfte erzählt. Warum? Mein Glaube ist: Er war in Person nicht nur derjenige, der die Natur mit ihren Gesetzen so erschaffen hat, dass in ihr Freiheit erscheinen kann. Er war und ist selbst die Freiheit, die alles geschaffen hat. Deshalb ist er zugleich in ihr und über ihr.

Was ist der Sinn von allem?

Du siehst: Ich bin der Meinung, dass Naturwissenschaften und Glaube nicht gegeneinander stehen, sondern vielmehr, dass die Naturgesetze auf einen schöpferischen Gesetzgeber verweisen, der die Natur so eingerichtet hat, dass sie einerseits eben nach diesen Gesetzen funktioniert – und dass zugleich mitten in der Natur und über sie hinaus so etwas wie Freiheit da ist – und dass diese Freiheit in einem anderen Sinn ursächlich ist als die bloße Ursache-Wirkung-Folge der strengen Naturwissenschaften. Und wenn wir nun fragen: Was ist eigentlich der Sinn von allem, dann ahnen wir, dass wir diese Antwort nie von den Naturwissenschaften allein bekommen, sondern von der darin erscheinenden Freiheit und von der schöpferischen Freiheit, von der alles kommt.

Wahrheit und Glaube

Wichtig ist deshalb: Es gibt Wahrheit der Wissenschaft und es gibt aus christlicher Sicht Wahrheit des Glaubens. Aber beide können einander nie widersprechen. Warum? Weil der Gott, der uns den Glauben schenkt, derselbe ist wie der, der die Welt und die Naturgesetze geschaffen hat. Deswegen ist die Wahrheit des Glaubens nie widernatürlich, nie einfach irrational oder unlogisch. Sie ist viel eher übervernünftig und in diesem Sinn übernatürlich. Das heißt, sie übersteigt immer wieder die bloße Wahrheit des Naturgesetzes.

Das ist ein ganz wichtiger Punkt: Glaube kann Wahrheit einsehen, die nicht widervernünftig ist, sondern übervernünftig. Das ist eine wichtige Unterscheidung. Auch das gilt schon für Bereiche des menschlichen Lebens: Wenn du die Frage stellst, ob dein guter Freund dir wirklich treu ist, findest du die Antwort nie aus einer naturwissenschaftlichen Erkenntnis deines Freundes, sondern nur aus dem vertrauten Umgang mit ihm, von Herz zu Herz, von Freiheit zu Freiheit. Und diese Wahrheit ist mehr als bloße wissenschaftliche Wahrheit, sie ist überwissenschaftlich. Und im selben Sinn ist die Erkenntnis des Glaubens an Gott über-natürlich.

Eine andere Frage dazu: Gibt es Wahrheit in Dichtung und Kunst? Du liest einen Roman und weißt, der ist fiktiv, den hat einer erfunden oder ausgedacht. Und trotzdem liest du den Text, lässt dich tief auf ihn ein und änderst morgen dein Leben, weil du dich im Angesicht des Romans selbst tiefer erkennst oder weil du einen Blick auf die Welt bekommen hast durch die Augen des Autors, den du vorher nie hattest. Oder du betrachtest ein Kunstwerk. Vielleicht kennt einer von euch dieses Gedicht von Rainer Maria Rilke, wo er in einem römischen Museum vor einem Torso, einem Körper des Gottes Apollo, steht. Dieser inspiriert ihn zu einem Gedicht, dessen letzte Zeile lautet: „… denn da ist keine Stelle, / die dich nicht sieht. Du musst dein Leben ändern." – Also Rilke steht vor einem Kunstwerk, fühlt sich gesehen und sagt sich: Ich muss mein Leben ändern.

Welche Wahrheit?

So geht es euch vielleicht auch manchmal, wenn ihr vor einem Bild steht, das euch ergreift oder wenn euch der freundliche Blick einer Person begegnet oder wenn ihr ermutigt werdet von einem Menschen, der euch gern hat, euch in die Seele schaut und euch zu einem bestimmten Tun ermutigt. Euch kommt dann auch Wahrheit oder Sinn entgegen. Du weißt dann: Das, was mir gerade passiert, ist jetzt wichtig für mein Leben! Und solche Sachen kann dir keine Wissenschaft sagen oder gar beweisen – nein, man braucht den Beweis auch gar nicht bei dieser anderen Form von Wahrheitserfahrung. Ich bin sogar überzeugt: Solche Wahrheitserfahrungen, die aus Begegnung mit anderen Personen kommen oder mit Kunstwerken oder eben aus dem Vertrauen auf Gott – das sind die wichtigsten Wahrheiten über mein und dein Leben. Sie sind wichtiger als die Tatsachen, auf deren Basis ein Auto oder ein Computer funktioniert. Denn sie sind die Wahrheiten, die die Frage beantworten: Was macht wirklich Sinn in meinem Leben? Was bedeutet mein Leben? Wofür bin ich eigentlich da?

Andere Wahrheitserfahrungen

Gott ist ein Künstler – und wir und die Welt sind sein Werk

Ein schöpferischer Geist

Genauso wenig kann die Naturwissenschaft beantworten, woher das Leben kommt. Woher der Geist kommt, woher der Wunsch, das Gute und das Wahre zu tun. Das steckt nicht einfach so im Programm der Evolution, sodass man es ableiten könnte. Ich bin vielmehr überzeugt: Wenn die Welt tatsächlich evolutiv entstanden ist, dann steht auch dahinter ein schöpferischer Geist. Nicht einer, den man beweisen kann im Sinne von: Wenn ich das alles weiß, dann weiß ich, wie Gott tickt – sondern eher wie ein Künstler hinter seinem Kunstwerk. Du schaust ein Bild von Picasso oder Monet an und bist überwältigt. Du verstehst etwas von dem Bild, aber du könntest nie rekonstruieren, warum der Maler den Pinselstrich genau dahin und den anderen dorthin gesetzt hat. Das weiß er beim Malen ja oft selber nicht. Wie oben schon gesagt: Er hat das Bild vielleicht schon lange in sich. Aber wer es anschaut, sieht: Es hat Sinn. So ähnlich, nur viel tiefer und größer und weiter und weniger begreifbar, schafft Gott die Welt, meine ich – wie ein Künstler. Und „wenig begreifbar" bezieht sich hier nur auf das Geheimnis des Schöpfungsaktes. Es bedeutet nicht, dass wir nicht in der Schöpfung Sinn erkennen könnten und den Schöpfer darin oder „dahinter".

Gott und die Musik

Es gibt eine Musikwissenschaftlerin, Helga Thoene, die einmal eine Violinsonate von Johann Sebastian Bach untersucht hat. Bachs Werke sind sehr komplex konstruiert, nach allen Regeln der Kunst. Bach hatte wohl ein Faible für eine jüdische Geheimlehre, die Kabbala. Diese bringt Zahlen mit Buchstaben in Verbindung und verleiht ihnen dadurch eine bestimmte, geheimnisvolle Bedeutung. Helga Thoene hat nun bei ihren Forschungen entdeckt, dass sich diese Geheimlehre auch auf Bachs Musiknoten anwenden ließ, die er mit bestimmten Zahlenwerten codiert hat. Als sie also diese Violinsonate nach dem Kabbala-Schlüssel aufschloss, trat folgender lateinischer Spruch hervor: „Ex deo nascimur in christo morimur per spiritum sanctum reviviscimus." Das heißt: Aus Gott werden wir geboren, in Christus sterben wir, durch den Heiligen Geist werden wir wiederbelebt. Das ist praktisch der geheime Code, der dem Musikstück unterlegt ist.

Ich nenne dieses Beispiel (das ich dem Philosophen Robert Spaemann verdanke), weil es etwas sagen kann über unser Verständnis von Naturwissenschaft und der Gegenwart Gottes in der Natur. Der reine Musikwissenschaftler wird sagen: Tolles Stück, perfekt komponiert. Hilft es dir, wenn du weißt, dass Bach das nach diesem Spruch komponiert hat? Ja natürlich, das macht das Stück noch viel, viel schöner! Zumindest für jemanden, der glaubt. – Aber muss der Musikwissenschaftler das wissen, damit er die Musik einordnen kann? Er braucht es nicht zu wissen. Die Musik hat ihr eigenes Gesetz, aber das, was der Komponist mit hineingelegt hat, ist ihm vielleicht viel wichtiger, als bloß korrekt nach den musikalischen Regeln zu komponieren.

Der Zauber der tieferen Bedeutung

Ähnlich dazu kann man nun verstehen: Auch die Welt, die wir sehen, hat ein Eigenleben in ihren Naturgesetzen. Sie funktioniert nach Regeln, die wir erforschen und überprüfen können. Aber wollen wir nicht zusätzlich den „Code" kennenlernen, mit dem Gott die Natur geschaffen und gewissermaßen mit Sinn erfüllt hat, der hinter oder unter allem liegt? Wie der Sinnspruch bei Bach? Das ist die Frage, die wir uns als Gläubige mit Blick auf die Natur stellen. Die Wissenschaftlerin Helga Thoene hat diesen Code entdeckt, der die Komposition tiefer verstehen hilft, und zwar, weil sie sich nicht nur mit dem Stück, sondern auch mit seinem Autor, mit Bach, beschäftigt hat. Sie hat verstanden, dass der Autor gläubig ist, dass er sich mit jüdischer Mystik beschäftigt und diese auch bei dieser Komposition Einfluss auf das Stück hatte! Diese Begebenheit hilft mir

Der Urheber der Welt

als Beispiel dafür, dass wir Natur auch anders lesen können, erkennen können, ohne die naturwissenschaftlichen Gesetzmäßigkeiten aufheben zu müssen.

Glaube ist personal – Der Was-Glaube und der Wem-Glaube

Damit sind wir bei einem weiteren wichtigen Punkt: Glaube ist personal. Das, was wir Glauben nennen, setzt sich gewissermaßen aus zwei Komponenten zusammen. Die erste ist: Ich kann etwas wissen. Ich kann ein großes, dickes Buch schreiben über das, was die Katholiken oder die Christen alles glauben – ohne dass auch nur ein Funke wirklichen Glaubens darinsteckt. Das heißt, die zweite Komponente von Glauben ist: Ich glaube jemandem. Ich glaube dir. Ich habe Vertrauen auf dich. Ich gebe dir mein Herz, „credere", lateinisch für „glauben", kommt von „cor dare", das Herz geben.

Gott ist ein Jemand

In unserem Glauben kommen diese beiden Aspekte wirklich zusammen. Manchmal denken Leute, das mit dem Glauben ist doch ganz einfach: Du glaubst es oder du glaubst es nicht. Und das soll dann der Glaube sein. Das ist aber nicht der Glaube, den wir meinen. Sondern: Wir haben einerseits ein Glaubenswissen, wir haben ein Glaubensbekenntnis, das wir in konkreten Sätzen aussagen können, wie unser Glaubensbekenntnis im Gottesdienst. Und wir glauben damit zugleich jemandem, es bezieht sich auf jemanden – und nicht auf etwas. Gott ist ein Du, ein Jemand, dem wir vertrauen – und nicht ein Etwas.

Ich vertraue einem Menschen dann besser, wenn ich etwas über ihn weiß. Dann lerne ich besser verstehen, wer er ist, und besser vertrauen. Schwester Faustina in Polen, die Papst Johannes Paul II. heiligsprach, hat immer gesagt: Der wichtigste Akt des Glaubens ist das Vertrauen. Weil aber Vertrauen, ohne zu wissen, wem ich eigentlich vertraue, problematisch sein kann, gehören die beiden Dinge tief zusammen: das Wissen, was ich glaube, und das Vertrauen, wem ich glaube. Und zwar so, dass beide auch einander beeinflussen. Das kennt ihr: Wenn du einer Person tiefer vertraust, dann lernst du mehr über sie, als wenn du ihr immer nur aus der Distanz begegnest. Vertrauen begünstigt Kenntnis und tiefere Kenntnis führt zu besserem Vertrauen.

Vertrauen und Glaube

„Glauben heißt nicht wissen", heißt es oft. Aber stell dir vor, du willst etwas über eine bekannte Person herausfinden. Du gehst ins Internet, googelst oder liest ein Buch oder einen Zeitungsartikel über diese Person. Danach weißt du schon etwas über sie. Und das können auch richtig gute Fakten sein. Aber in dem Augenblick, in dem du zum ersten Mal mit dieser Person sprichst, bist du fast genötigt, eine Entscheidung zu treffen, die antwortet auf die Frage: Glaube ich der Person oder glaube ich ihr nicht? Und zwar deshalb, weil diese Person dir Dinge von sich erzählen kann, die nur sie selbst weiß. Zum Beispiel: Ich habe jetzt gerade Schmerzen. Kannst du das wissenschaftlich nachweisen, wenn ich sage, dass ich Schmerzen habe? Oder wenn du sagst, dass du dich danach sehnst, am Strand zu liegen? In Italien? Kannst du wissen, ob das bei mir stimmt? Kannst du nicht. Du kannst aber lernen, mich zu verstehen und mir zu vertrauen. In genau diesem Augenblick wirst du ein Glaubender in einem menschlichen Sinn.

Sich entscheiden für jemanden

Der Mensch: Wahrheitssucher und Glaubender

Papst Johannes Paul II. hat einmal zwei Definitionen vom Menschen gegeben: Der Mensch ist erstens der, der nach Wahrheit sucht, und zweitens der, der vom Glauben lebt. Wir alle leben vom Glauben. In Bezug auf Personen immer. Du kannst dich entscheiden und sagen: Nein, dem glaube ich nicht, das ist ein Schwätzer. Und dann distanzierst du dich innerlich. Oder du kannst sagen: Ja, das, was da aus seinem Inneren kommt, das, was er mir sagt, glaube ich. Dem vertraue ich. Und je mehr du dich öffnest und der andere sich dir öffnet und ihr wahrhaftig seid, desto tiefer wirst du ihn erkennen. In jedem menschlichen Lebensvollzug kommt das Thema Glaube vor. Glaube ist in diesem Sinne „personal".

Der Mensch ist Person

Der Mensch ist Person: Ihr seht hier einen Leib, der sich bewegt, irgendwelche Gesichtszüge macht und den Mund auf und zu. Und aus dem Mund kommen Töne raus und die Töne ergeben vielleicht Sinn, aber zunächst könnte die Wahrnehmung auch nur sein: Da ist ein seltsamer Körper, der sich irgendwie ausdrückt. Stimmt das, was er sagt? Es könnte durchaus sein, dass ich hier nur eine Show abziehe. Oder ich könnte ein seelenloser Roboter sein. Könnte sein. Jeder kennt das Gefühl, wenn ein Mensch nicht authentisch erscheint. Man denkt: Der tut bloß so, als ob. Oder man sagt: Wie der sich gibt, wie er sich kleidet oder wie der redet … Passt das zusammen mit dem, wie er so ist?

Unsere Leiblichkeit

Wir sind menschliche Personen, das heißt, wir drücken inneren Sinn, wir drücken Geistiges durch Leiblichkeit aus. Immer. Selbst jedes Wort, das du sagst, kommt aus deinem Leib. Deine Stimme ist unverwechselbar deine und hat mit deinem leiblichen Sprechapparat zu tun und mit deinen Gefühlen und deinem Denken. Aber niemand „sieht" ja die geistige Bedeutung deiner Worte. Man sieht nur dich, der redet, und hört nur deine Stimme. Aber einer, der mit dir spricht, kann dann dadurch, wie du dich ausdrückst, eine Ahnung davon bekommen, wie du innerlich als Person bist. Und er kann verstehen lernen: Glaube ich dem oder glaube ich ihm nicht?

Ein anderes Beispiel: Du gehst in einem Raum hinein und denkst: „Hier ist es nicht nur temperaturmäßig, sondern atmosphärisch eiskalt. Ich will hier wieder raus!" Oder du kommst in einen Raum und denkst: „Das ist eine kleine Hütte, aber, wie schön!" Warum? Ja, weil da wahrscheinlich jemand wohnt, der so ein Herz hat. Personen drücken sich auch durch materielle Dinge aus, mit denen sie sich umgeben, und sie schaffen Atmosphäre durch die Art und Weise, wie sie sich einrichten, mit was sie sich umgeben.

Räume mit Präsenz erfüllen

Die Schöpfung als Wohnung Gottes

Und jetzt lautet die Frage in Bezug auf unseren Glauben: Ist es möglich, dass die ganze Schöpfung eine Art Wohnung Gottes ist, in der dieser Gott sich ausdrückt als Person? Wir glauben nämlich, Gott ist ein Du. Gott ist Person, eine geistige Person zwar. Aber er hat die Schöpfung so eingerichtet, dass wir uns in der Schöpfung bewegen und denken: Wie schön! Ist der großartig. Ich war neulich im Bayrischen Wald, da liegt Schnee oben und unten ist es grün: „Wow! Fein hingekriegt, lieber Gott!" – Gott drückt sich aus in seiner Schöpfung und sagt sich aus durch sie.

Aber glauben wir auch, dass Gott sich durch Menschen ausdrücken kann? Glauben wir, dass das möglich ist, dass ein Mensch von Gott erfüllt ist? Dass du durch dieses Zeugnis, das er gibt, etwas von ihm spürst? Glaubst du das? Das sind alles Akte des Glaubens.

Die Liebe macht ähnlich

Wir kennen in unserer Geschichte Menschen, die so erfüllt waren von Gottes Gegenwart, dass wir sie als Heilige verehren. Wenn andere ihnen begegnet sind, haben sie gespürt: Der ist innerlich so reich und tief, der strahlt so von innen her, er ist frei und voller Herz – das kommt nicht nur von ihm selbst. Und tatsächlich: Das sind die, die Gott so sehr lieben und sich so sehr von ihm geliebt wissen, dass sie diesem Geheimnis in sich so viel Raum gegeben haben, dass man das spürt und erkennt.

Auch das kannst du nachvollziehen, wenn du rein menschlich, zum Beispiel an einen großartigen Musiker, denkst, der für seine Musik lebt, der Tag und Nacht mit Musik umgeht, Musik macht, der seine Freunde danach aussucht, ob sie auch Musiker sind – und vieles mehr. Einem Menschen, der so geprägt ist von einer Sache, spürt man das an. Man merkt es vielleicht schon beim gemeinsamen Mittagessen: Der ist ein Musiker. Die Musik ist ihm so verinnerlicht, dass er das in ganz vielen Bereichen seines Lebens, Sprechens, Handelns zum Ausdruck bringt. Und damit berühren wir ein tiefes Geheimnis: Die Liebe macht denjenigen, der etwas liebt, dem ähnlicher, was oder wen er liebt!

Die alles entscheidende Frage

In unserer Glaubensgeschichte gibt es also Menschen, die ganz von Gottes Gegenwart erfüllt waren. Aber mit der für mich alles entscheidenden Frage komme ich jetzt zum Schluss dieses ersten Teils: Ist es möglich, dass Gott in Jesus ganz gegenwärtig war?

Aber nicht so, dass er wie in dir und mir gewissermaßen innerlich wohnt und nach und nach erspürbar wird, weil du ihn liebst und ihm in deinem Leben immer mehr Raum gibst, sondern so, dass es in ihm keinen Unterschied mehr gibt zwischen der inneren Wohnung und Gott, sodass dieser Mensch, der da in der Welt aufgetaucht ist, nicht nur Gott in sich hatte, sondern selbst Gott war, immer noch Gott ist. So wie noch nie zuvor das Göttliche in der Welt erschienen ist? So, dass die Menschen, die ihm begegnet sind, gesagt haben: Wenn ich wirklich anfange, mich auf ihn einzulassen, und wenn ich anfange, zu hören, was er sagt, was er tut, wie er es tut, dann kann ich entweder nur sagen: Du bist der größte Scharlatan der Geschichte, der größte Blender, der je gelebt hat, du bist der Teufel selbst! Oder aber: Ich falle vor dir nieder und bete dich an. Beides ist in der Bibel bezeugt. Seine Gegner sagen: Er ist vom Teufel besessen und bringen ihn um, seine Anhänger beten ihn an.

Mit der Autorität, mit der Jesus aufgetreten ist, gibt es aus meiner Sicht keine Wahl dazwischen. Je näher du dich dem näherst und spürst, mit welcher Kraft, Liebe, Wahrhaftigkeit, Majestät, Demut, Entschiedenheit dieser Jesus gekommen ist, gibt es im Grunde nur zwei Reaktionen: „Um Gottes willen, lass mich in Ruhe." Oder: „Ich falle vor dir nieder und bete dich an." Es gibt nichts dazwischen, meine ich. Wenn du in der Distanz bleibst und sagst: „Jetzt lese ich mal ein bisschen Bibel und dann lese ich ein bisschen Buddha und dann lese ich ein bisschen Mohammed", dann kommst du vielleicht zu der Ansicht: „Bei Jesus finde ich den Aspekt echt gut. Und bei Buddha oder Mohammed finde ich einen anderen Aspekt besser." – Das kann man machen, aber das ist keine Form des Glaubens, in der du wirklich ihn suchst und ihm begegnen willst – und es ist auch kein Glaube, der das Evangelium ernst nimmt. Die Menschen aller Zeiten haben vielmehr die Erfahrung gemacht: Je näher sie Jesus gekommen sind, desto mehr gibt es nur diese Alternative: ja oder nein. Und die Menschen, die ihm nahekommen, wollen ihn entweder umbringen – oder sie beginnen, an ihn zu glauben. An ihm scheiden sich die Geister, wie das Evangelium sagt (z. B. in Lukas 2,34).

Es gibt nur ja oder nein

Im Evangelium vom sogenannten „ungläubigen Thomas" (Joh 20,28) steht Folgendes: Nachdem Thomas die Wunde Jesu befühlt hat, fällt er vor ihm nieder und sagt: „Mein Herr und mein

Jesus akzeptiert Anbetung

Gott." Und Jesus sagt nicht: „Lieber Thomas, du täuschst dich ein bisschen. Ich bin nur der Rabbi, der viel weiß über Gott und die Bibel, aber nicht Gott selbst." Es passiert das Gegenteil: Jesus akzeptiert die Anbetung des Thomas und sein Bekenntnis. Wenn ihr also einmal gefragt werdet, zum Beispiel von einem gläubigen Juden oder einem gläubigen Moslem, wo denn in der Bibel eigentlich steht, dass Jesus Gott ist: Hier steht es ausdrücklich. Jesus antwortet dem Thomas: „Weil du mich gesehen hast, glaubst du. Selig sind, die nicht sehen und doch glauben" (Joh 20,29).

II
Exkurs: Die sieben Merkmale des Glaubens

Meine Lieben, die katholische Kirche zählt in ihrem Katechismus sieben Merkmale des Glaubens auf. Es gibt wahrscheinlich noch ein paar mehr Merkmale des Glaubens, aber wir benennen sieben Sakramente, sieben Tugenden, sieben Todsünden (besser: Wurzelsünden) ... Die Kirche liebt die Zahl Sieben. Daher also im Folgenden die sieben wichtigsten Merkmale des Glaubens.

Zunächst aber: Wo ist das formuliert? In den 80er-, 90er-Jahren unter Papst Johannes Paul II. hat die Kirche den Plan gefasst: „Wir wollen einmal zusammenfassen, darstellen und formulieren, was wir eigentlich glauben." Ihr müsst euch die Größenordnung für diese Fragen vorstellen: Da gibt es eine Weltkirche, die über eine Milliarde Mitglieder hat, es gab vor 50 Jahren das große Konzil, es gibt seitdem so viele verschiedene Theologien und Glaubensrichtungen in der ganzen Welt, es gibt auch die ökumenischen Bemühungen mit den anderen Christen. Daher ist es einerseits ganz sinnvoll, aber andererseits auch ungeheuer schwer, die Frage zu beantworten: Wie stellen wir für die ganze Kirche in der Welt unseren Glauben dar? Was meinen wir, wenn wir von Gott sprechen und vom Menschen im Verhältnis zu Gott? Was bedeutet eigentlich Erlösung, was bedeutet eigentlich Sünde, wie ist das Verhältnis vom Alten zum Neuen Testament und so weiter und so fort? Herausgekommen ist der „Katechismus der Katholischen Kirche": Er sieht in einer Taschenbuch-Dünndruck-Ausgabe ziemlich harmlos aus, aber er hat über 800 Seiten und die haben es wirklich in sich. Insgesamt gibt es vier große Abschnitte nach der klassischen Katechismus-Gliederung: das Glaubensbekenntnis, die Lehre von den Sakramenten, die Zehn Gebote und das Gebet, besonders das Vaterunser.

Vor ein paar Jahren sind dann einige pfiffige junge Leute auf die Idee gekommen, dieses komplexe Glaubensbuch auch für junge Menschen in leichtere Sprache zu übersetzen und auf das Wesentliche zu kürzen. So haben sie den sogenannten YOUCAT gemacht, einen schicken Jugend-Katechismus. Der wurde auf dem Weltjugendtag verschenkt, aber das Buch ist tatsächlich nicht nur etwas für Jugendliche, sondern auch für Erwachsene. Der YOUCAT ist inzwischen das erfolgreichste christliche Buch überhaupt, gleich nach der Bibel, habe ich gehört. Millionenfach wurde es in der Welt verteilt und in zig Sprachen übersetzt. Auch im YOUCAT sind die folgenden sieben Merkmale des Glaubens beschrieben.

Der Glaube ist eine ungeschuldete Gabe, die allen zugänglich ist, die demütig darum bitten.

Was bedeutet „ungeschuldete Gabe"? Das heißt, Gott schuldet dir und uns allen überhaupt nichts! Wenn Gott gibt, dann gibt er freiwillig und nicht, weil er muss. Gott hat auch die Welt nicht erschaffen, weil er muss. Und Gott hat auch dich nicht erschaffen, weil er muss, sondern aus reiner Liebe. Und reine Liebe gibt es nur freiwillig oder gar nicht. Das heißt, wenn

Gott dir das Geschenk des Glaubens macht, dann nicht, weil du darauf einen Anspruch hättest, sondern weil er es dir einfach schenken möchte, damit du die Kraft und das Vertrauen bekommst, an ihn glauben zu können. Das ist eine Erfahrung, die die Kirche über die Jahrtausende gemacht hat.

Wie bekommt man nun dieses Geschenk? Man kann es nicht erzwingen. Ich war selbst mal so unterwegs und wollte es unbedingt wissen. Aber, wisst ihr, es geht in der Beziehung zu Gott um ein personales Verhältnis, um ein Verhältnis zwischen Personen. Wir hatten im ersten Kapitel bereits vom Vertrauen gesprochen. Und es unbedingt wissen zu wollen, ob ich einen Anspruch habe oder ob ich etwas erzwingen kann von Gott, ist ungefähr so, wie wenn du eine andere Person fragst: „Beweis mir, dass du mich liebst! Ich will es wissen." Aber was kann die andere Person dann machen? Dir einen teuren Ring kaufen, für dich durch die Hölle gehen? Und wenn er das machte, würdest du es dann „wissen", wäre es „bewiesen"? Was garantiert dir, dass es nicht vorgetäuscht ist? Unsere Literatur der Liebesdramen ist voll von solchen verkehrten Beweisen. Nein, Liebe ist ein Geschenk, man kann es nur freiwillig geben oder es ist nicht wirklich Liebe.

Also: Glaube wird dir von Gott gegeben, ist aber ungeschuldet, ist eine ungeschuldete Gabe. Das hängt einfach damit zusammen, dass es dabei um ein Verhältnis von Freiheit zu Freiheit geht. Gott ist absolut frei und absolut glücklich. Aber wir glauben und haben es in Jesus erfahren, dass Gott schenken will. Gott will Glauben schenken, Gott will sich selbst verschenken. Wenn wir also diese ungeschuldete Gabe aufrichtig und ernsthaft suchen, wahrhaftig, demütig sind und bitten können: „Herr, ich suche dich, ich sehne mich nach dir, ich tu mich schwer" – Gott kommt einem dann entgegen, weil er dich liebt. Aber wenn du es erzwingen, wenn es dein Ego besitzen will, dann wird es nicht funktionieren. Der Glaube kommt auf dem Weg von Vertrauen, Beziehung, Liebe.

Der Glaube ist eine übernatürliche Tugend, die aber notwendig ist, um unser Heil zu erlangen.

Übernatürlich?

Dieser zweite Punkt ist spannend und gar nicht so leicht zu erklären: „Eine übernatürliche Tugend, die aber notwendig ist, um unser Heil zu erlangen." Wow! Was heißt hier „übernatürlich"? Übernatürlich ist etwas, das du nicht einfach aus deiner Natur hast. Aus deiner Natur hast du vielleicht Kraft, Mut, vielleicht halbwegs die Fähigkeit zur Treue, zur Wahrhaftigkeit. Den Glauben kannst du dir aber nicht aus den eigenen Rippen schneiden. Und du kannst auch nicht beschließen: Morgen glaube ich mit allen Kräften meiner Natur. Nein, der Glaube muss dir geschenkt werden. Und wenn er dir geschenkt wird, ist er nicht nur aus deiner Natur ableitbar, sondern ist in diesem Sinn übernatürlich. Nicht im Sinne von esoterisch oder gespenstisch, sondern einfach über deine bloße Natur, über deinen eigenen Willen und Verstand hinaus.

Tugend?

Was heißt dann aber „Tugend", eine „übernatürliche Tugend"? Ein anderes Wort für Tugend ist „Haltung", eine innere Haltung. Nehmen wir mal an, du bist ein Mensch, von dem alle sagen: Er oder sie ist sehr verlässlich. Verlässlichkeit ist eine Haltung. Man merkt, man kann sich auf dich verlassen. Wenn du jemand bist, auf den man sich nur manchmal verlassen kann, dann kannst du deine Verlässlichkeit üben. Tugend kann eingeübt werden und wachsen. – Aber sie kann auch verloren gehen. Wenn du zum Beispiel ziemlich diszipliniert im Sport bist und jeden Tag trainierst, tust du das irgendwann selbstverständlich. Oder eben nicht: Dann schiebst du es auf und fängst nie richtig damit an. Wenn du wahrhaftig sein willst, dann fang an, immer die Wahrheit zu sagen oder zu tun, üb es. Und geh nicht nur mit lauter Not- oder Scheinlügen durchs

Leben. Dann wird sich die innere Haltung verfestigen – und du wirst weniger leicht versucht sein, zu lügen.

So ist auch der Glaube als Tugend, wenn auch als übernatürliche Tugend beschrieben. Denn er ist ja einerseits geschenkt, wie wir gehört haben, aber andererseits braucht er – einmal empfangen – auch Pflege. Du kannst die Gottesbeziehung pflegen und üben – und du kannst sie vernachlässigen. Dann wird dein Glaube entweder fester und tiefer oder eben schwächer und oberflächlicher – bis hin zum endgültigen Verlust.

Ein Beispiel aus dem Leben: Du hast eine gute Freundschaft, einen guten Freund, eine gute Freundin, und du pflegst diese Freundschaft, weil sie dir wichtig ist. Das heißt, du rufst deine gute Freundin mindestens einmal pro Woche an und ihr redet intensiv miteinander. Das ist Beziehungspflege. Du freust dich, dass dir die Freundschaft geschenkt ist. Kannst du da etwas dafür? Wahrscheinlich nicht, Freundschaft ist einfach ein schönes Geschenk. Das empfängt man und denkt sich: Wie schön, dass dieser Mensch mit mir befreundet ist. Hast du die Freundschaft, die Liebe des anderen verdient, vielleicht, weil du dir einbildest, so toll zu sein? Nein, eigentlich nicht: Eine echte, tiefe Freundschaft oder Liebe kann man nicht verdienen. Man kann sie nur empfangen und staunend dankbar dafür sein, dass man einfach so geliebt ist.

Aber – und nun kommt das mit der Tugend – einmal befreundet, kann man Freundschaft pflegen und man kann etwas dafür tun, dass sie sich vertieft und wächst. Und du kannst irgendwann nach Jahren sagen: „Hey, das ist mein bester Freund, meine beste Freundin, mit dem/der geh ich durch dick und dünn." Das ist nichts, was von gestern auf heute kommt, sondern etwas, das über Jahre gewachsen ist. Oder aber es kann verdunsten – wenn du nichts investierst: „Ja, anfangs haben wir uns noch jede Woche angerufen, jetzt hören wir uns vielleicht noch einmal im Jahr." Die Freundschaft wird loser – und verliert sich irgendwann. Im Glauben ist es so ähnlich. Tugend des Glaubens kann als innere Haltung wachsen und Tugend kann langsam schwächer werden und verschwinden.

Heils-notwendig? Die nächste Aussage in diesem Satz „notwendig, um unser Heil zu erlangen" ist echt anspruchsvoll. Die Kirche hat immer gesagt, dass der Glaube notwendig ist, um zum Heil zu kommen. Spätestens seit dem 2. Vatikanischen Konzil, der größten Kirchenversammlung im 20. Jahrhundert, ist zusätzlich festgeschrieben, dass Gott auch andere Wege kennt, Menschen zum Heil zu führen. Aber als Christinnen und Christen wissen wir, dass Jesus der Heiland ist, der gekommen ist, um uns zu erlösen aus unserer Selbstbezogenheit und Egozentrik, aus unserer Sünde. Und wie kommen wir da heraus? Nicht aus eigener Kraft, sondern durch ihn, durch den Glauben an ihn. Ansonsten, so sagt die Schrift, so sagt der Katechismus und so sagt unsere Tradition, ansonsten bleiben wir im Tod oder bleiben wir verloren: Im Hebräerbrief (11,6) lesen wir: „Ohne Glauben ist es unmöglich, Gott zu gefallen." Jedes Jahr an Weihnachten singen wir: „Welt ging verloren, Christus ward geboren." Wie schön! Weil wir gerettet sind. Gott hat uns seinen Sohn gesandt. Die katholische Kirche sagt auch, dass die Taufe deshalb „heilsnotwendig" ist. Das ist etwas, das nicht so leicht zu schlucken ist. Wir leben in einer Zeit, in der auch liberale Christen, liberale evangelische und liberale katholische Christen gerne erzählen: Die einzige Bedingung, um in den Himmel zu kommen, ist, davor zu sterben. Aber eben das widerspricht dramatisch dem Zeugnis des Neuen Testaments. Bis zu einem Drittel aller Jesusworte sind dort Worte, die das Gericht ankündigen, die deshalb zur Wachsamkeit mahnen, zur Bekehrung auffordern, zur Entscheidung für ihn rufen – eben aus diesem Grund: Um nicht verloren zu gehen.

Und wenn wir manchmal Beerdigungen erleben, bei denen es in Predigten und Gebeten schon festzustehen scheint, dass der Verstorbene im Himmel ist, dann ist auch das eine Anmaßung unsererseits. Gott ist der Richter über Lebende und

Tote. Wir haben Hoffnung, ja. Und wir hoffen für ausnahmslos jeden Menschen, auch für die, die Christus nie kennenlernen konnten. Aber wir hoffen auch deshalb, weil die Kirche und die Christen stellvertretend beten, lieben, leiden – für alle. Aber Gott ist der Schöpfer, der Erlöser und deshalb auch der Richter und er lädt uns mit allem Nachdruck ein, seinem Sohn zu glauben, um durch ihn gerettet zu werden: „Glaubt ihr nicht, dann bleibt ihr nicht", steht im Alten Testament (Jes 7,9). Und im Neuen Testament (1 Joh 5,4) heißt es: „Das ist der Sieg, der die Welt besiegt hat: unser Glaube." Also, wir glauben, dass es nötig ist zu glauben, um gerettet zu werden und das Heil zu erlangen. Und das heißt: in persönliche Beziehung zu Christus in seiner Kirche zu kommen.

Der Glaube ist ein freier Akt des Menschen, der kraft seines Willens und kraft seines Verstandes zustimmt.

Und wie geht das nun? Einerseits kommt der Glaube irgendwie von oben – und andererseits bist du frei aufgefordert zuzustimmen. Passt das zusammen? Ich meine, das Stichwort „frei" ist zunächst einmal ganz wichtig für eine negative Abgrenzung: Unsere Kirche kennt keinen Glaubenszwang! Und wenn solches in der Geschichte immer wieder vorkam, zum Beispiel Zwangstaufen, dann war das immer ein Verrat an dem Glauben, den wir haben und teilen. Es gibt keinen Zwang zum Glauben. Und das ist von unserem Lehramt so auch nie irgendwo festgehalten worden. Warum? Na, wenn es den Zwang zum Glauben gäbe, dann wäre die menschliche Person in ihrer Freiheit von Gott und von der Kirche nicht ernst genommen. Wir können niemanden zwingen. Das heißt aber, der Mensch ist in Freiheit aufgefordert, dem, was er da erkennt und versteht, zuzustimmen.

C. S. Lewis hat eine schöne Autobiografie geschrieben mit dem Titel „Surprised by Joy", „Überrascht von Freude". Lewis war ein sehr begabter philosophischer Denker und hat sein ganzes Leben lang gesucht, auch schon als Jugendlicher. Dabei hat er sich zunächst immer gegen alles Christliche gewehrt und Christen meistens für sehr komische Leute gehalten. Später ist ihm dann aufgefallen, dass er einige Christen kennt, die gar nicht komisch waren und ihm sehr liebenswürdig und überaus vernünftig erschienen. Zunächst dachte er, die sind so, obwohl sie Christen sind. Und noch später hat er dann verstanden: Die sind so, *weil* sie Christen sind! In dieser Autobiografie beschreibt er auch, wie Gott ihn gewissermaßen immerfort irgendwie einholt, ihn überrascht oder ihn mit Freude beschenkt hat: durch Ereignisse, Begegnungen, Lektüren. Er erzählt schließlich, dass er sich noch genau daran erinnert, wie er eines Tages in einen Bus eingestiegen ist und, mit sich selbst ringend und fragend, beim Aussteigen plötzlich wusste: Gott existiert. Und er erklärt sinngemäß, dass es war, als würde ihm eine Entscheidung vor Augen gestellt, die ihm eigentlich keine Wahl ließ – und dennoch sei seine Zustimmung so ziemlich die freieste Handlung gewesen, die er je vollzogen habe. Schön, nicht? Irgendwie zu spüren: Es ist in mir etwas reif geworden, etwas so gewachsen, dass ich eigentlich keine andere Wahl habe. Also einerseits eine Nötigung! Und trotzdem sagt Lewis, dass die Zustimmung dazu so ziemlich die freieste Handlung seines Lebens war. Und ich kann das sehr gut nachvollziehen: Wenn etwas so tief aus dir kommt, in dir heranreift, dass es einfach „dran" ist, dann spürst du in dem Augenblick, dass Notwendigkeit und Freiheit kein Widerspruch mehr sind. Vielmehr, dass sich hier erst wirklich Freiheit in der Tiefe deines Herzens ereignet: Wenn du in gewisser Weise nicht mehr anders kannst – weil du darin zugleich ganz du selbst bist.

Paulus sagt in seinen Briefen: Zur Freiheit hat uns Christus befreit (Gal 5,7). Die Erfahrung des Glaubens ist ein Geschenk, das dich befähigt, frei zu sein und dich frei zu fühlen – und trotzdem nennt er sich selbst in fast allen seinen Briefen „doulos christi". Und „doulos" heißt Sklave – Sklave oder Knecht Christi. Paulus fühlt sich Christus verpflichtet, zutiefst. Er ist sein Knecht und gleichzeitig weiß er sich genau darin zur Freiheit befreit. Also wir glauben: Der Glaube kann nur in Freiheit angenommen werden. Wenn dich einer zwingen will, dann ist er wahrscheinlich nicht wirklich Christ. Aber es kann sein, dass du in dir so eine tiefe Erfahrung machst, die dir beides vermittelt: Freiheit als die Form deines Gebundenseins an Gott, an Jesus.

Der Glaube ist gewiss – weil Jesus dafür bürgt.

Das ist ein schwierig zu verstehender Punkt. Wahrscheinlich haben die meisten Menschen immer wieder mit Glaubenszweifeln zu kämpfen. „Glaubensgewissheit", was heißt das? Es gab und gibt aber immer wieder Menschen, die bereit sind, für ihren Glauben zu sterben. Zum Beispiel die junge Sophie Scholl, eine gläubige Christin. Sie wurde verhaftet, weil sie an Flugblattaktionen gegen Hitlers Terrorregime beteiligt war. Im Spielfilm „Sophie Scholl – Die letzten Tage" aus dem Jahr 2005 sieht man, wie ihr der Gestapo-Mann, der sie verhört, ein Angebot macht, mit dem sie hätte davonkommen können – mit einer geringeren Strafe. Sie hätte vor Gericht die Aktion als eine Art „Jung-Mädchen-Dummheit" bezeichnen müssen, die nicht allzu ernst gemeint war. Aber Sophie Scholl hat abgelehnt. Sinngemäß hat sie ihm erwidert, dass sie zu der Wahrheit steht, die sie bekennen muss. Sophie Scholl bekennt eine von ihr fest gehaltene Wahrheit, die ihr wichtiger und die größer ist als sie selbst. Dafür wurde sie enthauptet.

Es gibt diese Momente, in denen man spürt, Glaubensgewissheit zu haben. Das ist nicht immer so. Es gibt auch Phasen des Zweifelns, des Ringens, aber im Grunde ist Glauben etwas, das stark und gewiss ist. Und bisweilen stellt sich uns diese Gewissheit gerade dann ein, wenn wir im Leben durch schwere Zeiten gehen. Wir spüren dann: Und wenn die ganze Welt zusammenbricht, dann ist Jesus immer noch größer als die Welt – und ich gehöre zu ihm.

Einmal habe ich mit einem Paar gesprochen, das heiraten wollte, und habe die Frage gestellt: Glaubt ihr eigentlich, dass ihr einen starken Glauben habt? Die beiden waren mit der Frage ziemlich überfordert. Warum? Weil sie gedacht haben: Entweder du glaubst oder du glaubst nicht. Aber dass Glaube stark sein könnte, dass er wachsen könnte, war noch nie eine Frage für sie. Man glaubt halt irgendwie, ist katholisch oder evangelisch – und das war's. Nein. Glaube ist Tugend, Glaube ist frei und Glaube fordert uns heraus, dass wir eben so etwas wie Glaubensgewissheit finden. Und warum ist er gewiss? Weil Jesus von sich selber sagt: Ich bin die Wahrheit, ich bin das Leben, ich bin die Auferstehung.

Das ist herausfordernd, meine Lieben – denn Jesus ist nicht einer, der gesagt hat: „Ich zeig euch den Weg, ich zeig euch, was wahr ist." Sondern er sagt: „Ich bin die Wahrheit. Und das Leben." Und wer an ihn glaubt, der ist in der Wahrheit, die gewiss ist.

Der Glaube ist unvollständig, solange er nicht in der Liebe wirksam wird.

Glaube wird wirksam in der Liebe, sagt Paulus im Galaterbrief (5,6). Die Fähigkeit, den anderen zu lieben, ihn umsonst zu lieben, einfach so, ohne Hintergedanken und begehrliche Wünsche, ihm einfach zu dienen, ist demnach eine Konsequenz deines Glaubens. Wenn du das von Gott geschenkt bekommen hast, du auf ihn vertrauen kannst und er dein Leben tragen kann, dann lernst du mehr und mehr, den anderen um seinetwillen zu lieben. Das ist nichts, was man automatisch kann, schon gar nicht machen kann. Aber auch hier glauben wir, dass es wachsen kann. Die großen Glaubensgestalten unserer Geschichte in allen Konfessionen sind immer die großen Liebenden (Mutter Teresa, Don Bosco, Maximilian Kolbe und viele andere). Glaube wird wirksam in der Liebe. Es gibt allerdings auch so etwas wie spirituellen Egoismus: Wenn du nur dich und den lieben Gott siehst – und dir alle anderen, und die Welt sowieso, egal sind, dann ist was faul an deinem Glauben und auch an deinem Gebet. Denn das ist in der Regel ein Kennzeichen dafür, der Glaube, das Vertrauen zu Jesus, macht uns zumindest auf längere Sicht reifer, liebesfähiger und verantwortungsbewusster für andere – und eben weniger egozentrisch.

Der Glaube wächst, wenn wir immer besser auf Gottes Wort hören und im Gebet mit ihm in Kontakt sind.

Das sechste Glaubensmerkmal verbindet sich im Grunde mit den Themen der bereits beschriebenen übernatürlichen Tugend und der Glaubensgewissheit. Glaube wächst, aber er kann auch verdunsten. Warum machen wir hier zum Beispiel Lobpreis und singen Lieder zur Ehre Gottes? Einerseits natürlich, weil wir glauben, dass Gott aller Anbetung würdig ist. Andererseits hilft es uns gleichzeitig selbst, im Glauben zu bleiben. Weil wir damit ausdrücken, wie viel Gott uns bedeutet. Braucht Gott unser Gebet? Nein, aber er hat es so eingerichtet, dass wenn wir ihn loben und preisen, dass dann unser Glaube gestärkt wird. Denn, so schreibt es Paulus im Epheserbrief: „Wir sind zum Lob seiner Herrlichkeit bestimmt" (Eph 1,12). Ja, es ist unsere Bestimmung, Gott zu loben – ausdrücklich im Lobpreis und unausdrücklich mit unserem ganzen Leben, wenn wir immer mehr lernen, für Gott zu leben und zu handeln. Dann wächst der Glaube in uns in große Tiefe.

Es ist wie bei einem Liebespaar: Liebende freuen sich, immer wieder vom anderen zu hören, dass man schön ist, wunderbar, einzigartig. Liebende sehnen sich danach, einander zu zeigen, was sie füreinander empfinden. Und ein solch ehrlicher Ausdruck der Liebe stabilisiert die Beziehung selbst, macht sie fester und verlässlicher. Wenn wir es zeigen, hilft es also, in der Liebe zu bleiben und zu wachsen.

Und so ähnlich werden auch in unserer Beziehung zu Jesus unser Gebet, die Teilnahme am Gottesdienst, die Sakramente, die Schriftlesung wirksam. Und auch der schlichte Dienst für einen Menschen und eine Sache, wenn wir ihn eben für Gott tun und gerade deshalb auch ganz besonders für die Sache oder die Menschen.

Freilich: In manchen Gesprächen merke ich oft, dass Menschen selbstverständlich der Meinung sind, dass sie glauben. Auch wenn sie, wie sie dann oft sagen, im Grunde kaum noch in die Kirche gehen und auch kaum regelmäßig beten. Aber wenn man dann ein wenig tiefer fragt, wer denn für sie Gott ist und wer Jesus und wer die Kirche, dann merkt man im Grunde immer, dass sie schon ganz weit weg sind. Schleichend haben sie die Grundinhalte unseres Glaubens aufgegeben. Dann wird Jesus halt zu einem ganz besonderen Menschen – aber Gott? „Nein, das kann man doch wirklich nicht mehr sagen." Und die Bibel? „Ja ganz o.k., aber doch ein altes, halt von Menschen geschriebenes Buch, das man heute so nicht mehr einfach so lesen kann." Stimmt ja irgendwie, aber dass die Bibel auch vom Heiligen Geist gleichsam „mitgeschrieben" wurde, dass also die menschlichen Autoren „inspiriert" waren vom Heiligen Geist – und dass die Bibel deshalb Gottes Wort in Menschenwort ist, das glaubt im Grunde niemand mehr, der nicht regelmäßig Gemeinschaft mit denen hat und feiert, die eben das glauben – und die deshalb die Bibel als Gottes Wort hören wollen. Es liegt schon ziemlich viel Weisheit darin, den Sabbat bzw. den Sonntag als Tag für Gott zu reservieren. Denn unsere menschliche Natur ist ja in Bezug auf Gott nicht heil, sondern gebrochen – und wenn sie sich selbst überlassen wird, liegt sie tendenziell auf der schiefen Ebene und rutscht schleichend abwärts – weg von Gott.

Und den Kampf kennt jeder von uns: Netflix-Serie gucken oder Bibel lesen? Hm. Ausgehen oder in die Anbetung? Tja. Manchmal ist das ein Kampf. Das erfordert Disziplin, auch manchmal Übung. Aber wenn wir es üben, dann bleiben wir – und dann wachsen wir im Glauben.

Der Glaube gibt schon jetzt einen Vorgeschmack auf die himmlische Freude.

Wenn Christus dich einmal innerlich berührt hat und du vielleicht sogar spürst, dass die Kirche tatsächlich im Innersten der „Wohnort Gottes in der Welt", eben sein Wohnort ist, an dem du teilnehmen darfst, wo du auch wohnen darfst, dann fühlst du vielleicht auch so etwas wie: „Ich bin angekommen." Ich erinnere mich zum Beispiel an eine langjährige Bekannte, die immer auf der Suche war und viel gelesen und ausprobiert hat. Und irgendwann hat sie einmal wieder das Matthäusevangelium, die Bergpredigt, gelesen. Auf einer Zugfahrt. Und sie rief mich freudig an und sagte: „Ich bin wirklich berührt. Denn wenn überhaupt irgendeiner Recht hat, dann er." Sie meinte Jesus. Oder die Frau, die mit mir in einer Gruppe eines länger fortdauernden Glaubenskurses war. Nach etwa eineinhalb Jahren habe ich gefragt, was unsere Abende von Gebet und Gespräch für die Einzelnen bedeutet haben. Sie hat einen einzigen Satz gesagt, aber wie sie ihn gesagt hat, hat mir wirklich die Tränen in die Augen getrieben. Sie sagte: „Ich habe jetzt erst verstanden, dass es in unserem Glauben wirklich um Jesus geht." Eigentlich ist so ein Satz natürlich fast banal. Überall in der Kirche geht es ja um Jesus, immer. Aber ich habe gespürt: Sie ist innerlich bei ihm angekommen. Und eben hier ist die Freude, von der Papst Franziskus so oft spricht. „Die Freude des Evangeliums erfüllt das Herz und das gesamte Leben derer, die Jesus begegnen" (Evangelii Gaudium 1).

Natürlich ist nicht alles rosig und Kirche ist oft auch irgendwie schwierig und sündig. Aber ich habe das auch selbst erlebt, dieses Ankommen-Gefühl: Ich bin daheim. Bei Jesus daheim, in seiner Kirche daheim. Es gibt nichts, was tiefer Heimat anbieten könnte. In diesem Glück des Ankommens kommt auch der Friede. Du bist zufrieden und erfüllt, ohne faul zu werden, im Gegenteil. Die Sehnsucht nach mehr von dieser Freude wächst – und in dir wächst auch bisweilen der Tatendrang; vor allem der Wunsch, auch anderen in diese Freude zu helfen. Und am Ende des Lebens nimmt dir diese Freude, bei Jesus daheim zu sein, vielleicht auch den letzten Stachel der Angst vor dem Tod. Du hast den Vorgeschmack auf die himmlische Freude ja bereits erlebt – und sehnst dich danach, endlich endgültig bei Gott zu sein. Bei Paulus (Phil 1,23) zum Beispiel kann man viel davon spüren, wenn er von seinem Tod spricht und sagt: „Ich sehne mich danach, aufzubrechen und bei Christus zu sein – um wie viel besser wäre das!"

> # III
Den Vater, den Allmächtigen

Zwei Beobachtungen zur Frage nach dem Vater, den Allmächtigen. Erstens: Werden Menschen zu ihrem persönlichen Leben befragt, fürchten sich die meisten vor Krankheit und Tod. Und Menschen haben vor allem auch Angst davor, die wichtigsten Beziehungen ihres Lebens zu verlieren – durch Trennung, Tod oder Entfremdung.

Zweitens: Ich bin Anfang 50. In einem Alter, in dem viele Menschen meiner Generation häufig die eigenen Eltern verlieren. Unsere Eltern werden durchschnittlich zwischen 70 und 90 Jahre alt und der Zeitpunkt ist für sie nun erreicht. Und obwohl meine Freunde und Bekannten längst mit beiden Beinen im Leben stehen, inzwischen eigene Familien und oft schon erwachsene Kinder haben, obwohl sie im Beruf Verantwortung haben und eigenen Besitz aufgebaut haben, zieht es ihnen gefühlsmäßig irgendwie den Boden unter den Füßen weg. Warum? Weil die Eltern immer wie selbstverständlich da waren. Sterben sie, fällt etwas weg, worauf man sich gefühlt ein Leben lang verlassen hatte. Die Eltern waren es, die uns ins Leben geführt haben und uns gezeigt haben, was wichtig und was unwichtig ist. Sie haben uns sehen und fühlen und wahrnehmen gelehrt, sie haben uns Überzeugungen mitgegeben und sind immer auch Ansprechpartner und Helfer geblieben.

Beziehungen zu den Eltern

Ich erzähle das, weil ich über Beziehungen reden möchte, wieder einmal. Unsere wichtigsten Beziehungen am Ausgangspunkt unseres Lebens sind normalerweise die Beziehungen zu den Eltern – sofern Familien einigermaßen gelingen. Es ist erwiesen, dass die ersten Bezugspersonen eines Kindes so prägend sind, dass sie überaus stark das Thema Identität beeinflussen. Unsere Beziehungen zu den Eltern sind wesentliche erste Grundlage für die Antwort auf die Frage: Wer bin ich und wofür bin ich da?

Beziehungen „tragen"

Kennt ihr das Gefühl, dass Menschen, die uns nahe sind und unser Leben begleiten, uns irgendwie tragen? Und man kann sich dieses „Tragen" bildlich wie Boden unter den Füßen vorstellen, denn so fühlt es sich für unseren emotionalen Haushalt an. Sie sind grund-legend, sie legen den Grund, auf dem wir geistig, seelisch, gefühlsmäßig stehen. Wir wissen aus der Psychologie, dass kleine Kinder, die sich sicher zu ihren ersten Bezugspersonen gebunden wissen und verlässliche Beziehungen zu ihnen haben, offener sind und angstfreier auf die Welt zugehen können. Kinder, die sich nicht sicher gebunden wissen an Eltern oder Bezugspersonen, sind tendenziell deutlich ängstlicher und verschlossener, so die Wissenschaft.

Tragende Beziehungen geben uns Halt, sie eröffnen eine Art atmosphärischen Raum. Dort fühlen wir uns wie von selbst zu Hause, da sind auch wir wie von selbst offen – denn wer sich getragen fühlt, muss sich nicht dauernd selbst festhalten und kontrollieren. Wir lernen daraus, dass unsere wichtigsten Beziehungen unsere Identität stabilisieren, unsere Antwort auf die Frage, wer wir im Tiefsten sind. Und wenn ihr nun sagt: Ein kleines Kind interessiert diese Frage aber doch noch gar nicht, dann ist das eine richtige Beobachtung. Denn diese Frage entsteht ja oft erst dann, wenn selbstverständlich erfahrene Identität ins Wanken kommt – wenn z. B. die Beziehungen ins Wanken kommen. Aber wenn ein Kind – ohne es im Kopf zu verstehen – intuitiv spüren darf: Egal, was kommt, ich bin das geliebte Kind von Mama und Papa, dann weiß es eben zutiefst, wer es ist, nämlich Kind von Mama und Papa. Identität hat daher etwas damit zu tun, dass man in sich ruhen kann, dass man in sich selbst sein kann, dass man es mit sich selber aushalten kann, dass man also gern bei sich ist. Und dass man eben genau deswegen auch wieder offen sein und auf andere Menschen zugehen kann. Wer in der Gegenwart des liebenden anderen in sich selbst ruhen kann, hat Halt, Untergrund, kann deshalb auch offen sein, weit hinausgehen und kann auch Verletzungen leichter ertragen.

Was aber passiert, wenn die wichtigsten Beziehungen unseres Lebens wegbrechen? Was passiert bei solchen Verlusterfahrungen? Was trägt uns dann? Meine These: Jeder Mensch hat im Grunde seines Herzens die Sehnsucht nach unendlichem und unerschütterlichem Angenommensein. Wir wünschen uns, dass wir in dieser Welt von anderen Menschen unbedingt geliebt und getragen sind. In Beziehungen, die uns gegenseitig tragen. – Auch das Ideal der romantischen Liebe, das in so vielen Kinofilmen und Romanen gefeiert wird, hat im Grunde auch immer diese Perspektive: Es ist für die Ewigkeit. Wir wissen alle, wie wenig realistisch das ist. Aber wir hängen dem Traum nach – in unserer Sehnsucht nach dem unbedingten Geliebt- und Angenommensein.

Wenn Beziehungen wegbrechen

Das Problem ist: Wir können oft schlecht vertrauen, dass es das gibt. Zwar ist das sogenannte Ur-Vertrauen in der Kindheit eine überaus wichtige Erfahrung. Und je tiefer einer sie erleben durfte, umso leichter wird er sich oft später mit dem Vertrauen in anderen Beziehungen tun. Aber weil die Welt und die Menschen so oft auch so enttäuschend in Beziehungen sind und wir selbst das auch am eigenen Leib erfahren, dass wir selbst enttäuschend sein können, deshalb tun wir Menschen uns im Grunde fast alle sehr schwer damit, zu glauben, dass es wirklich irgendjemanden gibt, der uns unbedingt und immer liebt. Eltern in Bezug auf ihre Kinder kommen dem zwar oft schon ganz nahe, vor allem während der frühen Kindheit sind Eltern für die Gefühlswelt des Kindes so etwas wie allmächtige, omnipräsente, allgütige, sich immer sorgende Versorger. Aber die Beziehungen wandeln sich, wir selbst werden älter, die Eltern auch. Wir verfolgen neue, andere Ziele – und auch Eltern gehen oft weg oder sterben – und es fühlt sich dann selbst bei inzwischen Erwachsenen oft immer noch so an, als ob ihnen der Boden unter den Füßen wegbricht.

Und bei anderen, uns wichtigen Beziehungen ist das oft nicht anders: Sie sind oft allzu vergänglich. Wir alle erleben immer wieder Enttäuschungen und Verletzungen in Beziehungen und das und anderes mehr führt dazu, dass wir uns allzu oft an irgendetwas anderes in dieser Welt festhalten und Bestätigung suchen, etwas, was wir vermeintlich leichter kontrollieren können. Wir versuchen, uns anderswo Identität und Selbststand zu sichern: durch Anerkennung, Prestige, Leistung, Macht, Wohlbefinden, Luststeigerung ... Immer auch mit dem Ziel, endlich bei uns selbst ankommen zu können – oder wieder in diese Unmittelbarkeit des Daseins finden zu können, die wir in unserer Kindheit oft spüren durften. Der Haken ist freilich: Wenn unser Streben nach solchen Dingen die Oberhand gewinnt, wenn wir aus Enttäuschung und Verletzung, aus Einsamkeit und Egoismus nach anderem mehr suchen als nach qualitätsvollen Beziehungen, dann verlernen wir zu lieben. Warum? Weil wir dann Menschen nur benutzen, um unsere Selbstbestätigung zu bekommen. Wir verlernen, uns auf den anderen um seiner selbst willen einzulassen. Wir machen ihn zum Erfüllungsgehilfen unseres Ich-Ideals, den wir brauchen, um bestätigt zu werden; oder den wir brauchen, um uns über ihn erhaben zu fühlen, oder weil er uns Ansehen verleiht oder Genuss verschafft und anderes mehr.

Gott, der Vater

Wenn man nun über „Gott, den Vater, den Allmächtigen" sprechen möchte, kommt man nicht umhin, auch Jesus zu nennen, auch wenn er im Glaubensbekenntnis erst später vorkommt. Man kann nicht vom Vater reden, ohne von Jesus zu reden – einfach, weil er der Sohn ist. Weil ein Vater immer bezogen ist auf jemanden, andernfalls wäre er nicht Vater. Deswegen spreche ich jetzt auch über Jesus.

Im Alten Testament ist die Bezeichnung „Vater" für „Gott" sehr, sehr selten. Zwei-, dreimal – bei Jeremia beispielsweise lässt der Prophet Gott sagen: „Denn ich bin Vater für Israel" (Jer 31,9). Außerdem gibt es im zweiten Samuelbuch eine Prophezeiung, die wir zur Weihnachtszeit immer wieder lesen: Da wird der Sohn Davids angekündigt, der Messias. Und von dem sagt Gott, dass er für ihn Sohn sein und er für ihn Vater sein werde (2 Sam 7,14). Das ist aus meiner Sicht sehr besonders, dass das Wort „Vater" erst so sparsam verwendet und dass es dann aber ausdrücklich auf den angekündigten Messias angewandt wird.

Vor zweitausend Jahren tauchte dann in Israel jemand auf, der mit einer unfassbaren Selbstverständlichkeit von Gott als seinem Vater sprach und, viel mehr noch, offensichtlich so unfassbar selbstverständlich in dieser Beziehung ruhte. So sehr, dass ihm alles andere – das Streben nach Lust, nach Anerkennung, nach Macht, nach Reichtum – überhaupt nicht interessiert hat.

Eine unfassbare Nähe

Er sagte zum Beispiel Sachen wie: „Macht euch keine Sorgen und fragt nicht: Was sollen wir essen? Was sollen wir trinken? Was sollen wir anziehen? Denn um all das geht es den Heiden. Euer himmlischer Vater weiß, dass ihr das alles braucht. Euch aber muss es zuerst um sein Reich und um seine Gerechtigkeit gehen; dann wird euch alles andere dazugegeben" (Mt 6,31–33). Jesus ist so frei, so souverän im Umgang mit der Welt, mit den Menschen – so etwas hat die Welt buchstäblich noch nie gesehen. Für die damalige jüdische Welt war das auch eine ungeheuerliche Provokation.

Gott war nach jüdischem und alttestamentlichem Verständnis zunächst einmal der Allmächtige, der Transzendente, der ganz Andere. Er war der, dem man sich, wenn überhaupt, nur äußerst gut vorbereitet nähern konnte: kultisch, sehr rein, mit vielen Opfergaben. Eigentlich hatte das Volk damals Angst gehabt, Gott zu begegnen. Und es war das Bewusstsein da, dass man der Heiligkeit Gottes im Grunde gar nicht direkt begegnen konnte, ohne zu sterben (vgl. Ex 33,20). Und es stimmt ja auch: Wir können auch nicht einfach in die Sonne schauen, weil sie so viel heller ist, als wir ertragen können. Und Gottes Herrlichkeit ist unendlich viel herrlicher als die Sonne. Stellt euch eben deshalb nun vor, da kommt auf einmal einer in diese Welt, der gemäß dem Johannesevangelium sagt: „Ich bin im Vater, der Vater und ich sind eins. Ich tue nichts, was ich nicht den Vater tun sehe, ich tue immer den Willen meines Vaters." Und der mit dieser Rede vom Vater auch noch Gott meint! So hat noch nie einer gesprochen. „Er nennt Gott seinen Vater und setzt sich damit Gott gleich", lautet dann auch die Anklage gegen Jesus, wie wir aus dem Evangelium wissen.

Heim zum Vater

Jesus sieht sich selbst so sehr im Vater beheimatet, er ruht so sehr in ihm, dass er die anderen Menschen um sich herum alle sozusagen im Zustand von Waisenkindern sehen musste. Verwaist mussten sie sich Macht, Anerkennung, Besitz, Luststeigerung und mehr verschaffen, um vermeintlich herauszufinden, wer sie eigentlich sind. Und als Antwort auf dieses Hamsterrad will Jesus deutlich machen: Wir sind alle Kinder des einen Vaters. Du brauchst nicht Waise zu sein. Das heißt, im Grunde ist das Ziel des Kommens Jesu unsere Versöhnung mit dem Vater, das Heimholen der Menschen zum Vater.

Und wie? Durch ihn, durch die Freundschaft mit ihm, durch das Vertrauen auf ihn, durch den Glauben an ihn. Ihr kennt das bestimmt: Wenn du eine neue Freundin hast oder einen neuen Freund und in die Familie hineinfinden willst, dann ist es wichtig, dass der Partner, die Partnerin irgendwie das Herz der Familie für dich öffnet, sonst kommst du nicht hinein in das innere Beziehungssystem. Das ist das Ziel des Kommens Jesu mit dem Vater, dass wir alle miteinander unseren Status des Waisenkindes in der Welt verlieren und hineinfinden in die Familie der Kinder Gottes. Jesus sagt also: Die gibt es tatsächlich, die unbedingte Liebe, die dich nie wieder loslässt. Deine Sehnsucht in dir ist nicht falsch. Es gibt diesen Gott, der deinen Wunsch nach unbedingter und unerschütterlicher Liebe beantwortet. Die Frage ist nur: Glauben wir es? Durch Jesus selber lernen wir den Vater kennen. Er sagt zu Philippus in einer der Abschiedsreden im Johannesevangelium: „Wer mich sieht, sieht den Vater" (Joh 12,45).

Wer ist Gott und wie ist Gott? Wir haben die Antwort eigentlich schon bekommen. In Jesus zeigt sich uns der Vater, zeigt sich uns, wie Gott ist. Nur: Glauben wir es? Im Prolog des Johannesevangeliums lesen wir: „Niemand hat Gott je gesehen. Der Einzige, der Gott ist und am Herzen des Vaters ruht, er hat Kunde gebracht" (Joh 1,18). Und bei „Kunde gebracht" steht das griechische Wort „exegeomai", daher kommt auch unser Wort Exegese. Die Exegese ist die Bibelwissenschaft, die der Frage nachgeht: Wie legen wir die Bibel aus, wie deuten wir sie? Wir können also sagen: Der einzige, absolut kundige Ausleger der Frage, wer der Vater ist, ist Jesus. Er hat Kunde gebracht und er ist im Vater. Durch ihn lernen wir den Vater kennen, zugleich finden wir durch Jesus zu ihm, wie es im Johannesevangelium heißt: „Ich bin die Tür" (Joh 10,7). Oder: „Ich bin der Weg und die Wahrheit und das Leben. Niemand kommt zum Vater außer durch mich" (Joh 14,6), sagt Jesus. Versöhnung mit dem Vater bedeutet, dass Gott anfängt, in einem Herzen den Platz einzunehmen, der ihm gebührt. Und welcher Platz ist das? Na, auf dem Thron meines inneren Herzens, im zentralen Raum also. Er soll den ersten Platz dessen haben, was ich anbete. Meis-

Der einzige Ausleger

tens sitze ja ich selbst dick und breit darauf oder etwas, was mir gerade am meisten nützt, eben meine klassischen Götzen. Es geht also darum, diesen inneren Thron freizumachen – für Gott. Das bedeutet: Umkehr, Einsicht, dass ich bisher den falschen Götzen nachgelaufen bin oder dass ich mich selbst auf diesen Thron gesetzt habe. Und es bedeutet, dass uns in Jesus auch vergeben wird für diese verkehrte Sicht auf die Welt, für meine Egozentrik, für meine Gottvergessenheit. Meine Lieben, in der Bibel ist so oft vom Reich Gottes die Rede. Ich bin der Meinung, das Reich Gottes fängt bei dir an, wo Gott in deinem Herzen anfängt, die Herrschaft zu übernehmen. Eine Herrschaft der Liebe und der Gemeinschaft. Es fängt dort an, wo du ihn den Herrn sein lässt über alle deine Lebensbereiche, ganz besonders über deine Beziehungen zu den Mitmenschen.

Papst Benedikt XVI. hat einmal gesagt: „Niemand kann alleine glauben." Das heißt, eine unserer Aufgaben ist, dass wir auch miteinander verstehen lernen, wer oder was Kirche ist. Nämlich die Familie Gottes, die alle miteinander Geschwister sind, die Gott als Vater haben und Jesus als Bruder und Herrn. Gott ist unser Vater. Jesus macht das ziemlich deutlich: Als Auferstandener sagt er zum Beispiel zu Maria Magdalena, sie solle ihn nicht festhalten, er sei nämlich noch nicht zu seinem Vater und zu unserem Vater hinaufgegangen (vgl. Joh 20,17). Der Johannesevangelist macht an dieser Stelle klar: Jesus ist der Sohn des Vaters und der Einzige, der diesen Titel wirklich verdient. Aber er ist gekommen, um uns wieder neu zu Kindern des Vaters werden zu lassen, seine Geschwister. Er ist gekommen, uns verstehen zu lassen, wer wir im Tiefsten eigentlich sind – nämlich keine Waisen in dieser Welt.

Das Reich Gottes

Im ersten Johannesbrief schreibt der Autor dieses Briefes: „Was wir gesehen und gehört haben, das verkünden wir auch euch, damit auch ihr Gemeinschaft mit uns habt. Wir aber haben Gemeinschaft mit dem Vater und mit seinem Sohn Jesus Christus" (1 Joh 1,3). Das heißt also, Gemeinschaft von Kirche sind diejenigen, die Christus lieben, die an ihn glauben, die mit ihm gehen und deswegen Kinder des einen Vaters sind. Das heißt auch, das Reich Gottes beginnt in uns. Manchmal wird das Reich Gottes relativ oberflächlich erklärt, nach dem Motto: Überall da, wo wir ein bisschen netter zueinander sind, da ist das Reich Gottes – na ja.

Das hat mit der Bibel wenig zu tun. Klar, es ist gut und auch im Sinne Gottes, dass wir eine gerechtere Welt schaffen wollen. Aber das Reich Gottes beginnt dort, wo Gott herrscht, wo wir im Herzen lernen zu verstehen, wer er ist und wie er ist. Genau dafür haben wir die Schrift, die Kirche und unsere Gemeinschaft. Und wenn du dann dadurch innerlich erkennen lernst, wie Gott in der Welt gegenwärtig ist und überall seine Spuren hinterlässt, und deswegen anfängst, anders zu denken … Dann beginnt das, was man biblisch „metanoia" nennt, also „Umkehr" beziehungsweise „Umdenken". Du spürst dann plötzlich, dass auch dieses oder jenes Menschenkind Kind des Vaters ist, ob es das jetzt glaubt oder nicht. Und du spürst auch, dass Gott auch diesen Menschen – und selbst, wenn er dir völlig zuwider ist – an sich ziehen will. Und du spürst, dass du dazu verpflichtet bist, eine gerechtere Welt aufzubauen. Aber das ist eben etwas anderes, als einfach ein wenig netter zu sein.

Die zwei Reiche in mir

In der Schrift ist immer wieder davon die Rede, dass es so etwas gibt wie ein Reich der Welt und ein Reich, in das wir hineingenommen werden von Gott. Das heißt aber nicht: Die böse Welt da draußen, dort sind alle so schlimm und wir müssen uns davor schützen – nein. Diese Einteilung in zwei Welten hat in erster Linie etwas mit unserem Innenleben zu tun. Und der Frage, was dieses beherrscht.

Im Kolosserbrief heißt es: „Er hat uns der Macht der Finsternis entrissen und aufgenommen in das Reich seines geliebten Sohnes" (Kol 1,13). Woran denkt Paulus, wenn er von der „Macht der Finsternis" schreibt? An Dinge, die im Reich dieser Welt regieren; an Dinge, die Paulus „das Leben nach dem Fleisch" nennt. „Fleisch" bedeutet hier nicht einfach „Körper" oder „körperliche Befindlichkeiten", sondern Fleisch meint bei Paulus meist den Menschen, insofern er mit Gott nichts zu tun haben will, den Menschen, der alles aus sich selbst gewinnen will.

Diese „fleischliche Welt" des Menschen ist nicht mehr heil und deshalb bestimmt durch folgende Merkmale, zum Beispiel:

- Es gibt die Scham. Eines der ersten Dinge, die in den biblischen Bildern vom Sündenfall erzählt wird, ist: Nach dem Ungehorsam gegen Gott schämten sich Adam und Eva voreinander. Sie merkten plötzlich: „Oh je, ich bin gar nicht mehr so unschuldig, wie ich dem anderen gegenübertrete. Da ist irgendwas seltsam in mir geworden, das muss ich verbergen. Ich sehe den anderen in seiner Nacktheit, nicht mehr nur mit den Augen der Liebe, sondern auch mit den Augen bloßer Begierde, und er mich wahrscheinlich auch." Der Mensch schämt sich seiner schutzlosen Nacktheit.
- Es gibt in dieser gebrochenen Welt auf einmal auch Macht, Begierde, Stolz, Angst.
- Es gibt Vergeltung, Gleichgültigkeit, Hartherzigkeit, verdrehte Liebe, Liebe als Besitzergreifung.
- Es gibt Berechnung, nach dem Motto: Ich tu das nur für dich, damit du auch etwas für mich tust. Und es gibt die dadurch entstehende Abhängigkeit.
- Es gibt den Vergleich im negativen Sinn. Wir freuen uns nicht mehr so recht an der Einzigartigkeit des anderen, sondern haben alle ganz schnell diesen Vergleichsteufel in uns: Der ist klüger, besser. Die ist schöner, effektiver. Jeder von uns kennt das und neigt dazu, sich zurückgesetzt zu fühlen, wenn er jemanden trifft, der in irgendetwas besser ist.

- Es gibt den Hochmut. Oft neigen wir auch dazu, uns zu überhöhen. Wenn wir meinen, cooler, besser, toller zu sein als andere. Vielleicht auch gerade, weil wir ach so fromm sind: Schau mal, welche Leistung ich gebetsmäßig oder fastenmäßig so erbringe, ist das nicht super? Oder: Was ist das für ein lascher Beter hier neben mir? Meine Lieben: Frömmigkeit sollte nicht dazu dienen, unser Ego zu stabilisieren und uns für besser zu halten als die anderen.

Dagegen bedeutet die Erfahrung des Kindseins im Vater vielmehr Folgendes: Du bist einzigartig und unvergleichbar. Du hast es nicht nötig, dich zu vergleichen, weil du weißt, dass dich der Vater liebt – „so als wärst du der einzige Mensch auf der Welt" (Augustinus). Das andere Reich, das Reich Gottes des Vaters, ereignet sich in Freiheit. „Zur Freiheit hat uns Christus befreit", sagt Paulus im Galaterbrief (Gal 5,1). Und: „Wo der Geist des Herrn wirkt, da ist Freiheit" (2 Kor 3,17). Das ist allerdings keine Freiheit nach dem Motto: Ich mache, was ich will. Sondern hier geht es um eine Freiheit, die in der Liebe verankert ist. Und die sich deswegen hingeben und das Gute tun kann. Und zwar angstfrei. Der erste Johannesbrief sagt: „Furcht gibt es in der Liebe nicht, sondern die vollkommene Liebe vertreibt die Furcht" (1 Joh 4,18). Wären wir beim Vater angekommen und tief verwurzelt, dann wären wir weitestgehend von Angst befreit. Vor der Angst zu kurz zu kommen, vor der Angst im Vergleich schlecht abzuschneiden oder nicht mehr gemocht zu sein. Angst gibt es in der Liebe nicht, Angst herrscht im anderen Reich.

Bei einem Besuch einer erfolgreichen Firma habe ich die Anwesenden dort gefragt, was denn für sie der Sinn des Lebens sei. Viele nannten einen spannenden Beruf, Erfolg in der Arbeit etc. Für den Firmenbesitzer ist das großartig, wenn sich Menschen so sehr mit ihrer Arbeit identifizieren. Aber ist das tatsächlich der Sinn des Ganzen? Ich selbst konnte mich je-

<small>Es muss mehr als alles geben</small>

denfalls damit nicht zufriedengeben. Obwohl ich einen guten, auch gut bezahlten Beruf hatte, hatte ich die innere Sehnsucht nach mehr. Es muss mehr als alles geben, was nur diese Welt zu bieten hat. Und ich bin rausgegangen aus diesem System der eigenen Sinnproduktion durch Anerkennung, Macht, Vergnügen, Reichtum. Ich war berührt von dem, was ich als den eigentlichen Sinn der Welt erfahren habe: bei Gott zu Hause zu sein. Im Reich des Vaters wird der Mensch in seiner Würde als Gottes Kind bejaht und bestätigt. Paulus schreibt im Galaterbrief (6,4): „Weil ihr Söhne und Töchter seid, sandte Gott den Geist seines Sohnes in unser Herz, den Geist, der ruft ‚Abba, Vater'." Im Heiligen Geist können wir sagen „Abba, Vater". „Abba" heißt „Papa", das ist ein Kosewort in der Sprache Jesu – und wir spüren, wenn wir da nach und nach hineinwachsen, dass wir das dann nicht mehr einfach nur dahinsagen, sondern auch wirklich so meinen. Der Geist Gottes will, dass wir Kinder Gottes sind.

Pfingsten als umstürzende Erfahrung

Als die Jünger an Pfingsten die Geist-Erfahrung gemacht haben, sind sie hinausgegangen, egal, was ihnen da gedroht hat, und haben von Jesus erzählt, frei, angstfrei, tief, voller Sinn, voller Freude, voller Wahrhaftigkeit, Verlässlichkeit und Tiefe. Ist der Mensch befreit von Selbstanklage einerseits und Vermessenheit andererseits? Wir, wenn wir unsere Identität aus uns selber schöpfen müssen, schwanken zwischen diesen Extremen: Selbstanklage – oh je, ich bin überhaupt nichts, alle können alles besser und mir gelingt nichts und ich bin der ärmste Hund! Oder: Hey, das ist ja wohl super und ich bin eigentlich doch der Größte und die anderen sind kleine Würste im Vergleich zu mir – Vermessenheit und Verzweiflung sind die

Pole, von denen du befreit bist, wenn du weißt, du bist beim Vater daheim und sein Kind.

- Das Reich Gottes kann nicht gemacht, sondern nur empfangen werden, aber es wächst durch unsere Mitwirkung – so wie eine Freundschaft zwischen Menschen wächst. Eine Freundschaft, an der du dich freust, empfindest du als ein Geschenk. Aber du merkst auch: Du kannst etwas dafür tun, dass die Freundschaft wächst und reift. Der Geist Gottes liebt unsere Mitwirkung. Er lässt sich nicht manipulieren, aber er schenkt dir den Impuls, dass du mit ihm zusammenwirken und wachsen kannst.
- Im Reich Gottes, des Vaters, geht es immer zunächst um innere geistige Wirklichkeit. Wir sind Geschwister. In einer inneren Wirklichkeit, die uns verbindet. Jesus sagt: „Wer mich liebt, wird von meinem Vater geliebt werden, auch ich werden ihn lieben und mich ihm offenbaren" (Joh 14,21).
- Das Reich Gottes hat immer mit Qualität von Beziehungen zu tun. Sein innerstes Merkmal ist die „Liebe umsonst", in der wir befähigt werden, dem anderen und damit Gott einfach so zu dienen. Wenn wir zum Beispiel Lobpreis singen, dann wird die Welt sagen: „Das bringt dir doch nichts." Das ist auch nicht unser Ziel. Wir wollen einfach nur Gott die Ehre geben, weil wir großartig finden, wie und wer er ist. Weil wir ihn lieben wollen. Der Lobpreis ist im besten und doppelten Sinn des Wortes umsonst! Er ist einfach so, bringt eigentlich nichts im Sinn von materiellem Gewinn. Und in diesem Sinn ist er umsonst als „vergeblich". Und zugleich ist es ein Lobpreis, der einfach so geschenkt wird, ganz umsonst, gratis – einfach, weil es gut und schön ist, Gott zu loben. Aus Liebe und Achtung, als Ehrerbietung. Wie wenn wir staunend vor einem großen Berg oder einem riesigen Wasserfall stehen und rufen: „Wow! Wie wunderbar ist das denn!?" Zwingt uns jemand, es zu rufen? Nein, es kommt einfach aus uns, angesichts der Schönheit und

Größe der Natur. So ist es mit Gott: Wenn wir ihn kennengelernt haben – so gut das auf menschliche Weise möglich ist –, dann gibt es den inneren Impuls, ihn einfach deshalb zu loben, weil er ist, wer er ist. Auch die Bibel ist voll von solchem Lobpreis, besonders die Psalmen. Und Ähnliches gilt im Grunde auch in Bezug auf unsere Mitmenschen. Je reifer unsere Liebe wird, desto mehr lieben wir den anderen einfach so, um seinetwillen – und nicht, weil er uns so viel nützt.

Gott, der Allmächtige

In dieser Welt, die so zerrissen ist, in der wir so viel Leid, aber auch so viel Gutes erfahren, soll es einen Gott geben, der einerseits liebend und andererseits allmächtig ist? Kann er dann nicht diesen Saustall hier endlich einmal aufräumen? Das Leid abschaffen und sich endlich als liebender Gott erweisen? Ja, das ist eine Frage, die die Menschen umtreibt, seit es sie gibt. Aus unserem Glauben heraus gehen wir zunächst einmal davon aus, dass Gott die Welt aus Liebe erschaffen hat. Nicht aus Langeweile oder Bosheit; auch nicht, weil er uns braucht oder weil er die Schöpfung braucht – sondern aus Freude, aus dem eben erklärte „Umsonst", einfach aus Liebe an der Welt. Gott will schlicht, dass es uns gibt und die Schöpfung. Er hat also aus Liebe Kreaturen erschaffen: Uns Menschen und andere (z. B. Engel), die die Freiheit haben, sich gegen ihn zu entscheiden. Also wenn irgendetwas „Allmacht" bedeutet, dann ist das, finde ich, ziemlich bemerkenswert: Der Allmächtige schafft eine Kreatur, die die Freiheit bekommt, sich gegen ihn zu entscheiden!

Die Macht der Liebe   In diesem Punkt kommt ein Aspekt des Themas „Allmacht" schon ganz deutlich zum Ausdruck. In unserer Welt, in der Sünde und Gebrochenheit allgegenwärtig sind, denken wir

Macht sehr oft in Verbindung mit der Fähigkeit, sich gewaltsam durchzusetzen. Das damalige Israel wartete auf den Messias, dass er sie endlich von diesen römischen Gewalttätern befreit, die ihr Land besetzten, dass er endlich einen Frieden schafft, der das Volk in Sicherheit leben lässt – am besten indem er die Feinde vernichtet. Und wer kam? Jesus, ein netter Wanderprediger. Oberflächlich nach diesen Erwartungen betrachtet eine echte Enttäuschung! Freilich, wir sehen an seinen Wundern etwas von seiner Allmacht, an seinen Heilungen, an seiner Naturbeherrschung, an seiner Auferstehung.

Aber an Jesus sehen wir, dass das innerste Wesen von Gottes Allmacht eben auch Liebe ist, schöpferische Liebe. Das heißt, Gott sendet einen Sohn, der das Böse in der Welt von innen her überwindet, in der Kraft der Schwachheit des Kreuzes. Als Christen glauben wir daher, dass sich im Grunde alle Macht Gottes im Kreuz offenbart – wir glauben, dass sich ausgerechnet in der tiefsten Ohnmacht Gottes schöpferische Macht offenbart. Und nicht in der Art von Macht, die die Mächtigen der Welt immerfort benutzen. Jesus ist anders mächtig: Liebend bis zur Vollendung (vgl. Joh 13,1), eine Liebe, die alles vermag. Und wie offenbart sie sich? Indem er die Kleinen, die Schwachen erwählt und ihnen die Fähigkeit schenkt, Großes zu erwirken. Ich glaube, dass, je mehr wir in den Glauben hineinwachsen, desto mehr spüren, dass Gott die Macht hat, tote Herzen zur Liebe zu erwecken, also zu dem, was eigentlich der Sinn des Ganzen ist.

Die Frage nach Gottes Allmacht ist nach dem Kommen Jesu unlöslich verbunden mit der Frage: Kann Gott bewirken, dass in der Welt die Liebe zur Herrschaft kommt? Keine Liebe, die immer noch ihren eigenen Vorteil sucht, sondern eine Liebe, die immer das Gut des anderen will, eine schöpferische Liebe, die am Ende sogar den Tod besiegt. Wir glauben, dass Gottes liebesmächtige Gegenwart sich auf alles erstreckt, was es gibt. Aber um das zu sehen, braucht es die gereinigten Augen des

Mit den Augen des Herzens

Herzens. Das ist schwer, gerade weil wir Menschen sind, die auch von Leid betroffen werden, von Krankheit, von Zerstörung, von Trennung ... Wir glauben aber, dass Gott mitten in all dem Kummer dennoch Sinn schenken und uns verwandeln kann – weil er selbst der brutal Gekreuzigte ist und sich darüber hinausgehend in größerer Herrlichkeit gezeigt hat. So ist Gottes Allmacht: Sie erweist noch mitten in den todbringenden Situationen der Welt ihre Lebens- und Liebesmacht.

Paulus sagt mal an einer Stelle: „Ich bin nämlich überzeugt, dass die Leiden der gegenwärtigen Zeit nichts bedeuten im Vergleich zu der Herrlichkeit, die an uns offenbar werden soll" (Röm 8,18). Wir glauben, dass Gott die Welt durch Liebe erlösen wird und in Christus schon erlöst hat – und nicht machtvolle Zerstörung. Ich bin daher überzeugt: Wenn das Wiederkommen Jesu dennoch in der Offenbarung etwa zusammen geschildert wird mit Katastrophenszenarien aller Art, dann deshalb, weil derjenige, der sich Gott hartnäckig verweigert, sich am Ende selbst Gewalt antut. Das Kommen Gottes richtet ihn und richtet sich gegen ihn, weil er die Liebesmacht, die da kommt, weder aushalten will noch aushalten kann.

Die Liebe macht sehend. Sie lässt sehen, wie überall in der Welt und der Geschichte die liebende Allmacht am Werk ist. Im Römerbrief sagt Paulus: „Wir wissen aber, dass denen, die Gott lieben, alles zum Guten gereicht" (Röm 8,18). Alles – darin steckt: Er hat die Macht, die Vollmacht über alles. Wenn es dir einmal richtig dreckig geht und du in deinem Herzen spürst, dass du Gott liebst, dann darfst du wissen: Es wird alles gut. Gott führt bei denen, die ihn lieben, alles zum Guten!

IV
Den Schöpfer des Himmels und der Erde

Die Bibel bietet bereits mit ihrem ersten Satz einen wuchtigen Auftakt: „Im Anfang erschuf Gott Himmel und Erde" (Gen 1,1). Wenn ihr schon einmal die beiden Schöpfungsberichte in der Bibel angeschaut habt (Gen 1,1 – 2,4a und Gen 2,4b – 3,24), dann wisst ihr, dass ein ganz wichtiger Aspekt davon ist, dass Gott in diesen uralten Texten als der souveräne Schöpfer geschildert wird, der selbst nicht Teil seiner Schöpfung ist – sondern die Schöpfung entstehen lässt, allein durch sein Wort. Die Frage nach dem Schöpfer ist deswegen so zentral, weil wir eigentlich erst von ihr her beantworten können: Warum das Ganze? Und woher?

Du fragst dich etwa nach dem Sinn deines Lebens? Aus der Sicht des Glaubens können wir den nicht beantworten, ohne zu wissen, dass wir einen Schöpfer haben. Die durchschnittliche, naturwissenschaftliche Kritik am Schöpfungsglauben läuft häufig auf die These hinaus, dass die Welt sich selbst erklärt, dass nämlich jede Wirkung eine Ursache hat und es keinen Gott als Lückenfüller für all die Sachen braucht, die wir noch nicht erklären können. Diese Thesen sind allerdings relativ banal. Warum? Achtung: Für die Antwort kommt jetzt ein wenig Philosophie!

Was da ist, ist nicht notwendig da!

Alles, was wir kennen, buchstäblich alles, ist, mit einem philosophischen Wort gesagt, „kontingent". Das heißt: Es ist nicht notwendig, dass du da bist. Was bedeutet es, dass es nicht notwendig ist? Du atmest eine Luft ein, die du dir nicht selber gemacht hast. Du lebst ein Leben, dass du dir nicht selber gegeben hast. Du isst Sachen, die du selber nicht hervorgebracht hast. Du bist von anderen abhängig, von anderen Ursachen. Und es wäre auch möglich, dass du nicht da wärst.

Aus naturwissenschaftlicher Sicht ist es ein relativer Zufall, dass es ausgerechnet dich gibt – als ein Ergebnis einer unendlichen Kette von Ursachen und Wirkungen. Freilich könnte man auch fragen: Läuft in der Natur alles notwendig so ab, wie es abläuft? Ist alles festgelegt, gibt es einen geschlossenen Kausalzusammenhang, sodass es am Ende vielleicht doch notwendig war, dass irgendwann du hervorkommst? Oder gibt es innerhalb dieser Kausalketten von Ursache und Wirkung so etwas wie Spielraum, so etwas wie Nichtnotwendigkeit? Muss alles so laufen, wie es läuft, oder hätte die Ursache-Wirkungsfolge bis hin zu deiner Existenz an manchen Stellen auch anders laufen können?

So etwas wie Freiheit Meines Erachtens ist diese Frage nur aus unserer intuitiven Gewissheit zu beantworten, dass es wenigstens bei uns Menschen so etwas wie Freiheit gibt. Wenigstens bei uns gibt es die Möglichkeit, so oder anders zu handeln. Deine Eltern hätten als freie Menschen sich dagegen entscheiden können, miteinander zu schlafen und ein Kind zu zeugen. Darüber habe ich schon im ersten Kapitel gesprochen; auch darüber, dass in der Natur, in den Prozessen der Evolution immer wieder etwas Neues auftaucht – das aus unserer Sicht nicht vorhersehbar ist, bestenfalls nach rückwärts erklärbar. Und womöglich gibt es sogar bei Tieren so eine Art Vorschein von Freiheit. Stell dir etwa einen Hund vor, der zwei Hasen nachjagt, die in dieselbe Richtung vor ihm davonrennen. Der Hund rennt beiden gleichzeitig hinterher – aber plötzlich schlägt ein Hase einen Haken. Der Hund jagt folglich nur noch einem hinterher. Aber welchem? Hat er sich entschieden? Hat er Präferenzen? Oder folgt er nur seinem Instinkt. Können Tiere wählen? Oder gibt es in ihnen so eine Art Vorform der Freiheit. Ich denke, fast jeder Mensch, der zum Beispiel einen Hund zuhause hat, wird sagen: Mein Hund ist nicht immer genau gleich drauf. Heute folgt er besser, morgen schlechter. Heute freut er sich mehr, wenn ich nach Hause komme, gestern weniger. Aber was veranlasst ihn zu diesem „Spielraum"? Ist es eine Art „Vorform" der Freiheit? Oder einfach nur naturgegebener Instinkt? Ich plädiere dafür, dass auch die Natur insgesamt nicht völlig vorherbestimmt ist und auch nicht vorherbestimmbar. Und das heißt: Du bist schon aufgrund deiner bloßen Zugehörigkeit zur Natur nicht notwendig da, sondern eher zufällig. Du bist kontingent. Es hätte auch anders kommen können – als bis zu dir.

Und zweitens: Wie jedes irdische Wesen hast du dein Sein, dein Leben nicht aus dir selbst, du hast es dir nicht gegeben. Du bist einfach in die Welt gekommen – und hast Bewusstsein davon entwickelt, dass du jetzt da bist. Einfach so. Und irgendwann wirst du wieder gehen, sterben, auch einfach so. Und dann wird vermutlich sogar irgendwann die Erinnerung daran verschwinden, dass du da warst. Du bist kontingent, wie alles, was es gibt.

Unser Sein ist uns gegeben

Wir glauben, dass einzig und allein Gott nicht kontingent, sondern notwendig da ist. Er „hat" nicht Sein oder Leben. Er *ist* Leben. Er ist das Sein selbst und nicht einfach irgendein einzelnes Seiendes oder ein einzelnes Lebendiges. Gott ist und Gott ist der Lebendige schlechthin. Daher möchte ich an dieser Stelle die im ersten Kapitel schon angesprochene Rede von der Ersturache noch einmal vertiefen.

Erstursache Gott

Alles, was es gibt, ist irgendwie verursacht. Es existiert aufgrund einer vorangegangenen Folge von Ursache und Wirkung. Aber Gott, so glauben wir, ist keine verursachte Ursache. Und deswegen haben auch die alten Philosophen schon gesagt: Gott ist die Erstursache von allem, der Ausgangspunkt, aus dem alles hervorgeht. Nur, wie lässt sich das erklären? Angenommen, du willst ein Haus bauen. Was brauchst du dazu? Einen Plan, Baumaterial, Mörtel, Ziegelsteine, Leitungen, die durch das Haus gehen, ein paar kluge Handwerker und Baumeister und am Ende steht das Haus. Du sagst aber nicht: Ich brauche Mörtel, Ziegelsteine – und dann brauche ich auch noch Gott. Du siehst an dem Beispiel: Gott ist keine Ursache in dem System, wie alle anderen Ursachen.

Noch ein Beispiel: Du siehst eine Sonnenblume. Was braucht die Pflanze, damit sie gut wächst? Gute Erde, ein bisschen Dünger, Sonneneinstrahlung, eine bestimmte Luftfeuchtigkeit, vielleicht eine bestimmte Temperatur. Das sind zwar nun alles vom Menschen schon weniger beeinflussbare Phänomene, weil es um Wachstum geht und um das Lebendige. Aber trotzdem kannst du auch jetzt noch der beste Gärtner der Welt sein, ohne Gott zu brauchen, um anständige Pflanzen wachsen zu lassen. Auch hier ist deutlich: Gott ist keine Ursache innerhalb des ganzen Systems von Ursachen. Gott ist vielmehr der, der ermöglicht hat, dass es überhaupt so etwas wie Ursachen und Wirkungen gibt – und dass es überhaupt irgendetwas gibt, das wachsen kann.

Das heißt: Gott ist nicht kontingent. Er ist außerhalb des innerweltlichen Systems von Ursache und Wirkung, denn er hat es geschaffen. Er ist wie der Autor des ganzen Theaterstückes, das da Weltgeschichte heißt; der Autor, der viele Figuren auftreten lässt, aber eben nicht selbst eine Figur darin ist. (Wie sich das bei Jesus verhält, ist noch einmal eine andere Frage, dazu später mehr!)

Und genau das, meine Lieben, ist ein Grundfehler der meisten naturwissenschaftlichen Kritiken am Gottesglauben, die oft davon ausgehen, dass Gott irgendwie ein Teil dieser Ursachenkette ist. Er ist aber nicht auf innerweltliche Ursachen zurückzuführen, sondern er ist die Antwort auf die Frage: Warum gibt es überhaupt so etwas wie Ursachen? Und in diesem Sinn sprechen wir zwar von „Erstursache", aber eben nicht in einem naturwissenschaftlichen Sinn, als könnten wir „zurückverfolgen", sondern in einem Sinn, der unten noch vertieft wird: einer Schöpfung aus dem „Nichts", die zugleich Schöpfung aus Liebe ist – und in diesem Sinn „grundlos".

Oder, wie der Philosoph Martin Heidegger fragt: „Warum gibt es überhaupt etwas und nicht vielmehr nichts?" Gott ist die Antwort auf diese Frage: Warum gibt es überhaupt irgendwas? Wir glauben, dass er die ganze Welt in Raum und Zeit geschaffen hat und sie im Sein hält. Gott schenkt Leben, Gott schenkt Sein und ist ursprünglich eben selbst nicht Teil von dem, was er schenkt.

Was bedeutet es also für unser Weltbild, wenn wir sagen, wir sind Christen?

Das christliche Weltbild

Christen sind keine Pantheisten. Pantheisten glauben, dass die Natur und Gott quasi in eins fallen. Die ganze Natur ist irgendwie göttlich und die ganze Natur ist die Selbstentfaltung Gottes. Pantheismus heißt: Alles, was ist, ist Gott. Das bedeutet natürlich auch, dass du ein Teil davon bist. Wie genau, das ist schwierig zu sagen. Aber das kommt für uns Christen ohnehin nicht infrage: Niemals fallen für uns Gott und Natur, Schöpfer und Geschöpf einfach ineinander.

Christen sind auch keine Deisten – auch wenn in dem Begriff das Wort „deus", „Gott", steckt. Deisten waren – historisch gesehen – Menschen, die während der Aufklärung Mitte des 17. Jahrhunderts das Modell von einem Gott aufgebracht haben, der die Welt zwar erschaffen hat, sie dann aber völlig unbeteiligt ihren eigenen Gesetzmäßigkeiten überlässt – ähnlich einem Uhrwerk, das einmal aufgezogen wird und dann läuft und läuft und läuft. Natürlich gibt es in einem solchen Sinn auch heute noch Deisten, aber dieser Glaube ist mit dem Christentum nicht vereinbar.

Etwas anderes besagt die Bezeichnung „Theist" – auch da steckt das griechische Wort „theos" für Gott drin, aber Theist ist eine sehr allgemeine Bezeichnung für jemanden, der glaubt, dass es einen Gott gibt. Das heißt also: Alle Christen sind Theisten, aber nicht alle Theisten sind Christen – was allein schon an Muslimen oder Juden deutlich wird. Auch die vorhin genannten „Deisten" sind „Theisten", aber eben keine Christen.

Christen sind auch keine Dualisten im strengen Sinn. Damit will ich sagen: Es gibt nicht ganz ursprünglich ein gutes und ein böses Prinzip, aus deren Ineinander sich dann eine Welt irgendwie entfaltet, in der dann eben Gutes und Böses unentwirrbar ineinander enthalten sind oder auseinander hervorgehen. Auch das ist ja Alltagsphilosophie: Manche meinen, das Gute „brauche" das Böse, damit es erst als das Gute erkannt wird. Wir Christen meinen aber, Gott allein ist der Gute schlechthin und der Schöpfer von allem Guten. Er erschafft personale Wesen mit Geist und mit Freiheit – und damit auch die Möglichkeit, sich gegen ihn und gegen das Gute zu entscheiden. Das bedeutet aber: Wenn es das Böse oder den Bösen gibt (was ich glaube), dann ist der nicht von Gott unabhängig einfach da und sein großer Gegenspieler auf der gleichen Ebene. Sondern auch der Böse ist ein geschaffenes Wesen, das sich frei gegen Gott entschieden hat; ein Wesen, das es aber letztlich nur deshalb gibt, weil es Gott geschaffen hat. Der Böse ist Gott buchstäblich unendlich unterlegen und nicht ebenbürtig.

Christen sind auch keine philosophischen Monisten – wenigstens meine ich das weitgehend für Katholiken sagen zu können. In diesem Begriff „Monisten" steckt das griechische Wort „monos", das „einzig" oder „einer" heißt. In der frühen Philosophie, etwa der Vorsokratiker, gab es folgende Überlegungen: Entweder ist alles aus der Luft entstanden oder alles aus dem Wasser. Über so etwas hat man diskutiert, also über die Frage: Kommt alles, was ist, **aus einem einzigen Prinzip**?

– Möglich wäre auch zum Beispiel – wie manch moderner Philosoph sagt – **der „Geist" oder „das Geistige" als das einzige Prinzip**, dem alles entspringt, sodass etwa auch die Materie nur als eine Art letzter, niedrigster Ausfluss des Geistigen gedacht werden könnte. Oder könnte es nicht auch umgekehrt sein, **dass die Materie selbst das einzige Prinzip ist** und dass dann umgekehrt alles Geistige bloß irgendein zufälliger Ausfluss von rein materiellen, evolutiven Prozessen wäre? So, dass wir uns am Ende nur einbilden, wir wären „Geist", aber letztlich wären wir nur materielle Zufallsprodukte eines sinnlosen Prozesses der Evolution. Und Worte wie „Erkenntnis" oder gar „Wahrheit" hätten dann im Grunde keine Bedeutung. So denken es jedenfalls manche Evolutionsbiologen.

– Ihr seht schon: In der Bedeutung, in der ich hier das Wort „**Monismus**" verwende, bezieht es sich nicht zuerst auf die Frage nach Gott, also nicht auf den „einen und einzigen Gott", sondern auf die Frage: Woraus besteht eigentlich die Wirklichkeit, der wir begegnen und die wir selbst sind? **Gibt es ein einziges geschaffenes Prinzip?** Oder sind es ursprünglich nicht wenigstens zwei? Das wäre aus meiner Sicht die plausibelste Lösung – mit einer wichtigen Ergänzung, die noch folgt.

Die beiden „Bauprinzipien"

Christen glauben, dass es wenigstens zwei Bauprinzipien des Wirklichen in dieser Welt gibt: ein materielles und ein geistiges – und beide sind nicht einfach aufeinander zurückführbar. Was bedeutet das? Das kannst du an dir selber sehen, dass es an dir irgendetwas Geistiges gibt, das nicht identisch mit deinem Leiblichen ist, aber dass es deinen Leib irgendwie durchformt und in ihm gegenwärtig ist. Du kannst manchmal etwas wollen und kriegst es nicht hin, weil dein Leib dem Willen widersteht. Oder du ärgerst dich manchmal wahnsinnig über irgendetwas und nach ein paar Monaten hast du ein Magengeschwür und – wir wissen nicht genau, wie es entstanden ist. Aber es ist offensichtlich: Der Geist hat Einfluss auf den Leib und umgekehrt. Wenn du dauernd schwermütige Gedanken hast, gehst du irgendwann auch leiblich gebückt daher und siehst im Gesicht schwermütig aus. Oder du übst zum Beispiel mit der Hand schreiben, bis du es gut kannst. Dann passiert hier, dass dein Geist (der die Worte formt, die du schreiben willst) deine Leiblichkeit (deine Schreibhand) nach und nach durchformt für diese Tätigkeit – und das Schreiben wird mit dem Üben besser und besser.

Die alten Philosophen, besonders Aristoteles, nennen diese beiden Prinzipien **„Form und Materie"**. Die Form ist dabei aber nicht einfach so etwas wie eine Kuchenbackform, die den äußeren Rahmen absteckt, sondern eher eine Art inneres Bauprinzip des Wirklichen: Stell dir ein Samenkorn vor! Das sieht zunächst wie ein ganz kleines Stück Materie aus. Aber irgendwie liegt in ihm ein Prinzip, das aus diesem Samenkorn eine bestimmte Blume oder einen Baum entstehen lässt. Ich bin daher mit dieser philosophischen Schule des Denkens und Glaubens der Meinung, dass es eine Art inneres Formprinzip in allem Geschaffenen gibt. Biologen sprechen vom Bauplan von Zellen und den Erbinformationen, von der DNA, was sich durchaus mit dem philosophischen „Formprinzip" als „innerem Bauplan" zusammendenken lässt. Dieses Formprinzip ist es letztlich, das ein Ding zu dem werden lässt, was es ist.

Ob beim Lebendigen oder beim Unlebendigen: Auch ein Stein hat eine innere Bauform. Und dieses Formprinzip hat aus meiner Sicht immer so etwas wie **geistige Qualität**, wie eine Art innere Gesetzmäßigkeit, der alles Wirkliche gehorcht. Auch die sogenannten Naturgesetze gehören hierher – und sind Ausdruck der zusammenhängenden inneren „Geistigkeit" und inneren Erkennbarkeit aller Wirklichkeit. Der Kosmos ist nicht zuerst Chaos, sondern Logos, vernünftig erkennbar. Und für die unlebendigen Dinge können diese inneren Bauformen oder Strukturprinzipien manchmal ineinander übergehen – gemäß den physikalischen oder chemischen Naturgesetzen. Für die lebendigen Wesen ist das weniger leicht möglich. Bei ihnen stirbt irgendwann der Organismus und damit stirbt auch sein spezifisches, inneres Formprinzip. Erst der tote Organismus kann dann wieder gemäß chemischen oder physikalischen Gesetzmäßigkeiten in eine andere Bauform übergehen. Beim Lebendigen dagegen gibt es für einen „Übergang" das Sterben oder das Wunder der Fortpflanzung.

Ein wichtiges **drittes „Prinzip", das im Grunde Form und Materie noch „voraus" ist,** habe ich oben schon erwähnt: das Sein selbst, das „Existieren" – das ist bei einem Stein anders als bei einem lebendigen Wesen, aber beide „sind", beide existieren. Das „Sein" oder das Existieren der lebendigen Wesen ist „das Leben" selbst. Und wenn ich eben von Form und Materie als „Prinzipien" des Wirklichen gesprochen habe, dann ist damit noch gar nicht gesagt, worin und woraus diese da sind, woraus sie existieren oder eben leben. Und hier denke ich als Christ – wie oben schon gesagt: Alles Geschaffene „hat" Sein oder „hat" Leben. Nur Gott allein **ist** Leben, **ist** sein Sein. Er hat keine „Form" und keine „Materie". **Er ist.** Sein Name ist „Ich bin, der ich bin" (Ex 3,14).

Aber allem geschaffenen Lebendigen ist das geschaffene Leben geschenkt – vom dem, der Leben selbst ist. Die innere Bauform des Lebendigen und seine Materie sind also einer-

Das dritte „Prinzip"

seits hervorgegangen aus dem Geschenk des Lebens, aus der Gabe des Lebens oder aus der Gabe des Seins an die Welt und in die Welt. Und zugleich sind nur die einzelnen Dinge und Geschöpfe diejenigen, die Leben vollziehen, die existieren, die in diesem Sinne „sind".

Denn „das Leben" oder „das Sein" als allgemeine Größe gibt es ja in dieser geschaffenen Welt nicht. Wir sagen zwar „das Leben", aber tatsächlich gibt es nur die einzelnen lebendigen Geschöpfe, die ihr Leben leben, die es vollbringen. Die einzelne Ameise, der einzelne Baum, der einzelne Mensch. Alle nehmen sie teil am Leben, aber „das Leben" im Allgemeinen gibt es so nicht. Es lebt nur durch die lebenden Wesen. Man kann also sagen: So sehr ist also Sein/Leben an alles geschenkt, was ist, dass alles, was ist, einerseits nur durch das Sein existiert. Aber dass die Wesen andererseits zugleich dieses Sein selbst hervorbringen oder eben leben. Denn auch bei den lebendigen Geschöpfen gilt: Sie haben das Leben empfangen und doch sind sie es zugleich, die Leben vollziehen und es damit auch hervorbringen. Es wird also deutlich: Das geschaffene geschenkte Sein, das geschaffene geschenkte Leben ist also nie einfach nur eine „Größe" „für sich", es „existiert nicht in sich selbst", es „ist" gar nicht in diesem Sinn, sondern ist immer schon verschenkt, damit die einzelnen Dinge oder lebendigen Wesen durch es sind – und es zugleich hervorbringen. **Sein ist also schon vom tiefsten Ursprung her: geschenkte Gabe** für andere. Leben ist Leben für andere, Leben ist Liebe; ist aus Liebe und für Liebe.

Vielleicht kann man am Bild eines Orchesters noch besser verdeutlichen, was ich meine. Stell dir vor, es gäbe ein „Mozart-Orchester", also ein Orchester, das als solches nur existieren würde, wenn es auch Mozart spielt. Wenn nicht, gingen alle nach Hause und es gäbe kein Orchester. Es gibt also die Musik von Mozart, die das Orchester zu dem macht, was es ist. Und zwar für jeden einzelnen Musiker: Die Geige ist Teil dieses Orchesters anders als die Pauke und die ist wieder anders als die Trompete. Aber alle spielen dasselbe Stück. Sie haben es empfangen von einem Schöpfer (von Mozart) – und sie bringen dieses Stück zugleich hervor – jeder auf seine ureigene Weise. Jeder ist in sich selbst schon „Form und Materie". Aber das, was das Orchester zu dem macht, was es ist, ist also eine Gabe, die aber als Gabe selbst nur „ist" und das Orchester zu dem macht, was es „ist", wenn sie als Gabe empfangen und zugleich selbst hervorgebracht wird: wenn das Orchester also Mozart spielt. Und ganz ähnlich – nur viel tiefer und existenzieller – ist es mit dem Sein oder dem Leben: Das „geschaffene, geschenkte Leben" existiert **an sich** nicht, sondern es ist immer schon verschenkt und wird nur dann in der rechten Weise empfangen, wenn es einfach gelebt und selbst verschenkt wird.

Und wichtig ist nun auch die Überzeugung, **dass das Sein oder Leben zuerst durch das (geistige!) Formprinzip empfangen und hervorgebracht wird.** Die „Form" vermittelt also das Sein oder das Leben. Beim Menschen wird das wieder besonders deutlich: **Sein inneres Bauprinzip ist die vernunftbegabte Seele.** Durch sie kommt das Leben, das Sein des Menschen, in den ganzen Menschen – und damit auch in seinen Leib. Es ist diese Geistseele, die Leben gibt und den ganzen Menschen lebendig durchformt. Wenn du schon einmal einen sterbenden Menschen gesehen hast, dann ist so etwas aus meiner Sicht besonders eindrücklich wahrnehmbar. Der noch lebende Mensch ist einfach noch wirklich ein Mensch, der wird „von innen" her eben genau als dieser konkrete Mensch in sich zusammengehalten. Er ist immer noch **derselbe**, der er seit seiner Geburt war. Der Tote dagegen beginnt schon kurze Zeit nach dem Eintritt des Todes zu zerfallen. Er ist dann im genauen Sinn kein Mensch mehr, sondern wird alsbald übergehen in bloße Materie, die zwar immer noch eine Art „Form" hat – wir werden „zu Erde", der tote Leib nimmt die „innere Bauform" der Erde an. Aber es ist jetzt eben nicht mehr die innere Bauform eines Menschen. Wir glauben, dass das so ist, weil bei einem Toten Geistseele und Leib voneinander getrennt wurden, also, weil das innere Bau- und Lebensprinzip dieses materiellen Leibes nicht mehr in ihm da ist, zerfällt er allmählich zu etwas, was kein Mensch mehr ist. Und weil die innere Bauform, die Seele also, das Leben an den Leib und den ganzen Menschen vermittelt, tritt mit der Trennung von Leib und Seele der Tod ein.

Grundentscheidungen

Wichtig ist mir noch zu sagen: Diese philosophischen Punkte, die ich eben angeschnitten habe: Etwa die „Bauprinzipien" des Wirklichen, die Rede vom Sein und vom Leben, die Absage an Pantheismus, Deismus und Dualismus – all das sind gewissermaßen philosophische Grundentscheidungen, die ich getroffen habe, die ich wieder nicht naturwissenschaftlich „beweisen" kann. Ich kann nur versuchen, deutlich zu machen, was ich für gut und lange bewährt und für möglichst plausibel und in sich vernünftig, widerspruchsfrei und zusammenhängend (kohärent) halte. Es sind Grundentscheidungen, die im Grunde jeder Mensch trifft – bewusst oder unbewusst –, weil sich jeder in der Wirklichkeit orientiert und somit einen Begriff von „Wirklichkeit" hat – selbst dann, wenn er nicht tiefer darüber nachdenkt. Aber wir kommen im Grunde als denkende Wesen nicht daran vorbei, solche Grundüberzeugungen zu haben. Und wenn wir sie nicht selbst möglichst unbestechlich und wahrhaftig suchen und finden, werden sie uns durch ein mehrheitlich vorherrschendes Weltbild einer Gesellschaft oder der Medien oder des Marktes aufgedrängt.

Das geistige Prinzip

Zurück zum Menschen und seiner Bauform aus Geistseele und Leib: Das Besondere beim Menschen ist zusätzlich noch dies. Der Mensch kommt in seinem Erkennen zu sich selbst zurück. Das heißt: Er kann erkennen, dass er ist und wie er ist – und wie im Verhältnis zu ihm die anderen Wesen und Dinge sind. Im Menschen, kann man sagen, kommt das geistige Prinzip alles Wirklichen zu sich selbst. Es wird seiner selbst bewusst, er hat „Selbstbewusstsein". Er kann „Ich" sagen und weiß mehr oder weniger gut, wen er damit meint. Der Mensch ist daher auch in gewissem Sinn „Herr seiner selbst" – das heißt, er ist in einem tieferen Sinn frei, freier als jedes andere materielle Geschöpf. Und damit verstehen wir auch besser, dass er auch als materielles Geschöpf in einem tieferen Sinn als alles andere, was auch in der Welt ist, „Ebenbild Gottes" ist.

Die Welt aus dem Nichts geschaffen

Ein weiterer ganz wichtiger Punkt für uns als Christen ist: Gott schafft die Welt aus dem Nichts. Warum ist überhaupt irgendwas und nicht vielmehr nichts? – Weil Gott es geschaffen hat. Er wollte und will, dass es etwas gibt. Das ist die Erklärung, die wir geben. Die Welt ist deshalb nicht ewig im Sinn von „von ewig her". Die alten Philosophen haben sich darüber gestritten, ob die Welt ewig ist. Wir glauben, sie ist es nicht. Weil Gott sie aus dem Nichts geschaffen hat. Sie hat also einen Anfang. Vorher war als Geschaffenes im strengen Sinn „Nichts". Das steht sogar schon im Alten Testament, im zweiten Makkabäerbuch: „Ich bitte dich, mein Kind, schau dir den Himmel und die Erde an", sagt die Mutter zu einem ihrer sieben Söhne, die alle in den Märtyrertod gehen, weil sie nicht dem heidnischen Herrscher huldigen wollen: „sieh alles, was es da gibt, und erkenne: Gott hat das aus dem Nichts erschaffen und so entstehen auch die Menschen" (2 Makk 7,28). Es ist auch nicht so, dass es vor aller Zeit eine Art ursprüngliches, vorausliegendes chaotisches „Material" gab, aus dem dann Gott irgendetwas formen würde. Oder das ihn gereizt hätte, damit etwas zu machen. Vielmehr glauben wir, dass alles, was ist, aus einem schöpferischen Akt Gottes hervorgegangen ist, aus der Gabe des Seins.

Die Welt aus Liebe geschaffen

Jetzt kommt ein weiterer wichtiger Punkt: Wir glauben, dass der Satz, dass Gott etwas aus dem Nichts schafft, dasselbe bedeutet wie, dass er aus Liebe schafft.

Gott schafft aus Liebe. Warum ist das im Grunde dasselbe? Jeder, der einmal eine tiefe Erfahrung von Liebe machen durfte, ahnt, dass Liebe **etwas Grundloses in sich hat**, dass der tiefste Grund von Liebe ihre Grundlosigkeit ist. Das ist ein bisschen kompliziert gesagt, aber du weißt genau, wenn dich der andere nur liebt, weil du so hübsch bist oder weil du so intelligent bist oder weil du so gut kochen kannst oder weil du – was weiß ich, was – tolle Klamotten anhast, dann ist es noch nicht wirklich Liebe. Wenn wir bei solchem „weil" stehen bleiben, dann spüren wir in der Tiefe: So eine Haltung sucht noch ihren eigenen Vorteil und ist daher (noch) nicht wirklich Liebe.

Liebe ist wirklich Liebe, wenn du den Grund, warum du den anderen liebst, eigentlich nicht mehr weißt. Sondern wenn du liebst, einfach, weil er „er" ist, weil sie „sie" ist. Oder einfach, weil er oder sie auch ein Geschöpf Gottes und deswegen liebenswert ist. Liebe hat in der Tiefe ihres Wesens die Eigenschaft, grundlos zu sein. Warum? Weil die Liebe Gottes grundlos ist. Gott hat auch keinen Grund, die Welt zu schaffen. Sie ist nicht notwendig. Er hat es einfach aus Liebe getan – weil er wollte, dass die Welt ist. Und unsere Liebe, wenn sie wirklich Liebe ist, sagt auch zum anderen: Ich will, dass du bist. Und ich will, dass es dir gut geht. Warum? Einfach so. Oder einfach, weil du auch ein einzigartiges Geschöpf Gottes bist.

Grundlose Liebe

Wir alle, meine Lieben, sehnen uns nach grundloser Liebe: dass dich einfach jemand mag, weil du „du" bist und nicht aus irgendeinem anderen Grund. Jedes Kind braucht grundlose, unbedingte, absichtslose Liebe. Und das ist gewissermaßen die vertiefte Version von: Gott schafft aus dem Nichts. Gott schafft aus Liebe. „Denn du bist es", sagt die Offenbarung, „der die Welt erschaffen hat, durch deinen Willen war sie und wurde sie erschaffen" (Offb 4,11). Das heißt, meine Lieben: Gott braucht die Welt nicht – und Gott braucht auch dich nicht. Aber er will sie und er will dich, einfach, weil es schön und gut ist, dass die Welt da ist und dass du da bist.

In manchen Kreisen hören wir manchmal so Sätze wie: „Gott hat keine anderen Hände als die deinen." Das ist echt ganz nett, aber es ist auch irgendwie Quatsch, denn Gott ist der Allmächtige – er braucht dich nicht. Aber: Er will dich brauchen! Er hat die Welt so eingerichtet, dass er dich brauchen will, dass er mit dir zusammenarbeiten will – weil er dich liebt und damit deinem Leben Sinn geschenkt hat. Und dann stimmt der Satz auch wieder, weil er die Welt so eingerichtet hat, dass er sie mit dir und auch durch dich gut sein lassen will. Er will, dass du gut bist – und dass du auch deine Güte der Welt schenkst.

Ursachenlose Erstursache

Wir sehen jetzt vielleicht vertieft: Wenn die Welt „grundlos" da ist oder schlicht „aus Liebe" da ist, dann ist letztlich diese Liebe die oben erwähnte „Erstursache" – aber eben in einem Sinn, dass diese „Erstursache" keine Ursache im innerweltlichen Sinn ist. Die Welt ist in ihrem tiefsten Sein nicht aus einer naturwissenschaftlich nachvollziehbaren Ursache entstanden, sondern tatsächlich „aus Nichts" oder eben: „aus Liebe" – und damit grundlos. **Liebe ist die ursachenlose Erstursache.**

Auch die Materie und der Leib sind gut

Aber stell dir nun vor, die Welt gäbe es gar nicht. Wir glauben, dass Gott dann nicht weniger wäre und auch nicht weniger glücklich wäre! Im Schöpfungsbericht der Bibel steht, dass alles, was er geschaffen hat, gut war. „Und er sah alles an, was er geschaffen hatte, und es war sehr gut" (Gen 1,31). Das bedeutet auch, dass alles Materielle, also auch unser Leib und unsere Triebe, zunächst gut sind! Auch wenn wir selbst die Erfahrung machen, dass uns gerade die Triebe manchmal zur Egozentrik und zum Bösen geneigt machen. Aber das ist erst eine Folge des sogenannten Sündenfalls. Es war nicht immer so und wir sind so ursprünglich nicht gedacht gewesen! Denn ursprünglich ist alles Geschaffene von dem Guten schlechthin geschaffen – und damit eben gut.

Freilich: Es gibt auch philosophische Strömungen, welche die Materie gewissermaßen als die „dunkle Seite" der Welt, als die Ursache des Bösen und des Negativen, erklären. Eben weil wir die Erfahrung kennen, dass uns gerade die Leiblichkeit manchmal verführt – zur Untreue, zur Lüge, zum Verrat. Aber so eine Sicht ist nicht christlich. Christlich ist: Gott hat in Jesus „Fleisch" angenommen: Er ist Mensch auf dieser Welt geworden und hat dadurch auch die Materie noch einmal zutiefst bejaht. Deshalb musst du auch nicht meinen, um zu Gott zu kommen, musst du dich innerlich möglichst weit von deinem Leib distanzieren – und wie eine Art Engel werden, rein geistig oder eine Art Gedankenwesen. Erstens gibt es auch die geistigen Sünden – und die sind im Grunde meistens problematischer als die nur leiblichen: Denk an Neid, Geiz, Hass oder Ähnliches. Und zweitens sagt der heilige Paulus, dass dein Leib ein Tempel des Heiligen Geistes ist (1 Kor 6,19) – und damit der „Ort" im Hier und Jetzt, an dem du Gott begegnest. Es geht also beim Beten nicht um ein „Hinaus" aus dem Leib, sondern eher um ein tiefer „Hinein" in das Hier und Jetzt, in das dich dein Leib für ein echtes Gebet herausfordert.

Die Schönheit der Welt

Also: Gott ist in sich vollkommen glücklich, auch ohne die Schöpfung. Das heißt dann umgekehrt: Die ganze Welt ist zur Ehre Gottes geschaffen, aber nicht, weil er sie braucht, sondern weil er Schönheit, Güte, Wahrheit verschenken möchte. So, dass in der Welt Schönheit, Wahrheit und Güte zum Ausdruck kommen und dadurch der Schöpfer gepriesen wird. In der Schönheit der Natur der Schöpfung kommt zum Beispiel die Schönheit Gottes zum Ausdruck. Und wir als seine Lieblingsgeschöpfe – das dürfen wir glauben, denn sein Sohn ist einer von uns geworden – sind berufen, diese Schönheit mit unserem Leben zum Ausdruck zu bringen.

Aber wie? Indem wir ihn loben, ihn preisen und indem wir lernen, grundlos zu lieben. Wenn wir das lernen, sind wir Menschen, die Gottes Liebe zum Ausdruck bringen, Gottes Schönheit, Gottes Wahrheit. All das spiegelt seine Herrlichkeit wider. Paulus schreibt im Epheserbrief, dass wir „zum Lob seiner Herrlichkeit bestimmt" sind (Eph 1,12). Falls du also nicht weißt, was deine Lebensaufgabe ist, hier hast du auf jeden Fall eine: Du bist bestimmt dafür, dass du Gottes Herrlichkeit, Gottes Schönheit, Gottes Liebe zum Ausdruck bringst in dieser Welt. Wie? Indem du ihn lobst, preist, anbetest, weil du weißt, wer er ist. Und indem du dein Leben verschenkst für ihn und für andere.

Und eben das meine ich jetzt mit „Fokus". Wir brauchen in unserem Leben den Fokus, das beständige Vertrauen, dass Gott wirklich Gott ist, dass er gegenwärtig ist und sich in seiner Gabe des Lebens mitschenkt und darin mit uns ist. Wenn uns das verloren geht oder wenn wir aufhören, danach zu suchen, oder wenn dieser Glaube in uns zu sehr „verdünnt" wird, wenn uns „Gottes Gegenwart" nur noch ein abstrakter Gedanke wird, dann verlieren wir als Christen unsere eigentliche Anziehungskraft. Denn dann machen wir vielleicht als Kirche alles Mögliche, aber das lockt am Ende keinen Hund mehr hinter dem Ofen hervor. Denn dann sieht man von außen: Ja, die Christen, die sind ja irgendwie ganz nett, aber auch irgendwie seltsam – die leben gar nicht, was da in der Bibel steht –, sondern sind im Grunde voller schlechter Kompromisse, die sie selbst nicht erklären können.

Wenn aber jemand sagt, du bist eigenartig oder anders, weil

Gott ist die Mitte

du Gott wirklich liebst und ihn anbetest und weil man das an deinem Leben irgendwie spürt, dann ist das etwas anderes. So eine Erfahrung ist für einen Außenstehenden oft beides: einerseits anziehend, andererseits vielleicht auch abstoßend. Warum anziehend? Weil dann in deinem Leben, Handeln, Sprechen etwas durchscheint, was nicht allein aus dir kommt, sondern viel größer ist als du selbst. Und mancher, der das wirklich spürt, ahnt vielleicht: Das wünsche ich mir auch! Warum kann aber genau das auch abstoßend sein? Weil andere spüren, dass dich die Begegnung mit Gott und die Liebe zu ihm wirklich verändern, dass es Konsequenzen hätte. Das Leben mit Gott, die Teilnahme an seinem trinitarischen Leben, fordert dich heraus, du veränderst dein Leben oder lässt es durch ihn verändern. Du kehrst um, bekehrst dich – und jeder, der durch dich Gott näherkommt, spürt vielleicht eben diese Herausforderung: Ich müsste mein Leben ändern! Aber Moment mal: Wer weiß, ob das wahr ist, wer weiß, ob mir die Christen nicht was vormachen? Und er fängt an, Gründe zu suchen, die dafür sprechen, dass er sich dich oder einen gläubigen Menschen vom Leib halten kann. Jesus selbst macht deutlich, wovon ich spreche. In ihm war die Anwesenheit Gottes tiefer spürbar als je bei einem Menschen zuvor: Und je näher sie ihm gekommen sind, desto mehr öffnen sich die Gräben. Die einen fallen vor ihm nieder und beten ihn an – die anderen wollen ihn umbringen.

Wie fordert Gott dich heraus?

Gott ist anspruchs-voll. Er spricht dich voller Liebe an. Er will dich schön machen. Er will, dass du in seiner Gegenwart dem entsprichst, was du eigentlich sein kannst. Gottes Arbeit an dir ist herausfordernd, ist nicht nur einfach, nicht immer nur Spaß. Manchmal, wenn du ihn arbeiten lässt, bringt er das zum Vorschein, was in dir ungut ist, was in dir zum Bösen, zu Neid, zu Geschwätzigkeit, zu mangelnder Selbstannahme, zu Stolz und sonstigem Negativen neigt. Das will Gott gewissermaßen aus dir herauslieben und dich verwandeln.

Und das kann manchmal schmerzhaft sein, weil du es dann auch loslassen musst. Weil Gott aus Nichts erschaffen kann, kann er auch – und es ist die Gegenwart Jesu, die das gezeigt hat – zum Beispiel Verstorbene aus dem Tod erwecken oder auch aus Sündern gläubige Menschen machen. Ich habe hin und wieder Bekehrungen erleben dürfen von Leuten, die ganz weit weg vom Glauben waren. Da stand ich dann daneben und dachte mir: Das stimmt alles, was im Evangelium steht, und das ist tatsächlich eine Art Wunder!

Gott erschafft eine gute und geordnete Welt – aus Liebe

Wir glauben, dass Gott seine Gesetze in die Welt hineingelegt hat, aber wir wissen natürlich auch, dass die Welt nicht nur gut ist. Wie kann das sein? Dazu sind zwei Gedanken wichtig, ineinander zu denken und miteinander zu verbinden.

Gott ist ganz „transzendent". Das habe ich schon erklärt. Er ist ganz außerhalb der Welt, ist keine innerweltliche „Ursache", völlig souverän. Aber weil die Welt aus Liebe geschaffen ist, ist er in einem tiefen Sinn der Welt innerlicher als sie sich selbst. Augustinus sagt das auch über uns Menschen: „Gott ist uns innerlicher als wir uns selbst." Aber kann das sein, dass Gott ganz außerhalb ist und gleichzeitig der, der mir innerlicher ist als ich mir selbst? Das versteht man nur im Geheimnis der Liebe. Denk dir dein eigenes Leben und frag dich, was dir am wichtigsten ist und was dich am meisten bewegt. Ein ganz nüchterner und glaubensloser Naturwissenschaftlicher würde vielleicht antworten: Am meisten bewegt mich mein Überlebenstrieb, also letztlich Nahrung, Kleidung, sichere Wohnung, vielleicht auch Gemeinschaft mit anderen und der Fortpflanzungstrieb. Ist alles nicht ganz falsch. Aber wenn du tiefer in dich schaust, wirst du vielleicht spüren: Da gibt es in dir eine Sehnsucht nach mehr oder einen Antrieb, der dir von woanders her geschenkt worden ist. Ein Beispiel: Nimm an, du würdest Kunst oder Musik lieben, weil dir einst ein Freund, ein Lehrer, ein Elternteil die Liebe zur Kunst ins Herz gelegt hat. Und du spürst, dieser „Antrieb" kommt einerseits von außen. Er ist aber keine naturwissenschaftliche „Ursache" deiner Motivation, er ist nicht klar „festzumachen", man kann ihn nicht „messen". Er ist aus Liebe in dir eingesenkt. Aber zugleich ist es das, was dich gerade im Tiefsten bewegt und bestimmt. Du willst nicht Künstler werden – damit du dann was zu essen verdienen kannst, sondern du willst etwas essen, damit du Kunst schaffen kannst. Der Antrieb ist dir unsichtbar und nicht „fixierbar" einfach äußerlich geschenkt – durch einen lieben Menschen, der in dir etwas geweckt hat. Und zugleich ist dir das so innerlich geworden, dass es dein eigentlicher Lebensantrieb geworden ist. Vergleichbar – und doch ganz unvergleichlich größer – ist es mit Gott: Er hat der Welt und uns Menschen aus Liebe Sein und Leben gegeben – einfach geschenkt, ohne dass es „ursächlich" zurückzuverfolgen und festzumachen wäre. Und zugleich ist er damit der innerste Grund unseres Daseins, der „Antrieb", der im Tiefsten die Welt und den Menschen bewegt. Ja, es stimmt: Er ist der ganz Andere und doch zugleich der ganz Nicht-Andere in uns.

Welt im Werden

Gott will eine Welt, die im Werden ist. Er hat Raum und Zeit geschaffen. Und „im Werden" bedeutet, er gibt der Welt die Möglichkeit, selbst „Mitursache" zu sein, Mitwirkende zu sein an ihrem Vollkommen-werden. Und wieder ist das bei uns Menschen am besten sichtbar: Wir alle haben die Aufgabe, reife Menschen zu werden. Wir alle haben die Aufgabe, verantwortungsvolle, liebende Menschen zu werden. Gott gibt uns die Möglichkeit, an diesem Plan mitzuwirken. Das impliziert, wenn er es will, dass es auch danebengehen kann, denn sonst gäbe es keine Freiheit. Und es ist zumindest am Anfang gründlich danebengegangen, wenn man an die Erzählung von Adam und Eva denkt. Gott gibt hier Anteil an seinem Leben. Ihr lest in der Schrift, im Schöpfungsbericht: „Gott erschuf den Menschen als sein Bild, als Bild Gottes erschuf er ihn" (Gen 1,27). – Was bedeutet das, vor allem bis zu dem Zeitpunkt, wo er den Menschen schafft? Was hat Gott getan, bevor der Mensch kam? Nun, bis dahin hat Gott nichts anderes gemacht als eben „erschaffen". Und dann schafft er den Menschen nach seinem Ebenbild. Ich glaube, man kann daraus schließen, dass Gott den Menschen schöpferische Freiheit schenkt, er will, dass der wirkliche, freie Mensch eben ein liebender und damit automatisch ein schöpferischer Mensch wird.

Was heißt das? Ich kenne zum Beispiel kein Tier, das Musikstücke komponiert oder Schönheit produziert in einem Roman oder in einem Kunstwerk. Wir kennen zwar etwas Ähnliches bei Tieren: Zum Beispiel, wenn Ameisen einen Ameisenhaufen bauen und damit ein komplexes System des Zusammenlebens aufbauen – wie eine Art „Staat", oder wenn wir filigrane Spinnweben sehen – unglaublich faszinierend und schön, dann sprechen wir schon analog von einem „Kunstwerk". Aber wir sagen nicht, dass das Tier das aus Freiheit gemacht hat, sondern aus Instinkt. Wir sagen „die Natur" bringt so etwas hervor – mit einer gewissen inneren gesetzmäßigen Notwendigkeit, einfach, weil Spinnen eben Netze bauen und Ameisen „Staaten". Der Mensch dagegen malt Bilder, obwohl er es nicht müsste. Er komponiert Musik, obwohl er es nicht müsste. Er schreibt Romane, obwohl er es nicht müsste. Das heißt, der Mensch hat eine schöpferische Freiheit. Und genau da berührt er so etwas wie die oben erklärte „Erstursache": Der Mensch kann quasi Erstursache sein. Er kann in seiner Freiheit etwas Neues in Gang setzen. Der Mensch kann in seiner Freiheit schöpferisch sein. Der Mensch kann lernen, in der Kraft Gottes umsonst zu lieben, grundlos zu lieben. Oder grundlos ein Kunstwerk zu schaffen. Und eben hier berühren wir den „grundlosen Grund" unserer Freiheit. Da berühren wir die schöpferische Liebe, aus

Schöpferische Liebe

der wir entstanden sind. Das ist das, wozu wir gemacht sind: Schönheit hervorzubringen, Wahrhaftigkeit und Liebe zu leben. Und darin preisen wir den Schöpfer.

Und das Böse?

Wir glauben, dass Gott aus geheimnisvollem Grund das Böse zugelassen hat. Zum einen hat er mächtige Freiheit geschaffen. Engel, so glauben wir, sind mächtige Freiheitswesen. Das heißt, auch Engel sind personale Wesen, geistige Wesen, zu denen man „Du" sagen kann. Und offenbar – so sagt die Offenbarung – haben auch die Engel als freie Wesen die Möglichkeit gehabt, sich für oder gegen Gott zu entscheiden. Und die Schrift und unser Glaube sagen uns, dass es Wesen gibt, die das auch getan haben: sich gegen Gott entscheiden. Aber auch der Mensch hat die Möglichkeit gehabt, sich gegen Gott zu entscheiden, und er hat das ebenfalls getan. In einer sehr ursprünglichen Weise, die die Bibel in den Bildern des zweiten Schöpfungsberichts erzählt (Gen 2,4b – 3,24). Seither ist die ganze Welt in Unordnung! In ihr gibt es das Böse, die Lüge, das Leid. Wir sind egozentrisch, wir sind erlösungsbedürftig; wir führen Kriege, betrügen einander, hassen einander, sind neidisch aufeinander – und suchen beinahe immer unseren eigenen Vorteil. Die Bibel sagt zum Beispiel, dass durch „den Neid des Teufels" (ein Engel, der sich gegen Gott entschieden hat) der Tod in die Welt kam (Weish 2,24) – ebenso wie durch den Menschen, der sich gegen Gott und zur eigenen Selbstherrlichkeit entschieden hat (Gen 2,17). Sünde macht sterblich.

Um des größeren Guten willen

Aber wir glauben auch, dass Gott nicht Gott wäre, wenn er ohnmächtig gegen das Böse wäre. Deshalb bejaht er zwar niemals das Böse oder die Sünde, aber wir glauben, dass er es auch deshalb zulässt, damit letztlich sogar durch das Böse und seine Überwindung seine Liebe und Herrlichkeit deutlich wird. Von dem jüngst verstorbenen Philosophen Robert Spaemann habe ich einmal folgendes Beispiel gehört: Stell dir Gott vor, wie er die Schöpfung malt als eine Art großartiges Gemälde – wie ein wunderschönes Bild. Und dann sitzt der Böse am Rand des Bildes und haut einfach einen schwarzen Batzen Farbe mitten ins Gemälde. Und es sieht jetzt zunächst total furchtbar aus. Aber Gott nimmt diesen Batzen Farbe, baut ihn gewissermaßen ins Gemälde ein – und am Ende entsteht da ein Bild, das noch viel schöner ist, als es im ersten Entwurf geworden wäre.

Es gibt auch viele Beispiele aus der Bibel, ja es ist in der Bibel fast schon ein Muster: Josef etwa, im Alten Testament, der von seinen eigenen Brüdern entführt und als Sklave verkauft worden war, wurde schließlich Gefangener des Pharaos. Dieser erkannte seine Weisheit und machte ihn zum obersten Verwalter seines Reiches – und der Kornkammern. Es kam eine Hungersnot. Bettelnd kamen die Brüder, die ihn zuvor verkauft hatten, zu Josef, inzwischen ein reicher, mächtiger Mann. Er sagte zu seinen Brüdern: „Ihr habt Böses gegen mich im Sinne gehabt, Gott aber hatte dabei Gutes im Sinn, um zu erreichen, was heute geschieht: viel Volk am Leben zu erhalten" (Gen 50,20). Hier wird gesagt: Gott lässt auch Böses zu, aber er hat einen größeren, umfassenderen Plan, als wir zunächst erkennen – letztlich muss auch das Böse mitwirken, um das Gute zu verwirklichen!

Das erklärt freilich nicht alles Böse, das uns widerfährt, meine Lieben. Man darf das Böse und das Leid daher auch nicht zu schnell mit solchen Argumenten bagatellisieren – und Menschen womöglich noch mehr verletzen, wenn man das Leid, das ihnen widerfährt, allzu schnell als Teil von Gottes großem Plan oder seiner pädagogischen Absichten erklärt. Aber es ist dennoch so eine Grundüberzeugung in unserem Glauben für die Menschen und für die Schöpfung, dass Gott am Ende alles zum Guten führt. So ist es auch im Schicksal Jesu sichtbar: Aus der Hinrichtung Jesu, der bösesten Tat, die je begangen worden ist, ist unsere Erlösung erwachsen. Im Römerbrief 8,28

Nicht zu schnell mit diesem Argument sein!

sagt Paulus: „Wir wissen, dass Gott bei denen, die ihn lieben, alles zum Guten führt." Das ist eine wunderschöne Zusage. Wenn du Gott liebst, dann wird alles zum Guten geführt werden – egal, was passiert.

V
Und an Jesus Christus

Meine Lieben, wir haben über Gott den Vater, Gott den Allmächtigen, den Schöpfer des Himmels und der Erde gesprochen und jetzt sind wir an der Stelle des Glaubensbekenntnisses, an der es heißt: „Und an Jesus Christus".

Was heißt es eigentlich, dass Jesus der Christus, hebräisch der Messias, deutsch der Gesalbte ist? Der Messias ist für einen gläubigen Juden zur Zeit Jesu zunächst derjenige, auf den Israel seit rund zwei Jahrtausenden wartet. Die Bibel des Alten Testamentes ist ja in ihren 46 einzelnen Büchern über einen ganz langen Zeitraum entstanden – sie erzählt die Geschichte des Volkes mit seinem Gott. Und immer wieder steht in diesen Büchern an unterschiedlicher Stelle und auf unterschiedliche Weise, dass da einer kommen wird, der in ganz besonderer Weise von Gott „gesalbt" sein würde, also einer, der in ganz besonderer Weise in der Kraft des Geistes Gottes dem Volk Israel zu Hilfe kommen würde: als Befreier, als König, als Gesetzgeber, als Friedensbringer, als einer, der die Feinde besiegt, als einer, der das gespaltene Volk Israel wieder zusammenbringt und eint, als einer, der den rechten Kult, den rechten Gottesdienst wiederherstellen würde und so fort. Und nun tritt mit Jesus auf einmal jemand in Israel auf mit einem Anspruch, der so unfassbar ist, wie es das Neue Testament bezeugt – und der damit zugleich beansprucht, der Messias zu sein (vgl. z. B. Mk 14,61–62). Und wir können fragen: Was muss es für die Menschen damals bedeutet haben, wenn da so ein Zimmermannssohn aus dem biblisch unbedeutenden Ort Nazaret daherkommt – und behauptet, der Messias zu sein? Was passiert, wenn Menschen von damals, Juden aus dem ersten Jahrhundert, ihm begegnen? Ich würde dazu mit euch gerne das Beispiel des heiligen Paulus betrachten, der ein besonders interessanter Mann ist im Hinblick auf diese Frage.

Paulus, der Intellektuelle

Wer war Paulus? Heute würden wir sagen, Paulus war ein Intellektueller. Er war ein Mann mit römischem Bürgerrecht, obwohl er aus Tarsus stammte. Das war nicht selbstverständlich, dass Familien, die so weit ab von Rom angesiedelt waren, das Römische Bürgerrecht besaßen. Paulus hatte es. Er war hervorragend gebildet, sprach Hebräisch, konnte richtig gut Griechisch – und war ein gesetzestreuer Pharisäer. Wir wissen aus der Apostelgeschichte (22,3), dass er bei Gamaliel studiert hat. Gamaliel war der berühmteste jüdische Gesetzeslehrer in dieser Zeit. Paulus ist als junger Mann also aus seiner Heimat nach Jerusalem gezogen, um sich im jüdischen Gesetz unterweisen zu lassen. Pharisäer waren bekannt dafür, das Alte Testament hervorragend zu kennen und genau gemäß ihrem Gesetz zu leben. Zugleich war Paulus aber auch ein Handwerker: Er hat den Beruf des Zeltmachers gelernt. So verdiente er nach seiner Bekehrung an den Orten, wo er verkündete, auch sein eigenes Geld – ohne den anderen groß auf der Tasche zu liegen.

Als ein Mann namens Saul – so hieß Paulus vor seiner Bekehrung – hörte er von einer Gruppe von Leuten, die sich als Juden bezeichneten, aber behaupteten, den Messias erkannt zu haben. Für ihn war das völlig undenkbar, dass dieser Jesus, von dem sie ihm erzählten, der Messias sein könnte. Er empfand es vielmehr als einen schrecklichen Affront gegen das göttliche Gesetz und all das, was er so gründlich studiert, geglaubt und gelebt hatte: Ein am Pfahl Gehenkter (also ein Gekreuzigter!) war von Gott verflucht – und konnte niemals der Messias sein. So hatte er es aus seiner Bibel gelesen (vgl. Dtn 21,23 und Gal 3,13). Und deshalb verfolgte er die Christen voller Eifer und Wut. Sehr wahrscheinlich war er der Hauptverantwortliche für die Steinigung des Stephanus (vgl. Apg 7,58). Im Philipperbrief schrieb er nach seiner Bekehrung: „Ich wurde am achten Tag beschnitten, bin aus dem Volk Israel vom Stamm Benjamin, ein Hebräer von Hebräern, lebte als Pharisäer nach dem Gesetz, verfolgte voller Eifer die Kirche und war untadelig in der Gerechtigkeit, wie sie das Gesetz vorschreibt" (Phil 3,5–6). – Die Gerechtigkeit, wie sie das Gesetz vorschreibt: Diese Gerechtigkeit ist bei Paulus ein sehr zentraler Begriff. Die Bedeutung dieses Begriffes, sein Inhalt, verändert sich für ihn dramatisch nach seiner Begegnung mit Jesus.

Das Gesetz, die Propheten, der Bund und der Tempel

Was ist die Gerechtigkeit, wie sie das Gesetz vorschreibt? Wie wird ein normaler Jude wie Paulus oder einer, der sich streng ans Gesetz hält – wie wird der gerecht? Welche sind die Institutionen und Instanzen im jüdischen Glauben, die ihn gerecht machen?

1.) Das **Gesetz** des Mose ist eine Fülle von Vorschriften, die gewissermaßen das gesamte Leben der Juden umfassten: Rechtsangelegenheiten, Zusammenleben, Arbeit, Kult. Auch das Verhältnis zu Gott natürlich oder zu anderen Völkern wird vom „Gesetz" erfasst; dazu, wie man mit Strafen umgeht, wer bestraft wird für welche Vergehen und so weiter. Wesentliches Zeugnis für das Gesetz sind die ersten fünf Bücher der Bibel, die auch das „Gesetz des Mose" genannt werden, weil man Mose für ihren Autor hielt, wenigstens so, dass sie in den wichtigsten Teilen auf Mose zurückgehen. Und ganz besonders zentral im Gesetz sind natürlich die Zehn Gebote, der sogenannte Dekalog.

Pharisäer beanspruchten, das ganze Gesetz zu halten und zu leben, um so Gerechtigkeit vor Gott zu erlangen. Sie kannten das Gesetz sehr genau und dachten: Wenn ich das alles buchstabengetreu einhalte, dann bin ich gerecht vor Gott. Und genau deswegen lesen wir später in den Briefen des bekehrten Paulus immer wieder, dass es genau um diesen Punkt geht: „Die Beachtung des Gesetzes allein macht dich nicht gerecht."

2.) Zusätzlich zum „Gesetz" haben die Juden auch ihre **Propheten**. „Das Gesetz und die Propheten", heißt es immer wieder im Alten Testament – und mit dieser Redewendung wird gleichsam die ganze Glaubenstradition zusammengefasst. Die Propheten erinnern das Volk stets aufs Neue an seinen eigentlichen Ursprung, an seine Berufung und Sendung. Und die Propheten lehren auch, was Gerechtigkeit inhaltlich heißt: zum Beispiel der Ausgleich von Arm und Reich, der Umgang mit dem Nächsten, mit den Sklaven, mit den Armen. Und die Propheten stellen immer wieder auch die Frage: Was ist die Sendung Israels? Was ist die Mitte von Israel? Geht es uns wirklich um Gott, um die Verherrlichung Gottes? Sind wir wirklich das Volk, das Gott kennt – weil Er unter uns wohnt? Solche Fragen stellen die Propheten mit ihrer ganzen Existenz. Interessant ist zudem: Die Propheten verheißen einen neuen Bund, vor allem Jeremia. In seinem Buch spricht Gott durch den Propheten: „Ich habe meine Weisung in ihre Mitte gegeben und werde sie auf ihr Herz schreiben. Ich werde ihnen Gott sein und sie werden mir Volk sein" (Jer 31,33).

3.) Hier steht das Wort vom „Neuen Bund", weil der **„Bund"** im Grunde ein Thema ist, das sich für die Juden durch das ganze Alte Testament zieht. „Testament" kann man auch mit dem Wort „Bund" übersetzen. Dann bedeutet „Altes Testament" schlicht „der alte Bund": Denn Gott hat einen

Bund mit seinem Volk geschlossen. Gott und Israel sind Verbündete. Israel ist sein auserwähltes Volk. Dieser Bund hat viele Gestalten in der Bibel: Wir kennen den Bund, den Gott mit Noach geschlossen hat. Wir wissen, dass Gott mit Abraham einen Bund geschlossen hat, ebenso mit Mose am Sinai oder auch mit David. Immer wieder ist der Bund erneuert und vertieft worden, auch mit anderen Gestalten, die im Alten Testament noch vorkommen. Aber was bedeutet Gottes Bund? Gott sagt: „Es ist meine persönliche Zusage. Ich bin mit euch, ihr seid mein Volk. Ich gebe euch gewissermaßen meine Zusage, meinen Vertrauensvorschuss, meine Liebe, ich sorge für euch" – mit der Forderung, dass das Volk auf eine bestimmte Weise leben sollte –, damit der Bund Bestand habe. Die Zehn Gebote etwa sind die Weisung Gottes, die er gibt, damit das Volk im Bund bleibt. Israel war ja zuvor aus Ägypten herausgeführt und befreit worden. Und jetzt gibt Gott dem Volk die Gebote: Sie sind Weisungen, eine Art Grundgesetz des Lebens des Volkes mit seinem Gott. Wenn das Volk so lebt, wie es die Zehn Gebote sagen, dann ist es auf der sicheren Seite. Aber freilich zeigt diese Reihenfolge auch: An erster Stelle steht eigentlich die Beziehungserfahrung Israels mit seinem Gott, die Befreiungserfahrung – und eben nicht das Gesetz. Das Gesetz ist im Grunde die Ausgestaltung, wie mit Gott zu leben sei, damit man in dem Bund bleiben und ihn halten kann. Die Bilder für dieses Bundesverhältnis sind in der Bibel ganz verschieden: Ich bin der Töpfer, ihr seid der Ton. Ich bin der Hirt, ihr seid die Herde, ich bin der König, ihr seid das Volk, ich bin der Bräutigam und ihr seid die Braut. Letzteres ist eigentlich das Bild, das am häufigsten vorkommt – eines, das ganz stark in die personale Ebene geht: das Bild von Bräutigam und Braut für das Bundesverhältnis Gottes zu seinem Volk. Israel ist das auserwählte und geliebte Volk, das seinerseits Gott kennt, ihn liebt und mit ihm lebt als Ausdruck des Bundes.

4.) Neben Gesetz, Propheten und Bund gibt es auch noch den **Tempel**. Der Tempel ist gewissermaßen der Ort in Israel, wo Gott selbst wohnt und wo im Grunde alle Kulthandlungen stattfinden, wo Sünden vergeben werden, wo geopfert wird, auch wo gelehrt wird. Vom Zeitpunkt seines Gründungsgeschehens an, also vom Zeitpunkt des Auszuges aus Ägypten an, zieht Gott mit seinem Volk mit, wohnt er im Volk. Zunächst im berühmten „Zelt der Offenbarung", das Mose genau nach den Vorschriften Gottes gebaut hat, in dem sich Gottes Gegenwart und Herrlichkeit manifestiert – und in dem die Bundeslade mitgeführt wird. Nach dem Einzug ins Gelobte Land und nach der Konsolidierung des Königtums unter David und Salomo wird Salomo den Tempel bauen – in dem fortan ebenfalls im Allerheiligsten die Bundeslade aufbewahrt wird und in dem das Volk seine Opfer bringt, Lehren entgegennimmt, in dem immer wieder Versöhnung mit Gott gefeiert wird. All dies ist gewissermaßen im Tempel gegenwärtig, ganz besonders die Erfahrung: **Hier wohnt Gott.** Bei der Einweihung des Tempels im Alten Testament wird geschildert, wie die Herrlichkeit Gottes auf den Tempel herabsteigt (2 Chr 5,14) und offensichtlich eine ganz intensive, besondere Atmosphäre erfahren wird: Gott hat darin Wohnung genommen. Israel ist das Volk, in dessen Mitte Gott selbst wohnt. Das ist seine tiefste Identität.

Und das sind dann auch die vier Elemente, die vier großen Themen, die sich durch das ganze Alte Testament ziehen. Wenn also ein Jude im Bund bleibt, wenn er das Gesetz hält, wenn er auf die Propheten achtet und wenn er im Tempel den Kult vollzieht, dann wird er gerecht vor Gott.

Der Gesalbte

An vielen Stellen im Alten Testament ist dann weiterhin von „Gott und seinem Gesalbten" die Rede. Der „Gesalbte" ist eine Gestalt mit verschieden Zügen, die in verschiedenen Büchern verschieden gedeutet sind. Allen Deutungen zufolge wird der „Gesalbte" in jedem Fall irgendwie einer sein, der mit Gott ein ganz besonderes Verhältnis hat und deswegen eine Mittlerfigur ist. Er soll einer sein, den Gott seinen Sohn nennt. Mose sagt im Buch Deuteronomium: „Einen Propheten wie mich wird dir der Herr, dein Gott, aus deiner Mitte, unter deinen Brüdern, erstehen lassen. Auf ihn sollt ihr hören" (Dtn 18,15). So lässt sich die jüdische Erwartungshaltung einem Messias gegenüber erklären: Irgendwann in Richtung Endzeit kommt der ersehnte Messias. Dieser stellt dann das verlorene Reich für Israel wieder her, er wird die Feinde Israels besiegen, er richtet ein Friedensreich auf, wird ein Lehrer und Richter der Völker, ein Friedensstifter, ein endzeitlicher Bringer des Heils.

Dieser Messias wird Israel zum Zentrum der Welt machen, sodass alle Völker zum Zion pilgern, damit dort Gott in der rechten Weise verehrt und erkannt wird. Der Tempel in Israel wird ein Haus des Gebetes sein für alle Völker. Das ist die Verheißung für Israel: allen Völkern zu zeigen, wie ein Volk lebt, das mit Gott lebt. Insofern beziehen sich diese Verheißungen auf die universale Sendung des Volkes Israel: „Mein Haus wird ein Haus des Gebetes sein für alle Völker" (Jes 56,7). Das sind so einige Erwartungen des Volkes Israels an einen zu kommenden Messias, die Jesaja beschreibt: „Denn ein Kind wurde uns geboren, ein Sohn wurde uns geschenkt. Die Herrschaft wurde auf seine Schulter gelegt. Man rief seinen Namen aus: Wunderbarer Ratgeber, Starker Gott, Vater in Ewigkeit, Fürst des Friedens. Die große Herrschaft und der Frieden sind ohne Ende auf dem Thron Davids und in seinem Königreich, es zu festigen und zu stützen durch Recht und Gerechtigkeit, von jetzt an bis in Ewigkeit. Der Eifer des Herrn der Heerscharen wird das vollbringen" (Jes 9,5–6).

Zurück zu Paulus: Der kennt natürlich all diese Verheißungen der Bibel und so kommt es, dass Paulus es zunächst als Blasphemie empfand, dass da einer, der den allerletzten Verbre-

Zurück zu Paulus

chertod am Kreuz gestorben ist, der „Messias" genannt wird. In seinem Brief an die Korinther schreibt Paulus demnach: „Das Kreuz ist für den Juden ein empörendes Ärgernis" (1 Kor 1,23). Und genauso dachte Paulus selbst, bis er vor Damaskus seine persönliche Jesusbegegnung hat. Die Geschichte seiner Bekehrung, die in den bildlichen Überlieferungen immer wieder mit einem Sturz vom Pferd dargestellt wird, wird allein in der Apostelgeschichte dreimal erzählt. Er selbst erwähnt sie nicht so ausführlich, sondern eher beiläufig im Galaterbrief. Für Lukas, der die Apostelgeschichte schrieb, war sie offenbar sehr wichtig – weil von Paulus aus, von diesem gebildeten, intellektuellen, griechisch sprechenden Juden mit römischem Bürgerrecht, plötzlich die erfolgreichste Missionsbewegung startete, die in der alten Kirche den Glauben an den Herrn zu allen Völkern bringen sollte – weit über Israel hinaus.

Paulus zog sich nach seiner Begegnung mit dem Herrn zurück. Er schreibt im Galaterbrief, dass er nicht sofort zu den Aposteln nach Jerusalem, sondern nach Arabien zog, wahrscheinlich irgendwo in die Wüste. Dort dachte er offenbar erst einmal drei Jahre lang darüber nach, was ihm passiert ist. Stellt euch mal vor: Sein so fest und systematisch gebautes inneres Set von religiösen Überzeugungen, die alle aufeinander bezogen sind, wurde radikal umgestürzt – und enthält eine neue Mitte. Wie kann das sein, wie hängt alles zusammen? Wie fügt sich Jesus tatsächlich in die Verheißungen des Alten Bundes ein? Paulus musste seine neue Glaubenserfahrung erst einmal neu verstehen und sortieren lernen. Und wie hat er diese Erneuerung, diese Umwandlung erlebt? Er wurde vom Blinden zum Sehenden, vom Toten zum Lebenden, von der Missgeburt zum Begnadeten – so schreibt er über sich selbst. Und Paulus schreibt eben nicht, dass alles, was er als Jude geglaubt hat, verkehrt war, sondern er fängt an zu verstehen, dass und wie Jesus die Erfüllung von allem ist, was er geglaubt hat. Und das verkündet er schließlich auf seinen Missionsreisen.

Das heißt, und das versucht Paulus uns zu zeigen: Wir können im Grunde das Thema „Messias", „der Gesalbte", ohne den gesamten jüdischen Hintergrund nicht wirklich verstehen. Paulus erkannte: Dieser Jesus, dessen Anhänger er verfolgt hat, ist der von Israel erwartete Messias. In ihm erfüllt sich alles, was Israel erwartet hat – und es wird noch ungeahnt überboten. Jesus erfüllt zum Beispiel **das ganze Gesetz**. In der Bergpredigt etwa sagt er immer wieder: „Euch ist gesagt worden … – ich aber sage euch …" Und er zitiert dabei immer wieder das „Gesetz des Mose". Beispiel: Er sagt: „Ihr habt gehört, dass gesagt worden ist: Du sollst nicht die Ehe brechen (= Gesetz des Mose aus den Zehn Geboten!). Ich aber sage euch: Wer eine Frau nur lüstern ansieht, hat mit ihr schon die Ehe gebrochen" (Mt 5,27–28). Das Beispiel macht deutlich: Jesus sagt das nicht, um das Gesetz abzuschaffen, sondern um seinen inneren Sinn zu verdeutlichen. Ehebruch beginnt schon früher, nicht erst bei der eigentlichen Tat. Das heißt: Jesus zielt auf unser Inneres, auf unser Herz, und damit auf die eigentliche Bedeutung von allen religiösen oder sittlichen Vorschriften: „Denkt nicht, ich sei gekommen, um das Gesetz und die Propheten aufzuheben. Ich bin nicht gekommen, um aufzuheben, sondern um zu erfüllen", so beschreibt er es selbst (Mt 5,17).

> In ihm erfüllt sich alles

Paulus wird dazu im Galaterbrief schreiben: „Als aber die Zeit erfüllt war, sandte Gott seinen Sohn, geboren von einer Frau und dem Gesetz unterstellt, damit er die freikaufe, die unter dem Gesetz stehen, und damit wir die Sohnschaft erlangen" (Gal 4,4–5). Was bedeutet das? Na ja, wenn man das ganze Gesetz nur aus dem Grund streng hält, damit man halt das Gesetz gehalten hat, aus eigenem Ehrgeiz und eigener Leistung, aber nicht den eigentlichen inneren Sinn versteht, dann macht eben das noch lange nicht gerecht. Und Paulus sieht sogar noch ein, dass im Grunde niemand von uns sich Gerechtigkeit vor Gott verdienen kann durch bloße Gesetzeserfüllung. Dazu ist unser Herz zu gebrochen, dazu sind wir zu schwach oder zu ehrgeizig oder zu egoistisch. Wir brauchen jemanden, der das für uns macht. Daher ist die neue Erkenntnis von Paulus: Gerecht macht uns der, der das ganze Gesetz erfüllt hat und seinen inneren Sinn verdeutlicht hat, der Liebende, der Gerechte schlechthin. Wenn wir an Ihn glauben und Ihn lieben, werden wir von innen her verwandelt. Und Gott, der Vater, erkennt von Neuem etwas von seinem gerechten Sohn in uns.

Jesus ist der Prophet

Mose hatte seinem Volk vor dem Einzug ins Gelobte Land geweissagt (Dtn 18,15): „Einen Propheten wie mich wird dir der Herr, dein Gott, aus deiner Mitte, unter deinen Brüdern, erstehen lassen. Auf ihn sollt ihr hören." Daher wartet Israel seither nicht nur auf den Messias, sondern damit auch auf eine Gestalt wie Mose. Der Messias würde auch ein priesterlicher Führer sein, der das endzeitliche Heil ankündigen und womöglich auch bringen würde, durch den sich endgültig erfüllen würde, was Mose begonnen hatte: Das Leben des Volkes mit Gott in einem Reich des Friedens: „Einen Propheten wie mich!" Die Menschen, die Jesus begegnen und sich von ihm berühren und anziehen lassen, die seine Zeichen sehen, die erinnern sich an die Prophetie des Mose (Joh 6,14): „Als die Menschen das Zeichen sahen, das er getan hatte, sagten sie: Das ist wirklich der Prophet, der in die Welt kommen soll."

Jesus ist nicht nur die Erfüllung des Gesetzes, er ist auch der endzeitliche Prophet, der neue Mose, der – wie schon in Bezug auf die Bergpredigt oben gesagt – mit seiner ganzen Existenz deutlich machen wird, woraufhin alle Prophetie und alles Gesetz verweist. Letztlich auf ihn selbst – und auf das erneuerte Herz des Menschen, auf dass er mit Gott versöhnt sei.

Der lebendige Tempel

Jesus ist auch der lebendige Tempel Gottes. Paulus erinnerte sich daran, was Jesus gesagt hatte: „Reißt diesen Tempel nieder und in drei Tagen werde ich ihn wiederaufrichten" (Joh 2,19). –

Und der Evangelist Johannes kommentiert gleich dazu: „Er meinte den Tempel seines Leibes" (Joh 2,21). Aber, wenn vorhin der Tempel in Jerusalem als der „Wohnort Gottes" in seinem Volk beschrieben wurde, dann ist das in einem unüberbietbar tiefen Sinn in der Menschwerdung Gottes passiert. In ihm hat „Gott unter uns gewohnt" (Joh 1,14) – und der Johannesevangelist verwendet hier im Griechischen eigentlich das Wort „gezeltet" – und verweist auf das Offenbarungszelt des Mose, in dem Gott gewohnt hat, wie später im Tempel. Jesus ist selbst Tempel Gottes. Im Jahr 70/71 wurde dann der große Tempel in Jerusalem durch die Römer zerstört – und bis heute nicht wiederaufgebaut. Wir wissen, dass die Christen, die dort gelebt haben, ihn nicht mit verteidigt haben, mit der Begründung: Das ist nicht mehr unser Tempel. Wir haben Jesus und wir feiern sein Opfer, seine Lebenshingabe am Sonntag, wenn wir in der Verwandlung von Brot und Wein Jesus gegenwärtig wissen. In Ihm selbst wohnt Gott unter uns.

Johannes der Täufer wies auf Jesus hin und sagte: „Seht, das Lamm Gottes!" (Joh 1,29). Wenn ich Jugendliche frage, was dieses rätselhafte Wort denn bedeuten könnte, dann sagen sie meistens: „Ja, Jesus war besonders mild wie ein Lamm, er hat niemandem etwas getan." Meine Lieben, das ist zwar nicht ganz verkehrt, aber es war nicht der Sinn, den Johannes gemeint hat – so süß ein kleines Babyschaf auch ist. Hier handelt es sich um die Sprache des Tempels, des Opfers. Im Tempel wurden Lämmer geopfert und Johannes war der Sohn des Priesters Zacharias, der selbst im Tempel die Opfer dargebracht hat. Im Tempel wurden Lämmer und junge Stiere geschlachtet, zum Beispiel, um Gott um Vergebung der Sünden zu bitten. Daher ergänzt Johannes seine Beschreibung auch gleich und sagt: „Seht das Lamm Gottes, das die Sünde der Welt hinwegnimmt" (Joh 1,29). Johannes sieht also denjenigen, der die Sünden der ganzen Welt auf sich nehmen würde, und die Parallele zu den Opfern im Tempel: Jesus wird sich

Opferlamm und Neuer Bund

opfern. Und tatsächlich gibt es im Johannesevangelium einen einzigartigen Zusammenhang dazu: Der Evangelist erzählt, dass Jesus am Karfreitag in dem Augenblick gekreuzigt wird, in dem die Lämmer im Tempel für das jüdische Passahfest geschlachtet werden. Das Passahfest erinnert an die Befreiung des Volkes aus Ägypten (Ex 12). Die Israeliten hatten dazu in der entscheidenden Nacht ein einjähriges, fehlerfreies Lamm geschlachtet und dessen Blut an die Türpfosten gestrichen, damit Gott „weiß" (Ex 12,13), welche Häuser und Familien er verschonen muss.

Der Johannesevangelist macht damit deutlich: Jesus ist das eigentliche Lamm Gottes. Sein Blut rettet, der Glaube an ihn und sein Kreuz, seine Lebenshingabe und seine Auferstehung. Sein Blut ist die Vergebung der Sünden, die Befreiung in die wirkliche Gotteskindschaft, in die Erneuerung des Herzens. Aber genau diese Erkenntnis macht dann für die Christen den traditionellen Tempelkult hinfällig. So finde ich es überaus interessant, dass die Juden bis heute keinen Opferkult mehr haben; und dass der Tempel, der religiöse, soziale und kulturelle Mittelpunkt des Volkes, seither nicht mehr aufgebaut worden ist oder aus vielen politischen Gründen nicht mehr aufgebaut werden konnte. Wenn wir das mit christlichen Kategorien ausdrücken würden, dann könnten wir sagen: Gläubige Juden feiern im Grunde in ihren Synagogen nur noch „Wortgottesdienst". Sie feiern keine Opferfeier, kein Opfermahl mehr. Für uns Katholiken wäre das so, als würden wir nach dem Wortgottesdienst aufhören – und keine Eucharistie mehr feiern. „Das ist mein Blut, das für euch und für alle vergossen wird, zur Vergebung der Sünden – tut dies zu meinem Gedächtnis", so wiederholen wir Jesu Worte beim Abendmahl in jeder Eucharistiefeier. Das heißt, er ist unserem Verständnis nach der lebendige Tempel Gottes, der Neue und Ewige Bund in Person. Das sagt er auch in der Variante des Lukasevangeliums (Lk 20,20; 1 Kor 11,25): „Dieser Kelch ist der Neue Bund in meinem Blut, das für euch vergossen wird!"

Jesus ist der Herr, der Kyrios

Von dieser seiner Erkenntnis an verkündete Paulus Jesus als den Gekreuzigten und Auferstandenen. Als denjenigen, in dem allein das Heil ist. Und es ist interessant: Wenn ihr die Paulusbriefe lest, dann seht ihr, dass da gar nicht so viele Lebensanweisungen oder ethische Regeln darinstehen, wie wir sie öfter in den Evangelien haben. Was man konkret tun soll, wie man leben soll, wie man mit dem anderen umgehen soll. Paulus ist dahingehend eher sparsam. Er sagt vor allem anderen: Du musst an den Gekreuzigten und Auferstandenen glauben, mit ihm verbunden leben, „in ihm" sein, dann bist du „daheim". Alles andere folgt daraus. Aber das ist wirklich zentral: Das Heil gibt es nur in Jesus. Die Liebe zu ihm, das Vertrauen auf ihn verändert unser Herz, verändert uns als Menschen und führt uns nach Hause – weil wir dann in seinem Geist unterwegs sind; weil wir dann endlich wirklich wie Jesus selbst zu Gott „Abba" sagen können, das ist ein Kosewort und heißt „Papa". Und wir können es dann nicht nur sagen, sondern auch wirklich meinen. Wer Jesus vertraut und ihn liebt, der lernt so zu sprechen wie der Sohn selbst: „Weil ihr aber Söhne seid, sandte Gott den Geist seines Sohnes in unser Herz, den Geist, der ruft: Abba, Vater" (Gal 4,6). Und umgekehrt gilt auch: Wer Jesus nicht liebt, gehört da nicht hin, er ist draußen. Das Heil kommt eben nicht von der Erfüllung des Gesetzes oder einzelnen Gesetzen, sondern nur vom Herrn: „Wer den Herrn nicht liebt, sei verflucht!" (1 Kor 16,22), sagt Paulus in einem strengen Wort, das aber den Kern trifft.

Heutzutage erleben wir an vielen Stellen einen Verlust der Inhalte in unserem Glauben. Indem seine zentrale Botschaft, nämlich, dass Jesus gekommen, gestorben und auferstanden ist, damit wir zum Vater zurückkommen und das Heil haben können, weitestgehend einfach vergessen oder geleugnet wird. Paulus dagegen hat gestritten und gelitten für diese Botschaft, er brannte dafür, sie anderen weiterzugeben, es war ihm innere Notwendigkeit: „Wehe mir, wenn ich das Evangelium nicht verkünde" (1 Kor 9,16). Und ein Kernwort seiner Verkündigung war: Jesus ist der „Kyrios", Jesus ist der Herr!

Das war freilich höchst problematisch damals: Denn für die Römer war der Kyrios der Kaiser und sonst niemand. Und der Kaiser wurde oft für göttlich gehalten. Für die jüdischen Landsleute von Paulus war der Kyrios ausschließlich „Adonai", also Gott. Dass Paulus einen Zimmermannssohn als Kyrios bezeichnete, war für Römer wie Juden damals schlichtweg Gotteslästerung. Unter anderem deshalb kam Paulus auch dauernd ins Gefängnis. Paulus wurde mehrmals gefangen genommen, gefoltert, ausgepeitscht, er erlebte Schiffbruch. Paulus lebte gefährlich. Wenn es nämlich keinen anderen Kyrios gibt als Jesus, dann haben alle anderen Herrschaften, die sich anmaßen, wie Gott zu sein, ausgespielt, alle weltlichen Mächte sind nachrangig zum Kyrios. Und wenn wir ehrlich sind und Paulus glauben wollen, dann müssen wir auch für uns entscheiden: Will ich, dass Jesus der Herr meines Lebens ist? Und lass ich ihn Herr sein – für alle Bereiche meines Lebens? Also auch für meine Beziehungen, für meine Arbeit, für meine Freizeit? Darf er überall Herr sein, lass ich ihn so in mein Herz? Denn umgekehrt gilt: Wenn er nicht in allen Bereichen Herr sein darf, ist er überhaupt nicht Herr. Denn dann entscheide immer noch ich, wo er es sein darf und wo nicht – und dann bin ich letztlich sein Herr. Ihr seht: Hier geht es im Grunde um eine fundamentale Entscheidung.

Solange ich Herr bin über alle Bereiche meines Lebens – und ein bisschen an Jesus zu glauben meine, ist es eher Götzendienst. Denn dann benutze ich ihn eher – für die persönliche mehr oder weniger intensive Dekoration meines Lebens. Aber wenn ich mich ihm ergebe – und ihm zugestehe, wirklich in allen meinen Lebensbereichen und -situationen Herr sein zu dürfen, erst dann wird mein Leben: Gottesdienst, dann wird es „Lob seiner Herrlichkeit" – zu der wir nach Paulus bestimmt sind (Eph 1,12).

Ich sagte es schon: Bei Paulus geht es immer stark darum, *„in Christus zu sein"* (2 Kor 5,17). Das heißt, er ist überzeugt, dass Menschen nicht durch Werke des Gesetzes gerettet werden, sondern durch den Glauben an Christus: „Glaube und du wirst gerettet!" Durch das Leben „in ihm". Das klingt nun ein wenig abstrakt, Paulus meint eine Art mystische, innere Teilhabe. Wie geht denn sowas?

In Christus sein

Ich meine, es ist im Grunde ganz einfach: Wir sollen lernen, den Herrn zu lieben. Paulus sagt, wer den Herrn nicht liebt, der ist draußen, der gehört nicht dazu. Wir sprechen ganz ähnlich, zum Beispiel mit Blick auf unsere Freundschaften: „Du hast Platz **in** meinem Herzen", das bedeutet zum Beispiel: „Ich nehme dich mit, wenn ich in Urlaub fahre, und denke an dich, ich habe dich dabei, auch wenn wir örtlich getrennt sind. Du lebst **in** mir – ich lebe **in** dir." Diese innere Verbundenheit kommt aus der Liebe zueinander. Und, meine Lieben, die Gemeinschaft derer, die in Jesus leben, sind wir als Kirche. Die Teilhabe an seinem Brot, die Teilhabe an Leib und Blut des Herrn ist Teilhabe des In-Christus-Seins. Die Kirche sind die, die in Christus sind, weil sie ihn kennen und lieben – und deshalb Gutes tun. Nicht nur, weil es ihnen ein Gesetz vorschreibt. Paulus sagt gewissermaßen: Wenn aus dem Glauben nicht die Liebe folgt, dann nützt dir der Glaube auch nichts! Denn dann ist der Glaube vielleicht nur etwas „Gedachtes", aber nicht mit innerem Leben, nicht mit Liebe erfüllt.

Derselbe Paulus also, der immer sagt, dass der Glaube so wichtig ist, der schreibt im ersten Korintherbrief: „Wenn ich in den Sprachen der Menschen und Engel redete, hätte aber die Liebe nicht, wäre ich dröhnendes Erz oder eine lärmende Pauke. Und wenn ich prophetisch reden könnte und alle Geheimnisse wüsste und alle Erkenntnis hätte; wenn ich alle Glaubenskraft besäße und Berge damit versetzen könnte, hätte aber die Liebe nicht, wäre ich nichts" (1 Kor 13,1–2). Ja, der Glaube ist es, der uns rettet, aber der Glaube legt sich aus in Werken der Liebe zu Gott und zu den Menschen. Sonst ist es vielleicht gar nicht wirklicher Glaube in diesem Sinn.

Der Alte Bund ist ungekündigt

Wir sehen am Ende dieses Abschnittes: Es ist wichtig zu wissen, dass die Rede von Jesus als „Messias", als Erlöser und Gesalbter, im Grunde gar nicht verständlich ist vor dem jüdischen Hintergrund, aus dem Paulus lebt und denkt. Der heilige Papst Johannes Paul II. hat immer wieder betont: „Unsere jüdischen Mitglaubenden sind unsere älteren Brüder und Schwestern." Wir leben daher als Christen auch vom Erbe Israels und ringen mit Israel um die Frage: Wer ist dieser Jesus? Für uns ist er der Messias. Viele Israeliten sehen ihn als einen der großen Propheten, weisen aber zurück, dass sich in Jesus Gott selbst geoffenbart hat. Einige Juden, in den letzten Jahrzehnten werden es mehr, sind nun sogenannte messianische Juden: Sie haben zum Glauben an Christus gefunden, lassen sich aber nicht neu taufen, sondern fühlen sich ihrem Volk bleibend zugehörig und dem, der gekommen ist, zuerst ihr Volk zu erlösen – und durch das Volk dann die ganze Welt.

In unserer Kirche gab es lange Zeit zumindest weit verbreitet als Populärglauben eine Art Substitutionstheologie, die die Meinung vertrat, dass es den Alten Bund nicht mehr gibt. Dass er durch Jesus und seine neue Kirche aufgelöst und ersetzt (= substituiert) wurde und die Christen alleine das neue Volk Gottes seien.

Papst Johannes Paul II. hat solche Theorien gründlich theologisch untersuchen lassen: Ist der Alte Bund tatsächlich gekündigt? Viele Theologen und letztlich auch unser Lehramt kamen zu dem Schluss: Nein, der Alte Bund ist nicht gekündigt. Gott ist seinem Volk treu und erfüllt seine Verheißungen. Und es gibt eine tiefe Betrachtung von Paulus im Römerbrief, in den Kapiteln 9 bis 11, wo er um die Frage ringt, wie denn sein Volk, in das er hineingeboren wurde, gerettet würde. Und welchen Zusammenhang es da gebe mit Christus, dem Messias. Ich kann das jetzt nicht tiefer ausführen und will nur sagen, dass Paulus der Meinung ist, dass am Ende auch „ganz Israel gerettet wird" (Röm 11,26).

Das bedeutet für uns als Christen: Es gibt für uns keinerlei Anlass oder Rechtfertigung für irgendeine Form von Antijudaismus oder Antisemitismus. Es ist eher umgekehrt: Juden sind in besonderer Weise unsere Brüder und Schwestern und in gewisser Weise unsere Vorläufer im Glauben. Wir sind die getauften Heiden, wir sind eher – wie Paulus sagt – „Zweige aus einem wilden Ölbaum", „eingepfropft in den edlen Ölbaum" (Röm 11,17), also in das Volk Israel – und dürfen dafür dankbar sein.

VI
Seinen eingeborenen Sohn, unseren Herrn

Ihr Lieben, jeder kennt vermutlich die eigentümlich fremde Erfahrung, wenn man mithört, wie über einen selbst gesprochen wird. Es ist ziemlich schwer, einer Person, über die man spricht, tatsächlich gerecht zu werden – selbst, wenn man es wirklich möchte. Ich habe beispielsweise schon viele Sachen gelesen, wo jemand meinte, mich beurteilen zu können: in der Zeitung oder in irgendwelchen Kommentaren. Dabei ist immer wieder eigenartig, wie wenig meinem Empfinden nach das Geschriebene die Sache trifft. Ich frage mich: Wie das wohl für Jesus ist, wenn wir hier über ihn sprechen? Es ist nicht einfach selbstverständlich, dass wir hier und heute über so jemand Besonderen wie Jesus sprechen dürfen und sollen. Daher hoffe ich, dass es in der Demut und der Liebe geschieht, die zugleich einräumt, dass man mit den Worten, die man sagt, dem, über den man spricht, nie ganz gerecht wird. Und hoffentlich geschieht das Ganze im Geist der Liebe, im Heiligen Geist. Ihr werdet gleich noch merken, warum diese Einleitung zum Thema passt.

Kann Gott einen Sohn haben?

Im Glaubensbekenntnis der Christen geht es im Satz weiter: „an Jesus Christus, seinen eingeborenen Sohn, unseren Herrn". – Was bedeutet es nun, dass Jesus der Sohn des Vaters ist? Das ist eigentlich das zentrale Geheimnis unseres Glaubens und war von Anfang an schrecklich anstößig für unsere jüdischen Geschwister, später auch für die muslimischen Brüder und Schwestern: Wie kann der eine, einzige Gott einen menschlichen Sohn haben, von dem die Christen behaupten, dass er genauso Gott ist wie sein Vater? Wie ist das überhaupt möglich, ja denkbar?

Im Alten Testament taucht der Ausdruck „Gottes Sohn" sporadisch auf. Manchmal wird er in einem übertragenen Sinn für Israel, also für das Volk, und manchmal für die Könige Israels verwendet. Zum Beispiel für David, der eine besondere Beziehung als König zu Gott hatte oder auch zu König Salomo: „Er ist mein Sohn, ich bin sein Vater" (1 Chr 28,6), sagt Gott im Alten Testament zu dieser Beziehung. Aber auch als Bezeichnung für die Engel kommt die Bezeichnung vor. Im Buch Ijob gibt es am Anfang eine Art Thronversammlung, Gott lädt dazu seine Engel wie eine Art Beraterstab ein. In der Bibel heißt es dazu dann, die „Gottessöhne" sind versammelt (vgl. Ijob 1,16). Aber an all diesen Stellen wird deutlich, dass diejenigen, die da angesprochen sind, trotzdem nicht mehr sind als nur Geschöpfe, die von Gott gleichsam adoptiert sind als „Söhne", weil er sie liebt.

Ganz anders ist das aber im Neuen Testament. Hier lesen wir plötzlich einen völlig neuen Ton in der Frage, wer Jesus ist, mit Blick auf den Vater, den er uns verkündet. Petrus sagt in seinem entscheidenden Bekenntnis (Mt 16,16): „Du bist der Messias, der Sohn des lebendigen Gottes." Und Jesus bestätigt diese Aussage, indem er sagt: „Denn nicht Fleisch und Blut haben dir das offenbart, sondern mein Vater im Himmel." Das ist ungeheuerlich, was hier passiert: Die menschliche Dimension wird hier ausdrücklich ausgeklammert („Fleisch und Blut") – und die göttliche tritt hervor.

An einer anderen Stelle, im Galaterbrief, einem der ältesten Texte des Neuen Testaments, sagt Paulus: „Als es aber Gott gefiel, der mich schon im Mutterleib auserwählt und durch seine Gnade berufen hat, in mir seinen Sohn zu offenbaren, damit ich ihn unter den Völkern verkünde, da zog ich nicht Fleisch und Blut zu Rate" (Gal 1,15–16). Der, den Paulus bekennen soll, der hat mit den normalen Menschen hier zunächst wenig zu tun. Der Vater im Himmel offenbart vielmehr in seiner Güte seinen Sohn. Und von denen gibt es nicht viele, sondern nur genau einen.

„Mein Vater und euer Vater"

Jesus selbst unterscheidet sehr präzise zwischen seiner Beziehung zu Gott und der Beziehung von anderen zu Gott. Im Johannesevangelium sagt der Auferstandene zu Maria von Magdala: „Ich gehe hinauf zu meinem Vater und eurem Vater, zu meinem Gott und eurem Gott" (Joh 20,17). Er setzt die Beziehung nicht gleich, sondern er ist derjenige, der den Menschen ermöglicht, dass sie wieder zurückfinden zu Gott in ein Verhältnis der Gotteskindschaft. Zwischen der Gottessohnschaft Jesu und der Gotteskindschaft der Menschen gibt es einen wichtigen Unterschied: Letztere wird erst durch Jesus vermittelt. Jesus ist der eigentliche und einzige Sohn und wir werden durch ihn in diese Sohnschaft oder Kindschaft hineingeholt. Er ist der Vermittler, nur durch ihn lernen wir, was es heißt, Gott wie einen Vater zu lieben – auch wenn wir bereits leibliche Väter haben.

Das ist eine völlig neue Qualität. Die Männer und Frauen des Alten Testaments waren überzeugt, dass sie Gott eigentlich nicht begegnen könnten, ohne zu sterben. Das sagt Gott selbst in der Bibel: „Kein Mensch kann mich sehen und am Leben bleiben" (vgl. Ex 33,20). Und zwar nicht, weil Gott so grausam wäre, sondern weil er so unfassbar majestätisch, so groß und unvergleichlich ist. Und der Mensch im Verhältnis dazu so klein, gebrochen und sündig. Im Bild gesprochen: Gott ist heller als tausend Sonnen – und ich kann nicht mal einfach so in nur eine einzige leuchtende Sonne schauen, ohne schmerzhaft geblendet zu werden. Das war und ist Überzeugung Israels! Und dennoch: Jetzt beten wir Christen, dank Jesus, wie selbstverständlich: „Vater unser im Himmel". Und das, obwohl damit genau der gleiche Gott wie im Alten Testament verehrt wird, der Allmächtige, der Majestätische, der Schöpfer des Himmels und der Erde.

Es ist auch nicht so, dass nur Jesus Gott als seinen Vater bezeichnet, sondern an einigen markanten Stellen im Neuen Testament ertönt sogar die Stimme des Vaters selbst, der Jesus seinen geliebten Sohn nennt. Etwa dort, wo Jesus zum Jordan kommt und von Johannes getauft wird. Auf einmal hört man eine Stimme: „Dieser ist mein geliebter Sohn, an dem ich Wohlgefallen gefunden habe" (Mt 3,17). Dasselbe passiert auf dem Berg Tabor, wo Jesus mit drei Aposteln hinaufgeht. Plötzlich erscheint er in strahlendem Weiß und die Stimme Gottes sagt: „Das ist mein geliebter Sohn" (2 Petr 1,17). Jesus nennt sich selbst Gottes einzigen Sohn an einer Stelle im Johannesevangelium, dem Nikodemusgespräch: „Denn Gott hat die Welt so sehr geliebt, dass er seinen einzigen Sohn hingab, damit jeder, der an ihn glaubt, nicht verloren geht, sondern ewiges Leben hat" (Joh 3,16).

„Das ist mein geliebter Sohn"

Warum beten wir nun „eingeborener Sohn"? Zunächst: Bei „eingeboren" geht es nicht um Indianer oder Aborigines, sondern um das griechische Wort „mono genetos" beziehungsweise das lateinische „uni genetus". Da stecken übersetzt die Worte „einzig" („monos") und „geboren" oder „gezeugt" darin („genetos"). Diese Aussage kann man nach zwei Richtungen lesen, die beide gleichermaßen wahr sind.

– Man könnte das „monos", das „einzig", auf den Vater beziehen: Er ist der Einzige, das heißt, er ist der einzige Vater des Sohnes. Das bekennen wir zum Beispiel mit Blick auf Josef, Jesu Adoptivvater, der ihn nicht gezeugt hat.

- Oder wir beziehen das „monos" auf Jesus: Er ist der einzige Sohn.

Im großen, nizäno-konstantinopolitanischen Glaubensbekenntnis, das ein sehr schönes ist, bekennen wir diesen Satz ausführlicher. Dort heißt es, dass Jesus vom Vater gezeugt, nicht geschaffen ist. – Warum ist das wichtig? Weil wir selbst im menschlichen Kontext das Wort „zeugen" anders bedeuten als etwas „machen" oder „schaffen". Der Mensch *macht* viele Dinge. Er baut Computer und Raketen, er fliegt zum Mond, baut riesige Kirchen und vieles mehr, aber *zeugen* tut er nur Seinesgleichen. Zeugen tut er nur Menschen. Der Mensch zeugt einen Menschen, die Katze zeugt eine Katze. Wenn wir also sagen, dass Gott, der Vater, einen Sohn zeugt, heißt das, dass Vater und Sohn in gewisser Hinsicht eins sind: eben Gott. Der Sohn ist auf der Ebene des Vaters. Gezeugt, nicht gemacht, nicht geschaffen – im Gegensatz zu den Menschen: Wir sind von Gott gemacht, also geschaffen.

Die Heilige Dreifaltigkeit

Nun sehen wir hier, wie Vater und Sohn zusammengehören. Aber jeder Christ weiß auch, dass da noch ein Dritter im Spiel ist: Wir bekennen Vater, Sohn und Heiligen Geist. Wie verhält sich nun der Heilige Geist zum Sohn und zum Vater? Oder wie kann man das verstehen, dass diese drei ein einziger Gott sind, die Heilige Dreifaltigkeit? Drei und Eins, geht denn das? Ich möchte mich dieser Frage annähern. Sie bleibt natürlich ein „Geheimnis" und ich meine das Wort nicht im Sinn eines „unlösbaren Rätsels", sondern eher im Sinn von: Wir können etwas darüber sagen, wir können hineinfinden. Aber trotzdem bleibt das, worüber gesprochen wird, unendlich viel größer als alles, was darüber gesagt werden kann.

Machen wir einen Versuch: Im Johannesevangelium heißt Jesus „das Wort", griechisch „logos". Am Anfang war der „logos", also das Wort, der Sinn, die Sprache, die Vernunft – alles das kann das griechische Wort heißen. „Logos" ist sehr vieldeutig. Unsere Übersetzung in der Einheitsübersetzung heißt „Am Anfang war das Wort" (Joh 1,1). Warum? Auch hier geht unser Verstehen wieder über unsere menschliche Erfahrung: Menschen können so sprechen, dass man spürt, sie haben eine Sache wirklich erkannt und verstanden. Nun kann man aber auch erleben, dass andere Menschen, die über dieselbe Sache sprechen und sogar dieselben Wörter benutzen, offenbar gar nichts kapiert haben und man hat den Eindruck, sie plappern nur. Als Hochschullehrer merkt man das zum Beispiel bei Prüfungen immer: Wer plappert und wer hat etwas kapiert? Bei dem, der etwas verstanden hat, spürt man, dass sein Wort, seine Worte eine stärkere „Aufladung" mit der Wirklichkeit haben. Seine Worte sind „wirklichkeitsvoller", „wirklichkeitsträchtiger". Es wird klar: Der war intensiv und tief „bei der Sache", über die er spricht. Er hat sich tief eingelassen und hat die Sache gewissermaßen in sich aufgenommen und spricht jetzt darüber. Man spürt: Das hat Substanz. Sein Wort ist also wirklichkeitsvoll – von der Wirklichkeit der Sache selbst erfüllt. Und deshalb ist dieses Wort auch kraftvoller im Vorgang des „Bezeugens" der Sache, man glaubt ihm mehr. Und daher kann er auch im Hörer etwas wecken, Interesse wecken, er kann etwas von der erkannten Wirklichkeit auch im hörenden Vernehmen des anderen gleichsam „einpflanzen" – sodass dort weiteres Interesse wächst und die Erkenntnis der Sache ebenfalls wächst. Ihr seht, wir sind damit schon in dem Bereich der biologischen Bilder vom Zeugen, vom Einpflanzen, vom Wachsen.

Mit diesen Bildworten, also mit der Metapher vom „Zeugen und Bezeugen", kommen wir schon auf die Spur des biblisch Gemeinten. Aber ich gebe euch jetzt noch ein Beispiel aus der Kirche über wirkmächtige Worte. Bei Predigten zum Beispiel gibt es manchmal folgendes Phänomen: Da kann es einen einfachen Pfarrer geben, der vielleicht kein großer Intellektueller ist, aber du spürst, dass er eine tiefe Seele hat. Und er predigt und trifft dich plötzlich mitten ins Herz. Und du hast etwas tiefer verstanden, du siehst etwas neu und bist tief bewegt. Vielleicht so bewegt, dass du nachher weitersuchst und fragst oder sogar dein Leben änderst, weil du so berührt worden bist.

Und dann gibt es vielleicht einen anderen Prediger, der ist womöglich sehr intellektuell, sehr gescheit, hat zehn Bücher geschrieben über Jesus, über Theologie – und du denkst trotzdem: Das geht beim einen Ohr rein und beim anderen wieder hinaus. Wie kommt das?

Vermutlich, weil der eine mit Herzen bei dem ist, über den er spricht, weil sein Wort gewissermaßen angefüllt mit Geist, mit Liebe, mit Kraft ist. Und beim anderen ist es halt gut gelernt oder glänzend gemacht, sprachlich wendig, aber doch irgendwie nicht erfüllt von der Wirklichkeit, von der einer spricht. Eher von der Faszination über das eigene Sprechen, über die eigene intellektuelle Begabung. Wir sehen daran: Unser menschliches Wort, unser Sprechen kann tiefer oder flacher sein, wirklichkeitsloser oder wirklichkeitserfüllter. Und es kann so gesprochen werden, dass der Sprecher eher selbst gesehen werden will. Und dann benutzt einer die besprochene Sache vor allem zur eigenen Selbstdarstellung. Oder aber das Wort kann so gesprochen werden, dass der Sprecher wirklich will, dass das gesehen und erkannt wird, was besprochen wird. Und der Sprecher will dann hinter die Sache zurücktreten – und lässt im Hörer die Sache selbst lebendig werden.

Das Wort als Kind des Geistes

Der heilige Augustinus formulierte einst einen schönen Gedanken, den später Thomas von Aquin wieder aufgreift, indem er sagt: „Das menschliche Wort ist ein Kind des Geistes und es wird geboren aus der Hochzeit, aus der Vermählung zwischen dem erkennenden Geist und der erkannten Sache." Nicht ganz leicht zu verstehen, aber sehr schön – und auch wieder in den Bildern von „Zeugen" und „Wachsen" – nur eben auf der menschlichen Ebene. Ich versuche, es zu erklären: Dich beschäftigt irgendeine

Sache so sehr, dass du dich tief auf sie einlässt. Du hast eine Frage, du suchst Antworten, du denkst immer neu darüber nach. Du gehst damit quasi innerlich schwanger durch den Alltag, mit den Gedanken, den Gefühlen, dem Herzen bei der Sache – und plötzlich wird in deinem Erkennen etwas geboren. Du fängst an, über das zu sprechen, was du siehst, was du erkannt hast. Das kann man auch so formulieren: Dein erkennender Geist und die Sache selbst, auf die er sich bezogen hat, die haben einander „befruchtet". Die Sache ist in dich eingetaucht und du in die Sache. Und herauskommt die Frucht des Erkannten, das Wort, das Sprechen darüber.

Auch Künstler sprechen manchmal über ihren schöpferischen Prozess so: Sie gehen mit einer Sache „schwanger", mit einer Idee, einem Gedicht, einem Bild – und sie lassen es in sich „reifen", bis es dann tatsächlich auch „geboren" werden kann. Ein so gesprochenes Wort oder eben die Worte über die erkannte Sache, die sind einerseits wirklich „objektiv" – du sprichst ja wirklich von der Sache selbst, so wie sie sich dir gezeigt hat. Und so gründlich, wie du dich darauf eingelassen hast. Andererseits ist es zugleich ganz subjektiv, also ganz dein Wort. Niemand kann das, was du erkannt hast, nun ganz genauso sagen wie du.

Das heißt: Dein Wort trägt dann einerseits wirklich die „Züge" der erkannten Sache selbst, andererseits erzählt dieses Wort auch etwas über dich selbst und wie du zu dieser Sache stehst. Und so ist es wie mit einem echten Kind von Vater und Mutter: In dem Kind gehen die Züge von Mama und Papa ein und sind nicht mehr trennbar, das Kind ist in dieser Einheit auch etwas Neues, etwas Originelles. Und so ist das auch ein Bild für das gesprochene oder geschriebene Wort: Es trägt die Züge der erkannten Sache und des Sprechers jeweils in sich – und so ist es ein Kind des Geistes aus dieser „Vermählung". Das heißt: Je mehr jemand die Sache liebt, um die es geht, desto wirklichkeitsvoller wird sein Wort. Und desto objektiver und zugleich subjektiver, unverwechselbarer wird es.

Ich denke dabei immer an einen Pater aus meinem früheren Kloster, der ein großer Naturfreund war – und sich zum Beispiel besonders für Ameisen interessiert hat, vor allem für Blattschneiderameisen aus Venezuela. Er konnte so faszinierend über diese Tiere erzählen, dass er Jugendliche stundenlang dafür interessieren konnte. Ich habe mir oft Folgendes gedacht: Nehmen wir an, ich müsste auch einen Vortrag über diese Ameisen vor Jugendlichen halten. Und ich würde den Pater fragen, ob ich es genauso erzählen darf wie er, weil ich zum Beispiel vorher alles genau mitgeschrieben habe, was er gesagt hat. Und dann nehmen wir an, ich würde dieselben Worte über die Ameisen sagen wie der Pater! Vermutlich würden die Jugendlichen trotzdem nach ein paar Minuten kapieren, dass ich von Ameisen nichts verstehe! Warum? Weil meine Worte nicht „wirklichkeitsvoll" sind – ich habe mich mit den Tieren nicht beschäftigt. Ich rede nur etwas nach, was ein anderer vorgesagt hat. Und weil eben diese Worte im Grunde genauso nur von dem Pater gesprochen werden können, weil sie in ihm „geboren" worden sind. Wirklich tiefes Sprechen lebt also aus dem liebenden Erkennen einer Sache und einem Sprechen darüber, dem es wirklich um die Sache selbst geht – und nicht um Selbstdarstellung des Sprechers.

Das Wort als Gabe

Dazu noch ein anderer Gedanke: Das Wort als Gabe. Wenn einer dem anderen etwas schenkt und es ehrlich meint, merkt man sehr oft: Der Geber gibt sich in seiner Gabe auf geheimnisvolle Weise mit. Der Liebende will der Geliebten eigentlich sogar sich selbst schenken – und er schenkt ihr dann etwas, was sehr schön oder kostbar ist. Den Ring, die Blumen, das Gedicht ... Und irgendwie spürt man: Dieses Geschenk, diese Gabe ist besonders. Darin gibt sich der Geber selbst geheimnisvoll mit. Nun kann ein Empfänger einer Gabe dieses Sichmitgeben des Gebers in der Gabe achten und ehren oder aber er kann demgegenüber auch gleichgültig sein. Der Empfänger kann die Gabe zum Beispiel so annehmen, dass er den Geber selbst darin erinnert und ehrt – und sich immer wieder am Geber freut, wenn er die Gabe sieht. Der Opa hat dir zum Beispiel die alte, kostbare Uhr geschenkt, die er schon bei der Hochzeit mit der Oma vor 50 Jahren getragen hat. Und kurz vor seinem Tod vermacht er sie dir, seinem Enkel. Du hast nun die Wahl: Du kannst dich durch die Uhr immer wieder gern an deinen Opa erinnern. Oder du kannst die Uhr achtlos in den Müll wandern lassen oder verkaufen oder irgendwas damit tun. Im ersten Fall wirst du in der Art, wie du die Uhr ehrst – auch den Geber in der Uhr ehren und anwesend sein lassen. Im zweiten Fall wird die Anwesenheit des Gebers verdunkelt. Es interessiert niemanden mehr, ob und wann ein Mensch die Uhr damals benutzt hat.

Dieser Vorgang von ehrlichem Schenken und Empfangen wird allerdings vor allem dann „funktionieren" – wenn der Geber seine Gabe auch wirklich loslässt. Das heißt: Wenn er sie wirklich verschenkt und nicht heimlich oder unausgesprochen trotzdem noch hintergründig festhält oder wenn er ausgesprochene oder nicht ausgesprochene Bedingungen daran knüpft. Stell dir zum Beispiel vor: Du bekommst etwas geschenkt und freust dich – und plötzlich merkst du, der Geber hat dir die Gabe gar nicht wirklich geschenkt. Er will dich damit nämlich nur beeinflussen, er will dich zum Beispiel für irgendetwas gefügig machen oder er will dich heimlich „kaufen" oder er hat es doch an Bedingungen geknüpft – dann wirst du merken, dass die Gabe für dich gar keine Gabe mehr ist, du wirst sie nicht mehr behalten wollen. Sie ist vergiftet für dich. Und du erkennst: Der Geber hat die Gabe gar nicht losgelassen, er hat sich nie wirklich von ihr getrennt, sondern verfolgt damit manipulative Ziele. Er hält damit die Gabe hintergründig fest.

    Dieses Beispiel von Gabe, Geber und Empfänger kann man nun auch auf das Wort und unser Sprechen übertragen. Man kann das Wort als Gabe deuten. Jemand hat etwas erkannt, jemand spricht und lässt sein Wort dann auch los, damit es

Die Frei-Gabe

im anderen fruchtbar wird. Ein guter Lehrer zum Beispiel, der wirklich will, dass die Schüler die Sache selbst verstehen, dem wird es nicht zuerst um sich selbst gehen, sondern er wird sein Wort auf die Sache hin loslassen – und in die Schüler hinein loslassen. Er will, dass die Schüler die erzählte Sache erkennen und selbst anfangen, darüber nachzudenken, selbst ins Erkennen und Sprechen zu kommen.

Ein eitler Lehrer dagegen wird die Sache so erzählen, dass er dann genau darauf achtet, ob die Schüler die Worte genauso nachsprechen, wie er sie vorgesprochen hat. So einer will sich selbst in seinen Schülern widerspiegeln. Ihm geht es dann zuerst um sich – und nicht zuerst um die Sache. Von so einem Lehrer kann man sicher auch etwas lernen, aber eigentlich immer eher mit Unbehagen. Er ist zu eitel, man mag dann lieber zu Hause Bücher über die Sache lesen, als sich sein Wort „geben zu lassen" – weil man irgendwie spürt: Der meint nicht zuerst die besprochene Sache und auch nicht mich als den Hörenden – der meint zuerst einmal sich selbst.

Vom Sämann

Die Bibel erzählt dazu eine Geschichte, nämlich das Gleichnis vom Sämann (Mk 4,3–20): Der Sämann sät das Getreide. Er sät offenbar schwungvoll, denn das Saatgut fliegt nicht nur auf den fruchtbaren Boden, sondern auch auf den Weg, den Felsen und auch in die Dornen hinein. Hat Jesus, der das Gleichnis erzählt, von Landwirtschaft keine Ahnung? Denn so sät kein Bauer. Der hat kostbares Saatgut und der schaut, dass er dieses nur auf fruchtbaren Boden wirft! Oder will Jesus mit der Geschichte etwas anderes ausdrücken? Ja, vermutlich dieses: Jesus ist großzügig, das heißt, er platziert sein Wort nicht taktisch irgendwo hin, wo er schon von vornherein genau weiß, wie es ausgeht. Sondern er schüttet es aus für Viele, ganz weit hinaus, vorbehaltlos. Eigentlich ist es ein wirkliches Geschenk für die Vielen. Und er gibt es freigebig, ohne Hintergedanken. Er lässt es los, ohne manipulative Absichten. Und tatsächlich: Es wird aufgenommen von einigen, aber offenbar gibt es auch nicht wenige, da sinkt es nicht tief hinein, die tun sich schwer mit dem Empfangen, mit dem wirklichen Hören, mit der Dankbarkeit für die Gabe. Aber die aufnahmebereiten Herzen, die es trifft, bei denen fällt es tief hinein, fängt an zu wachsen – und bringt irgendwann Frucht. Die Frucht ihrerseits trägt dann einerseits die Züge des Säenden und des ausgestreuten Samens. Aber sie trägt auch die Frucht dessen, der aufgenommen, erkannt hat, der wachsen ließ und der dann das Eigene hervorbringt – die eigene Frucht, das eigene Wort, den eigenen neuen Samen. Es ist ein Geschehen von Freiheit zu Freiheit – und nicht ein Geschehen der Manipulation.

Eins und doch verschieden

Habt ihr schon einmal beobachtet, wie Menschen „Ich" sagen? Immer wenn jemand „Ich" sagt, verbindet er damit einen Gedanken von sich selbst. Das heißt: Er muss schon etwas von sich erkannt haben. Es geht ja auch gar nicht anders. Jeder Mensch – wenn er nicht bewusstlos ist – hat irgendeine Form von Bewusstsein von sich selbst und kann es daher ins Wort bringen. Andererseits wissen wir, wie wesentlich tiefe Selbsterkenntnis für unser Leben ist – und dass das alles andere als selbstverständlich ist, sich selbst in einer bestimmten Tiefe erkannt zu haben. Und so haben wir ganz verschiedene Niveaus von Ich-Sagen unter uns Menschen. Es kann sein, dass einer, der „Ich" sagt, bloß „plappert" und kaum etwas von sich erkannt hat – oder sich einbildet, irgendwer oder irgendwas zu sein. Und es kann sein, dass einer „Ich" sagt aus einer tiefen Selbsterkenntnis heraus. Und ich meine nun: Wenn unser Ich-Sagen aus tiefer Selbsterkenntnis kommt, wird es vor allem demütig sein – denn Selbsterkenntnis hilft immer auch, die anderen Seiten des Ichs zu erkennen, die du nicht so sehr magst. Und sie hilft auch zu verstehen, wie viel von dem, was wir uns gerne selbst zuschreiben, doch wieder nur geschenkt und empfangen ist.

Es ist also mit dem „Ich-Sagen" ähnlich wie oben mit den Ameisen. Ist es angefüllt von echter Wirklichkeitserkenntnis über mich selbst? Oder ist es eingebildet, eitel, egozentrisch? Und nun bringen wir dieses „Ich-Sagen" in den Zusammenhang mit der eben erklärten Gabe-Thematik. Ich sage also „Ich" und meine mich. Und sage dieses Wort einem anderen. Ich „gebe" es gewissermaßen. Nun ist aber klar: Die Worte, die wir Menschen als endliche Wesen sprechen, können zwar erfüllter oder weniger erfüllt sein von der besprochenen Wirklichkeit. Sie können oberflächlich oder tief sein und „Substanz" haben, wie wir sagen. Und dennoch gilt: Trotz allem Erfülltsein mit der Wirklichkeit ist bei uns Menschen das Wort niemals die besprochene Sache selbst. Das Wort hat immer nur Verweischarakter. Es soll die Sache bezeichnen, ist aber nicht identisch mit der Sache – auch dann nicht, wenn es wirklich reich ist an erkannter Wirklichkeit.

Gott
verschenkt
sich

Aber jetzt stell dir Folgendes vor: Gott, der Vater, hat sich durch und durch selbst erkannt. Er denkt sich also selbst auch als „Ich" – und niemand erkennt das tiefer als eben er selbst. Und aus ihm wird nun innerlich ein „Wort" der Selbsterkenntnis „gezeugt", ein „Kind" seiner Selbsterkenntnis. Und dieses Wort ist unendlich viel wirklichkeitsvoller als jedes Wort, das ein Mensch je sagen könnte. Bei Gott ist es vielmehr so: Das Wort, das er sagt, ist das, was er sagt. Es ist erfüllt von dem Gedachten und Gesagten, es ist das Gesagte. Gott spricht also „Ich" und sagt es in die Welt hinein – „gezeugt, nicht geschaffen!" Und er gibt dieses Wort in die geschaffene Welt hinein – und hält es nicht hintergründig fest, sondern lässt es los. Er lässt sozusagen sich selbst in die Welt hinein los. Er verschenkt sich in seinem Wort an die Welt.

Und wenn wir nun fragen würden: Dieses Wort, das der Vater da spricht, ist das eins mit ihm? Und wir würden sagen: Ja, natürlich, das ist ja in gewisser Weise er selbst. Es ist ganz eins mit ihm. Und zweitens könnten wir nun fragen: Dieses Wort, das er da der Welt gibt, ist das verschieden von ihm? Und die Antwort wäre: Ja, natürlich, als Geber lässt er das Wort, die Gabe, ganz los, er hält es nicht fest. Er gibt es ganz frei, radikal. Das Wort, der Sohn, ist eben deshalb zutiefst verschieden vom Sprecher, vom Vater, vom Geber. Und so können wir mit dem Johannesvangelisten vielleicht besser verstehen, wenn Jesus in einem Atemzug sagen kann: „Ich und der Vater sind eins" (Joh 10,30). Und: „Der Vater ist größer als ich" (Joh 14,28). Die Einheit ist radikal. Der Sohn ist der Vater und im Vater und der Vater im Sohn. Und doch ist der Vater ursprünglicher und der Sohn geht aus dem Vater hervor und nicht umgekehrt!

Versteht ihr? So kann man sich dem großen Geheimnis der Trinität annähern. Vater im Sohn und Sohn im Vater. Und dieses Verhältnis passiert im Raum der Liebe. Vorhin habe ich versucht, zu erklären, dass man Gott, dass man Jesus in Liebe erkennen muss. Es gibt natürlich ein Erkennen, das lieblos ist, das einfach nur instrumentell ist, das benutzen und gebrauchen und beherrschen will. All das haben wir auch und es ist zunächst auch sinnvoll und gut, auch mit diesem Erkennen operieren zu können. Aber die „Anreicherung" unseres Erkennens mit der erkannten Wirklichkeit, das „Schwangerwerden" mit der Sache, die wir erkennen wollen, dies geht nicht ohne Liebe, nicht ohne Bejahung und ohne Zustimmung zu dem Erkannten. Das, was wir in der liebenden Bejahung in uns aufnehmen, das erfüllt unser Denken und Sprechen am intensivsten – und führt dazu, dass unsere Worte wirklichkeitsvoll werden. Und das nun wieder auf die Trinität bezogen: Die Liebe, die da im Erkennen mitwirkt, ist nicht selbst schon das Erkennen, sondern ist das Band, das den Erkennenden und das Erkannte eint. Wenn nun in der Dreifaltigkeit der Vater zuerst der Erkennende ist und der Sohn der Erkannte und „Ausgesprochene", dann ist der Heilige Geist die Liebe selbst, in der erkannt und gesprochen wird.

Im Raum der Liebe

Jesus, der Herr

Ich habe versucht, vom Glaubensbekenntnis den Wortlaut „an seinen eingeborenen Sohn" zu erklären, jetzt folgt noch „unseren Herrn". Der „Herr" ist ein Wort, das in die neueste Bibelübersetzung neu und vermehrt Eingang gefunden hat. Ihr kennt dieses hebräische Tetragramm JHWH – vier Buchstaben. Es ist der Gottesname. Und für Juden ist es eigentlich ungehörig, das Wort Jahwe auszusprechen. Warum? In dem Maß, in dem wir über jemanden sprechen, meinen wir oft schon, ihn in der eigenen Verfügung zu haben. Denkt an die Erfahrung: Jemand spricht über euch und ihr hört zu und ihr denkt, das stimmt jetzt halt nicht, der kennt mich gar nicht. Aber irgendwie „verfügt" der Sprechende über mich. Daher sind die Juden von Anfang an sehr zurückhaltend mit Bildern und mit dem Sprechen über Gott. Er ist ja immer jenseits aller Verfügung, und selbst wenn mein Sprechen über ihn richtig ist, so schöpfen wir doch niemals wirklich aus, wer und wie er ist. Deswegen sagen sie mit einigem Recht: Jahwe, das soll man nicht sagen, nicht aussprechen. Und wir wissen ehrlich gesagt auch gar nicht ganz genau, wie man JHWH ausspricht. Es gibt die sogenannten Zeugen Jehovas, die meinen, das Tetragramm spricht man „Jehova" aus. Vielleicht haben sie recht, aber wir wissen es nicht: Denn dieser Begriff steht in hebräischen Konsonanten, ohne Vokale, da und die Juden haben ihn in der Überlieferung ihrer Heiligen Schrift nie ausgesprochen. Und wir Christen haben im Grunde erst damit angefangen, Jahwe zu sagen.

Aber dann gibt es auch vom Alten Testament griechische Übersetzungen. Es gab in der Antike eine griechisch sprechende Kolonie von Juden in Alexandria in Ägypten. Diese haben das ganze Alte Testament ins Griechische übersetzt. Und immer, wenn da das Tetragramm JHWH stand, schrieben sie „kyrios", was auf Griechisch „Herr" bedeutet. Im Neuen Testament sehen wir, dass Jesus ganz oft mit „kyrie" angesprochen wird

– das ist der Vokativ, also die Anredeform von „kyrios". Und damit wird in den Texten des Neuen Testaments sehr deutlich: Jesus ist der Herr, Jesus wird mit „Herr" angesprochen; es wird damit direkt oder indirekt gesagt, dass er Gott ist oder von Gott kommt.

Paulus schreibt zum Beispiel im ersten Korintherbrief: „Keiner der Machthaber dieser Welt hat sie erkannt; denn hätten sie die Weisheit Gottes erkannt, so hätten sie den Herrn der Herrlichkeit nicht gekreuzigt" (1 Kor 2,8). Also den „kyrion tes doxes", den Herrn der Herrlichkeit – eben den haben sie gekreuzigt, weil sie Gott nicht erkannt haben. Im Johannesevangelium nimmt Jesus diesen Titel selbst für sich in Anspruch, wenn er bei der Fußwaschung sagt: „Ihr sagt zu mir Meister und Herr und ihr nennt mich mit Recht so; denn ich bin es" (Joh 13,13). Thomas bekennt nach der Auferstehung – ihr kennt die Szene: Er fällt vor ihm auf die Knie und sagt: „Mein Herr und mein Gott." Überall steht hier „kyrios" und damit wird gesagt, dass es um Gott geht.

In allen vier Evangelien zeigt Jesus für viele Bereiche, dass er der Herr über alles ist. Er ist Herr über die Natur, er lässt Bäume wachsen oder verfaulen, er gebietet dem Sturm und dem See, er lässt Dämonen in Schweine fahren und anderes mehr. Er ist Herr über die Krankheiten, er ist Herr über die Dämonen, er treibt persönlich die Sünde aus und er ist Herr über den Tod: Er lässt Tote auferstehen und schenkt uns die Möglichkeit, aufzuerstehen. Im Hebräerbrief heißt es sogar, dass durch Christus die Welt erschaffen wurde (Hebr 1,2). Im Kolosserbrief schließlich lesen wir über Christus: „In ihm wurde alles erschaffen im Himmel und auf Erden, das Sichtbare und das Unsichtbare, Throne und Herrschaften, Mächte und Gewalten; alles ist durch ihn und auf ihn hin geschaffen. Er ist vor aller Schöpfung, in ihm hat alles Bestand. Er ist das Haupt des Leibes, der Leib aber ist die Kirche. Er ist der Ursprung, der Erstgeborene der Toten; so hat er in allem den Vorrang" (Kol 1,16–18). Die Kirche ist da-

Herr der Zeit, Zentrum der Geschichte

her zutiefst überzeugt, dass Christus der Schlüssel, der Mittelpunkt und das Ziel der ganzen Menschheitsgeschichte in Person ist. Er ist der Herr über alles, über das Universum, über die ganze Geschichte und über jedes einzelne Lebewesen, also auch über jeden Einzelnen von uns.

In der Offenbarung, Kapitel 5, lesen wir eine Szene, in der eine mit sieben Siegeln versiegelte Buchrolle gezeigt wird und die Stimme im Himmel fragt: „Wer ist würdig, die Buchrolle zu öffnen und ihre Siegel zu lösen?" Aber niemand meldet sich oder wird für würdig dazu befunden – und der Seher fängt an zu weinen. Doch da sagt die Stimme zum Seher: „Weine nicht! Der Löwe aus dem Stamm Juda hat gesiegt." Und dann wechselt die Szenerie und der angesprochene Löwe erscheint plötzlich als das Lamm, das aussieht wie geschlachtet, und öffnet die Buchrolle. Bibelwissenschaftler sagen, dass die Buchrolle entweder die ganze Bibel oder die ganze Weltgeschichte bedeutet. Und niemand außer dem Gekreuzigten, dem Löwen, dem Lamm Jesus, ist befähigt, die ganze Schrift oder die ganze Weltgeschichte zu deuten. Aber umgekehrt heißt es: Er selbst ist die innerste Mitte der Bibel und gleichzeitig die innerste Mitte der ganzen Geschichte: der Kyrios, der Herr, der Anker in der Zeit, der Herr in Ewigkeit.

Für uns muss das heißen: Es gibt nichts mehr in unserer Welt, was absolute Herrschaft beanspruchen könnte. Niemand ist absolut, niemand darf beanspruchen, der Herr über uns alle zu sein, kein Politiker, kein Popstar, kein Idol, kein irgendwer. Kein Mensch, auch kein geliebter, darf der Herr über dein Leben sein. Warum? Es gibt nur einen Herrn: Jesus.

In jedem Gottesdienst beten wir: „Der Herr sei mit euch und mit deinem Geiste. Erhebet die Herzen! – Wir haben sie beim Herrn." – Wirklich? Haben wir das? Oder plappern wir nur Wörter? Oder wir beenden fast jede Oration im Gottesdienst mit: „Das erbitten wir durch Christus, unseren Herrn." Warum beten wir so? Weil Jesus gesagt hat, wir sollen in seinem Namen beten: „Durch Christus, unseren Herrn."

Der Schluss der Bibel, beinahe das allerletzte Wort, lautet: „Komm, Herr Jesus" (Offb 20,20) oder auch: „der Herr kommt". Das gibt es in verschiedenen Schreibweisen. Wenn man „marana tha" sagt, dann bedeutet es „Komm, Herr Jesus". Die Kirche betet seit 2000 Jahren: Komm, Herr, komm endlich und erlöse uns, schaff dein Reich neu! Wenn der Begriff aber „maran atha" geschrieben wird, wird er von der Bitte zur Gewissheit: „der Herr kommt". Das bedeutet: Wir glauben und wissen, dass er wiederkommt, auch als Richter, aber als liebender Richter, als Herr der Herrlichkeit – für uns alle.

Komm, Herr Jesus!

Und unsere Seele, unser Herz, ist der Kampfplatz für die Frage: Wer oder was darf dein Herz regieren, wer ist dein Herr? Denn das muss uns immer neu bewusst werden: Das Herz, dein Herz (!), ist der am stärksten umkämpfte Ort der Welt. In dir passiert das Entscheidende. Hier fällt die Entscheidung über die Frage: Wer ist dein Herr? Reservierst du Gott nur die Stunde am Sonntag zwischen 10 und 11 Uhr und ansonsten lässt du ihn einen guten Mann sein? Oder darf er auch in deine Beziehungen, in deinen Beruf, in deine Familie, in alles mit hineinkommen und dein Leben dahingehend verwandeln, sodass du mit deinem ganzen Leben zeigst und bekennst: Er ist der Herr!? Das ist die Frage unseres Lebens schlechthin für uns: Wer ist Jesus, der Christus, für mich? Und es nicht eine Frage, die zum Beispiel nur für Priester, Bischöfe und Ordensleute gilt. Denn wenn Jesus derjenige ist, von dem wir glauben, dass er es ist, und wenn er gekommen ist, um uns zu erlösen, dann ist das eine Frage für jeden Menschen, für jede Seele. Er will der Herr in deinem Leben sein. Warum? Weil er es ohnehin ist. Und wenn wir ihn das aber nicht sein lassen, dann reduzieren wir ihn auf irgendetwas, das uns zu Verfügung steht, wenn wir es halt gerade brauchen. In dieser Konsequenz ist er dann aber nicht der Herr, der er für uns sein will. Er will der sein, dem wir uns ehrfürchtig nähern, den wir lieben, der uns ein echter Freund ist, dem wir unser Leben überlassen. Und der jeden Einzelnen liebt, als wäre er der einzige Mensch auf der Welt.

VII
Empfangen durch den Heiligen Geist, geboren von der Jungfrau Maria

In einer Zeit, in der die Wissenschaft uns alles erklärt und wir uns nicht so leichttun, an Wunder zu glauben, fällt uns das Verständnis eines solchen Satzes besonders schwer: „Empfangen durch den Heiligen Geist, geboren von der Jungfrau Maria". Auch Bibeltheologen, Bibelwissenschaftler, versuchen häufig, die Wunder wegzuerklären. Da habe dann zum Beispiel die Brotvermehrung gar nicht wirklich stattgefunden, vielmehr sei es eine bildhafte Erzählung dafür, dass man durch Teilen mehr Menschen satt machen könne. Oder dass Jesus über das Wasser ging, sei nur ein Bild für seine Souveränität. Ich denke mir dann immer: Wenn jemand wirklich daran glaubt, dass erstens Gott selbst in Jesus Mensch geworden ist und dass er zweitens von den Toten auferstanden ist, dann glaubt er an die beiden unfassbarsten Wunder überhaupt. Verglichen damit sind die anderen Wunder eher geringfügiger Natur. Brot vermehren, über das Wasser gehen, Menschen heilen – gegen die Wunder von Menschwerdung und Auferstehung wirken die gar nicht mehr so großartig. Warum soll Gott, der von den Toten auferwecken kann, nicht auch solche Wunder tun? Lasst uns daher jetzt erst einmal tiefer über das Wunder der Menschwerdung nachdenken.

Ich habe versucht, das Unfassbare der Menschwerdung einmal in einer kleinen Geschichte zu fassen, die uns vielleicht den Zugang zur Größe des Geschehens erleichtern kann:

> „Inkarnation" heißt Menschwerdung

Stell dir vor, du bist ein Modellbauer oder eine Modellbauerin und liebst Bausteine wie Lego oder Ähnliches. Du hast in deinem Keller eine großartige Modellbau-Landschaft mit vielen Zügen, Tunneln, Hügeln und Ebenen. Du blickst darauf und denkst dir: Wie schön ist das! Du investierst viel Zeit in deine Figuren, die deine Landschaft bevölkern, in die Züge, Häuser, Autos, Bäume und so weiter. Und du wünschst dir: Jetzt noch ein bisschen Leben reinbringen! Also entwickelst du raffinierte Computerprogramme, mit denen die Figuren lernen, sich zu bewegen und Tätigkeiten zu verrichten. Autos fahren und das, was wie ein Fluss aussieht, fließt: Leben! Und jetzt stell dir vor, du könntest dem Ganzen wirklich etwas von deinem Geist geben. Die kleinen Menschenfiguren, die sich bewegen, die du so liebst – du kannst denen jetzt noch etwas von dir geben, von dem, was du so denkst und fühlst – womöglich auch mit Hilfe eines Supercomputerprogrammes.

Und jetzt stell dir vor, die fangen an, das tatsächlich in sich aufzunehmen. Es herrschen zuerst Friede und Eintracht, weil du dich als Ober-Modellbauer den ganzen Tag um sie kümmerst. Aber irgendwann fängt einer von den Figuren an zu sagen: „Den Oberchef da, den brauch ich nicht. Ich komme eigentlich ganz gut ohne ihn aus. Jetzt will ich mal schauen, ob nicht ich hier der Chef sein kann." Und er beginnt, die anderen zu manipulieren, nur auf ihn zu hören und nicht mehr auf dich als Modellbauer. Und die anderen lassen sich manipulieren, wenigstens einige. Sie fangen an zu streiten, bilden Gruppen, betrügen sich gegenseitig und schon gibt es Krieg und Chaos. Und dein ganzer Laden, dein schönes Modellbau-Paradies ist durcheinander, obwohl du doch so viel Sorgfalt und Mühe hineingesteckt hast.

Inkarnation in diesem Sinne hieße nun: Du selbst als Ober-Modellbauer beschließt jetzt, selbst eine Modellbau-Figur zu werden und den anderen zu zeigen, worum es wirklich geht. Dass es um Liebe geht und dass man für eine friedliche Ordnung die Mitte braucht, denjenigen, der das alles gemacht hat. Und dass man dahin zurückkehren muss und Vergebung braucht und einen neuen Anfang.

So weit diese kleine Erzählung und man sieht: So sehr man so eine Geschichte erfinden und gedanklich nachvollziehen kann, so ungeheuerlich wäre es doch, sie könnte tatsächlich Wirklichkeit werden, nicht wahr? Aber die reale Inkarnation, die Menschwerdung Gottes, ist ebenso ein Geschehen, nur noch unendlich viel größer, weil Gott unendlich viel größer ist. Gott selbst, der Schöpfer von allem, nimmt die Gestalt eines Geschöpfes an, damit wir durch ihn wieder lernen, worum es eigentlich geht! Und damit wir in die Versöhnung mit Ihm finden.

Woher kommt nun das Wort „Inkarnation"? Auf lateinisch heißt „caro, carnis" Fleisch, „Inkarnation" bedeutet wörtlich „Einfleischung", also: „Fleischwerdung". Besser wird es aber mit „Menschwerdung" übersetzt, denn es geht dabei nicht nur um den Körper, also nicht nur um die materielle, die „fleischliche" Seite von uns. Es geht vielmehr um den ganzen Menschen. Die Kirche lehrt, Christus sei ganzer Mensch geworden, er habe nicht nur einen Leib angenommen, quasi als äußere Hülle, nur innerlich sei er ausschließlich Gott gewesen. Nein, er war vielmehr auch ganz Mensch mit einer menschlichen Seele, mit menschlichem Fühlen und Denken. Daher sagt die Kirche: Jesus war durch und durch Mensch und deshalb: wahrer Mensch und wahrer Gott. Aber wie geht das, dass er ganz Gott und ganz Mensch ist? Wie kommt das zusammen?

Die Theologie sagt: In ihm sind in einer Person zwei Naturen vereint. Eine Person, zwei Naturen. Statt „Natur" kann man auch „Wesen" sagen. Hier ein Beispiel dafür, wie das geht: Auf die Frage „Was bist du?" antwortet jeder: „Ich bin ein Mensch." Das ist deine Natur, dein Wesen. Du hast das menschliche Wesen. Und auf die Frage „Wer bist du?" kommt die Antwort: die Maria, die Susanne, der Klaus, der Hubert, also eine einzige, einzigartige, nicht vertauschbare Person. Das heißt: Du bist du, als Person in einer menschlichen Natur. In Christus, glauben wir, kommen zwei Naturen zusammen, zu der menschlichen auch die göttliche, in einer Person. Er hat in sich die ganze Menschennatur und die ganze göttliche Natur. Aber er ist die zweite göttliche Person (in der Dreifaltigkeit). In Jesus begegnet uns daher der Gottmensch.

Zwei Naturen in einer Person

Wir hatten ja schon über die Dreifaltigkeit nachgedacht: Hier ist die Formulierung umgekehrt. Hier sprechen wir über drei Personen (Vater, Sohn, Geist) in der einen und einzigen göttlichen Natur. Vater, Sohn und Heiliger Geist sind als Gottheit ganz eins.

Stell dir vor, dein Herz, deine Seele ist ein Haus mit vielen Zimmern: Da ist der Keller mit vielen Zimmern, dann kommt das Erdgeschoss, der erste Stock, der zweite Stock, das Dachgeschoss, überall viele Räume, Fenster, Türen. Und nun denke dir: In das Fundament dieses Hauses ist bei deiner Taufe der Heilige Geist eingezogen. Und wir glauben, dass er damit bleibend im Fundament gegenwärtig ist, er verlässt dich nicht. Aber deine Möglichkeit ist die folgende: Du kannst die Kellertür absperren. Du kannst entscheiden, dass du dein inneres Haus nicht von innen, von der Tiefe her aufbauen und vom Geist durchwirken lassen willst. Du kannst versuchen, an der Oberfläche zu leben und zu bleiben – und da ist es angenehm, wenn die Kellertüre zu bleibt. Womöglich versucht der Heilige Geist dann auch, im Bild gesprochen, durch das Dachfenster hereinzukommen, denn er wirkt ja auch von außen nach in-

Und der Heilige Geist?

nen. Er kommt zum Beispiel durch andere Menschen auf dich zu, durch Erlebnisse, tiefe Eindrücke.

Es hängt aber auch davon ab, wie sehr du das zulässt. Durchschnittliche Menschen wie du und ich, auch Gläubige in der Kirche, sagen vielleicht auch manchmal Folgendes: Okay, im zweiten Stock meines Hauses, da habe ich das Zimmer Religion für den lieben Gott reserviert, da gehe ich manchmal rein. Einmal am Sonntag zum Beispiel von 10 bis 11 Uhr. Dann gehe ich wieder raus und mache die Tür wieder zu. Und der Rest des inneren Hauses ist dann davon kaum betroffen. Im restlichen Haus lebst du, als wäre der Religionsraum gar nicht da und auch als wäre das Fundament, in dem Gottes Geist wohnt, gar nicht da.

Heil und heilig werden

Wenn wir diesem Bild aber nachgehen, dann spüren wir: So ein Leben wird dem Geist Gottes nicht gerecht und Jesus auch nicht. Er will ja, dass wir ein Herz haben, eine Seele haben, in der alles von seiner Gegenwart durchdrungen ist. Und das heißt dann auch ein heiler und zugleich ein heiliger Mensch werden: immer mehr lernen, in allem, was wir denken und tun, den Heiligen Geist hineinlassen, gewissermaßen von unten nach oben, aus unserer persönlichen Tiefe ihn immer mehr in alle Bereiche unseres Lebens hineinlassen – und so von seiner Gegenwart durchdrungen werden. Das ist möglich.

Die Frage ist also: Mache ich ihm auch die anderen Türen und Fenster auf, sodass er nach und nach das ganze Haus durchdringen kann? Das ist oft gar nicht so leicht. Ich habe miese Angewohnheiten, ich pflege irgendwelche kleineren oder größeren Süchte, ich bin irgendwie manchmal richtig garstig zu anderen, eifersüchtig, neidisch, habe eine fiese Zunge und fiese Gedanken – all solche Sachen hindern den Heiligen Geist daran, in deine inneren Zimmer zu kommen und sie mit seinem Licht zu durchfluten. Aber je mehr du das zulässt und mit dem Heiligen Geist mitwirkst, desto mehr wirst du ein Mensch, bei dem die anderen vielleicht spüren: Der oder die lebt, spricht, handelt aus der Gegenwart des Geistes. Denn sie wirkt, vielmehr Er wirkt, aber weil er Liebe ist und Freiheit liebt, lädt er uns immer ein mitzuwirken. Andernfalls kann er kaum hineinkommen. Ich durfte in meinem Leben auch schon mal Mutter Teresa kennenlernen oder auch Frère Roger, den Gründer von Taizé, habe ich getroffen. Bei beiden hatte ich das Gefühl, dass das Menschen sind, die irgendwie von oben bis unten mit dem Geist Gottes leben, von ihm durchdrungen sind. Eben ganz – und nicht nur durchschnittlich.

Maria empfing vom Heiligen Geist

Nun denkt euch jemanden, der nicht nur sonntags von 10 bis 11 Uhr in die Kirche geht, sondern dessen ganze Existenz viel tiefer, als wir es ahnen, auf Gott bezogen ist. Um das besser nachvollziehen zu können, stell dir dich selbst in einer Situation wie dieser vor: Du sprichst mit jemandem und der andere fesselt dich mit dem, was er zu sagen hat. Du bist ganz aufmerksam, ganz Ohr, ganz dabei, ganz bei der Sache. Die Zeit vergeht und du merkst es gar nicht, weil du so intensiv im Gespräch bist. Und wenn ein Gespräch wirklich auf eine solche Weise zustande kommt, dann wirst du Folgendes merken: Du bist nach einer solchen Erfahrung nicht mehr einfach ganz derselbe, du bist innerlich reicher geworden. Das Gespräch beschäftigt dich, es wirkt nach. Du bist verändert. Das ist deshalb so, weil man in einem wirklichen Gespräch die Sache oder den anderen Menschen so sehr an sich heranlässt, dass man keine Mauer als Schutz aufbaut. Man lässt den anderen wirklich in sich hinein oder die Sache, die besprochen wird.

Und nun stell dir einen Menschen vor, der tiefer als jedes andere Geschöpf, das je gelebt hat, ganz auf Gott bezogen ist, dessen tiefster Gesprächspartner dauerhaft Gott ist. Warum? Weil da kein Bruch ist, keine Ablenkung und Abweichung. Da ist nichts, was sich innerlich querstellen würde, nichts, was ihn drängt, wegzugehen oder an der Oberfläche zu bleiben. Es ist ein Mensch, der im Grunde immer in der Gegenwart Gottes lebt. So ein Mensch ist Maria. Er ist ganz in ihr und sie ist ganz in ihm. Und so wirkt Gott auch in Maria hinein und kann gewissermaßen das, was aus ihr hervorgeht, entstehen lassen.

Wir sagen, Maria ist mit ganzem Herzen, ganzer Seele, ganzer Kraft bei Gott. „Selig, die ein reines Herz haben, sie werden Gott schauen" (Mt 5,8), sagt uns Jesus. Maria ist gewissermaßen der exemplarische Mensch, der schon ist, was jeder Mensch auf Gott bezogen sein und werden kann. Sie steht in ständiger innerer Kommunikation mit Gott. Daraus kommt die Fruchtbarkeit. Das heißt, ihr Leib, ihr Trieb, ihre Emotionen, die sie als Mensch ja auch alle hat, bestimmen nicht ihr Denken und ihre Überzeugungen, sondern es ist genau umgekehrt: Ihr ganzer Glaube, ihre Überzeugungen bestimmen auch ihre Emotionen, ihre Leiblichkeit, ihr Denken.

Gott zur Welt bringen

Wisst ihr, bei uns ist es meistens umgekehrt. Du fühlst dich schlecht, du hast Hunger, du bist müde, du lässt dich vom Handy ablenken ... Alles das und viel mehr hat Einfluss auf die Frage, ob du zum Beispiel gerade beten willst oder nicht. Und ganz ehrlich: Sehr oft haben wir keine Lust dazu, weil so viel anderes gerade drängender oder wichtiger oder einfacher oder lustvoller und weniger langweilig erscheint. Bei Maria ist es gewissermaßen umgekehrt, sie ist in einem tiefen Sinn ständig Gebet, ständig bei Gott und diese Grundhaltung bestimmt auch ihre Emotionen, ihre Leiblichkeit, ihr Denken. Und eben aus diesem fortwährenden inneren Gespräch entsteht die unfassbare Fruchtbarkeit: Sie bringt Gott selbst zur Welt.

Warum sage ich das so deutlich? Weil das auch uns betrifft. Wenn wir nämlich Menschen des Heiligen Geistes, Menschen der Kirche werden wollen, dann ist es unsere Berufung, quasi wie Maria Gott zur Welt zu bringen. Und zwar als Liebe, die von ihm kommt. Jesus ist ja die menschgewordene Liebe in Person – und er schenkt uns diese Liebe in dem Maß, indem wir ihm vertrauen, ihn lieben und ihm nachfolgen. Dann wächst auch in uns die Berufung: Gottesgebärer zu sein, natürlich in einem übertragenen Sinn, eben als „Liebesgebärer". Was bei Maria wörtlich und buchstäblich passiert ist, soll bei mir, bei dir passieren, als jemand, der umsonst liebt und wahrhaftig ist und gerecht ist – sodass dein Handeln, dein Lieben Substanz hat, die nicht nur von dir kommt, sondern eben von Gott und dir.

Und das ist jetzt ein ganz großer Satz: Die Mutter Gottes ist die heile Schöpfung, in der die endgültige Versöhnung zwischen Gott und Mensch passiert. Wie ist das zu verstehen? Ich beginne ganz vorne in der Bibel: Ist euch schon einmal aufgefallen, dass am Anfang in der Schöpfungserzählung, bevor der Sündenfall passiert, eine Hochzeit zwischen Adam und Eva stattfindet? Die zwei werden ein Fleisch, heißt es (Gen 2,24). Das heißt, die Schöpfungserzählung hat eine Art Höhepunkt in einer Hochzeit, einschließlich der sexuellen Begegnung! Auch die ist hier als schön und gut betrachtet! Sie gehört zur Hochzeit.

Die Hochzeit mit der heilen Schöpfung

Aber dann geschieht der Sündenfall und damit kommt das Ganze durcheinander: Die zwei können nicht mehr so gut miteinander, jeder schiebt die Schuld von sich weg auf den anderen („Eva war's – die Schlange war's!", Gen 3,12–13), mit Gott kommen sie sowieso nicht mehr gut zurecht und auch das Verhältnis zur Natur ist irgendwie gebrochen. Die Vertrauensgrundlage ist zerstört, der Mensch ist irgendwie ein anderer geworden. Aber Gott, so sagt die Bibel in vielen Bildern und Erzählungen, möchte den Menschen wieder an sich ziehen und die Bilder werden immer intensiver, so sehr, dass Gott sagt: Ich möchte einen Bund mit den Menschen schließen, der einer Hochzeit gleicht.

Immer wieder im Alten Testament bei den Propheten kommt der Spruch: Gott will einen Bund, in dem er selbst der Bräutigam ist und das Volk Israel die Braut – oder später auch die Kirche oder auch die ganze Schöpfung. Gott will Versöhnung mit der Welt und den Menschen – durch sein Volk, durch Israel und die Kirche. Und immer wieder taucht dazu das Bild vom Ehebund in der Schrift auf, bei den Propheten, in den Psalmen, in der Offenbarung. Gott will einen Bund, der die Qualität hat, dass er und seine Schöpfung eine Ehe eingehen – wie in einer Ehe zwischen Mann und Frau verbunden leben.

Der Tempel

Auch über den Tempel hatten wir schon gesprochen. In Israel ist der Tempel der Ort, wo Gott wohnt, wo er inmitten seines Volkes ist, das ihn ehrt, anbetet und ihm Opfer bringt. Vom Tempel geht der Segen aus. Wir hatten schon gesehen, dass eigentlich Jesus selbst auch zu sich und seinem Menschsein sagt, er sei der Tempel (vgl. Joh 2,19). Aber Jesus ist ja Gott selbst und seine Geschöpflichkeit, sein Menschsein hatte er ursprünglich von Maria angenommen. Daher kann man auch in einem sehr tiefen Sinn sagen: Maria ist der eigentliche Tempel in der Welt. Niemals in der Geschichte ist ein Geschöpf tiefer von Gottes Gegenwart erfüllt gewesen als die Mutter Jesu. Ist dir schon einmal aufgefallen, wie im Lukasevangelium in den Erzählungen von der Geburt von Johannes dem Täufer und Jesus der Alte und der Neue Bund nebeneinander erzählt werden? Im ersten Kapitel werden nacheinander die Erscheinungen des Erzengels Gabriel erzählt. Einmal kündigt er dem Priester Zacharias an, dass seine schon ältere Frau Elisabet einen Sohn empfangen werde. Und der Engel erscheint im Inneren des Tempels, wo Zacharias gerade Dienst tut (Lk 1,5–25). Gott wirkt hier – vermittelt durch den Engel – ein Wunder und Zacharias tut sich schwer, es zu glauben, daher wird er bis zur Geburt des Täufers stumm sein. Bei Maria ist es anders: Zu ihr kommt der Engel direkt in ihr Wohnhaus, direkt zu ihr (Lk 1,26–38). Und er kündigt ihr eine Schwangerschaft von einem Sohn an, die der Heilige Geist wirken werde. Eine ewige Herrschaft, etwas nie Dagewesenes, einen Sohn, der „Sohn des Höchsten" heißen werde. Damit wird Maria selbst „Braut des Höchsten", sie wird selbst Tempel Gottes, der in ihr Wohnung nimmt. Sie wird damit die Urgestalt von Kirche schlechthin, weil Kirche in einem tiefen Sinn auch so beschrieben werden kann: „Wohnung Gottes" in der Welt (vgl. Offb 21,3; Eph 2,22). Hier, in Maria, hat also die endgültige Hochzeit, die endgültige Versöhnung von Gott und Mensch, von Gott und seiner ganzen Schöpfung schon begonnen.

In Maria kommen die beiden Eigenschaften Gottes zusammen in die Welt. Er ist der Wahre, er ist Wahrheit schlechthin, der Wahrhaftige. Auch darauf weist das Wort „Logos" hin. Jesus ist der Logos, der innere Sinn von allem, die innere Wahrheit von allem. Und zugleich kommt Gott in die Welt als absichtslose Liebe – und in diesem tiefen Sinn als „jungfräuliche" Liebe. Du kannst das verstehen, wenn du einmal einem Menschen begegnest, der wirklich zuerst dich selbst meint – und nicht zuerst sich selbst; einem Menschen, der dich einfach deshalb gern mag, weil du du bist – und nicht, weil er sich etwas von dir erwartet. Hast du dann nicht den Eindruck, so ein Mensch sieht dich besser, tiefer und wahrer? Einfach, weil sein innerer Blick nicht zuerst auf seine eigenen Interessen gerichtet ist? Und so kann man verstehen, dass Jesus in Maria als der Wahre und zugleich als der „Jungfräuliche" auf die Welt kommt. So wie sie die Hüterin der Wahrheit und der Jungfräulichkeit ist. Man kann sagen: In dem Maß, in dem die Kirche ist wie Maria und wo sie „in Maria" ist, dort ist sie wirklich auf Jesus bezogen und wirklich in einer Liebe, die nicht zuerst egoistisch ist, sondern frei und frei gibt.

Einheit von Wahrheit und Liebe

Ihr kennt vielleicht die Szene, wo Jesus predigt und dann ruft eine Zuhörerin: „Selig die Frau, an deren Brust du genährt worden bist" (Lk 11,27). Und Jesus sagt: „Selig die, die das Wort Gottes hören und daran glauben." Was bedeutet das? Wird hier ein Mangel an Ehrfurcht vor der Mütterlichkeit Mariens ausgedrückt? Nein. Ich verstehe es so: Die Mutter Gottes lebt in ständiger innerer Verbundenheit mit ihm und umgekehrt. Sie vertraut ihm, sie glaubt ihm, sie lässt sich von ihm immer neu auch dorthin führen, wo es ganz schwer ist, zum Beispiel am Ende unter das Kreuz. Dort steht sie dann auch noch vermutlich unter unfassbar großen inneren Schmerzen – und glaubt (Joh 19,25).

Aber wie kann man sich diese unglaubliche innere Verbundenheit denn genauer vorstellen? Denk an frisch Verliebte! Sie haben sich innerlich irgendwie immer gegenseitig mit dabei, weil sie immer aneinander denken, auch wenn sie örtlich gerade getrennt sind. Oder eine junge Mutter mit ihrem Kind: Sie ist dem Kind immer nahe und verbunden, selbst wenn sie gerade arbeitet oder einkauft und das Kind nicht in der Nähe ist. Das heißt für mich: Es gibt eine bleibende innere Verbundenheit zwischen Christus und seiner Mutter, die viel tiefer und wahrer ist, als jedes Geschöpf je eine Verbundenheit mit Gott eingegangen ist – und zwar seelisch und nicht nur leiblich, also von Herz zu Herz. Sie sind im buchstäblichen Sinn des Wortes ein Herz und eine Seele. Und daher ist – wie Jesus hier sagt – der Glaube an ihn und sein Wort, das Vertrauen und die innere Verbundenheit wichtiger als die Tatsache, dass Maria ihr Kind auch einmal gestillt hat.

Josef, der Gerechte

Mit der Geburt Jesu Christi war es so: Maria, seine Mutter, war mit Josef verlobt. Sie kommen nicht zusammen und trotzdem erwartet sie ein Kind durch das Wirken des Heiligen Geistes, schreibt Matthäus (Mt 1,18–24). Wir lesen, dass Josef sie nicht bloßstellen wollte und beschloss, sich in aller Stille von ihr zu trennen. Während er noch darüber nachdachte, erschien ihm ein Engel im Traum und sagte: „Josef, Sohn Davids, fürchte dich nicht, Maria, deine Frau, zu dir zu nehmen, denn das Kind, das sie erwartet, ist vom Heiligen Geist." – So wie die Übersetzung aus dem Griechischen lautet, könnte ein moderner Mensch folgendermaßen lesen: Josef sieht, dass seine Frau schwanger ist; das geht für damalige Verhältnisse überhaupt nicht. Aber er will sie auch nicht bloßstellen, er ist gerecht. Sie ist wahrscheinlich fremdgegangen, aber er will ihr keinen Vorwurf machen. Er geht. – So liest es ein modernes Ohr und findet Josef ganz o. k.

Auf einen zweiten Blick sieht diese Ansicht aber schon seltsam aus. Denn wenn damals ein Mann eine junge schwangere Frau einfach sitzen lässt – dann kommt der Verdacht, dass sie Ehebruch begangen hat, und darauf steht die Todesstrafe durch Steinigung nach jüdischem Gesetz (vgl. etwa Dtn 22,21). Jetzt steht aber auch da, dass das Kind, das Maria erwartet, vom Heiligen Geist ist. Die Leute, die sich mit Griechisch (der Sprache des Neuen Testaments) auskennen oder die dann vielleicht versuchen zu verstehen, wie das in Aramäisch, in der Sprache Jesu, hätte lauten können, die sagen: Dieser Halbsatz „denn das Kind, das sie erwartet, ist vom Heiligen Geist" der müsste eigentlich mit einer anderen Betonung gelesen werden, nämlich so: „Josef, fürchte dich nicht, Maria zu deiner Frau zu nehmen, *auch wenn* das Kind vom Heiligen Geist ist." Dann ginge es nicht um eine Blamage wegen Fremdgehen, sondern dann wird deutlich, dass Josef großes Gespür für seine Frau hat und Ehrfurcht vor ihrem Geheimnis mit Gott. Er spürt: An dieser Frau geschieht etwas – zwischen ihr und Gott, das für ihn zu groß scheint. Sie ist in einer unglaublich nahen Beziehung zu Gott – und er glaubt womöglich, dass er da nicht dazwischenpasst. Ich würde also für so eine Lesart plädieren, die der Situation und der Figur des Josef eher gerecht wird. Josef, der Gerechte, nimmt auf Weisung des Engels hin schließlich Maria als seine Frau und Jesus als sein Kind an – auch wenn er weiß, dass sie unvergleichlich näher mit Gott lebt als er.

Eine letzte Frage noch: Was ist mit den Brüdern Jesu? Wir lesen zum Beispiel diese Stelle im Evangelium: Jesus wirkt Wunder in seiner Heimat und sie machen ihm Vorwürfe und reden

Jungfrau – echt jetzt?

untereinander, ob das nicht der Sohn des Zimmermanns sei. Heißt nicht seine Mutter Maria und sind nicht Jakobus, Joses, Simon und Judas „seine Brüder"? (Mk 6,3). Es gibt einige Bibelwissenschaftler, die sagen: Klar, Maria hatte eine größere Familie gegründet. Jesus hat eben Geschwister gehabt. In der evangelischen Tradition ist dieser Gedanke ganz stark, dort geht man oft auch davon aus, dass die jungfräuliche Geburt Jesu ein Mythos ist. Im Galaterbrief sagt Paulus: „Von den anderen Aposteln habe ich keinen gesehen, nur Jakobus, den Bruder des Herrn" (Gal 1,19). Wie geht das damit zusammen, dass nach katholischem Glauben Maria Jungfrau sein soll, vor, während und nach Jesu Geburt?

Die Erklärung ist die: Das Alte Testament kennt unter dem Stichwort „Brüder" immer auch die engeren Verwandten und nicht notwendig die leiblichen Geschwister. Und tatsächlich, wenn wir die Schrift genau lesen, da werden etwa Jakobus und Joses einerseits als Brüder Jesu bezeichnet. Es heißt dann aber später, beim Kreuz in der Entfernung stehen Maria von Magdala und eine andere Maria, „die Mutter von Jakobus und Joses" (Mk 15,40). Aus solchen Stellen schließen die Katholiken, dass die Mutter Gottes Jungfrau geblieben ist, aber viele Verwandte hatte. Und diese waren dann die sogenannten Brüder Jesu, wie hier Jakobus und Joses.

Unsere Kirche bekennt schon ganz früh, dass die Mutter des Herrn immerwährende Jungfrau ist. Das letzte Konzil, das Zweite Vatikanische Konzil (1962–1965), hat gesagt: Maria ist als Mutter Jesu auch Mutter der Kirche. In ihr kann man am besten verstehen, wer oder was die Kirche ist. Und für mich persönlich bedeutet das auch: Die Kirche führt mich zu Jesus, weil Maria bleibend da ist und die innere Verbundenheit mit ihr führt mich zu Jesus und verbindet mich mit ihm. Sie ist daher auch mir Mutter und allen Getauften. Wir sind nicht nur Kinder des Vaters, Brüder und Schwestern Jesu. Wir sind auch Kinder Mariens.

VIII
Exkurs:
Wo ist das Leben Jesu im Glaubensbekenntnis?

Auf Beerdigungen hört man fast nur Gutes über denjenigen, der beerdigt wird, weil man das Bedürfnis hat, die guten Seiten aus seinem Leben hervorzuheben. Die negativen Seiten lässt man lieber weg, weil wir glauben, dass das Gute überwiegt und bleibt. Wenn die katholische Kirche beurteilen will, ob ein Mensch ein heiligmäßiges Leben gelebt hat, dann wartet sie in der Regel recht lange auch noch nach dem Tod dieses Menschen – bis einer vielleicht heiliggesprochen wird. Manchmal verehren die Gläubigen bestimmte Menschen schon zu Lebzeiten als heilig und glauben, der oder die ist bestimmt heiligmäßig. Aber die Kirche sagt trotzdem „Nein" zu einer solchen Verehrung zu Lebzeiten. Warum? Weil es bei der Beurteilung letztlich auch noch einmal um die Frage geht, wie ein Mensch gestorben ist. Und damit: wie er sich im Angesicht des Todes, im Angesicht der letzten Bedrohung des irdischen Lebens verhalten hat.

Ist euch schon einmal aufgefallen, dass im Glaubensbekenntnis im Grunde aus dem Leben Jesu zwischen Geburt und Leiden oder zwischen Geburt und Tod nichts weiter vorkommt? Wir bekennen zunächst die Jungfrauengeburt und sogleich geht es über zu „gelitten unter Pontius Pilatus, gekreuzigt, gestorben und begraben". Dabei ist die Bibel ziemlich voll von Erzählungen darüber, was Jesus gemacht hat, was er gesagt, gelehrt hat, von den Wundern, die er gewirkt hat, wie die Heilungen und die Naturwunder; von den Aposteln, die er gesammelt hat – das alles kommt im Credo nicht vor. Warum eigentlich nicht? Ehrlich gesagt: Das ist gar keine einfache Frage.

Tod und Auferstehung Jesu deuten alles andere

Der erste Versuch einer Antwort ist: Weil wir glauben, dass sich von der Menschwerdung Jesu, aber vor allem auch von seinem Tod und seiner Auferstehung her, alles andere erleuchtet und verstehen lässt. Alle vier Evangelien sind nach dem Tod Jesu geschrieben und die Menschen, die sie geschrieben haben, einschließlich der Apostel, die dabei waren, waren überwältigt von dem, was sie in Tod und Auferstehung Jesu erlebt hatten. Sie haben gesagt: Das wirft nochmal ein ganz anderes Licht auf alles, was er getan und gesagt hat. Zudem: Wir verehren Jesus als den Gekreuzigten und glauben im Grunde auch, dass in dieser unfassbaren, einzigartigen Liebestat alles gesagt und fast alles erklärt ist. Aber davon später.

In der Bibelforschung gab es eine Zeit, in der man unterscheiden wollte zwischen den echten Jesusworten und denen, die ihm später die Gemeinde in den Mund gelegt hat. Denn es ist klar: Die Evangelien sind alle nach Ostern geschrieben worden. Sie stehen also alle im Licht eines Rückblickes von der Auferstehung her. Die Geschichten sind also nicht einfach unmittelbare Protokolle, bei jeder Gelegenheit gleich aufgeschrieben. Sondern sie sind schon Deutungen, in ihnen kommt schon ein tieferes Verstehen zum Ausdruck als bei den meisten, die bei dem, was erzählt wird, unmittelbar dabei waren. Und weil man das in der Bibelforschung erkannt hat, meinte man, man könnte nun das, was die Gemeinde von Ostern her gedeutet und gleichsam dazu erzählt hat, wegnehmen und dann kommt man zu den eigentlichen Jesusworten, den sogenannten „ipsissima verba", und dann wüsste man, was Jesus eigentlich gemeint hat – im Unterschied zu dem, was nachher dazu gebildet wurde. Heute weiß man aber, dass das eine zu optimistische Annahme der Bibelwissenschaftler war. Eine solche Trennung zwischen eigentlichen Jesusworten und dem, was die Gemeinde dazu deutet, ist im Grunde nicht möglich.

Ich habe mir oft gedacht, diese Trennung kann auch gar nicht möglich sein. Denn wenn wir an das eigene Leben denken, ist es ja oft gerade umgekehrt! Wir machen doch die Erfahrung, dass wir aus der Distanz erst viel tiefer verstehen, was damals eigentlich gemeint war. Ein Beispiel: Als Jugendlicher – mit 15, 16, 17, 18 – da will man ganz viel unternehmen, erleben, fortgehen, man riskiert viel. Und man merkt, die Eltern versuchen eher zu bremsen, sie machen sich Sorgen, sie versuchen zu argumentieren und manches zu verbieten – und man versteht in diesem Alter die Eltern ganz oft nicht mit ihrer Vorsicht. Aber in dem Moment, wo ein junger Mensch dann selber Kinder hat und die dann zum Beispiel ebenfalls mit 15 Jahren fortlaufen wollen, wenn sie den ersten Freund oder die erste Freundin haben oder wenn sie ins Nachtleben eintauchen, dann werden sie vermutlich genauso wie damals die eigenen Eltern sagen: Langsam, mein Kind! Denn oft erst später, nach einigen eigenen Erfahrungen, versteht man, was die eigene Mutter damals gemeint hat!

Und so ist es mit Vielem. Wir verstehen unser Leben oft erst in der rückblickenden Deutung. So vieles macht erst in der Rückschau wirklich Sinn. Oft ist es mit eigenen Leiderfahrungen so – die versteht man nämlich in dem Moment, in dem sie passieren, meistens gar nicht und fragt: Warum gerade ich? Oder warum ist es so schlimm? Aber in der Rückschau, mit Abstand klärt sich dann manches eben schon. Mancher sagt dann: Dass mir das damals passiert ist, es war schlimm, aber im Grunde bin ich heute dankbar dafür, weil ich daraus so viel gelernt und verstanden habe.

Das Geheimnis Gottes in der Welt

Und ähnlich ist es mit einigen Texten der Bibel: Die Jünger und die Kirche verstehen im Licht der Kreuzigung und Auferstehung allmählich immer besser und tiefer, was Jesus davor bei so vielen verschiedenen Handlungen, Reden, Ereignissen eigentlich gemeint hat. Das heißt, in vielen seiner erzählten Taten und Lehren, die später in den Evangelien beschrieben sind, lassen die Evangelisten schon durchleuchten, dass er der Auferstandene ist, dass er der Gottmensch ist, weil sie es eben erst später verstanden haben. Und vieles von dem, was Jesus getan oder gesagt hat, bekommt dann erst einen viel tieferen Sinn. Die Evangelien geben ja selbst Zeugnis davon, dass die Jünger in den unmittelbaren Ereignissen oft erst einmal gar nichts verstehen. Selbst Petrus oder vor allem Petrus, der Chefsprecher der Jünger, versteht oft sehr wenig. Einmal sogar so wenig, dass Jesus zu ihm sagt: „Weg mit dir, Satan, geh mir aus den Augen! Du willst mich zu Fall bringen; denn du hast nicht das im Sinn, was Gott will, sondern was die Menschen wollen" (Mt 16,23).

Das ist für also der wichtigste Grund, warum von dem, wie Jesus gestorben und wieder auferstanden ist, alles, was er vorher getan und gesagt hat, noch mal ein eigenes Licht erhält. Wir verstehen: Das ganze Leben Jesu ist Geheimnis Gottes in der Welt. Und wenn ich sage „Geheimnis", dann meine ich auch hier wieder nicht ein unlösbares Rätsel. Sondern „Geheimnis" ist eher eine Wirklichkeit, die größer ist als wir selber, die aber irgendetwas von Heimat hat. Da steckt nämlich das Wort „heim" drin: Ge-heim-nis. Wir können da eindringen, dort irgendwie daheim sein, obwohl uns die Größe des Ganzen noch überwältigt. Es geht uns ja schon genauso bei einem Menschen, den wir lieben: Wir sind ihm nahe, werden aber trotzdem immer wieder neu überrascht. Je mehr du ihn liebst und ihm nahekommst, desto mehr merkst du, dass er für dich ein unerschöpfliches Geheimnis ist, einzigartig. So einen gibt es nicht nochmal in der Welt – wie dich und wie den, den du gern hast. Und umgekehrt: Je weniger wir jemanden gern haben, je mehr Abstand es zwischen uns gibt, desto mehr werden die Menschen für uns allgemein, abstrakt, vielleicht sogar geheimnislos.

Und Jesus ist nun in diesem Sinn das Geheimnis Gottes in der Welt schlechthin. Die Evangelien sind von Glaubenden aufgeschrieben, die in allem, was sie da auswählen – das ist ja nur eine kleine Auswahl, was sie erzählen (vgl. Joh 21,25) –, auf dieses Geheimnis hinweisen wollen: Er ist der Sohn, vom Vater gesandt, um die Menschheit zu erlösen und damit wir an ihn glauben.

Im Johannesevangelium lesen wir also, was die Hauptabsicht dessen ist, was da ausgewählt und aufgeschrieben wurde: „Noch viele andere Zeichen, die in diesem Buch nicht aufgeschrieben sind, hat Jesus vor den Augen seiner Jünger getan. Diese aber sind aufgeschrieben, damit ihr glaubt, dass Jesus der Messias ist, der Sohn Gottes, und damit ihr durch den Glauben das Leben habt in seinem Namen" (Joh 20,30–31).

Jesus ist der einzige Retter

Die Heilige Schrift ist demnach dazu da, dass ihre Leser lernen zu glauben. Und zwar nicht, dass Jesus ein weiser Lehrer der Menschheit war, sondern dass er der Gottmensch war, der uns erlöst hat. Er ist zuerst und vor allem ein Retter und das bedeutet zugleich – und das ist mir wichtig – Jesus ist kein politischer Revolutionär, kein Sozialrevolutionär, kein Ökologe, kein Feminist, kein heilender Tiefenpsychologe oder anderes mehr. Man kann überall in der Bibel Stellen finden, wo er all das auch ist: Dass er gut mit Frauen umgeht, dass er die Schöpfung liebt, dass er die Armen befreien will, dass er den Menschen in die Seele schauen kann – alles das ist auch gut. Und für viele wichtige politische, soziale und ökologische Anliegen kann man sich auch auf Jesus berufen. Aber das ist nicht das Erste.

Jesus ist als Erstes der Retter, der Heiland. Er ist der, der uns unsere Sünden vergibt, der uns vom Tod befreien und uns mit dem Vater versöhnen will. Und die Schrift und die Kirche machen seit zwei Jahrtausenden überaus deutlich, dass es keinen anderen Weg gibt als Jesus, der uns mit dem Vater versöhnt. Das ist seine Sendung. – Man könnte ihn also sagen lassen: „Ich bin nicht gekommen, um euch zu zeigen, wie man ein christliches Krankenhaus oder eine christliche Grundschule oder wie man eine christliche politische Partei aufbaut." Natürlich folgen solche Dinge aus dem Glauben. Menschen, die an Christus glauben, die mit dem Vater versöhnt sind, fühlen sich berufen, in der Welt zu zeigen, wie Christen leben, dass Gott die Menschen liebt, dass er will, dass sie gesund sind, Bildung empfangen, die Gesellschaft zum Besseren verändern und so weiter. Alles gut. Aber es folgt alles aus dem, dass wir glauben, dass er der Erlöser ist und dass wir Erlöste sind. Das ist das Zentrale, das ist das Evangelium.

Und die anderen Religionen? Wenn wir in der Diskussion über „die Religionen" sind, heißt es sehr oft: Irgendwie meinen im Kern doch alle Religionen dasselbe. Da ist Gott und der liebt die Menschen und Gott ist doch Liebe und Liebe ist so etwas wie eine universale Energie, die alle irgendwo kennen oder verehren? Läuft es also im Kern nicht bei allen auf dasselbe hinaus? Nun, auf solche Aussagen, die wir heute zuhauf bekommen, würde ich zurückfragen: Gibt es einen, der dich von den Sünden befreit, der dich vom Tod rettet, weil er stärker ist als der Tod? Und gibt es einen, der dich mit dem Vater versöhnt? Wir glauben als Christen: Es gibt nur einen. Es führt kein Weg an Jesus vorbei.

Wenn wir aber heute das in unserer Gesellschaft auch deutlich sagen: „Für uns ist Christus der Gekreuzigte, der für uns gestorben ist. Er ist unser Herr und das Kreuz gehört in die Mitte unseres Lebens und unserer Verkündigung" – dann geht ganz oft der Stress schon los. „Ja, muss man das so deutlich sagen?", fragt man dann. Oder: „Führen nicht alle Wege zum Heil?" Ich würde sagen: Ja, das muss man deutlich sagen, und nein, es gibt nur diesen Weg zum Heil, nur Jesus. Das heißt nicht, dass wir nicht mit den anderen Religionen in Dialog treten können und sollen und dass wir nicht berufen wären, auch die zu lieben, die anderes glauben als wir. Auch sie sind ja Geschöpfe Gottes wie wir. Aber es gibt keinen anderen Weg zum Vater als über Jesus. „Ich bin der Weg und die Wahrheit und das Leben; niemand kommt zum Vater außer durch mich", sagt er uns selbst (Joh 14,6). Und was ist dann mit denen, die nicht an ihn glauben? Wir hoffen, dass Jesus Wege kennt, die auch diese Menschen hoffentlich zu ihm und zum Vater führen. Und ich glaube auch, dass die Kirche und viele Christen in ihr, solange sie für die Welt und die Menschen beten, lieben, leiden, dazu beitragen, dass viele gerettet werden, womöglich auch solche, die ihn nicht kennengelernt haben. Wie? Das weiß er allein. Aber er allein ist der König und daher auch der Königsweg. Als Christen freilich, die dieses Geschenk des Glaubens empfangen haben, haben wir damit auch eine besondere Verantwortung, die Welt mit ihm bekannt zu machen.

Im katholischen Glauben haben wir die Heilige Schrift und die Tradition als Offenbarungsquelle. Was ist mit der Tradition gemeint? Sie geht zurück auf die Apostel. Die Apostel haben den Glauben gelebt und gelehrt und anderen geholfen, hineinzufinden. Sie haben miteinander Gemeinschaft gebildet, sie haben gebetet und Eucharistie gefeiert. Aus alledem ist eine „apostolische Tradition", eine gemeinsame Überlieferung erwachsen.

    Man glaubt, man betet, man dient, man lebt so, wie die Apostel es angefangen und weitergegeben haben. Und eben diese Tradition ist dann auch etwas, das die Heilige Schrift, das

Schrift, Tradition und Lehramt

Neue Testament, hervorgebracht hat. Es sind Aufzeichnungen in der apostolischen Tradition entstanden, die den Glauben enthalten: Evangelien, Briefe, einzelne Traktate. Das II. Vatikanische Konzil sagt, es gibt zwei Ströme der Überlieferung, die gewissermaßen aus derselben Quelle kommen, aus der Quelle des Gottes, der sich offenbart (Dei Verbum 9): Schrift und Tradition. Aber die Schrift, so wie wir sie heute haben, ist erst im Laufe des ersten Jahrhunderts nach Christus entstanden – und damit auch selbst Frucht der apostolischen Tradition. Die ersten Texte des Neuen Testaments sind frühestens 20 Jahre nach Jesu Tod entstanden, in der Form, wie wir sie heute haben. Und die Auswahl, welche Texte zur Heiligen Schrift gehören, wurde sogar erst im 4. Jahrhundert nach Christus festgelegt. Das heißt: Es gibt die Tradition der Kirche, also die Überlieferung der Apostel, und es gibt die Heilige Schrift. Beides zusammen, so glauben wir, ist Quelle der Offenbarung.

Zusätzlich haben die Katholiken ein Lehramt, das der Papst als Nachfolger des Petrus innehat. Von Petrus glauben wir, dass er vom Vater ein besonderes Charisma empfangen hat, den Glauben an Jesus zu verkünden. Als Jesus einmal die Jünger fragt, für wen ihn die Leute halten und für wen ihn die Jünger halten, gibt Petrus die entscheidende Antwort: „Du bist der Messias, der Sohn des lebendigen Gottes." Darauf bestätigt ihm Jesus, dass er diese Antwort nicht aus sich selbst habe (nicht aus „Fleisch und Blut"), sondern vom Vater im Himmel (Mt 16,16–18). Und wir glauben deshalb auch, dass der Vater im Himmel dem Petrus und seinen Nachfolgern in besonderer Weise die Gnade schenkt, gut und richtig zu verkünden, was der Glaube ist und vor allem, wer Jesus ist. Und wir glauben, dass diese unverkürzte und wahre Verkündigung die Kirche in sich selbst festigt. Daher ist Petrus auch „der Felsen", auf den die Kirche von Jesus gebaut ist. Dieses „Lehramt" übt also Petrus bzw. sein jeweiliger Nachfolger aus – alleine und zusammen mit den Bischöfen, die in unserer Kirche als die Nachfolger der Apostel verehrt werden. Papst und Bischöfe haben eine besondere Autorität, die Schrift auszulegen und zu verkündigen. Freilich: Im Grunde kann das ja jeder Mensch, vor allem jeder Getaufte. Aber wir wissen ja, dass es dabei auch zu verschiedenen Deutungen und zu Streitfragen kommt. Und in diesem Sinn kann man sagen, hat der Papst auch das Amt eines Schiedsrichters inne. Er klärt strittige Fragen und entscheidet mit, ob Inhalt der Schrift und der Glaube in rechter Weise verkündet werden.

Das heißt nun für unsere Frage hier im Credo: Wir lesen das ganze Leben Jesu in diesem gläubigen Horizont, dass er der Gottmensch ist, der unter uns erschienen ist, um uns zu erlösen. Jesus hat sein ganzes Leben für uns gelebt in dieser Sendung. Die Apostel haben das noch erlebt und sie haben nach seiner Auferstehung angefangen, auf der ganzen Welt davon zu erzählen. Sie haben Kirche und Tradition aufgebaut und entwickelt, sie haben die Schrift mit entstehen lassen und sie haben erkannt, dass Petrus ein besonderes Charisma in der Klärung in Glaubensfragen und der Wahrung der Einheit für alle hat.

Das Leben Jesu: Seine Kindheit und einige Ereignisse darin

Gott wird in diesem Baby, das in der Weihnachtsnacht geboren wird, das abhängigste, bedürftigste, verletzlichste Wesen, das man sich vorstellen kann. Der, der alles erschaffen hat, der Herr des Himmels und der Erde, wird als Neugeborenes radikal abhängig von seiner Mutter Maria, von seinem Pflegevater Josef – in äußerster Armut, in größtem Elend –, geboren im Futtertrog in einem dreckigen Viehstall. Und diese Not und Abhängigkeit eines Babys gibt uns tief zu denken: Wenn Gott Mensch wird, wird er zuerst ein Kind. Was heißt das für uns? Jesus sagt selber: „Wenn ihr nicht werdet wie die Kinder, könnt

Die Geburt

ihr nicht in das Himmelreich kommen ..." (Mt 18,3). Er fordert uns heraus, in unserem Herzen die Fähigkeit entstehen zu lassen, zu glauben und zu vertrauen, dass, egal, was passiert, wir Kinder des Vaters sind. Was auch passiert: Du bist aufgehoben in den Händen Gottes, des Vaters, der es gut mit dir meint. Und du darfst dich da auch hineinfallen lassen und getragen wissen. Wir wissen – das sagen uns auch Psychologen –, dass Menschen, die dieses Vertrauen haben, durch Lebenskrisen in der Regel besser durchkommen, weil sie einen inneren Halt kennen, der jede Lebenskrise selbst schon überwunden hat. Vertrauen ist ein wesentliches Lebensprinzip für gelingendes Leben, das ahnt jeder. Und Vertrauen zu haben, dass selbst das schrecklichste Geschehen, das man sich vorstellen kann, nicht das letzte Wort hat, weil man vertraut, dass der Vater da ist und dableibt, das schenkt immer neu Zuversicht.

Die Beschneidung

Jesus wird am achten Tag beschnitten, heißt es. Beschneidung ist ein ganz rätselhaftes Zeichen der Initiation gemäß der jüdischen Tradition. Wir wissen nicht genau, warum Gott Abraham den Befehl gegeben hat, dass Menschen, die im Bund mit ihm leben, also Menschen des jüdischen Volkes, sich beschneiden lassen sollen – nur die Männer, nicht die Frauen. Womöglich wird die kultische Reinheit hervorgehoben oder womöglich spielt die Vorstellung eine Rolle, dass sexuelle Begierde zurückgedrängt wird zugunsten von ehrlicherer Zuwendung. Wir wissen es nicht genau. Wir wissen nur, dass es das Zeichen des Mannes ist, der zum jüdischen Volk gehört.

Jesus ist beschnitten worden. Damit wird er Teil seines Volkes, damit ist er auch im Bund mit dem Vater und mit seinem Volk. Für uns Christen – das hat Paulus neu gesagt – bezeichnet die Taufe analog zur Beschneidung den neuen Bund mit Gott. Er sagt: Eigentlich geht es bei uns um die Beschneidung des Herzens. Wir wissen ja auch, dass unser Herz – wenn wir jetzt in diesem Bild bleiben – alle möglichen Begierden, Sehnsüchte, Egoismen in sich hat. Und hier geht es um eine

Reinigung, Klärung, Vertiefung – und in diesem Sinn eben „Beschneidung" des Herzens. Es gibt in diesem Bild auch so etwas wie Herzensverfettung. Das gibt es physisch, aber auch geistlich gesprochen: wenn einer nur träge und faul und egoistisch ist in Bezug auf die anderen. Wir glauben, dass wir heiler werden können, wenn wir unsere Taufe leben und uns da hineinführen lassen vom Herrn. Wir können damit innerlich gereinigter, klarer werden. Aber ja, das ist ein Prozess, der ein Leben lang andauert. Martin Luther hat einmal gesagt: „Das ganze Leben ist eine Art Hineinkriechen in die Taufe."

Zu den weiteren Stationen aus der Kindheit Jesu gehört die Begegnung mit den drei Weisen aus dem Morgenland. Diese zeigt uns: Jesus ist relevant für alle Völker! Er kommt zwar zuerst in sein eigenes Volk, aber auch dieses Volk, Israel, hat die Berufung, allen anderen zu zeigen, wie ein Volk lebt, das mit Gott lebt. Und nun kommen da drei Repräsentanten der anderen Völker. Sie werden in der Schrift als Gelehrte, als Kenner der Natur und womöglich auch der heiligen Schriften Israels beschrieben. Und sie folgen dem Stern, erkennen den König der Juden und fallen vor ihm nieder und beten ihn an. – Beten ihn an? Gott allein gebührt Anbetung. Ja, offenbar liegt auch hier schon ein Hinweis vor, in dem die Schrift das österliche Licht hineinleuchten lässt. Die Weisen fallen in anbetender Haltung vor dem Kind nieder. Die Schrift sagt: „Das Heil kommt von den Juden" (Joh 4,22). Die Juden sind das auserwählte Volk und sie bleiben es auch. Und wir hoffen natürlich mit Paulus, dass sie auch einst Jesus als den Messias erkennen und bekennen (vgl. Röm 11,14), aber wir glauben auch, dass Gott treu ist und den Bund mit ihnen hält. Für die meisten von uns heißt es aber auch: Auch wir sind getaufte Heiden, da die meisten von uns keine Juden sind. Wir wurden aber eingegliedert in dieses ursprüngliche Volk Gottes, weil wir den Messias, der ihm entstammt, auch anbeten. Wenn wir daher das Dreikönigsfest feiern, dann stehen wir eigentlich auf der Seite derjenigen, die da

Die Heiligen Drei Könige

von weit herkommen und sagen: Hier ist der, den wir so lange gesucht haben, der Messias nicht nur für Israel, sondern „ein Licht, das die Völker erleuchtet" (Lk 2,32). Und wir fallen vor ihm nieder und beten an.

Die Reinigung im Tempel

Laut dem jüdischen Gesetz müssen junge Eltern einige Zeit nach der Geburt eines Kindes in den Tempel kommen – in zwei Angelegenheiten: Nach vierzig Tagen muss zum einen die Frau ihr Reinigungsopfer nach einer Geburt entrichten. Und auf der anderen Seite wird der Erstgeborene sozusagen „ausgelöst". Im Alten Testament sagt Gott: „Alles Erstgeborene gehört mir" (Ex 13,2) und es sei ihm zu weihen. Deshalb kommen die Eltern in den Tempel und bringen ein paar Turteltauben als Opfergabe. Das bedeutet, sie befolgen das Gesetz und sie geben die Gabe, die gewissermaßen den Erstgeborenen, der Gott gehört, auslöst für die Familie. Und die Tatsache, dass sie Tauben bringen, bedeutet, dass sie zu den ganz Armen gehören. Einer, der mehr Geld hatte, hätte wahrscheinlich einen Stier oder einen Ziegenbock geopfert. Aber Maria und Josef gehören zu den Armen, sie lösen das Kind mit Turteltauben aus.

Bei dieser Begegnung im Tempel wird Maria noch einmal offenbart, dass ihr Sohn jemand Besonderes ist. Der alte, gläubige Simeon taucht dort auf und sagt, dass das Kind ein Licht ist, „das die Heiden erleuchtet und Herrlichkeit für sein Volk" (Lk 2,32) sei, aber Jesus zugleich auch „ein Zeichen" sein werde, dem „widersprochen wird" (Lk 2,34). An ihm „werden viele aufgerichtet und viele kommen zu Fall" (ebd.). „Und dir", sagt Simeon prophetisch zu Maria, „dir wird ein Schwert durch die Seele dringen" (Lk 2,35). Das lässt sie sicher nachdenklich sein: Was wird wohl aus ihm werden und was aus mir?

Für uns und unseren Glaubensweg deutet sich hier schon an, dass wir durch Jesus in das Reich Gottes kommen, dass der Weg dorthin aber keineswegs nur Vergnügen ist, sondern dass er uns auch einiges kosten wird. Im Evangelium lesen wir einerseits aus dem Mund Jesu: „Ich will, dass ihr die Freude habt und sie in Fülle habt" (Joh 15,11; 17,13). Und ehrlich, ich darf Zeugnis davon geben, dass der Glaube Freude macht und frei macht. Aber ja, jeder von euch hat wahrscheinlich schon die Erfahrung gemacht, dass, wenn er sich in seiner Umgebung zum Glauben, zu Christus bekennt, dass es dann sein kann, dass es ihn etwas kostet. Wir kennen in diesem Jahrhundert so viele Märtyrer wie noch nie: Menschen, die sich zu ihrem Glauben bekennen und dafür sterben müssen. Wir verehren sie als Helden unseres Glaubens, weil sie für jemanden sterben, der unendlich viel größer ist als sie selber – an den sie glauben bis in den Tod. Deswegen, meine Lieben, manchmal gibt es in unserer Gesellschaft die große Klage darüber, dass wir den christlichen Glauben nicht mehr so frei leben können, dass wir ein bisschen an den Rand gedrängt werden. Ja, stimmt. Aber, mein Gott: Wir dürfen dennoch in einer freien Gesellschaft leben und das bisschen, das wir dafür ertragen müssen, ist echt gering im Vergleich zu dem, was in vielen anderen Ländern Christen erleiden. Also: Es ist keine Zeit zum Jammern, sondern Zeit zum Zeugnis geben, sodass viele von Jesus erfahren können.

Szenen, die in Zusammenhang mit der Kindheit Jesu erzählt werden. Jesus war ein Flüchtling vom ersten Moment seines Lebens an. Und er kommt als Geflüchteter wieder in seine Heimat zurück. Auch das kann uns etwas darüber sagen, wie wir mit Fremden umgehen sollten, mit Flüchtlingen, mit Heimatlosen. Für uns bedeutet Nachfolge dahingehend auch: Teilnahme am Leben Jesu, auch in der Solidarität mit denen, die verfolgt werden, die unschuldig leiden, die in Not sind. Das ist auch unsere Aufgabe, dass wir hier solidarisch sind. Christen können, wenn sie mit dem Herrn verbunden sind, umsonst lieben – und sogar denen vergeben, die sie verfolgen.

Die Flucht nach Ägypten

Kennt ihr die Stelle im Evangelium von dem König, der zehntausend Talente als Schuld von jemanden verlangen durfte (Mt 18,23–35)? Ein Talent, habe ich gelesen, war die Menge

Geld, mit der man ein Frachtsegelschiff in der Antike kaufen konnte. Zehntausend Talente war also eine unfassbare, eine grotesk große Summe. Und Jesus sagt uns hier – als Bild für das Reich Gottes: Gott ist so großherzig im Vergeben, dass, egal, wie groß die Schuld ist, er immer bereit ist zu vergeben. Aber er macht zugleich überaus deutlich, zum Beispiel im Vaterunser: Deine eigene Fähigkeit, anderen zu vergeben, hängt damit zusammen, ob du wirklich zu Jesus gehörst oder nicht. Wenn wir nicht aus der Vergebung durch Jesus leben, können wir auch nicht wirklich vergeben, schon gar nicht immer wieder. Zugleich aber wird umgekehrt deutlich: Die Annahme der Vergebung durch Gott und die Praxis, selbst zu vergeben, hängen zutiefst zusammen. Wenn du nicht lernst, selbst zu vergeben, dann wird sich auch Gottes Vergebung in deinem Herzen nicht auswirken können.

Wenn wir unfähig sind zu vergeben, machen wir nämlich in unserem Herzen deutlich: Wir haben ihn nicht im Herzen, weil er der Vergebende ist. Vergibt er dem, der ihm die Lanze ins Herz haut, am Kreuz? Natürlich. Vergibt er denen, die ihn umbringen? Natürlich. „Vater, vergib ihnen, denn sie wissen nicht, was sie tun!", betet er am Kreuz (Lk 23,34).

Sind wir fähig zu vergeben, egal, was uns passiert? Aus uns selber geht das nicht, meine Lieben. Wir tun uns nicht leicht darin, zu sagen: „Ja, okay, ich bin mit dir verheiratet, du hast mich betrogen – ich vergebe dir!" Oder: „Du hast noch viel Schlimmeres getan als Ehebruch – und ich vergebe dir, trotzdem." Könnten wir das? Du kannst es lernen, wenn du Jesus in dein Herz hineinlässt und ihn darin wachsen lässt. Dann lernst du, aus seiner Kraft zu vergeben. Aber auch das ist ein Prozess. Das kann man wahrscheinlich noch nicht einfach von jetzt auf nachher, das kann man, wenn man mit ihm geht, mit ihm lebt und es lernt. Und das kostet uns auch etwas. Aber tatsächlich gilt: Christen sind die, die vergeben können, weil Christus der vergebende Gott ist! Und weil das Kreuz vor allem anderen vergebende Liebe ist.

Der zwölfjährige Jesus bleibt nach einer Wallfahrt einfach im Tempel (Lk 2,42–52). Seine Eltern suchen ihn verzweifelt, sie finden ihn erst nach drei Tagen (ausgerechnet!) – und er sitzt – am dritten Tag ihrer Suche – seelenruhig im Tempel und erklärt den Schriftgelehrten die Bibel. Alle sind erstaunt. Maria und Josef fragen: Liebes Kind, wo warst du denn? „Warum hast du uns das angetan? Dein Vater und ich haben dich mit Schmerzen gesucht" (Lk 2,48). Und er sagt: „Wusstet ihr nicht, dass ich in dem sein muss, was meinem Vater gehört?" Hier trägt Lukas natürlich schon eine Art Vorahnung der Kreuzigung und der Auferstehung am dritten Tag in den Text ein. Und zugleich einen Hinweis darauf, dass Jesus einen anderen Vater hat, den er kennt, mit dem er immer verbunden lebt. Jesus ist hier der, der immer schon beim Vater zu Hause ist, und er ist zugleich hier im Tempel der Ausleger der Schrift. Für uns kann das heißen: Wir sollten immer neu lernen, ihn von seinem Leben im Vater her zu verstehen – so wie es Maria hier lernt und dann „alles in ihrem Herzen bewahrt" (Lk 2,51). Und wir lernen, dass Jesus besonders im Lukasevangelium als beides dargestellt ist: der Ausleger der Schrift und zugleich ihr tiefster Inhalt. Von ihm, von Jesus her, wird die ganze Schrift erhellt (vgl. Lk 24,27).

Der Zwölfjährige im Tempel

Ihr müsst euch nun Folgendes vorstellen: Da kommt der Sohn Gottes in die Welt und er wird sich als der größte Prediger erweisen, als der einzige Verkünder, der wirklich etwas von Gott weiß, der am Herzen des Vaters ruht. Er wird der sein, der Wunder wirkt und Heilungen. Aber er ist erst einmal 30 Jahre in Deckung! Er lebt erst einmal 30 Jahre lang als braver Sohn eines Zimmermanns und seiner Frau – „Ist das nicht der Sohn des Zimmermanns?", fragen die Menschen an einer Stelle im Evangelium (Mt 13,55). Wahrscheinlich hat er das Handwerk von Josef gelernt, er baut Möbel, lebt mit seiner Familie und ihrer Verwandtschaft in Nazaret – und erst nach 30 Jahren Schweigen geht er in die Öffentlichkeit und fängt an zu ver-

Verborgenes Leben in Nazaret

künden! Unglaublich oder? Müsste man nicht sagen: Was für eine Zeitverschwendung! Wie viele Menschen hätte er mehr unterrichten, heilen, in seine Nachfolge rufen können, wenn er die Zeit besser genutzt hätte?

Er hat anders entschieden. Er war erst ganz auf der Seite der Menschen – in ihrem ganz normalen Leben, ohne großes Aufsehen. Was heißt das für uns? Zwei Aspekte möchte ich herausheben: Wirkliche Reifung im christlichen Leben braucht seine Zeit, seine Zeit mit dem Herrn allein, in der Verborgenheit. Wirkliche Entscheidungen zum Beispiel dürfen in der Stille wachsen und reifen. Oder wichtige Unternehmungen im Geist Gottes brauchen Tiefe und Kraft aus dem Sein bei ihm. Ein zweiter Aspekt: Jeder von uns muss immer wieder Dinge tun, Arbeiten, Pflichten erledigen, die wir nicht gerne mögen, die anstrengend oder langweilig sind oder uns überfordern oder unterfordern. Oder weil sie uns zu gering scheinen für das, was wir eigentlich können. Solche Dinge kennen wir alle, nicht wahr? Hier wäre für mich wichtig zu sehen, dass wir gerade bei solchen Dingen oder Aufgaben echte Reifungschancen haben. Und sie trotzdem tun, einfach geduldig und treu tun. Auch wenn wir dafür nicht gefeiert werden oder auch wenn uns dabei langweilig ist oder was auch immer. Im Kolosserbrief steht: „Tut eure Arbeit gern als wäre sie für den Herrn und nicht für den Menschen" (Kol 3,23). Und lerne, sie vielleicht auch so zu tun, dass du frei wirst von dem, dass dich alle sehen und bewundern. Du tust etwas Gutes? Ja klar, aber nur, wenn es der Pfarrer sieht oder wenn es deine Klassenkameraden sehen oder wenn es deine Freunde toll finden. Ist nicht so großartig, sagt Jesus – tu es einfach mal so, wenn es keiner sieht. Und versuche, es gern zu tun, und sage innerlich: Ja, Herr, für dich. So wie der Herr selbst 30 Jahre lang keinerlei Aufsehen davon gemacht hat, dass er jetzt da ist. Er hat schlicht mit den Menschen gelebt und gedient.

Das waren jetzt nur ein paar Punkte aus der Kindheit Jesu, an denen man zeigen kann, dass alles, was im Leben Jesu passiert ist, auch eine Bedeutung für uns haben kann. Es kann uns helfen, auf unser eigenes Leben zu schauen und darin den Herrn zu entdecken.

IX
Exkurs: Die Mitte der Verkündigung Jesu: Das Reich Gottes – und das Herz des Menschen

Wenn sie gefragt werden, was Jesus denn eigentlich verkündet hat, dann werden wahrscheinlich viele Christinnen und Christen von heute sagen: dass man ein guter Mensch sein soll, dass man an Gott glauben soll, dass man am Sonntag in die Kirche gehen soll und solche Sachen.

Das ist natürlich nicht alles völlig falsch, aber es ist nicht das, was der Hauptinhalt dessen war, wovon Jesus gesprochen hat. Jesus hat nämlich mehr als alles andere das sogenannte Reich Gottes verkündet. Dass dies der Hauptinhalt seines Sprechens war, darin sind sich im Grunde alle Bibelwissenschaftler und Theologen einigermaßen einig. Aber die Frage, was denn genau das Reich Gottes sein soll, ist schon schwieriger. In den Antworten der Theologen gibt es daher auch deutlich weniger Einigkeit.

Vor einiger Zeit beispielsweise habe ich schon als Bischof bei einer Fortbildungsveranstaltung eine Theologieprofessorin gehört, die über Pastoral gesprochen hat. Da hat sie auch das

Thema „Reich Gottes" angesprochen und gesagt: „Ein bisschen netter zu den anderen sein, das ist schon das Reich Gottes. Ein bisschen verantwortlicher zu sein, dass der Friede kommt, das ist schon das Reich Gottes." Und ich habe mir, ehrlich gesagt, gedacht: Um Gottes willen – und das hören jetzt alle unsere Priester und alle unsere Hauptamtlichen im Bistum. Deshalb werde ich mit euch nun ein wenig darüber nachdenken, warum das, was diese Professorin damals gesagt hat, einerseits völlig verkehrt ist und warum es andererseits trotzdem nicht ganz falsch ist!

Wahrscheinlich ist das Markusevangelium – zumindest die Fassung, die wir heute vorliegen haben – das älteste Evangelium. Und die ersten Worte, die Jesus in diesem ältesten Evangelium sagt, lauten: „Die Zeit ist erfüllt, das Reich Gottes ist nahe. Kehrt um und glaubt an das Evangelium!" (Mk 1,15). Im Grunde kann man sagen: In diesem Satz steckt alles, was Jesus immer wieder gesagt hat, wofür er gelebt hat, wofür er gestorben und auferstanden ist. Das Reich Gottes ist nahe und wir sind aufgerufen, dem zu folgen und zu glauben, der der Inhalt des Evangeliums in Person ist: Jesus. Ich möchte die These stark machen, dass das Reich Gottes, sofern es uns betrifft, zuallererst eine Wirklichkeit ist, die in deinem Inneren, genauer in deinem Herzen, beginnt. Es geht zunächst und zuerst um das Herz des Menschen. Das ist noch nicht das Ganze, aber wenn das Reich Gottes überhaupt irgendwo anfängt unter uns Menschen, dann fängt es in deinem Herzen an. Deshalb wiederhole ich noch einmal, was ich schon gesagt habe: Der Kampf im Glauben geht zuerst und vor allem um unser Herz! Hier findet das eigentliche Drama statt.

Biblisch: Herz

Das Herz ist ein Begriff, der in unserer Kultur und unserer Gesellschaft häufig oberflächlich und kommerziell verwendet wird. Die Bibel dagegen meint, wenn sie vom Herzen spricht, etwas viel Tieferes, Weitreichenderes. Werfen wir dazu zunächst einen kurzen Blick auf den Menschen überhaupt, auf seine leiblichen, seelischen und geistigen Anlagen und Fähigkeiten, um dem, was Herz meint, näherzukommen. Der Mensch hat einen Leib, in dem er wohnt. Er ist irgendwie identisch mit seinem Leib, denn nur in und als Leib ist er für uns da und wahrnehmbar. Andererseits ist er mehr als sein Leib. Wir sagen nämlich mit einer gewissen Berechtigung einerseits „Ich bin mein Leib" – eben, weil ich nirgendwo anders vorkomme als in diesem Leib. Andererseits sagen wir: „Ich habe einen Leib" – und das macht deutlich, dass wir nicht in unserem Leib aufgehen, dass wir eben mehr sind als nur Leib.

Zum Leib gehören auch seine vielfältigen Triebdynamiken, wie etwa Essen, Trinken und Schlafen. Es gibt den Sexualtrieb, es gibt die Schmerzempfindungen – all das liegt nahe beim Leib. Der Mensch hat außerdem Gefühle. Wir sagen manchmal: Ich bin ein Bauchmensch. Ein Bauchmensch ist jemand, der ganz stark von seinen Emotionen, von seinem Gemüt geleitet wird. Und wir spüren, dass Gefühle tiefer oder oberflächlicher sein können, leiblicher oder geistiger, triebhafter oder seelisch tiefgehender. Der Mensch kann außerdem denken. Er hat Erkenntnisvermögen, er kann sich erkennend auf die Welt einlassen und sie verstehen, in Sprache bringen und gestalten. Der Mensch hat zudem einen Willen. Der ist manchmal klar und eindeutig und vor allem auf Ziele gerichtet, die der Verstand erkannt hat. Aber manchmal ist der Wille auch deutlich von den körperlichen oder emotionalen Bedürfnissen dominiert. Und oft wissen wir gar nicht genau, was wir wollen. Oder warum wir eher dieses und nicht etwas anderes wollen. Und manchmal fragen wir uns sehr ernsthaft, ob unser Wille überhaupt frei ist – weil wir spüren, von wie vielen Dingen er beeinflusst ist.

Man könnte nun all diese Dimensionen, die den Menschen ausmachen, noch viel weiter ausdifferenzieren, aber ich wollte zunächst nur von diesem groben Aufriss her auf die Frage kommen: Wo ist nun von dieser Beschreibung her das, was die Bibel das Herz nennt, verortet? Ich würde Folgendes sagen: Das Herz ist – natürlich nicht im organischen Sinn – zunächst einmal der Ort für die Wahrnehmung des Ganzen, wir nehmen das Ganze der Wirklichkeit als ganze Menschen wahr: leiblich, seelisch, gefühlsmäßig, erkennend, willentlich. Und in dieser ganzheitlichen Wahrnehmung ist immer auch schon so etwas wie Wertung mitenthalten, Wahrnehmung von gut und böse, richtig oder falsch. Das Herz ist daher auch der Sitz dessen, was wir Gewissen nennen. Wenn in der deutschen Sprache die Vorsilbe „Ge-" auftaucht, dann meint das Wort oft das Ganze: Ge-birge ist eine Ansammlung von Bergen, Ge-biss ist eine Ansammlung von Zähnen, Ge-wissen bezieht sich dann auf eine Wahrnehmung von Wirklichkeit insgesamt, freilich auch situativ, weil wir ja immer in irgendwelchen konkreten Situationen sind. Irgendwie weiß der Mensch um das Ganze, um die Zusammenhänge und darin oft auch konkret um Gut und Böse und Wahr und Falsch. Das Herz ist daher auch die Personmitte. Es ist also nicht einfach nur der Sitz unserer Gefühle, sondern eigentlich ist das biblische Herz der innere Ort, wo beim Menschen Gefühl, Wollen und Erkennen zusammenkommen und einander durchdringen und bewegen. Das Herz ist deswegen auch der Ort deiner tieferen Erkenntnis vom Leben und daher auch deiner tieferen Entscheidungen, vor allem der Entscheidungen, die dein Leben als Ganzes betreffen, die Berufswahl, die Partnerwahl oder Ähnliches. Also nicht so sehr: Ich habe Hunger, ich hol mir jetzt eine Pizza – sondern: Was mache ich eigentlich mit meinem Leben? So eine Frage kommt aus deinem Herzen und eine gute Antwort wächst auch darin und wächst zur Reife von Entscheidung.

Die Mitte der Person

Gebrochene Herzen

Und wenn ich das sage, dann merken wir vielleicht, dass wir alle in uns Tiefendimensionen haben, ein tiefes Herz. Aber zugleich merken wir, dass wir „darin" oft genug nicht zuhause sind. Wir sind oft innerlich nicht einfach bei uns oder mit uns identisch. Wir spüren eher, dass wir zerrissen sind oder fahrig oder oberflächlich. Wir spüren, dass wir uns schwertun, ganz da zu sein im Hier und Jetzt. Wir spüren, dass wir uns für bestimmte Fragen und Entscheidungen wirklich Zeit nehmen müssten, um in die eigene Mitte zu finden. Zeit für Stille, Gebet, persönliches, tiefes Gespräch und anderes mehr. Aber oft nehmen wir uns diese Zeit nicht oder kommen nicht in die Ruhe, weil wir von vielen anderen Dingen so getrieben sind. Oder aber wir haben Ängste, die uns gefangen halten, oder Verletzungen aus der Vergangenheit, die uns daran hindern, in die Tiefe oder in die eigene Mitte zu kommen. Oder wir leben in Lebenslügen, haben vielleicht zu den falschen Leuten Ja gesagt und spüren, dass wir jetzt in Abhängigkeiten leben, die nicht gut sind – oder wir haben vielleicht den falschen Beruf ergriffen und trauen uns nicht einzugestehen, dass wir verkehrt unterwegs sind. Solche Dinge (und viele mehr) hindern uns so oft daran, ein Mensch der Tiefe zu werden, ein Mensch, der aus einem heilen Herzen leben kann und daher einigermaßen sicher wird in seinem Urteil über sich selbst, über den eigenen Weg, über andere Menschen, über die Welt und die Dinge, die ihn beschäftigen. Wir spüren einfach, dass wir innerlich oft wenig „zuhause" sind.

Herzensentscheidungen

Vielleicht kennst du auch das: Du bist gefühlsmäßig tief bewegt, zum Beispiel verliebt, und sagst überschwänglich schnell Ja zur anderen Person. Aber im Lauf der Zeit merkst du erst, dass du mit der anderen Person gar nicht zusammenpasst. Und du spürst, wie wichtig es gewesen wäre, wirklich wahrzunehmen, sich Zeit zu lassen, sich in der Tiefe des Herzens begegnen zu lernen und wirklich kennenzulernen. Und womöglich kennst du auch das Phänomen, dass es in deinem

Leben Entscheidungen gibt, die wirklich gereift sind, über die du oft und intensiv nachgedacht hast, vielleicht auch im Gebet, die du mit andern Menschen besprochen hast und so fort. Und irgendwann merkst du, dass sie wirklich entscheidungsreif sind. Dann gibt es oft den Augenblick, in dem du die Entscheidung fällst – und zugleich spürst du in deinem Innern: Sie ist eigentlich schon gefallen. Das heißt: Du hast dich auf dem Weg des Nachsinnens in deinem Herzen schon dahin entwickelt. Die Entscheidung ist in deinem Herzen gefallen und dein bewusstes Jasagen kommt nun noch dazu. Bei einer solchen Entscheidung ist es, wie wenn du ein Baum mit Früchten wärst. Die Früchte sind schon gewachsen und du gibst mit einem Nicken der Baumkrone noch den letzten Stoß dazu: Die Entscheidung fällt, die Früchte fallen runter. Das Bild bedeutet auch: Es ist da etwas Objektives in dir gewachsen und deine subjektive Entscheidung kommt dann dazu. Wir sagen dann Sätze wie: „Es stimmt einfach" oder „Das war jetzt wirklich dran". Und tatsächlich ist das Herz auch der Wohnort Gottes in dir, denn Gott trägt ja das Ganze deiner Wirklichkeit und damit dich selbst. Und weil wir glauben, dass er auch ein Du ist, Person ist, kennt er dich besser als du dich selbst und liebt er dich mehr als du dich selbst. Er hat dir vor allem auch dein Herz gegeben und damit auch deinen Ort des inneren Betens. Den „Ort", wo du am tiefsten mit Ihm zusammen bist und kommunizierst.

Das Herz braucht Heilung

Deswegen ist Folgendes nun ganz wichtig: Unser Herz braucht Wiederherstellung. Es braucht Pflege – Heilung, Aussöhnung mit sich selbst, mit Gott, mit den anderen. Wann? Eigentlich immer und immer wieder. Denn Jesus ist gar nicht so optimistisch in Bezug auf das Herz des Menschen. Als ihn beispielsweise die Pharisäer zur Rede stellen, warum seine Jünger mit ungewaschenen Händen essen würden, sagt er zu ihnen: „Begreift auch ihr nicht? Seht ihr nicht ein, dass das, was von außen in den Menschen hineinkommt, ihn nicht unrein machen kann? Denn es gelangt ja nicht in sein Herz, sondern in den Magen und wird wieder ausgeschieden. Damit erklärte Jesus alle Speisen für rein. Weiter sagte er: Was aus dem Menschen herauskommt, das macht ihn unrein. Denn von innen, aus dem Herzen der Menschen, kommen die bösen Gedanken, Unzucht, Diebstahl, Mord, Ehebruch, Habgier, Bosheit, Hinterlist, Ausschweifung, Neid, Verleumdung, Hochmut und Unvernunft. All dieses Böse kommt von innen und macht den Menschen unrein" (Mk 7,18–23). Jesus zählt da eine Reihe von Dingen auf, die auch wir alle in uns haben. Und die dazu führen, dass wir oberflächlich und egoistisch bleiben oder ängstlich und unreif oder neidisch und unbeherrscht und vieles mehr. So vieles in uns braucht Heilung. Aber wie? Indem Gott dort Wohnung nehmen darf, indem du ihm dort Platz machst. Und das heißt: indem du anfängst, ihn dort regieren zu lassen. Das Reich Gottes ist das Reich, in dem Gott regiert, in dem Jesus der Herr ist. Und das bedeutet sehr konkret: Das Reich Gottes nimmt seinen Anfang in deinem Herzen!

Ein ganzes Herz bekommen

Wenn Gott in deinem Herzen Wohnung nimmt, glauben wir, dass dabei etwas passiert, das dich von innen her heiler macht oder heilig macht. Wir haben dieselbe Wortwurzel für „heil" und „heilig" oder „whole", „ganz", und „holy", „heilig". Die Wirkung dessen ist irgendwie etwas Ganzes, Gesundes, Integriertes, ein solcher Mensch lebt aus einem Ganzen. Der ist nicht heute so und morgen so und dann wieder ganz durcheinander und einmal spinnt er rum und ist irgendwie von seinen Launen oder Trieben abhängig, sondern der ist irgendwie integriert, gerade, echt und tief. Das passiert in unserem Herzen, glauben wir, durch die Gegenwart Gottes. Und dann sehen wir auch, dass der Wille im nächsten Schritt nicht mehr so sehr nur entweder vom Verstand („Kopfmensch") oder von den Gefühlen („Bauchmensch") geleitet ist, sondern vom Herzen, aus der inneren Mitte deiner selbst. Ist dies der Fall, dann wird der Wille im Grunde mehr und mehr Liebe. Und dein Erkennen wird immer mehr liebendes Erkennen. Was heißt das als tiefe, herzensmäßige Grundhaltung? Du lernst immer mehr zu Gott, zu dir selbst, zum anderen, zur Welt wirklich Ja zu sagen. Du sagst zum anderen Menschen Ja, nicht zuerst, weil du ihn „haben" willst für dich, sondern weil du dich freust, dass er da ist, dass es ihn gibt, und weil du willst, dass es ihm gut geht – um seinetwillen.

Lass uns nochmal auf unser gebrochenes Herz schauen, das jeder in sich hat und das uns auch immer wieder zu schaffen machen wird, weil es eine letzte Herzensheilung erst im Himmel geben wird. Also: Allzu oft neigen wir zu Oberflächlichkeit, zu Zerrissenheit, zum Getriebensein, zum mangelnden Selbstsein, zur Sucht nach mehr – wir meinen, wir müssen unser Selbsteindürfen dauernd sichern. Unser Blick wird eingeschränkt und wir neigen dazu, den anderen Menschen so zu betrachten: Was bringst du mir eigentlich? Wie kann ich dich benutzen für mich? Wie hilfst du mir, meine Bedürfnisse zu erfüllen? Und nicht so sehr: Wo zeigt sich in dir eigentlich die Gegenwart Gottes und wie kann ich dir helfen, dass dein Leben gelingt, dass du tiefer und heller wirst und näher zu Gott und zu dir selbst findest?

Dein inneres Haus

Der Heilige Geist wohnt seit der Taufe in dir. Und er wohnt nicht dort, wo du oberflächlich bist, sondern in den tieferen Schichten, im Fundament deines inneren Hauses, im Fundament deines Herzens (über das Bild des inneren Hauses habe ich weiter oben schon gesprochen). Die Frage ist: Gehen die Fenster und Türen zu diesem tieferen Teil irgendwann auf? Sakramental öffnen sie sich durch die Taufe. Die Taufe will in dir lebendiges Leben werden, das heißt, der Heilige Geist will, dass du mit ihm kooperierst und aus dieser Gegenwart anfängst zu leben.

Wir leben in einer dramatischen Kultur der Ablenkung: Handy, Facebook, Internet, Medien, jederzeit verfügbar. Wir leben zugleich in einer Gesellschaft des Konsums, der schnellen Bedürfnisbefriedigung, Pornografie beispielsweise ist ein Massenphänomen. „Ich möchte Befriedigung und am liebsten sofort." – „Ich will alles und am besten sofort." Mehr und mehr bin ich der Überzeugung: Ganz viel in unserem alltäglichen Betrieb wirkt wie eine Art Generalangriff auf unsere Innerlichkeit, eine Art Wegführen und Verhinderung des Menschen daran, dass er ein innerlicher Mensch wird. Wir bleiben so viel an der Oberfläche – auch in der Kirche – und sind Getriebene, Zerrissene. Wir neigen dazu zu klammern, weil wir innerlich keinen Halt haben. Nur selten sind wir noch ganz innerlich daheim. Wenn du aber innerlich daheim bist, wenn du in den tieferen Schichten deines inneren Hauses lebst, dann geht dein Blick auf, dann geht deine Beziehungsfähigkeit auf, dann gewinnt dein Herz Weite und Tiefe, dann lernst du aus der Kraft des heiler gewordenen Herzens nach und nach das Wahre, das Gute, das Schöne im anderen, in der Welt zu entdecken. Du lernst auf die Gegenwart Gottes zu vertrauen.

Und was ist mit dem Sex?

Und erst von hier wird übrigens verständlich, was der Glaube, was die Kirche über Sexualität sagt: Wenn wir durch die konkrete Begegnung mit Christus, durch die Pflege dieser Beziehung in seinem Geist in eine neue Art von Leben finden und in eine neue Art von Beziehungsfähigkeit, dann schließt das auch Sexualität mit ein und eben nicht aus. Man kann Sexualität nicht einfach davon trennen oder abspalten. Sie gehört zu uns, weil wir immer auch mit unserem Leib kommunizieren und nur durch ihn kommunizieren. Und Sexualität ist eine wunderbare und intensive Weise der Kommunikation – durch unseren Leib. Und ganz ehrlich gesagt: Ich glaube, die Lehre des Glaubens zu diesem Thema wird überhaupt nur verständlich, wenn ich wirklich glauben kann, dass Christus mich wirklich liebesfähiger und damit neu machen will und kann. Erst dann verstehe ich auch, dass Sexualität in dieses Neuwerden mitten hineingehört, weil es hier zutiefst auch um Beziehung und Beziehungsfähigkeit geht. Und dann weist der Glaube der Sexualität den Ort zu, zu dem sie gehört: in eine Ehe zwischen einem Mann und einer Frau, die sich einander geschenkt haben, bis der Tod sie trennt – und die offen sind für die Weitergabe von Leben. Denn auch Sexualität hat einen ganzheitlichen Sinn: Sie erzeugt Bindungskraft, sie schafft gemeinsame Freude, sie schließt Leib, Seele und Geist füreinander auf – und sie ist die Kraft der Zeugung neuen Lebens. Ganzwerden im christlichen Sinn bedeutet daher auch für unsere Sexualität: Ganz-werden – und eben nicht einen Aspekt davon abspalten, damit ich vielleicht selbst mehr Spaß habe. Wer das vertiefen will, der möge sich einlesen in das, was Papst Johannes Paul II. über die sogenannte Theologie des Leibes gelehrt hat.

Und was mir noch wichtig ist: Es ist gut möglich, dass Menschen keinen Lebenspartner finden, sodass sie allein bleiben und damit auf gelebte Sexualität in einer Partnerschaft verzichten (müssen). Ich bin auch hier überzeugt, dass das Leben mit Christus für jeden Menschen die Erfüllung seines Lebenssinnes ist – und wer das für sich realisiert, für den kann die Frage, ob er/sie je Sex haben wird, dann auch weniger wichtig werden, als sie unsere Gesellschaft, die Medien, die Lebenskultur junger Menschen täglich suggerieren. Nein, der Lebenssinn besteht nicht darin, Sex zu haben. Er besteht in der Liebe, ja! Aber in einer Liebe, die aus der Beziehung mit Christus geschenkt wird – und die mich neu und anders befähigt zu lieben –, auch als einer, der freiwillig oder unfreiwillig auf Ehe verzichtet. Ich kenne jedenfalls viele glückliche Christinnen und Christen – auch ohne das Glück einer Partnerschaft. Das gilt aus meiner Sicht übrigens auch für Menschen, die sich zum selben Geschlecht hingezogen fühlen. Wer sich hier tiefer informieren will, wer konkrete Fragen hat oder Hilfestellungen sucht, dem sei das Buch von Birgit und Corbin Gams und

Und wenn ich allein bleibe?

Pfarrer Leo Tanner empfohlen mit dem Titel: „Sexualität als Liebeskraft leben" (Eggersriet 2016).

Neu geboren werden

Jesus sagte einmal: „Fürchtet euch nicht vor denen, die den Leib töten, die Seele aber nicht töten können" (Mt 10,28). Warum? Weil du, wenn du in deinen Tiefenschichten in der Gemeinschaft mit Gott daheim bist – damit auch schon im ewigen Leben daheim bist. Dadurch kann dir eigentlich nichts passieren – selbst wenn dein Körper getötet wird. Du lernst schon in diesem Leben auf die Gegenwart Gottes zu vertrauen, auch in der Not, auch im Unglück, auch in der Krankheit. Du bist versöhnt mit dir selber, mit den anderen, mit Gott. Du bist freier zu lieben, und zwar ohne Gegenleistung. Vom sterbenden Papst Johannes Paul II. wird erzählt, dass seine letzten Worte an die Umstehenden waren: „Ich bin froh, seid ihr es auch!" – Was für ein Zeugnis eines Sterbenden, der schon daheim ist, auch dann, wenn äußerlich alles kollabiert, insbesondere das eigene biologische Leben!

In diese innere Haltung hineinfinden, heißt aber: neu geboren werden. „Du kannst das Reich Gottes nicht schauen, es sei denn, du wirst neu geboren", sagt Jesus zu Nikodemus (vgl. Joh 3,3). Damit ist ein inneres Neuwerden gemeint, auch ein inneres Reinwerden, für eine neue Reinheit des Herzens. Jesus preist in der Bergpredigt die selig, die reinen Herzens sind – „denn sie werden Gott schauen" (Mt 5,8). Solches Neuwerden heißt nun freilich nicht, ein „weltloser" Mensch werden oder gar ein „leibloser" – der wie eine Art grauer Schatten in hässlichen Kleidern durch die Welt läuft und der nichts mehr mit ihr zu tun hat. Im Gegenteil: Je tiefer du Ja zu dir selbst sagst, desto tiefer wirst du auch selbst ein „inkarnierter" Mensch sein, einer, der im Hier und Jetzt lebt, sehr konkret auch in seinem Leib da ist, der mit anpackt, dient, liebt, seine Aufgaben erfüllt

– und der auch feiern und dankbar genießen kann. Weil du gelernt hast, die Menschen, die Geschöpfe, die Dinge als Gabe aus den Händen eines Gebers anzunehmen.

Und freilich gilt auch: Mit alledem ist niemand schon ganz fertig. Keiner kommt als Heiliger auf die Welt und keiner wird allein durch die Taufe schon ein Heiliger im Sinne von: Jetzt sind alle meine schlechten Angewohnheiten von jetzt auf nachher weggeblasen. Nein: Es bleibt ein Weg, ein Weg in die Tiefe, in die Liebe und es bleibt damit auch ein Prozess, ein Geburtsprozess sozusagen. Da ist keiner je schon fertig, es bleibt eine lebenslange Aufgabe und die wichtigste Voraussetzung dafür ist, dass du Jesus den inneren Thron deines Herzens überlässt. Dort sitzt nämlich meistens dein Ego, das sich so gern aufbläst. Du kannst ihm ruhig einen Stoß vom Thron verpassen und den Herrn darauf seinen Platz einnehmen lassen – indem du ihn liebst, ihm vertraust und ihm die Ehre gibst. Das ist die wesentliche Herzensdimension. Da beginnt das Reich Gottes in dir.

Es bleibt ein Weg

Das Schöne ist, wenn du hier deinen inneren Aufenthaltsort hast und den Herrn als den König deines inneren Lebens anerkennst, dann erkennst du plötzlich die Menschen, die so ähnlich unterwegs sind wie du, und du spürst: Das sind meine Verwandten, die gehören auch zu Jesus. Wisst ihr, wenn der Pfarrer bei der Predigteinleitung sagt „Liebe Brüder und Schwestern", dann ist das nicht einfach nur frommes Gerede. Es gibt tatsächlich die konkrete Erfahrung zu spüren, dass diejenigen, die zu Jesus gehören, zusammengehören. Sie sind Brüder und Schwestern, Kinder eines Vaters. Und hier beginnt die Dimension des Reiches Gottes dann nicht nur in uns, sondern unter uns. „Wo zwei oder drei in meinem Namen zusammen sind, da bin ich mitten unter ihnen", sagt der Herr (Mt 18,20). Und „in seinem Namen" zusammen sein bedeutet, dass es klar ist, dass er die Mitte ist, dass er unser gemeinsamer Herr ist.

Verwandte im Reich Gottes

Eine innere Wirklichkeit

Das ist die Dimension, wo in uns das Reich Gottes angeht und verwirklicht wird. Jesus erzählt davon fast immer in Bildern und Gleichnissen. Warum? Weil wir für unser Innenleben nichts anderes kennen als äußere Bilder und Gleichnisse. Du sagst, jemandem ist warm ums Herz oder der hat Feuer im Herzen – das sind Bilder. Oder du sagst, der ist mir nahe oder zu dem bin ich innerlich ganz weit weg, dann benutzt du Bilder von Räumlichkeit; Bilder, die uns helfen, innere Zustände auszudrücken. Und Jesus ist ein Meister darin, die Geschichte mit dem Reich Gottes in ganz vielfältigen Bildern zu erklären – eben, weil es darin vor allem um eine innere Wirklichkeit geht.

Dazu nur ein kleiner Überblick. Jesus antwortet zum Beispiel im Lukasevangelium, als er von den Pharisäern gefragt wurde, wann das Reich Gottes komme: „Das Reich Gottes kommt nicht so, dass man es an äußeren Zeichen erkennen könnte. Man kann auch nicht sagen: Seht, hier ist es! Oder: Dort ist es! Denn: Das Reich Gottes ist (schon) mitten unter euch" (Lk 17,20–21). Wo hier das Wort „unter" euch steht, da heißt es griechisch „entos", das heißt, man kann auch übersetzen: „in euch", mitten in euch geht das los, mitten in euch ist das Reich Gottes schon da.

In seinem Brief an die Römer 14,17 schreibt Paulus: „Denn das Reich Gottes ist nicht Essen und Trinken, sondern Gerechtigkeit, Friede und Freude im Heiligen Geist." Dass wir als Menschen, die das Reich Gottes in sich haben und verbreiten wollen, auch mal feiern dürfen – geschenkt! Aber das ist nicht das Wesentliche. Das Wesentliche ist, dass sich das Reich Gottes dort zu entfalten beginnt, wo Menschen Gott die Herrschaft für ihr Leben überlassen. Kürzlich habe ich gelesen, dass ein Schauspieler in einem Interview gefragt wurde, welche Rolle denn Gott in seinem Leben spiele. Und der Mann hat die schöne Antwort gegeben: In meinem Leben spielt Gott keine Rolle, er ist der Regisseur! Genau das ist gemeint: Hab ich das Zepter innerlich in der Hand und versuche, mein eigenes Ego am Leben zu erhalten – oder überlasse ich Christus die Regie, dann verändert sich alles. Das Reich Gottes beginnt im Kleinen, sagt Jesus im Gleichnis vom Senfkorn (Mt 13,31). Aber am Ende der Zeiten bricht es sich Bahn – und dann wird alles erfüllt sein von Gott, der herrscht und herrschen darf – als Liebe. Und das wird sich auch in der Erneuerung von allem ausdrücken. Petrus sagt uns in seinem Brief, dass wir gemäß der Verheißung Gottes „einen neuen Himmel und eine neue Erde erwarten, in denen die Gerechtigkeit wohnt" (2 Petr 3,13).

Schon und noch nicht

Einerseits also ist das Reich Gottes etwas Gegenwärtiges, das schon da ist, andererseits gehen wir darauf zu oder es kommt uns entgegen in der Form, dass wir plötzlich irgendwann die Wirklichkeit spüren, die wir immer schon versucht haben zu leben. Schon und noch nicht – das heißt, wir kennen die Wirklichkeit schon, aber erst, wenn wir ganz darin sind, wird uns das Herz über und Augen und Ohren aufgehen und wir denken: Genau, da bin ich daheim!

Und Jesus ist der Anfang von allem, der alte Kirchenvater Origenes (184–254 n. Chr.) hat das tief bedacht. „Basileia" ist das griechische Wort für Königreich Gottes. Und Origenes hat nun gesagt, Jesus sei die „Autobasileia", also das Reich Gottes in Person. In ihm selbst ist das Reich Gottes erschienen. Demnach geht dieses Reich mit ihm an, in seiner Nähe beginnt es. Deswegen wurde, wie die Apostel berichten, in seiner Nähe ja auch plötzlich die Luft rein, die Atmosphäre wurde gewissermaßen gereinigt – und die Dämonen verschwanden. Die Menschen haben sich zu ihm hingezogen gefühlt. Sie wurden geheilt und sie wurden im Herzen heiler, ihre Sünden wurden ihnen vergeben (Mt 9,5). Oder im Gegenteil: Die anderen, die, um im Bild zu bleiben, selbst die Herren ihres inneren Hauses bleiben wollten, die haben mit Ablehnung reagiert. Auch hier wieder: Je näher sie Jesus kommen, desto mehr spüren sie:

Es geht um alles. Entweder ich gebe ihm mein Leben – oder ich will ihn weghaben. „Wer das Leben gewinnen will, wird es verlieren – wer es um meinetwillen verliert, wird es gewinnen" (Mt 10,39).

Der erste Satz der Bergpredigt, der wichtigsten Rede Jesu, ist: „Selig, die arm sind vor Gott, denn ihnen gehört das Himmelreich" (Mt 5,3). Himmelreich ist bei Matthäus die Beschreibung für das Reich Gottes. Jesus sagt damit: Das Reich Gottes kannst du dir nicht gewaltsam erwerben, du kannst dich da nicht einfach reindrängen und sagen: „Jetzt gehört es mir, ich bin drin", sondern du kannst es im Grunde nur empfangen, wenn du im Herzen die Haltung der Empfänglichkeit, der Offenheit, der Armut hast. Arm im Herzen sind diejenigen, die wissen, dass sie das Wichtigste in ihrem Leben nur empfangen und nicht selber herstellen können: echte Freundschaft, Treue, tiefe Freude und mehr.

Umgekehrte Maßstäbe

Was in der Welt wichtig ist, wird vor Gott unwichtig: Geld, Ruhm, Anerkennung; nicht einmal leibliches Wohlbefinden – alles das ist nicht wichtig oder nicht so zentral, dass es die Hauptsache werden dürfte. Denn ja, Gott möchte, dass es dir gut geht, und er will nicht, dass du leidest. Aber Gott hat kein Interesse daran, dass es dir hier richtig gut geht und du ihn bei allem Gutgehen vergisst. Ihm ist viel wichtiger, dass du innerlich nah bei ihm bist, dass du ihm vertraust und ihn liebst – und zwar egal, wie die äußeren Umstände sind!

Denn wenn du erwartest, dass die Welt allein zu dir gerecht ist – vergiss es. Die Welt ist meistens richtig ungerecht. Oder ist es gerecht, dass irgendwo Kinder in Kriegen sterben? Oder massenhaft unschuldige Zivilisten? Ist es gerecht, dass es Konzentrationslager in Nordkorea gibt? Oder dass die Schöpfung ausgebeutet und Meere vermüllt werden? Oder dass es einen dramatischen Unterschied zwischen Arm und Reich gibt und so viel mehr? Nein. Die Welt ist nicht gerecht. – Aber bei Gott ist Gerechtigkeit und Frieden. Und überall, wo er anfängt,

Herzen zu regieren, da wächst Gerechtigkeit im Kleinen. Und da erkennen Menschen plötzlich, dass er, Jesus selbst, der eigentliche Schatz des Lebens ist. Und er kommt dir nahe, er will dein Herz und er lässt sich suchen, entdecken, finden. Und wenn dir einmal wirklich von innen her aufgeht, wer er ist und wer er für dich sein will, dann, sagt Jesus in einem Gleichnis, dann ist es auch bei dir wie mit einem Schatz im Acker, den ein Mann gefunden hat: Er gräbt ihn wieder ein, verkauft alles, was er besitzt, um den Acker zu kaufen und den Schatz zu gewinnen (Mt 13,44). Will heißen: Ab dann wird er wichtiger als alles andere – und alles andere bekommt eine neue Bedeutung in seinem Licht.

Das Reich Gottes ist eine dynamische Größe, es wächst von innen nach außen, vom Kleinen zum Großen und es verwandelt den Menschen. Es ist wie ein Senfkorn, das kleinste Korn (vgl. Mk 4,31). Jesus zeigt uns hier ein ganz wichtiges Prinzip für unser Glaubensleben und die Frage, ob wir fruchtbar wirken: Gott liebt die kleinen Anfänge! Oft neigen wir auch bei kirchlichen Veranstaltungen dazu, als Erstes nach dem Erfolg zu fragen: Wie viele kommen denn (noch!)? Für den Herrn ist das zunächst nicht wichtig. Denn wo zwei oder drei ernsthaft da sind und sich gemeinsam auf ihn beziehen – das ist wichtig. Alles andere lässt er geschehen. „Gott lässt wachsen", nicht wir (1 Kor 3,7).

Das kleinste Korn

Aber er schenkt auch so, dass die rechte Annahme des Geschenks in uns selbst die Entschiedenheit wachsen lässt. Deshalb fordert er auch Entschiedenheit. Das heißt, wenn du berührt bist, wenn du hast wirklich erkennen dürfen, wer dir da begegnet ist und wie du beschenkt bist, dann sagt Jesus in seiner Verkündigung gleichsam Folgendes zu dir: Jetzt bist du ein Beschenkter, jetzt geh hin und setz es ein für mein Reich. Zum Beispiel im Gleichnis von den Talenten (Mt 25,14–30). Diejenigen, die das, was sie empfangen haben, großzügig zum Einsatz gebracht haben, empfangen ihren Lohn. Und auch dahinter verbirgt sich ein geistliches Grundgesetz: Die Dinge, die Gott schenkt, werden mehr, indem man sie weiterverschenkt. Und das Reich Gottes hat höchste Priorität bei seinen Jüngern: „Euch muss es zuerst und vor allem anderen um Gottes Reich gehen", sagt Jesus (vgl. Mt 6,33). Dann wird alles andere, was nötig ist, dazugegeben. Denn tatsächlich: Es geht wirklich um etwas! So sehr, dass Jesus an einer Stelle sogar sagt: „Keiner, der die Hand an den Pflug gelegt hat und nochmals zurückblickt, taugt für das Reich Gottes" (Lk 9,62). An dieser Stelle geht Jesus schon mit aller eigenen Entschiedenheit nach Jerusalem, seinem Tod entgegen. Und er wollte, dass die Jünger, die Entschiedenen, ihm darin nicht nachstehen. Es gibt eine Zeit im Leben von jedem, da wird es richtig ernst mit dem Glauben. Davon können vor allem solche Menschen erzählen, die für ihren Glauben an Jesus verfolgt werden. Ja, die Freundschaft mit Jesus und die Sorge um das Kommen des Reiches sind für Christen so wesentlich, dass sie für sie größer, wichtiger sind als alles andere. Wenn das nicht so wäre, wäre Jesus auch nicht der, der er ist: Gottes Sohn, der Mensch geworden und für uns gestorben ist, um uns aus der Gottferne heim in das Reich des Vaters zu holen.

Die Endzeit

Das Reich Gottes ist einerseits schon da und es kommt andererseits als Offenbarung der Endzeit und des Gerichts auf uns zu. Wie kann man sich das vorstellen? In seiner Endzeitrede spricht Jesus von Kriegen und Erdbeben und allem, was da an Grausamem kommt. „Genauso sollt ihr erkennen, wenn ihr all das geschehen seht, dass das Reich Gottes nahe ist", sagt er (Lk 21,31) und erklärt zugleich: „Wenn (all) das beginnt, dann richtet euch auf und erhebt eure Häupter; denn eure Erlösung ist nahe" (Lk 21,28). Ich stelle mir das wie einen Geburtsprozess vor. Jesus spricht an einer Stelle auch von Wehen, dass das Ende in Wehen kommt. Und dann wird offenbar werden, was der Sinn von allem ist, und das andere, das Böse, das Üble wird weichen. Und mit „Geburt" meine ich dann etwa Folgendes: Du versuchst mit Jesus zu leben, willst, das sein Reich komme, willst liebevoll und gerecht sein und engagierst dich – und merkst aber, dass vieles in der Welt sich dem entgegenstellt und nicht selten auch in dir selbst: Egoismus, Lüge, Neid, Gewalt und anderes mehr. Und manchmal sieht es von außen so aus, als ob dieses Negative, das „Reich des Todes", am Ende die Oberhand behält. Aber Gericht bedeutet: Mit dem Wiederkommen Jesu kommt alles Helle, das innen gewachsen ist, selbst ans Licht, all die Ernsthaftigkeit, Treue, Liebe wird dann in seiner Gegenwart erkennbar sein und wird alles erfüllen – während alles Negative vergehen wird. Ich stell mir oft die Frage: Wenn Jesus wiederkommt in seiner ganzen göttlichen und majestätischen Liebe und Wahrhaftigkeit – werde ich mich dann im Glanz dieses Lichtes lieber verstecken wollen, weil ich viel zu sündig und gering bin? Oder wird in mir die Seite der Liebe schon so gewachsen sein, dass ich mich hingezogen fühle, dass er mich erkennt und ich mich danach sehne, von ihm erkannt zu werden – und mich nicht mehr schäme. Ich glaube, wenn wir in so einer Spur weiterdenken, verstehen wir, was mit dem Gericht gemeint ist.

An den Maßstäben des Gottesreiches werden wir gemessen und gerichtet. Im Matthäusevangelium, Kapitel 25, gibt es drei Gleichnisse, in denen es um die Frage des Reiches Gottes geht. Zum Beispiel das Gleichnis von den fünf klugen und den fünf törichten Jungfrauen. Die einen haben das Öl und lassen es brennen und die anderen nicht. Als dann schließlich der Bräutigam kommt, sind die einen bereit und die anderen nicht. Das Öl schenkt eine Deutung auf die Salbung hin. Wir sind mit dem Chrisamöl gesalbt in der Taufe und in der Firmung und Christus ist der Messias, das heißt der Gesalbte. Die Frage des Gleichnisses ist also: Lebst du in der inneren Verbindung mit

Endzeitliche Gleichnisse

ihm? Bleibend, in der Treue, auch wenn es außen rum vielleicht Nacht ist, wenn der, den du liebst, sich nicht zeigt? Bleibst du dann dennoch bei ihm? Sodass er dich erkennt als den, der treu geblieben ist? Hast du zum Beispiel ein Gebetsleben, das diesen Namen verdient, einen inneren Ort, wo du dich immer wieder mit ihm verbindest, dich anschauen lässt von ihm, ihn bittest, dass du seinen Willen erfüllen kannst?

Dann gibt es das eben schon erwähnte Gleichnis von den Talenten. Das heißt, wie nutzt du das, was dir geschenkt ist, für deinen Einsatz für das Reich Gottes oder für die Welt? Geht es dir wirklich um ihn und sein Reich oder geht es dir nicht doch zuerst und vor allem immer nur um dich? Und schließlich erzählt Matthäus noch das große Gleichnis vom Weltgericht mit dem berühmten Satz: „Was ihr dem Geringsten meiner Brüder getan habt, das habt ihr mir getan" (Mt 25,40). Das heißt, die eigene innere Erkenntnis und Erfahrung geliebt zu sein, daheim zu sein, bejaht zu sein, lässt die Befähigung und Verantwortung in dir wachsen, auch den anderen um seinetwillen zu lieben – und besonders den Armen. Ein Maßstab, mit dem wir dann auch gerichtet werden. Für mich sagt dieses Gleichnis außerdem: Um Jesus wirklich im anderen Menschen zu erkennen – besonders im Armen –, dazu müssen wir ihn doch vorher auch schon in uns selbst erkannt haben, nicht wahr? Das heißt: Wir werden hier wieder auf das „Öl" der klugen Jungfrauen verwiesen, konkret auf die Beziehungspflege mit dem Herrn, auf das Gebet, auf das Eintauchen in sein Wort.

Das Wartenkönnen	Das Reich Gottes fordert auch immer wieder Geduld: Warten, Vertrauen, Wachsamkeit. Immer wieder sagt Jesus: „Seid wachsam" (Mk 13,37), bleibt wachen Herzens, werdet nicht träge oder verzagt. Die Welt – deswegen habe ich vorhin den Generalangriff auf unsere Innerlichkeit benannt – will, wenn sie gottlos ist, nichts anderes, als uns wegziehen von dem, wovon ich versuche zu sprechen. Deswegen braucht es: Wachsamkeit, Aufmerksamkeit, Tiefe, Gebet, innere Verbindung mit dem Herrn.

Das Kommen des Reiches Gottes geht auch nicht ohne „Drangsale" einher. In der Apostelgeschichte etwa lesen wir, wie die Apostel zu den neuen Christen sprechen: „Sie sprachen den Jüngern Mut zu und ermahnten sie, treu am Glauben festzuhalten; sie sagten: Durch viele Drangsale müssen wir in das Reich Gottes gelangen" (Apg 14,22). Es gibt unterschwellig und im Inneren von jedem von uns eben dieses Ringen: eine Welt in mir und um uns, die von Gott nichts wissen will, die ihn draußen haben will. Und eine Welt und Menschenherzen, die Sehnsucht nach ihm haben, die sein Kommen erbeten und sein Richten und Aufrichten der Welt.

Aber vor allem anderen ist das Reich Gottes die Erfahrung grenzenloser Liebe und Vergebungsbereitschaft Gottes. Wir kennen das Gleichnis vom verlorenen Sohn (Lk 15,11–32) und das ist etwas, das wir uns immer und immer wieder sagen dürfen: Auch, wenn ich gerade vom Gericht und von den Maßstäben gesprochen habe und dass das alles wirklich ernst ist und dass Gott es ernst meint. Das Erste, das Tiefere, das Allerwichtigste ist: Du bist bei Gott daheim, du bist geliebt und er liebt dich, als wärst du der einzige Mensch auf der Welt, den er geschaffen hat. Das ist das Zentrale, das Herzstück, und deswegen tut er alles, damit du mit dem Vater versöhnt bist.

Vergebende Liebe

Ich sage das immer und immer wieder – und komme damit auf die eingangs erwähnte Professorin zurück: Der Kern des Evangeliums ist nicht das Zueinander-nett-Sein, ist nicht Moral, ist nicht Ethik und schon gar nicht Wellness. Der Kern des Christentums ist nicht ein Set von Regeln, die mit „Du musst" oder „Du sollst" oder „Du darfst nicht" beginnen. Der Kern des Evangeliums ist: Jesus ist gekommen, gestorben, auferstanden, damit wir mit Gott versöhnt werden, damit wir nach Hause kommen, damit wir uns vom Vater umarmen lassen – durch ihn. Das ist der Kern des Evangeliums. In ihm ist das Reich Gottes nahe, sein Herz ist das Herz der Welt, in der alle

Platz haben. Stellt euch die ausgestreckten Arme des Gekreuzigten vor: Sie umarmen die Welt und darin auch dich. Darin haben alle Platz, ausnahmslos alle. Im ersten Timotheusbrief von Paulus steht, „Gott will, dass alle Menschen gerettet werden und zur Erkenntnis der Wahrheit gelangen" (1 Tim 2,4). Ja, wir hoffen für alle, wir hoffen, dass alle dabei sind, dass alle der Einladung ins Reich Gottes folgen und lernen, aus der Vergebung der gekreuzigten Liebe zu leben. Und ja, zugleich geht es um etwas, es geht auch um unser „Ja" dazu, um unsere Entscheidung dazu – mit allen Konsequenzen.

Exorzismen und die Wunder

Wir sehen in allen Evangelien, dass Jesus heilt. Jesus treibt Dämonen aus, Jesus tut Wunder, indem er Brot vermehrt und über den See geht. Das und viele Dinge mehr sind alles Zeichen dafür, dass in ihm das Reich Gottes in seiner Fülle angekommen ist. Das ist mehr als nur die Welt. Das geht tiefer als nur die Welt, ist aber nie einfach eine Aufhebung oder Suspendierung ihrer Gesetze. Nein, die Natur steht ihm zur Verfügung und er zeigt, was Natur ist und was darüber hinausgeht, wenn Gott da ist. Natur ist auf sein Kommen hin offen – auch unsere Menschennatur. Und wir gehen buchstäblich über uns selbst hinaus, als Freie, als Liebende, je tiefer wir ihn einlassen. Und das zeigen auch die Wunder, die Heilungen, die Exorzismen. Hier kommt einer, der der Anfang der neuen, der heilen Welt ist, eben des Reiches Gottes. Und die neue Welt wird heile Welt im besten Sinn des Wortes werden: Hier erscheinen Freiheit, Liebe, Wahrhaftigkeit, die ganz aus der Beziehung zum Vater leben. Es erscheint die schöpferische Liebesmacht der Welt schlechthin. Und der, der das ist, der will mit dir in persönlicher Beziehung leben. Geh hin und hebe den Schatz aus dem Acker!

X
Gelitten unter Pontius Pilatus

Es ist immer auch gefährlich, oder besser: es beinhaltet eine große Versuchung für einen Menschen, der viel über Gott, Theologie und die Bibel nachdenkt, über Jesus zu sprechen. Denn wir können über ihn nicht anders als in menschlicher Sprache reden und das Sprechen über jemanden macht diesen Jemand dann sehr oft oder oft auch automatisch immer wieder zu einer Art besprochenen „Sache". Es liegt einfach in der Natur unseres Erkennens und Sprechens. Sprechen über jemanden „verdinglicht" ihn, packt ihn in einen Begriff. Und gerade dann läuft man Gefahr, dass man diese „Sache" gleichsam vor sich hinstellt und dann mit seinem Wissen, mit seiner mehr oder weniger richtigen Erkenntnis, mit seinem persönlichen Geschmack irgendwie über sie verfügt und vielleicht sogar meint, sie zu „beherrschen", weil man angeblich alles über sie weiß. Man hat sie ja im „Be-Griff". So ähnlich, wie man sagt: Der „beherrscht" ganz gut Englisch. Und der so besprochene Jesus wird dann zu einer bloßen „Sache", die man halt irgendwie im Griff hat, über die man verfügt. Und es bleibt dann dabei, man wird nicht mehr von ihm berührt, man beherrscht ihn ja. Aber tatsächlich hält man ihn sich dann erst recht vom Leib. Und ganz besonders spüre ich diese Gefahr bei der Annäherung an das Mysterium des Kreuzes: Meine Rede darüber soll deshalb nicht nur einen Gegenstand des Wissens behandeln, sondern wir können dem Kreuz und dem Gekreuzigten im Grunde gar nicht gerecht werden, so groß, so unfassbar ist das. Und allein eine solche Erkenntnis führt dazu, dass wir uns ihm nicht nur einfach im Wissen annähern müssen, sondern eben auch im Gebet, im Erschaudern vor diesem Geheimnis, in der Ehrfurcht, in der Demut.

Die Passion, der Anfang

In allen vier Evangelien, die wir haben, nimmt die Leidensgeschichte Jesu einen absolut zentralen Stellenwert ein. Es ist, als würden die Evangelien fulminant, mit Drang auf diesen Höhepunkt zulaufen. So als würde erzählt werden wollen: Alles, was Jesus getan und gesagt hat, findet seine Mitte, seinen Höhepunkt, seinen tiefsten Ausdruck in seiner Hingabe am Kreuz. Das habe ich oben schon angedeutet in der Frage, warum in unserem Glaubensbekenntnis nur der Anfang und der Schluss seines irdischen Lebens vorkommen. Unter anderem deshalb, weil wir glauben, dass vor allem das Kreuz alles ausdrückt, alles umfasst, was Jesus tut und sagt: Hier sagt und gibt er alles. Das älteste und kürzeste Evangelium ist das Markusevangelium. Das Markusevangelium endete zunächst sogar mit dem Sterben Jesu. Vor allem mit dem Bekenntnis des heidnischen Hauptmanns, der der Anführer von denen war, die Jesus hingerichtet haben: Der fällt auf die Knie und ruft: „Wahrhaftig, dieser Mensch war Gottes Sohn" (Mk 15,39) – in dem Augenblick, wo er sieht, dass Jesus stirbt und vor allem, wie er stirbt. Die anschließende Grablegung wird noch kurz geschildert und dass die Frauen am Ostersonntag das leere Grab finden und erschrocken davonrennen, dann ist Schluss – ohne eine Erzählung von einer Erscheinung des Auferstandenen. Die historische Forschung weiß nun recht genau, dass es dann noch die deutlich später hinzugefügten Verse Mk 16,9–20 gibt, in denen nun Erzählungen von Begegnungen mit dem Auferstandenen knapp zusammengefasst werden. Vermutlich, weil man später erkannt hat: So abrupt kann man das nicht aufhören lassen, schließlich gibt es doch die Nachricht von der Auferstehung. Aber eben, weil dies ganz offensichtlich später angefügt wurde, überwiegt insgesamt der Eindruck: Beim Markusevangelium geht es am offensivsten und klarsten auf das Kreuz zu als dem Höhepunkt des ganzen Evangeliums.

Wir Christen leben auch zunächst aus dieser Geschichte des Scheiterns! Was bedeutet das? Aus der Sicht eines Römers oder eines Juden der damaligen Gesellschaft stirbt Jesus den Tod eines elenden Verbrechers, eines von Gott Verfluchten (Gal 3,13). Aus der Sicht Roms wird er behandelt wie ein Terrorist oder Mörder, wie einer, der das Volk aufgewiegelt hat und eine massive Gefahr für die öffentliche Ordnung ist. Die Kreuzigung war die grausamste, brutalste Strafe und tödliche Foltermethode, die die Besatzungsmacht zu bieten hatte. Äußerlich beurteilt oder aus der Sicht eines gläubigen Juden von damals können wir uns nun fragen, wofür ist Jesus denn gekommen? Und hat sich das erfüllt?

Geschichte des Scheiterns

Nun, es ist sehr klar, dass er in seiner Sendung zunächst einmal gekommen ist, um sein eigenes Volk zu sammeln (vgl. Mt 15,24). Die zwölf Apostel, die er beruft und seinerseits sendet, sollen die zwölf Stämme Israels symbolisieren, er will Israel, das gespaltene Volk, wieder einen, er will sie zum Vater zurückführen und ihnen zeigen, was eigentlich Gottesdienst bedeutet: mit Gott sein, Gott loben und preisen und aus ihm heraus leben für die Welt und für die Verwandlung der Welt. Das ist die Berufung Israels: der Welt zeigen, wie ein Volk lebt, das mit Gott lebt! Die Völker sollen zum Zion wallfahren und das sehen und so selbst zu Gott finden – wunderbar ausgedrückt in Psalm 87. Auf diese Einheit für die Welt hin will Jesus Israel sammeln. Er will es einen, er will den Frieden bringen und er will die Feinde besiegen oder befrieden – er will den Tempel als religiösen und damit auch sozialen und gesellschaftlichen Mittelpunkt wieder in die Mitte rücken: Hier ist das „Haus meines Vaters" (Joh 2,16), ein Haus des Gebets für alle, nicht für Geschäfte. Und all diese Dinge waren auch erwartet vom Messias. Und tatsächlich, an mehreren Stellen tritt Jesus auch mit diesem Anspruch auf. Auch Judas hatte solche Erwartungen an ihn – und wird von seinem Scheitern so enttäuscht sein, dass er ihn verraten wird.

Denn in all diesen Erwartungen ist Jesus – wenigstens auf den ersten Blick – tatsächlich dramatisch gescheitert: Von wegen Sammlungsbewegung! Am Ende, unter dem Kreuz, ist er weitgehend allein; seine Jünger rennen davon und zerstreuen sich, der verhasste Feind, die römische Besatzungsmacht, ist nicht verjagt, sondern offenkundig sogar Sieger über ihn. Pilatus, der Vertreter dieser Macht, hat das Todesurteil gesprochen und durchführen lassen. Und das Volk bleibt zerrissen und ohne Frieden. Christen leben daher nicht nur, aber auch, aus einer Geschichte des Scheiterns. Sicher, das wird bald eine Geschichte der Auferstehung und des Lebens, keine Frage. Und wir erkennen, inwiefern sich in Jesus tatsächlich alles erfüllt und sogar mehr als erfüllt. Aber dennoch: Wenn wir sehen, wo Jesus endet, hören wir zum Beispiel den strengen Satz: „Er kam in sein Eigentum und die Seinen nahmen ihn nicht auf" (Joh 1,11) – er bleibt seinem eigenen Volk bis heute weitgehend ein Fremder.

Ein Buch für das Leben

Diese ganze Geschichte des Lebens Jesu unter uns wird daher gewissermaßen erst „im zweiten Anlauf" zu einer Geschichte des Lebens, des neuen Lebens. Und das neue Leben, das der Auferstandene eröffnet, wirft noch einmal ein ganz neues, tiefes Licht auf das Geheimnis des Scheiterns am Kreuz. Bruder Konrad, der Heilige des Bistums Passau, hat in Altötting ein jahrzehntelanges, einfaches Leben des Gebets und des Dienstes an den anderen gelebt. Wir wissen, dass er während seiner vielen Stunden an der Klosterpforte immerfort das Kreuz betrachtet und dabei gebetet hat. Bruder Konrad sagte: „Das Kreuz ist mein Buch." Er liest aus dem Kreuz und spürt: Das kann man ein Leben lang betrachten und wird damit nicht fertig.

Jesus spricht und handelt skandalös

Warum wollten sie Jesus töten – im Grunde schon sehr bald nach dem Beginn seines öffentlichen Auftretens? Dafür gab es ganz markante Gründe. Wisst ihr, wir lesen das Evangelium und oft ist es uns so vertraut, dass wir gar nicht mehr merken, wie anstößig das eigentlich ist, was dort passiert. Wie anstößig Jesus spricht und handelt – für die religiöse Elite seiner Zeit, aber auch für uns, wenn wir das mit wachem Herzen lesen. Einige seiner Taten weckten Verdacht, zum Beispiel: Er treibt sehr häufig den Teufel aus oder die Dämonen. Und ganz offenbar passiert mit den Menschen da etwas Heilsames. Sie sprechen und handeln danach wieder ganz normal. Aber es erregt Verdacht. Kann das sein, dass so ein dahergelaufener Wanderrabbi, den keiner kennt, Macht hat über die Dämonen? Vermutlich, so denken manche, vermutlich ist er selbst mit dem Teufel im Bund: „Die Schriftgelehrten, die von Jerusalem herabgekommen waren, sagten: Er ist von Beelzebul besessen; mit Hilfe des Herrschers der Dämonen treibt er die Dämonen aus" (Mk 3,22). Merkt ihr etwas? Habt ihr das schon einmal bewusst gelesen? Wir sind hier noch ziemlich am Anfang des Markusevangeliums und schon bekommt Jesus einen der brutalsten Vorwürfe um die Ohren gehauen, die man bekommen kann: Er ist selbst vom Teufel besessen!

Gewalt über Dämonen

Dann macht er solche Sachen auch noch am Sabbat: Menschen heilen, Dämonen austreiben – an dem Tag also, an dem bei streng gläubigen Juden genau geregelt ist, was man alles tun darf und was nicht. Und die Heilung von Menschen von Krankheit oder Besessenheit stand nicht in diesem Programm! Die strengen Berufstheologen sagten: Er missachtet eines unserer heiligsten Gesetze, den Sabbat zu heiligen, das dritte von den Zehn Geboten. Das kann nie und nimmer der Messias sein.

Missachtung des Sabbats

Aber Jesus wird sagen: „Der Sabbat ist für den Menschen da, nicht der Mensch für den Sabbat" (Mk 2,27).

Vergebung der Sünden Außerdem vergibt Jesus Sünden. Das war der Skandal schlechthin: Denn Sünden kann, nach Meinung der Juden damals, nur Gott vergeben. Ist ja auch logisch: Die Sünde ist nochmal anders qualifiziert als Schuld. Schuldig werden Menschen auch aneinander, aber Sünde sagt etwas aus über das Verhältnis von Gott und Mensch und daher ist allein Gott in der Lage, Sünden zu vergeben. Und in Israel hatte man dazu am großen Versöhnungstag einen aufwändigen, heiligen Ritus, den man von Gott empfangen hatte, nämlich den Ritus mit dem sogenannten „Sündenbock". Der Hohepriester musste sich und sein Haus erst einmal selbst entsühnen durch ein Opfertier, einen Jungstier, und anschließend wurde ein Ziegenbock geschlachtet. Das Blut beider Tiere wurde auf und vor die Bundeslade gespritzt, der Brandopferaltar wurde damit bestrichen. Schließlich legt der Hohepriester einem zweiten Ziegenbock die Hände auf, um auf ihn die Sünden des Volkes „aufzuladen", anschließend wird dieser Sündenbock in die Wüste gejagt, damit er dort stirbt (vgl. Lev 16,11–22). Im Hebräerbrief des Neuen Testaments wird später deutlich beschrieben werden, wie Jesus, der Gekreuzigte, in Person und mit seinem Blut das eigentliche Opfer ist, das die endgültige Versöhnung und Entsühnung bewirkt (vgl. Hebr 9,1–11). Aber wir sehen schon vor dem Kreuzestod, wie Jesus einfach Sünden vergibt (z. B. Lk 5,20 und 7,43). Und das provoziert wieder die Experten der Heiligen Schriften, also die Schriftgelehrten und Pharisäer. Entsetzt fragen sie: „Wer ist das, dass er eine solche Gotteslästerung wagt? Wer außer Gott kann Sünden vergeben?" (Lk 5,21). Im Zusammenhang damit, dass der Sündenbock aus dem Lager gejagt wird und dass die Opfertiere außerhalb des Lagers verbrannt werden, damit die Sünde gewissermaßen draußen bleibt, stellt der Hebräerbrief auch die Parallele zu Jesus fest: „Deshalb hat auch Jesus, um durch sein eigenes Blut das Volk zu heiligen, außerhalb des Tores gelitten" (Hebr 13,12).

Der nächste Skandal: Jesus maßt sich an, die Tora, das heilige Gesetz, das Mose von Gott her vermittelt hatte, eigenständig auszulegen. Mehr noch: Er behauptet, sie zu erfüllen. Wir lesen gleich am Anfang im ersten Evangelium bei Matthäus die vielleicht wichtigste Rede Jesu in der Bibel, die Bergpredigt. Dort heißt es zum Beispiel: „Ihr habt gehört, dass gesagt worden ist, Auge um Auge, Zahn um Zahn. Ich aber sage euch: Leistet dem, der euch etwas Böses antut, keinen Widerstand!" (Mt 5,38–39). Stellt euch auch das vor: Mose war die Autorität in Israel schlechthin, sein Gesetz sowieso. Und dann kommt dieser Zimmermannsohn Jesus und macht sich einfach so zum Chefausleger der Tora und verändert sogar ihre Botschaft! Als Christen glauben wir, dass er den eigentlichen Sinn des Ganzen deutlich macht, worauf die Tora innerlich hinzielt – auf die Gottesbeziehung, auf das heile Herz, auf den inneren Sinn des Reiches Gottes, letztlich auf ihn selbst. Aber natürlich war das alles anstößig in den Ohren eines gläubigen Juden: „Euch ist gesagt worden …, ich aber sage euch …" – Was redet der? So kann kein Mensch reden, haben die Leute wohl gedacht. Mehr noch: Jesus behauptet sogar: „Ich bin nicht gekommen, das Gesetz und die Propheten aufzuheben, ich bin gekommen, alles zu erfüllen!" (Mt 5,17). Welche unfassbare Anmaßung, nicht wahr? Ein einzelner Mensch kommt her, erzählt neue Dinge über das Gesetz und sagt im selben Atemzug: Ich erfülle alles! Oder besser: In mir erfüllt sich alles! Ja, werden viele gefragt haben: Wie ist der denn unterwegs? Verrückt? Wahnsinnig? Ein Blender? Ein Gotteslästerer? Lassen wir das zu?

Er legt die Tora aus

Jesus hatte Umgang mit all denen, mit denen die Juden nichts zu tun haben wollten: Zöllner, Prostituierte, Kranke, Aussätzige, Besessene, Wahnsinnige, Bettler, Entrechtete. All das waren die Unreinen, an deren Leben meinte man sehen zu können, dass sie von Gott verworfen waren, dass sie draußen waren aus der Gesellschaft der Religiösen, der vermeintlich Reinen. Aber Jesus? Er ging ganz weit hinaus zu ihnen, bis

Eines Juden nicht würdig

hin zu denen, die in den Grabhöhlen lebten – so tot waren sie schon für die anderen (Mt 8,28). Für die Juden war das völlig unverständlich. Erstens wollten sie sich als Volk natürlich irgendwie abgrenzen von den Sündern, den Ungläubigen, den Unreinen. Zweitens konnten sie ja, wenn sie mit einem „Unreinen" in Kontakt kamen, erst dann wieder den Tempel betreten, nachdem sie ausführliche Reinigungsrituale vollzogen hatten. Aber dass Jesus danach, ohne mit der Wimper zu zucken, ohne Reinigungsrituale den Tempel betrat, musste das Fass der Empörung endgültig zum Überlaufen gebracht haben. Aber er? Er sagt: „Nicht die Gesunden brauchen den Arzt, sondern die Kranken. Ich bin gekommen, um die Sünder zu rufen, nicht die Gerechten" (Mk 2,17).

Er wird im Tempel gewalttätig

Jesus wurde als Sohn Davids bei seinem Einzug nach Jerusalem begrüßt. Und wo ging er laut den Synoptikern Matthäus, Markus und Lukas als Erstes hin? In den Tempel. Warum? Weil die Juden daraus eine „Markthalle" (Joh 2,16) gemacht hatten oder, wie er noch schärfer sagte: eine „Räuberhöhle" (Mt 21,13). Jesus wollte das Verhältnis wiederherstellen zwischen seinem Volk und Gott. Das heißt, in dem Tempel soll der Vater angebetet werden. Der Tempel soll das Haus des Vaters sein und kein Ort, in dem Geschäfte gemacht werden, gar betrügerische Geschäfte. Im Neuen Testament sehen wir an dieser Stelle einen richtig zornigen Jesus, der sich sogar eine Waffe greift, eine Peitsche, die Tische umwirft und die Kaufleute verjagt. Das müssen sie ihm sehr übel genommen haben. Und womöglich war hier dann endgültig das Maß voll – und sie haben entschieden den Beschluss umgesetzt, ihn zu töten. Was waren die Anklagegründe? Sie haben ihm – wie gesehen – Besessenheit vorgeworfen oder auch falsches Prophetentum, aber vor allem auch: Gotteslästerung (Mt 26,65). Auf falsches Prophetentum und Gotteslästerung steht im Judentum die Todesstrafe. Und auf Volksaufwiegeln steht bei den Römern die Todesstrafe (vgl. Lk 23,5). Hat sich gut getroffen für beide Seiten!

Viele weitere Worte Jesu klangen in den Ohren von gläubigen Israeliten damals unfassbar maßlos: „Hier ist einer, der größer ist als der Tempel", sagt er (Mt 12,6). Oder: Hier ist einer, „der Herr ist über den Sabbat" (Mt 12,8). Oder: „Hier ist einer, der mehr ist als Salomo" (Mt 12,42). Versetzt euch mal in das Denken eines gläubigen Juden, für den der Tempel der Inbegriff des Wohnortes Gottes in der Welt war und der Sabbat ins heiligste Gesetz Gottes gehörte. Das war gleich das dritte Gebot im Dekalog, den Zehn Geboten – nach „Du sollst keine anderen Götter neben mir haben", „Du sollst den Namen Gottes nicht missbrauchen" kommt gleich: „Du sollst den Sabbat heiligen." Wie maßlos muss das in den Ohren eines gläubigen Juden geklungen haben, dass einer sagt, er sei Herr über den Sabbat?! Stellt sich der nicht Gott gleich? Eben diesen Vorwurf lesen wir auch im Johannesevangelium, als ihn einige über den Vater reden hörten: „Darum waren die Juden noch mehr darauf aus, ihn zu töten, weil er nicht nur den Sabbat brach, sondern auch Gott seinen Vater nannte und sich damit Gott gleichstellte" (Joh 5,18). Auch die radikale Kritik von Jesus an den Berufsreligiösen und ihrer religiösen Praxis gehört hierher: Wie anmaßend muss sie gewirkt haben – von einem theologischen Nobody aus der Provinz! Nebenbei, ohne irgendjemanden von unseren Theologen verletzen zu wollen, ich lese das auch auf mich selbst bezogen: Die Menschen, die im Neuen Testament aus dem Mund Jesu am schlechtesten wegkommen, sind fast immer die Berufstheologen, also die Schriftgelehrten, die Gesetzeslehrer, die Pharisäer, die Hohepriester! Ich frage mich oft: Was will er mir und uns heute damit sagen? Wie sollen wir zum Beispiel Theologen sein und das Priestertum leben, damit seine Vorwürfe uns nicht treffen?

Das vierte Gebot im Dekalog, gleich nach dem Sabbatgebot, lautet: Du sollst Vater und Mutter ehren. Erst kommen also die drei göttlichen Gebote, bei denen es um die Gottesbeziehung geht – und dann geht es direkt im Anschluss darum, was eigentlich die Gemeinschaft zusammenhält. Also

Der maßlose Anspruch

erstens und zentral wichtig: Vater und Mutter soll man ehren! Aber jetzt kommt Jesus daher und sagt: „Wer Vater und Mutter mehr liebt als mich, ist meiner nicht würdig" (Mt 10,37). – Zu was macht er sich also selbst? Mehr als der Tempel, Herr über den Sabbat, größer als Salomo, liebenswürdiger als Vater und Mutter? Wer beansprucht er zu sein? Ist er verrückt? Sätze wie: „Wer sein Leben gewinnen will, wird es verlieren. Wer es um meinetwillen verliert, wird es gewinnen"; oder: „Ich und mein Vater sind eins"; oder: „Sie werden den Menschensohn mit großer Macht und Herrlichkeit auf den Wolken des Himmels kommen sehen" (Mt 24,30); oder: „Mir (dem Sohn) hat der Vater das Gericht ganz übertragen" (Joh 5,22). – Solche Sätze hat vorher nie ein Rabbi gesprochen, kein weiser Lehrer, kein Platon, kein Sokrates, kein Konfuzius.

Wir kommen mit dem Argument, Christus sei ein weiser Lehrer der Menschheit oder der menschlichen Moral, nicht weit, wenn wir das Neue Testament ernst nehmen. Der Schriftsteller C. S. Lewis sagt deshalb: Wenn wir diese Texte ernst nehmen, dann gibt es im Grunde auf die Frage: „Wer ist dieser?" nur drei mögliche Antworten: Entweder er ist komplett verrückt. Oder er ist der größte Lügner, der je durch die Welt gelaufen ist, also der Teufel selbst. Oder er ist, wer er behauptet zu sein: Gottes Sohn, vom Vater gesandt, die Welt zu retten. Eine andere Alternative lässt uns das Evangelium nicht.

Das Gebet im Garten

Jesus wurde zunächst im Garten Getsemani verlassen. Er hatte seine drei engsten Jünger mitgenommen, die ihm vermutlich auch persönlich am nächsten waren: Petrus, Jakobus und Johannes. Es geht ihm sehr schlecht, er ist dabei, so tief innerlich auf die Seite der gottverlassenen Menschheit zu treten und alles auf sich zu nehmen, was sie durchleidet. Er bittet die Freunde, mit ihm zu beten, während er einen Steinwurf weit weg ebenfalls betet. Und wie er betet! Der Evangelist Lukas sagt: „Er betete in seiner Angst noch inständiger und sein Schweiß war wie Blut, das auf die Erde tropfte" (Lk 22,44). Die Bitte Jesu an seine drei Freunde, mit ihm zu beten, läuft ins Leere: Sie schlafen einfach ein.

Wenn er wirklich Blut geschwitzt hat, dann stelle ich mir vor, wie fertig er ausgesehen haben muss, als er zurückkam zu den schlafenden Jüngern. Eigentlich müssten sie entsetzt gewesen sein und jetzt endlich wach, um wirklich zu beten. Aber sie schlafen wieder ein und wieder – beim vielleicht wichtigsten Gebetstreffen der Weltgeschichte. Sie versagen jämmerlich.

Deshalb: Dieses Versagen ist auch tröstlich. Gebet ist nicht immer nur einfach. Und wenn ihr euch in eurem Gebet auch mal als Versager oder als zu lasch fühlt: Herzlich willkommen in einem erlesenen Club! (Was freilich ein Trost, aber keine gute Ausrede sein soll – denn natürlich war das Verhalten der Jünger nicht gerade groß!) Übrigens: Warum, glaubt ihr, findet das Ganze in einem Garten statt? Womöglich, weil der Sündenfall von Adam und Eva auch in einem Garten stattgefunden hat – im Paradiesgarten. Und jetzt geht Jesus in einen Garten und durchkämpft, durchleidet die sündige Menschheit, schwitzt Blut – und wird durch einen Kuss des vermeintlichen Freundes, Judas, verraten.

Der Prozess

Der Prozess war vielschichtig. Bei dem Versuch, die Geschichte zu rekonstruieren, ist nicht immer alles ganz klar, aber es gibt viele markante Punkte. Wir hören von verschiedenen Stationen, die offensichtlich alle unter großem Druck innerhalb von einer Nacht und einem halben Tag sozusagen durchgepeitscht wurden – auch weil der Sabbat herannahte, an dem man solche Tätigkeiten nicht mehr durchführen konnte. Jesus wurde vor Hannas und vor Kajaphas, den Hohepriester, geführt. Ebenso vor den Hohen Rat, das war das Synedrion, das höchste Entscheidungsgremium der jüdischen Religionsvertreter. Er wurde auch vor den römischen Statthalter Pilatus geführt. Lukas – allerdings nur Lukas – erzählt, dass ihn Pilatus nochmal zu Herodes schickt, der dort ein König war, allerdings offensichtlich nur ein unbedeutender Vasall der Römer.

Im Johannesevangelium sagt Kajaphas, schon relativ früh vor dem Prozess: „Ihr bedenkt nicht, dass es besser für euch ist, wenn ein einziger Mensch für das ganze Volk stirbt, als wenn das ganze Volk zugrunde geht" (Joh 11,50). Der Evangelist macht dazu die Anmerkung, dass er das nicht aus sich selbst sagte, sondern aufgrund prophetischer Eingebung als Amtsträger. Es ist für mich sehr interessant, dass Kajaphas etwas Prophetisches sagt, das eigentlich stimmt, aber von ihm ganz anders gemeint ist: Jesus wird für das ganze Volk sterben! Ein Hinweis dafür, dass das religiöse Amt selbst dann noch in Funktion ist, wenn es korrupt ist. Auch Jesus zeigt immer wieder im Evangelium Respekt vor dem religiösen Amt (z. B. Lk 17,14; Mt 23,2–3). Für die religiösen Führer der Juden ist jedenfalls schnell klar: Jesus muss sterben. Aber sie brauchen für die Vollstreckung eines Todesurteils die staatliche Autorität.

Das war Pontius Pilatus, der namentlich in unser Glaubensbekenntnis Eingang gefunden hat. Er war der weltliche Amtsträger, Statthalter des Kaisers im besetzten Gebiet. Und alle Evangelien sagen uns nun, dass Pilatus hin und her zögert und Jesus eigentlich herausbekommen will aus diesem Prozess. Mehrfach sagt er Dinge wie: „Ich finde keinen Grund, ihn zu verurteilen" (Joh 18,38; 19,6). Sie sprechen über das jüdische Gesetz, über das Königtum Jesu und über Wahrheit. Und irgendwie spürt man, Pilatus findet Jesus eigentlich ziemlich gut, zumindest interessant. Und seine Frau sagt dann auch noch, sie habe einen schlechten Traum gehabt und er solle den Mann freilassen (vgl. Mt 27,19). Pilatus versucht es und drängt darauf, dass Barrabas statt Jesus anlässlich des Festes freigelassen werden soll. Es war nach damaligem Gesetz nämlich Brauch, dass vor dem Paschafest eine Amnestie gewährt wurde und ein Gefangener freigelassen werden konnte. Aber die jüdischen Autoritäten schlagen ihn nun mit dem Argument, das ihm offenbar Angst macht und einknicken lässt: „Wenn du ihn freilässt, bist du kein Freund des Kaisers; jeder, der sich als König ausgibt, lehnt sich gegen den Kaiser auf" (Joh 19,12). Und Pilatus erwidert: „Euren König soll ich kreuzigen?" – Und was die Hohepriester daraufhin sagen, das ist richtig perfide. Sie sagen: „Wir haben keinen König, wir haben nur den Kaiser" (Joh 19,15).

Wer ein bisschen die Geschichte des jüdischen Volkes kennt, der versteht, was das hieß, dass sich die Hohepriester hier nun offensichtlich dem römischen Kaiser unterwarfen: Was für ein Verrat an der eigenen Tradition! Vielleicht erinnert sich mancher an diese Geschichte im Alten Testament: Israel hatte lange keinen König, es hatte Richter und Propheten und wusste sich von Gott selbst als seinem König geführt. Aber ab einem bestimmten Zeitpunkt der Geschichte wollten sie doch einen eigenen König haben, weil sie sein wollten wie die anderen Völker auch (vgl. das ganze Kapitel 1 Sam 8). Eine Forderung, der Gott schließlich nachgab, auch wenn sie im Alten Testament als Mangel an Gottvertrauen gedeutet wird. Denn auch Gott, so steht es im Alten Testament, wollte das eigentlich nicht. Er sagte zum Propheten Samuel, an den die Forderung herangetragen wurde: „Hör auf die Stimme des Volkes in allem, was sie zu dir sagen. Denn nicht dich haben sie verworfen, sondern mich haben sie verworfen: Ich soll nicht mehr ihr König sein" (1 Sam 8,7).

Saul war dann der erste König Israels – und das ging sofort mächtig schief. Danach aber trat ein König nach dem Herzen Gottes auf den Plan: David. David war von Anfang an eine messianische Figur. Gott schreibt gewissermaßen auf diesen krummen Zeilen gerade und gibt diesem jungen Mann, der Gott liebte und ihm anhing, und seinem Königshaus die Verheißung, dass aus seinem Geschlecht der Messias kommen werde (2 Sam 7,13). Wir haben dann kurz vor der Passionserzählung auch schon in der Schrift gelesen, wie die Menschen

Wer ist der König?

Jesus zugejubelt haben beim Einzug in Jerusalem, den wir am Palmsonntag feiern: „Hosanna, dem Sohne Davids" (Mt 21,15). Die Menschen haben ihn also als Messiaskönig aus dem Geschlecht Davids bejubelt! Und nun steht dieser König vor ihnen, der Sohn Davids, den die prophetische Verheißung versprochen hatte.

Und die Hohepriester sagen nun: „Wir haben keinen König außer dem Kaiser!" (Joh 19,15). Das heißt übersetzt: Wir mögen zwar die religiösen Führer dieses Volkes sein, aber wir heucheln erst mal Unterwürfigkeit, wir geben unsere religiösen Hoffnungen und Ideale preis – und hängen uns an die eigentlich verhasste staatliche Supermacht, nur um diesen da aus dem Weg räumen zu können! Welche Ironie der Geschichte, dass Pilatus ein Schild über dem Gekreuzigten anbringen lässt, auf dem dann in drei Sprachen an die ganze Welt der Grund seiner Verurteilung verkündet wird: „Jesus von Nazaret, der König der Juden". Die Hohepriester wehren sich: Sie wollen, dass es heißt, er habe behauptet, er sei der König der Juden – und nicht, dass er es wirklich ist, so wie es hier steht. Pilatus sagt daraufhin schlicht: „Was ich geschrieben habe, habe ich geschrieben" (Joh 19,22). Und er wird so gleichsam zum ersten Verkünder des Evangeliums: Dieser Gekreuzigte ist der wahre König des jüdischen Volkes, der Messias!

Der falsche Sohn

Der Name des Straßenräubers Barrabas, der anstelle von Jesus freigelassen wird, heißt übersetzt interessanterweise „Sohn des Vaters". Da steht also der Sohn des Vaters, der einzige Sohn des Vaters in völliger Unschuld und wen, schreien sie, sollen sie freilassen? Den Straßenräuber, der mit Namen „Sohn des Vaters" heißt. Also zuerst hängen sich die Ankläger an den Kaiser, wollen keinen König mehr und dann hängen sie sich an den Straßenräuber, der Sohn des Vaters ist. Die Evangelien wollen, glaube ich, sagen: totale Verblendung. Herzensverblendung gegenüber dem, der da vor ihnen steht.

Pilatus schickt Jesus also zu Herodes, der freut sich, möchte endlich mal so ein Wunder sehen, ein bisschen Spektakel, hat er doch schon viel davon gehört. Jesus sagt aber nichts, worauf sie ihn verspotten und ihn dann wieder wegschicken. Anschließend steht im Lukasevangelium die Anmerkung: „An diesem Tag wurden Herodes und Pilatus Freunde, vorher waren sie Feinde gewesen" (Lk 23,12). – Meine Lieben, es gibt auch Freundschaft im Bösen, Solidarität im Bösen! Und die ist umso gefährlicher, weil ja Freundschaft grundsätzlich wie etwas Gutes aussieht. Aber wenn der Geist, der einen da verbindet, ein Ungeist ist, ein gemeinsamer „Geist" auf Kosten eines oder mehrerer Dritten, dann ist es pervertierte Freundschaft. Wie oft gibt es das tatsächlich auch unter uns, zum Beispiel, wenn es um die Solidarisierung gegen Fremde geht. Achten wir darauf: Das Böse kommt im Grunde nahezu immer (!) unter dem Schein des Guten daher. Und der Ungeist verbindet immer zu vermeintlich Gutem – auch wenn das eigentliche Ziel böse ist. Denken wir etwa an Mafiabanden: Auch da werden angebliche Werte gelebt wie Treue, Verbindlichkeit und so fort.

Wir sehen im Prozess vor dem Hohepriester und dem Hohen Rat zunächst falsche Zeugen, falsche Aussagen, die Jesus etwas anhängen wollen – und es gelingt offenbar nicht allzu gut (vgl. Mk 14,55–59). Aber dann fragt der Hohepriester selbst: „Sag uns, ob du Christus bist, der Sohn Gottes" (Mt 26,63). Und Jesus sagt zu ihm: „Ja, bin ich." Und da steht der vor ihm, der Wunder getan hat, der geheilt hat, der niemanden etwas zuleide getan hat – aber der Hohepriester zerreißt sein Gewand und sagt: Gotteslästerung, er verdient den Tod! (vgl. Mt 26,65–66). – Wie beweist Kajaphas, dass Jesus nicht der Messias ist? Gar nicht. Sie wollen ihn nicht, sie brauchen ihn nicht, sie wollen ihn wegschaffen. – Aber dennoch bleibt die Frage: Wer ist eigentlich am Ende schuld daran, dass Jesus stirbt?

Pilatus findet keine Schuld an ihm, verurteilt ihn dennoch; wäscht aber dann seine Hände in Unschuld und sagt sozusagen: Ihr Israeliten habt mich gezwungen, aber das ist eigentlich

Wer hat Schuld?

eure Sache! Andererseits: Niemand hätte Jesus laut Gesetz töten können, wenn Pilatus nicht gesagt hätte: Kreuzigt ihn! Doch er schiebt die Verantwortung weg. Waren der Hohepriester und der Hohe Rat schuldig? Die dürfen selbst niemanden töten nach römischem Gesetz. Die sagen: Pilatus, das ist deine Sache; dieser Jesus wiegelt das Volk auf, gibt sich als König auf. Weg mit ihm!

Ist die aufgehetzte Menge schuld? Weil die schreien: Kreuzige ihn! Wir wollen nicht den freilassen, wir wollen Barrabas! Oder war die Menge nur verführt, nur aufgehetzt, wie es im Evangelium heißt (vgl. Mt 27,20)? Oder war es Judas? Judas erkennt plötzlich, was er getan hat, will das Geld zurückbringen, sagt: Nehmt das wieder, ich will es doch nicht gewesen sein (vgl. Mt 27,3–4). Und die Tempeldiener, nehmen sie das Geld? Sie nehmen es, aber geben es sofort wieder her. War doch Judas schuld? Oder waren es die römischen Soldaten, die Jesus brutal gefoltert und schließlich gekreuzigt haben? Sie waren doch nur Befehlsempfänger! Oder waren die feigen Jünger schuld, die alle unter dem Kreuz davongerannt sind? Petrus, der Großsprecher, der im Angesicht einer Magd zum Feigling wird. Waren sie schuld? Oder hätten sie sowieso keine Chance gehabt gegen die römische Staatsmacht und die aufgehetzte Menge? Oder war das Volk schuld, das nicht an ihn geglaubt hat? Vielleicht auch. Oder hat sogar Gott, der Vater, Schuld? Das sagen ja manche: An so einen Gott kann ich nicht glauben, der seinen eigenen Sohn foltern lässt.

Die innere Antwort von uns ist: Gott und sein Sohn sind so eins in der Liebe zu den Menschen, dass der Vater in gewisser Hinsicht mit am Kreuz hängt, also mitleidet mit dem Sohn, seinen Schmerz mitträgt. – Jesus selber gibt sich aus Liebe. Wir sehen schon: Dadurch, dass keiner ganz ausdrücklich schuld war, waren es doch alle, die beteiligt waren! Irgendwie ist er durch alle umgebracht worden.

Warum wollen die Leute ihn sterben sehen, was hat ihn letztlich getötet? Welche Motive waren dabei? Angst vor Machtverlust? Oder Machtgeilheit? Verlust von Prestige und Ansehen als religiöse Führer? Stolz, nicht einsehen zu wollen, wer er ist? Gier nach Geld beim Judas? Enttäuschung über den angeblichen Messias wie bei Judas? Alle haben unterschiedliche Motive. Bei manchen steckt auch blanke Bosheit darin. Während die Soldaten Jesus foltern und ihm die Dornenkrone aufsetzen, blanke Bosheit: Den können wir jetzt mal quälen. Dazu die Grausamkeit der Folterknechte. Die Feigheit der Jünger. Die Schwäche des Pilatus. Und dann Neugier, Schaulust, Neid, Mangel an Glauben, Zorn, Lüge, falsche Aussagen, Verrat. Tatsächlich, es waren unglaublich viele Motive. Und das führt zu zwei Erkenntnissen. Die erste ist: Im Grunde ist keiner allein schuld, irgendwie sind alle daran beteiligt. Die zweite: Im Grunde bringt Jesus nicht eine einzelne Sünde um, sondern alle Sünden der Welt.

Die Motive

Dem Bösen bis auf den letzten Grund

Wir sehen, den einzelnen, genauen Grund, warum er sterben musste, den gibt es nicht. Aber wir können uns jetzt noch fragen: Warum dann diese Radikalität, dieses unfassbare Leiden, die Schmerzen, die Folter? Es waren ja nicht nur unerträgliche körperliche Schmerzen. Es war auch die absolute Erniedrigung, die Entblößung, die Verlassenheit, die Zurschaustellung, die Einsamkeit. Und schließlich war es auch die Übernahme der Gottesferne der gesamten Menschheit, so sehr, dass Paulus sagen wird: „Er wurde für uns zur Sünde gemacht" (2 Kor 5,21). So sehr identifiziert sich Jesus mit dieser sündigen Gottesferne der Menschen, dass er herausschreien wird: „Mein Gott, mein Gott, warum hast du mich verlassen?" (Ps 22,1). Ja, natürlich, er betet hier auch einen Psalm, der dann in Lobpreis und Glauben mündet. Aber muss man das gleich so schnell dazu erklären? Hängt da nicht einmal zuerst der Schmerzensmann, der in seiner Liebe so abgründig hinabgestiegen ist, dass er allen Schmerz und alles Leid der Welt auf sich nehmen konnte? Und warum tut er das, warum so tief und so radikal – und alles freiwillig? Ich glaube, weil er als der Messias allem, was Gott feindlich ist, radikal auf den Grund geht – und das heißt letztlich wieder: auf den Grund unserer Seele, in den Abgrund der Gottlosigkeit und Sünde des Menschen.

Wenn wir einmal einen Blick zurück ins Alte Testament werfen, dann gibt es da mehrfach schreckliche Ereignisse, die Gott veranlasst, um die Sünde zu bekämpfen. Er kommt uns darin sehr grausam vor: Zum Beispiel, als Mose vom Berg runterkommt, die Sache mit dem Goldenen Kalb sieht – und dann auf Befehl Gottes dreitausend Leute hinrichten lässt (vgl. Ex 32,28). Oder im Kampf gegen die Kanaaniter (Dtn 20,16–18) oder Amalekiter: Gott lässt jeweils ganze Volksstämme ausrotten (1 Sam 15,3), Stämme, die nach dem Urteil der Schrift stark in Sünde und Götzendienst verwickelt sind und feindlich gegen Israel. Ähnlich ist es beim Auszug des Volkes aus Ägypten: Gott bewirkt, dass das ganze Heer der Ägypter im Meer ersäuft (Ex 14,28). Heute fällt uns dieser biblische Blick auf Gottes Handeln sehr schwer, aber wir müssen immer mitsehen, dass es Gottes Wort in Menschenwort ist, zur jeweiligen Zeit auch für seine Zeit ausgelegt. Und in einer Zeit, in der es undenkbar war, ein Nomadenvolk zu sein, ohne in Kriegshandlungen verwickelt zu werden, wird Gott eben als ein Gott erfahren, der seinem Volk in solchen Handlungen beisteht und die Feinde niederringt.

Der Schlüssel zu allem

Aber ich bin auch der Überzeugung, dass der eigentliche Schlüssel zur Deutung solcher Ereignisse Jesus selbst und sein Kreuz ist. Von ihm her, von seinem Kreuzestod her, sieht man nun, dass sich das Böse nicht mehr nur einfach in Gestalt einer konkreten einzelnen Person oder gar in feindlichen Gruppen manifestiert, die zu besiegen wären. Vielmehr gibt es das Böse in jedem von uns – als Konsequenz unserer Gottferne. Und Jesus geht diesem Bösen (!) und damit allem Bösen jetzt bis auf den Grund – er erfährt es in aller Brutalität, im äußersten Schmerz, er nimmt es auf sich und verschlingt es so gewissermaßen von innen her. Am Kreuz, so deute ich es, hängt also auch der ertrunkene Ägypter und der getötete Kanaaniter und Amalekiter, die sich gegen das Volk Gottes aufgelehnt hatten oder Götzendiener waren oder Menschenopfer dargebracht hatten. Das Böse aller Welt wird von Jesus nicht mehr durch Gewalt besiegt, sondern durch Liebe, die die Gewalt an sich geschehen lässt und so überwindet. Jesus ist der Schlüssel zu allem!

Er geht dem Ganzen bis auf den Grund. Er zieht das durch bis zum letzten Atemzug – buchstäblich, wenn er den Geist aushaucht. Und hier sehe ich ihn schon anders als uns selbst im Kampf gegen das Böse: Wie oft fassen wir nur halbherzig Vorsätze oder sympathisieren doch heimlich mit dem Schlechten oder wollen von den unguten Angewohnheiten einfach nicht lassen, weil sie doch irgendwie ganz angenehm scheinen. Wie oft machen wir faule oder weiche Kompromisse. Aber Jesus geht den ganzen Weg, trinkt den bittersten aller Kelche bis zur Neige – und besiegt darin nicht nur alle Lüge und alles Böse, sondern mit ihm auch den Tod.

Noch einmal zurück zu dem dramatischen Satz von Paulus: „Gott hat ihn für uns zur Sünde gemacht" (2 Kor 5,21) – er hat Jesus, der keine Sünde hat, zur Sünde gemacht. Was bedeutet das noch genauer? Stell dir vor: Wenn du jemanden wirklich liebst und dieser geliebte Mensch aus irgendeinem Grund leidet, dann macht das etwas mit dir. Du leidest irgendwie mit, dir geht es auch nicht gut, wenn es dem geliebten Menschen nicht gut geht. Es kostet dich etwas, du stehst ja an seiner Seite, trägst mit, hältst mit aus. Und so kann man sich vorstellen, so geht Gott auf die Seite des Sünders, lässt alles an sich ran, tritt ganz auf seine Seite, seine Stelle – und macht unser Problem, alle unsere Probleme, wirklich zu seinen. Die Sünde der Welt hängt am Kreuz! Am Kreuz kann man anschauen, was die

Sünde der Welt mit dem Menschen macht. Und das Unglaubliche für uns ist: So wie sie dort hängt, meine Sünde und die der ganzen Welt (vgl. 1 Joh 2,2), ist das Kreuz gleichzeitig der Ort der Überwindung und Befreiung davon.

Sünde und Konsequenzen

Sünde hat immer Konsequenzen. Wir sind schnell dabei, uns zu entschuldigen. Nimm an, du setzt über deine Nachbarin ein Gerücht in die Welt oder über deine Klassenkameradin, deine Studienkollegin: Die hat ein Verhältnis mit dem, vielleicht am besten mit dem Chef oder mit einem Lehrer oder mit dem Professor, was auch immer. Das ist natürlich eine aufregende Geschichte und die geht herum. Jeder redet darüber. Und du denkst dir: „Oh, blöd gelaufen, hatte gar nicht gewollt, dass das so groß wird. Das tut mir jetzt echt leid. Ich hab es nicht so gemeint, sie hat mich halt genervt." – Meine Lieben, die Sünde und ihre Folgen sind in der Welt. Kannst du sie wieder einfangen? Kannst du das wieder rückgängig machen, dass alles wieder gut ist? Und kannst du auch vor Gott Genugtuung dafür leisten, was du ihm in seinem Geschöpf angetan hast? Unmöglich! Du kannst es versuchen, aber Sünde, auch im Hinblick auf die Frage, was das mit unserem Verhältnis zu Gott macht, überfordert uns total. Nie können wir von uns aus irgendwie Gerechtigkeit mit Gott wiederherstellen, nie könnten wir je alles gut machen, was wir verbockt haben. Das kann nur ein anderer für uns tun, der von Gott selbst herkommt.

Das heißt: Wenn es irgendwo Vergebung gibt, dann vom Kreuz her. Der Vater sieht am Kreuz, wie der Sohn für uns Sühne leistet! Als Geschenk aus reiner Liebe. Gott liebt umsonst. Am Kreuz hängt die äußerste Form der Liebe, die umsonst ist. Was bedeutet das? Eine Liebe, die nichts für sich will und den anderen nicht besitzen will, nichts von ihm erwartet, sondern einfach nur gibt und vergibt – und hofft, dass der andere sich davon berühren und beschenken lässt – und deshalb lernt, ein neuer Mensch zu werden.

XI
Gekreuzigt, gestorben und begraben

Wir haben gesehen: Es kamen viele verschiedene Motive zusammen, die zum Tod von Jesus am Kreuz geführt haben. Doch was hat das mit uns zu tun? Wie kommen wir da ins Spiel? Was haben wir, was habe ich persönlich davon, wenn ein Gekreuzigter vor 2000 Jahren elendig gelitten hat und gestorben ist? Zunächst: Das Thema ist eigentlich nicht besonders angenehm, auch nicht in der Verkündigung. Denn es geht um Sünde, letztlich darum, dass ich selbst ein erlösungsbedürftiger Sünder bin. Und darin sind sich im Grunde alle Kirchen einig, egal, ob katholisch, evangelisch, reformiert, orthodox: Der Mensch ist – so wie er in die Welt geboren wird – ein Wesen, das in der Gottferne lebt, obwohl er ursprünglich gut geschaffen war – und dann eben von Gott abgefallen ist – was die Bibel in der tiefen, symbolreichen Erzählung vom Sündenfall beschreibt.

Was heißt eigentlich Sünde? Der antike Philosoph Sokrates hat sinngemäß gesagt: „Wer die Wahrheit erkannt hat, aber noch nicht tut, der hat sie eigentlich noch nicht richtig erkannt." Er meinte, wenn wir eine Wahrheit in aller Tiefe erkannt haben, dann kommen wir viel leichter ins Handeln, als wenn wir mal bloß eben schnell eine Idee im Kopf haben. Es

Warum Sokrates zu optimistisch ist

gibt eine Form des tiefen Erkennens, die uns zum Handeln bewegt. Und das stimmt ja auch, nicht wahr? Ich erkenne zum Beispiel Unrecht – und je tiefer ich es mir nahegehen lasse, je mehr es mir als Erkenntnis innerlich wird, desto leichter werde ich motiviert, dagegen aufzustehen und etwas zu tun.

Sokrates hatte also nicht Unrecht, aber unsere jüdisch-christliche Tradition gibt dagegen immer zu bedenken: Sokrates ist zu optimistisch, was den Menschen angeht. Denn er rechnet nicht mit dieser Wirklichkeit, die wir in unserer jüdischen und christlichen Tradition die Sünde nennen. Sokrates war wirklich eine edle Seele, ein Großer des Denkens und des Lebens. Und er hat so sehr an das Gute im Menschen geglaubt und gedacht: Wenn der Mensch sich nur entwickelt und die Wahrheit sehen und erkennen wird, dann wird schon alles gut. Wir sagen dagegen: Wird es nicht!

Und das ist gar nicht so schwer zu zeigen: In der großen Weltgeschichte gab es immer wieder Revolutionen, die den besseren Menschen hervorbringen sollten – und sie endeten fast jedes Mal in der Katastrophe größter Inhumanität: Denkt an manche Folgen der Französischen Revolution, denkt an den Marxismus und den Kommunismus, denkt an den Nationalsozialismus: Immer ging es auch um den „besseren Menschen", entweder um den durch die Vernunft erleuchteten und aufgeklärten Menschen in Freiheit, Gleichheit und Brüderlichkeit. Oder um den von der Knechtschaft durch das Kapital entfremdeten Menschen, der nur befreit werden muss, damit er mehr er selbst sein könne. Oder um den Herrenmenschen, den man vermeintlich heranzüchten könne. Man könnte noch viele andere Beispiele aufzählen. Im großen Stil haben jedenfalls solche Versuche, den Menschen mit nur menschlichen Mitteln „besser" zu machen, am Ende oft zu mehr Terror, zu mehr Menschenfeindlichkeit geführt.

Aber das gibt es auch im Kleinen: Denk einfach an dich selbst. Du kennst das auch, dass du manches Unrecht tatsächlich tief und deutlich erkannt hast – aber dann kommt die andere Seite in dir zum Vorschein, die träge oder die egoistische oder die feige: Ich weiß, ich müsste da jetzt was sagen oder tun, aber ach, ich bin so schwach, so ängstlich, so feige oder was auch immer. Wir tun nicht automatisch das Gute – auch dann nicht, wenn wir es erkannt haben. Da gibt es etwas in uns, das uns zurückhält. Und diese Verfassung in uns ist zum Beispiel eine Folge unserer Sünde, unserer Gebrochenheit.

Was ist da eigentlich passiert im Ursprung? Ist es nicht so, dass wir oft den Eindruck haben, die Natur, der ganze Kosmos scheint so schön, oft so perfekt, und Tiere sind so unschuldig – nur wir Menschen sind so komisch, obwohl wir so viel Potenzial hätten? Und obwohl so viel in uns auch gut ist, fast perfekt. Denkt nur daran, wie ein Auge funktioniert. Oder wisst ihr, wie eure Verdauung funktioniert? Eigentlich, wenn sie gesund ist, ziemlich super! Aber warum ist der Mensch trotzdem als moralisches Wesen, als geistiges Wesen so komisch? Warum ist das so? Warum geht gerade von uns Menschen oft so viel Unheil aus? Und warum scheint unser „Nicht-heil-Sein" auch auf die ganze Natur irgendwie abzufärben, sie irgendwie mit einzubeziehen? Denn auch die Schöpfung, sagt Paulus, „ist der Vergänglichkeit unterworfen" (Röm 8,20). Und sie wartet auf den neuen, den heilen Menschen, der selbst befreit, auch für die Schöpfung Freiheit bewirken wird (vgl. Röm 8,19–21). Paulus will damit eine schicksalhafte Verkettung zwischen dem Weg des Menschen und der ganzen Schöpfung beschreiben.

Der seltsam unheile Mensch

Wer die Erzählungen vom Sündenfall liest, findet im übertragenen Sinn heraus: Sünde im Ursprung ist Entfernung von Gott, ist mangelndes Vertrauen, dass Gott wirklich gut ist. „Und genau deshalb mache ich mein eigenes Ding! Deswegen brauche ich ihn nicht, deswegen laufe ich weg von ihm. Und deswegen kriege ich auch ein verkehrtes Bild von Gott." Das ist ähnlich wie bei Menschen, die wir aus irgendeinem Grund in bestimmte Schubladen gesteckt haben. Dann finden wir die irgendwie komisch, egal, was sie machen. Genauso neigen wir dazu, uns Bilder von Gott zu machen, die ihn völlig verkennen und zu etwas machen, was er gar nicht ist.

<small>Qualität der Gottesbeziehung</small>

Aber wenn ich zu der vermeintlichen Erkenntnis komme: Gott ist nicht wirklich gut, er gönnt mir nichts – und wenn ich mich dann von ihm entferne, dann führt das fast zwangsläufig dazu, dass ich selber sein will wie Gott. Ich mache mein Ding allein, weiß selber, was gut und böse, was wahr und falsch ist, und versuche, alles aus mir selber hinzukriegen! Aber ganz ehrlich gesagt: Wenn der Mensch – wie wir glauben – im Grunde zur Liebe bestimmt und wenn Gott die Quelle der Liebe ist und wenn sich der Mensch aus dieser Quelle entfernt, dann wird er wie ein Auto, das mit Benzin fährt, aber nach und nach mit Wasser betankt wird. Das Benzin wird immer dünner und irgendwann fährt das Auto nicht mehr richtig. Weil der Mensch geboren ist, aus der Liebe zu leben. Das heißt, Sünde ist zuerst eine Aussage über deine Beziehung zu Gott, über die Qualität deiner Beziehung zu Gott – zuerst. Habe ich Vertrauen, lebe ich im Vertrauen, dass er gut ist, dass er es gut mit mir meint, und lasse ich mich tragen von diesem Vertrauen?

Ein schönes Beispiel gibt es für mich in der Pädagogik. Ein Jugendlicher wächst bei seinen Eltern auf. Eigentlich haben sie ein gutes Verhältnis, aber irgendwann kommt er auf den Dreh: Nein, ich will eigentlich von meinen Eltern nichts mehr wissen, ich brauche jetzt keine Autorität mehr, die mir irgendwas vorschreibt. Dann sucht er draußen seine eigene Welt – in die er die Eltern nicht mehr hineinsehen lässt. Oder er sperrt sich zuhause in sein Zimmer ein, kapselt sich ab von den Eltern. In gewissem Maß hat das auch seine Richtigkeit, weil Jugendliche sich natürlich irgendwie emanzipieren müssen, sie müssen lernen, ihren eigenen Weg zu finden und zu gehen. Aber wenn dieses Selbstständigwerden stattfindet, indem man die Beziehung gewissermaßen auflöst und nicht weiterentwickeln will, wenn das Weggehen von den Eltern einfach nur ein kalter Schnitt ist und nicht ein Lernen, sich nach und nach wirklich loszulassen – dann läuft etwas verkehrt. Und dann wird der junge Mensch in dem Bewusstsein in die Welt gehen, dass er jetzt ganz auf sich allein gestellt sein will, und wird ohne die gewachsene Beziehung zu den Eltern für sich selbst eine Verantwortung übernehmen, die vielleicht zu schnell zu groß für ihn ist. Er wird schwanken zwischen Hochmut und Verzweiflung. Er wird sich dauernd die Anerkennung von woanders holen müssen und durch etwas anderes als durch das Ja der Eltern. Er wird gefährdet, sich entweder ganz um sich selbst kreisen oder sich allzu schnell an Verheißungen anderer klammern, die ihm vielversprechend erscheinen, es aber allzu oft gar nicht sind. Und die Eltern? Die haben nun einen jungen Menschen vor sich, von dem sie sagen: „Ich komme an ihn nicht mehr heran" – und sie meinen damit: Es gibt keine Herz-zu-Herz-Beziehung mehr, kein selbstverständliches gegenseitiges Verstehen des anderen, keine wirkliche Vertrauensbasis mehr. Und das ist vergleichbar mit dem von Gott entfremdeten Menschen. Ein solcher will sich selbst tragen, sein eigener Herr sein oder er klammert sich an Dinge oder Geschöpfe, die ihm vielversprechend scheinen – aber zu seinem Schöpfer lebt er in Distanz. Entfernung von Gott ist der Anfang von Sünde.

Sünde ist also erst in zweiter Linie die schlechte Tat, die böse Tat, die Lüge, die Unterlassung der guten Tat. Sie ist Folge davon, dass wir aus der Quelle der Liebe herausgefallen sind und uns entfernt haben. Denkt euch die Beziehung zum Ehepartner, zur Freundin, zum Freund: Wenn wir in der Liebe sind, dann fällt uns überhaupt nicht ein, dass wir fremdgehen wollen. Wenn aber irgendetwas nicht stimmt, wenn wir Stress haben oder Streit, wenn wir lange nicht miteinander gesprochen oder lange nichts mehr Schönes gemeinsam erlebt haben, wenn wir uns innerlich auseinanderentwickeln, dann ist die Möglichkeit, dass wir irgendeinen Blödsinn machen, viel größer, weil wir innerlich weniger gebunden, weniger verbunden mit dem anderen Menschen sind. Dann sind wir geneigt, im

Die schlechte Tat

engen oder weiten Sinn untreu zu werden. Im Grunde ist „Untreue" ein sehr umfassendes Wort für jede schlechte Tat: Man ist weder Gott noch den Menschen noch der Aufgabe oder Sache „treu", man verantwortet sie nicht, man missbraucht sie für egoistische Zwecke. Das heißt: Die konkrete schlechte Tat, die Lüge, der Verrat, der Neid, der Hochmut, der Mangel an Triebkontrolle und so weiter sind Folge der inneren Entfernung von Gott. Deswegen sagen mit einigem Recht vor allem die Protestanten mit Martin Luther: Das Gegenteil von Sünde ist nicht einfach Tugendhaftigkeit, es ist auch nicht einfach die gute Tat, sondern das Gegenteil von Sünde ist Glauben. Und Glaube ist zutiefst das Vertrauen, dass Gott gut ist und es gut mit mir meint – was auch passiert.

Erbsünde? Jeder merkt doch, wenn wir gut hinsehen, dass die Welt meistens in einem richtig miesen Zustand ist. Und tatsächlich gilt auch: Irgendwie sind wir alle dabei beteiligt, dass die Welt nicht heil ist, und zwar im Großen wie im Kleinen. Darin sind wir sozusagen Komplizen und wir übertragen das auch an spätere Generationen. Wir sind nicht heil. Denken wir an unseren eigenen Beitrag, die Welt durch negatives Geschwätz schlechter zu machen oder durch übermäßigen oder verkehrten Konsum oder durch Misstrauen und so weiter. Wir müssen nicht weit gehen: Wir sind alle mehr oder weniger auch beteiligt am Zustand einer Welt, die nicht heil ist. Ich selbst bin es nämlich auch nicht.

Warum wir das „Erbsünde" nennen und wie man das verstehen kann, das ist ein schwieriges theologisches Problem. Wir sehen es verdeutlicht in den großartigen Erzählungen der Schöpfungsgeschichte vom Sündenfall (Gen 2,4 – 3,25). Und wir müssen uns dazu zunächst bewusst machen, dass diese Geschichte kein historisches Protokoll ist. Vielmehr stellen sich die vom Heiligen Geist inspirierten Autoren die Frage: Wie kann man erzählen, dass da im Verhältnis Gott-Mensch grundsätzlich etwas zerbrochen ist? Und sie erzählen es eben in diesen Bildern vom Garten, von Adam und Eva, vom Gehorsam, von der Versuchung, von der Schlange, vom Verlust des Paradieses. Der Mensch, der im Ursprung aus dem Verhältnis zu Gott herausgefallen ist, ist ein anderer, als er vorher war.

Denk noch einmal an das Kind, das sich von den Eltern richtig freimachen und davonlaufen will. Wir kennen das Phänomen ja auch in noch drastischerer Form, die sogenannten Straßenkinder, die aus welchem Grund auch immer meist unfreiwillig und ohne Halt auf der Straße leben. Sie erleben ganz häufig in ihrem Überlebenskampf solche dramatischen Sachen in ihrem Inneren, dass sie ganz schnell nicht mehr dieselben sind, nicht mehr einfach nur „unschuldige Kinder". Und so eine Art „Straßenkind" ist der Mensch in Bezug auf Gott insgesamt, eben raus aus dem paradiesischen Urzustand von Vertrauen und Liebe. Aber was heißt das für mich und dich? Es heißt zum Beispiel, dass sich in dir, in deinem Herzen, manches nicht mehr ineinanderfügt. Du denkst manchmal Gedanken, die du nicht haben willst, du lässt dich manchmal gehen oder von deinen Trieben steuern, ohne es zu wollen. Du fühlst manchmal Neid oder Hass oder Neugier, ohne dass du das in dir selbst wirklich magst. Du spürst einfach: Ich bin keine Einheit mehr. In mir funktionieren die Dinge nicht mehr wie von selbst. Stell dir vor, dir könnte jemand in deinen Kopf und dein Herz schauen und auf einer Leinwand alles vorführen, was du heute gedacht und innerlich gefühlt hast. Furchtbare Vorstellung, nicht wahr! Das will vermutlich kaum einer von sich sehen und vor allem will keiner, dass es die anderen sehen. – Weil wir nicht heil sind, sondern erlösungsbedürftig. Und damit sind auch unsere Beziehungen zu den anderen Menschen nicht mehr einfach heil.

Die Paradiesgeschichte erzählt nämlich auch diese Folgen der Ursprungssünde: Sofort nach der Tat des Ungehorsams gerät auch das Verhältnis des Menschen zum anderen Menschen in die Schieflage. Adam und Eva schieben sich die Schuld gegen-

Folgen des Bruchs

seitig zu oder von sich weg (Gen 3,12–13). Unter ihnen herrschen jetzt Macht und Begierde, die es vorher so noch nicht gab (Gen 3,16: „Du hast Verlangen nach deinem Mann; er aber wird über dich herrschen"). Aber auch das Verhältnis des Menschen zu seiner Umgebung, zur Natur ist nicht mehr heil: Gen 3,17 „So ist verflucht der Ackerboden deinetwegen. Unter Mühsal wirst du von ihm essen alle Tage deines Lebens." Und die weitere Erzählung in der Genesis bis zum Turmbau von Babel (Gen 11) zeigt nun: Der unheile Zustand setzt sich fort, er wird weitergegeben. Zwei Menschen, die gewissermaßen zerbrochen sind, die zeugen keinen heilen Menschen mehr. Auch das kann man an einem Beispiel deutlich machen. Denk dir zwei drogensüchtige oder zwei psychisch kranke Eltern. Wenn sie in ihrer gesamtmenschlichen, kranken Verfassung ein Kind zeugen und großziehen, dann bleibt auch ihr Kind nicht heil, es wird ebenfalls leiblich und seelisch mitbetroffen von der Krankheit der Eltern. Oder eine Mutter, die angstbesessen ist, kriegt normalerweise nicht einfach ein Kind, das angstfrei durch die Welt läuft. Und so sehen wir: Weil keiner von uns ganz heil ist, kommt auch keiner mehr heil geboren in eine heile Welt. Vielmehr ist die gesamte Menschheit erlösungsbedürftig.

Herz in der Verfinsterung

Ich habe ja in Kapitel IX schon über das Herz gesprochen. Jetzt sehen wir das Problem vielleicht noch deutlicher. Und Paulus beschreibt es im ersten Kapitel des Römerbriefs: An dieser Herzensverdunkelung sind irgendwie alle beteiligt. Denn irgendwie spüren wir, es gibt Gott, es gibt den Schöpfer des Schönen, Großartigen, denjenigen, der mein Gewissen in mich hineingelegt hat und mich erkennen lässt, was wahr und falsch ist, aber es gibt die Seite in mir, die will mit ihm nichts zu tun haben. Paulus formuliert das so: „Denn obwohl sie Gott erkannt haben, haben sie ihn nicht als Gott geehrt und ihm nicht gedankt, sondern verfielen in ihren Gedanken der Nichtigkeit und ihr unverständiges Herz wurde verfinstert" (Röm 1,21). Und Paulus fährt dann in der Folge sofort fort und zeigt, dass das verfinsterte Herz dazu führt, dass die Menschen auch in ihren Beziehungen durcheinandergeraten: ausgeliefert „der Unreinheit durch die Begierden ihres Herzens" (Röm 1,24).

Die Pharisäer, die hunderte Gesetze hatten, die sie erfüllen mussten, um als religiös zu gelten, fragten Jesus einmal danach, welches denn das allerwichtigste Gebot sei. Und Jesus antwortete ihnen, dass das Herz, an dem alles hängt, das Wichtigste vor allem anderen ist: „Darum sollst du den Herrn, deinen Gott, lieben mit ganzem Herzen und ganzer Seele, mit deinem ganzen Denken und mit deiner ganzen Kraft" (Mk 12,30). Und das zweite – ebenso wichtig: „Du sollst deinen Nächsten lieben wie dich selbst" (Mk 12,31).

Meine Lieben, wenn wir uns das im Herzen sozusagen auf der Zunge zergehen lassen, dann müssen wir feststellen: Wenn das tatsächlich das erste und allerwichtigste Gebot ist, dann bleiben wir in der Regel ziemlich weit dahinter zurück. Denn für wen von uns ist Gott derjenige, den er mit ganzem Herzen, ganzer Seele, ganzer Kraft liebt? Und warum ist das wichtig? Manche sagen auch: Ja, aber, wenn ich zu meinem Nächsten gut bin, dann ist das doch auch irgendwie Gott? Ja, schon, aber weißt du überhaupt, warum du zu deinem Nächsten gut bist? Vielleicht nur deshalb, weil du ihn für dich benutzen willst? Wirkliche Freiheit in der Nächstenliebe und in der Selbstliebe bekommen wir nur, wenn wir in Gott stehen. Wenn wir im Vertrauen auf Gott leben, lässt es sich leichter hingeben, als wenn wir ohne Vertrauen auf Gott leben. Und wenn wir ohne dieses Grundvertrauen leben, dann müssen wir uns den anderen erst einmal sichern, für uns haben, ehe wir ihn lieben können. Erst das In-Gott-Stehen befähigt zu jener echten Nächstenliebe und zur richtig verstandenen Selbstliebe, von der wir Christen sprechen.

Wenn diese Mitte, die Konkretheit der Gottesliebe, fehlt, was bei uns im Normalfall der Fall ist, denken wir quasi automatisch zuallererst an uns und dann denken wir lange an gar nichts und dann denken wir vielleicht noch an den Menschen, der uns nahe ist, den wir gern haben. Und danach ist eher fraglich, ob wir es noch schaffen, irgendwann auch an Gott zu denken.

Der Tod als Folge der Sünde

Wir sprechen immer noch über den Gekreuzigten und die Frage, was das mit uns zu tun hat. Die Folge von Sünde, das erzählt uns auch die Schrift, ist der Tod. Der Tod, so wie wir ihn erleben und fürchten – und wir erleben und fürchten den Tod oder die Konfrontation mit dem Tod in unserer Umgebung im Grunde als katastrophales Ende, als Sturz ins Nichts. Das ist eine Vorstellung vom Tod, die aus der natürlichen Verfassung unserer Gebrochenheit kommt. Wenn der Boden, unser Getragensein durch Gott, nicht erfahren wird, stürzen wir ins Bodenlose.

Wir können überlegen: Wäre der Mensch ohne die Entfernung von Gott im Paradies auch irgendwie gestorben? Ich meine, er hätte eher so etwas wie eine Art Entwicklung, ein Reiferwerden wie eine Geburt hinein in die tiefere Beziehung mit Gott erlebt. Eine Art Erwachsenwerden in die Freundschaft mit ihm. Er gibt ihm ja eine Aufgabe in Bezug auf den Baum der Erkenntnis, einen Vorschlag des Gehorsams und Vertrauens – einfach damit der Mensch darin wächst. Daher glaube ich auch in Bezug auf unseren Glauben an Jesus: Er führt uns neu in die Versöhnung mit sich selbst und dem Vater. Und daher stellt er den „Boden" des Vertrauens wieder her. Damit zieht er dem Tod seinen „Stachel", wie Paulus sagt (1 Kor 15,55). Damit wird unser Sterben nicht mehr einfach ein katastrophaler Sturz ins Nichts, vor dem wir panische Angst haben. Vielmehr dürfen wir vertrauen auf eine Art Geburt ins höhere Leben.

Welche Identität?

Umgekehrt, wenn dieser Boden des Vertrauens fehlt, wächst die Angst. Und dann neigen wir dazu, uns gewissermaßen an dieser Welt festzuklammern – und an alles, was uns irgendwie Sicherheit gibt: Anerkennung durch andere, Macht, Geld, Reichtum, körperliches Vergnügen, alles wird wichtiger, damit ich spüre: Ja, ich bin da, ich lebe, ich bleibe. Daran muss ich irgendwie festhalten: zuerst an mir und dann am anderen.

Daraus entsteht wieder das grundsätzliche Identitätsproblem, es wächst nämlich eine (Pseudo-)Identität, die unter dem Mangel an einem In-Gott-Stehen leidet. Und sie leitet daraus logischerweise ab: „Ich bin, was ich habe." Oder: „Ich bin, was die anderen von mir halten." Oder: „Ich bin, was ich mit meiner Macht bewegen kann." Oder: „Ich bin, was ich für Abschlusszeugnisse von der Schule und von der Universität habe." Oder: „Ich bin, was ich an Geld verdiene." Oder: „Ich bin, was ich an Beziehungen habe."

Aber kaum irgendwo kommt die grundlegendste Identitätsformulierung vor, die uns Jesus zurückschenken will, sie heißt: „Ich bin ein Kind des Vaters." Der einzige Sohn des Vaters führt uns in die Kindschaft zurück und schenkt uns durch sich den Zugang zum Vater. Wieso sage ich *„durch* sich"? Naja, er sagt Sachen wie: „Ich bin die Tür" (Joh 10,9); oder: „Ich bin der Weg, die Wahrheit und das Leben. Niemand kommt zum Vater außer durch mich" (Joh 14,6). Er ist das einzige Kind des Vaters, das gewissermaßen diesen Namen verdient, aber er will, dass wir alle in die Kindschaft zurückfinden. Das ist seine Mission.

Der Sieg über den Tod

Im Hebräerbrief lesen wir diesen Satz – mir geht es vor allem um den letzten Teil: „Da nun die Kinder von Fleisch und Blut sind, hat auch er in gleicher Weise daran Anteil genommen, um durch den Tod den zu entmachten, der die Gewalt über den Tod hat, nämlich den Teufel, und um die zu befreien, die durch die Furcht vor dem Tod ihr Leben lang der Knechtschaft verfallen waren" (Hebr 2,14–15). Der Autor des Hebräerbriefs sieht also eine geheimnisvolle böse Macht am Werk, die in der Schrift „Teufel" heißt. Diese Macht bestärkt gewissermaßen, dass wir uns Sorgen machen um unsere Sicherheit, dass wir Angst vor dem Tod haben. Er sagt aber auch: Wenn es mir in meinem Leben immer nur darum geht, mich in dieser Welt festzumachen, dann bin ich mehr ein Sklave als ein Freier, dann bin ich in der Knechtschaft des Todes, weil mir die Angst vor dem Tod so in Herz und Knochen steckt. Ich brauche daraus Befreiung!

Jesus stirbt den Tod des Menschen, um den Menschen die Angst vor dem Tod zu nehmen und wieder den Zugang zur Gotteskindschaft zu eröffnen. Und für unsere Sünden heißt das: Es braucht Vergebung der Sünden.

Die Bedeutung der Schuld

Wahrheit? Wenn einer von euch gegenüber einem anderen schuldig wird, dann passiert irgendetwas, das in diese Welt Unordnung, Ungeist, Unfrieden hineinbringt. Die Frage ist: Wie wird so etwas wiedergutgemacht, wie wird es wieder geheilt? Normalerweise nicht dadurch, dass man sagt: Ist alles wurscht, machen wir so weiter wie bisher. So passiert keine Heilung. Stellt euch vor, ihr seid sehr verletzt oder um Geld betrogen worden, was auch immer. Und jetzt weitermachen, wie wenn nichts wäre?! Wir spüren, das geht nicht. Schuld braucht irgendwie Versöhnung. Und zu einer Versöhnung gehören Dinge wie: Bekenntnis. Die Wahrheit muss ans Licht. Also erst einmal muss man den Fehler beim Namen nennen, die Wahrheit sagen. Sich einfach mal hinstellen und sagen: Diesen Mist habe ich gebaut, ich bin dafür verantwortlich. Das gehört als Erstes zum Thema: Bekenntnis der Schuld.

Reue und Veränderung? Das Zweite, nachdem ich meinen Fehler bekannt habe, ist: Will ich da irgendetwas tun? Tut mir leid, was ich getan habe, und bereue ich es? Denn wenn ich nur sage, okay, ich habe Mist gebaut, aber, ehrlich gesagt, so schlimm ist es auch nicht, nächstes Mal mache ich es vielleicht wieder –, dann ist auch noch nicht so viel gewonnen. Dann betrüge ich mich selbst – und will nicht wirklich Umkehr und Veränderung und Verbesserung.

Vergebung? Der dritte Punkt ist dann – und das ist schwer genug –, dass der andere, gegenüber dem ich schuldig geworden bin, mir vergibt. Dass er sagt: Ich versuche einfach, dich wieder anzunehmen, dass wir miteinander weiterkommen. Das ist nicht leicht. Und das ist eine der dramatischsten Forderungen, die Jesus im Evangelium an uns richtet. Ich habe oben schon mehrmals darüber gesprochen: Wir sollen vergeben, immer wieder und in jedem Fall, vor allem, wenn der andere aufrichtig darum bittet! (Mt 18,21–22). – Ja, und wenn der zum Beispiel meinem Kind absichtlich großes Leid angetan hat, soll ich dem vergeben? – Ja, du sollst ihm vergeben! Ganz ehrlich: Das können wir nicht aus uns. Das ist eine neue Qualität des inneren Lebens, die durch Christus kommt: Die Quelle für die Fähigkeit zur Vergebung hängt am Kreuz. Dabei ist Vergebung für uns so wichtig. Ich kenne so viele Familien oder Konstellationen von Beziehungen, wo so vergebungslos dahingelebt wird. Aber alle beten im Vaterunser: „Und vergib uns unsere Schuld, wie auch wir vergeben unseren Schuldigern." Ich denke mir oft: Wisst ihr, was ihr da betet? Das ist eine Zusage an Gott, dass wir vergebende Menschen sein wollen.

Hat sich jemand schuldig gemacht und will das wiedergutmachen, kauft er vielleicht einen Strauß Blumen oder lädt zum Essen ein. Es tut ihm leid und er möchte jetzt etwas tun, das die Welt oder die Beziehung wieder ein bisschen besser macht. Genugtuung leisten, ist ein alter Ausdruck dafür. Aus Sicht von uns Christen hat Schuld gegenüber dem anderen immer auch etwas mit Gott zu tun, ist also auch Sünde gegen Gott. Sünde ist Verfehlung gegen ihn. Und wir fragen uns nun: Gibt es eine Möglichkeit, dass ich auch mit Gott wieder ins Reine komme? Gibt es eine Möglichkeit, dass ich selbst ihm gegenüber Wiedergutmachung leiste?

Vergebung und Wiedergutmachung

Wir Christen sagen: Von uns her ist das völlig unmöglich, weil Gott unendlich ist. Und weil wir den Unendlichen in der Sünde beleidigt haben – und weil die Folgen meiner Sünde in der Welt so unabsehbar sind, dass ich überhaupt nicht abschätzen kann, was ich da allein schon gegenüber anderen wiedergutmachen müsste. Das heißt im Grunde: Echte Wiedergutmachung müsste im Grunde irgendetwas tun, was Gott entspricht, was also auch irgendwie unendlich ist. Unendliche Liebe, unendliche Hingabe, unendliche Wiedergutmachung. Und bei den Juden war es zudem tief im religiösen Bewusstsein verankert, dass Wiedergutmachung wirklich etwas kosten muss: Ja, es muss Blut fließen für die Versöhnung. Auch das haben wir im letzten Kapitel X schon gesehen. Wie geht das? Dass es eine Versöhnung gibt, ein Opfer gibt, ein blutiges Opfer, das dem Unendlichen gerecht wird? Wo doch der Hebräerbrief im Blick auf die Opfer des Alten Bundes schreibt, dass „das Blut von Stieren und Böcken unmöglich Sünden wegnehmen kann" (Hebr 10,4).

Die Christen werden sagen: Nur, wenn der Unendliche sich in die Endlichkeit begibt und sein Blut für uns vergießt. Nur er kann wirklich Sünden sühnen und Versöhnung mit Gott wiederherstellen. Kein Mensch ist dazu von sich aus fähig. Denn wir sind draußen. Wir haben das Paradies verlassen, der Himmel ist verschlossen. Wie kommen wir wieder hinein? Durch Jesus. Meine Vorstellung ist: Jesus geht durch die Welt mit dem offensten Herzen, mit dem weitesten, größten und tiefsten Herzen, das je ein Mensch gehabt hat. Und er schaut seine Geschöpfe an, mit denen er da unterwegs ist. Er hat sie echt gern, er freut sich an ihnen. Aber er sieht nicht nur ihr Potenzial, sondern auch die Entfernung, Entfremdung, er sieht die innere Verschlossenheit, ihre Gedanken, auch die schlechten.

Es ist interessant, dass man in der Theologiegeschichte die Frage gestellt hat, ob Jesus jemals gelacht hat. Ich glaube schon. Er hat die Kinder gesehen, die Blumen, die Sterne – ich glaube, dass er gelacht hat. Aber im Grunde ist die Frage berechtigt, weil er gekommen ist, um Menschen zu retten aus dem Gefängnis, in dem sie waren, aus dieser Entfernung und Selbstverschlossenheit. Die sieht er fortwährend so tief, identifiziert sich mit ihr so tief, dass sie ihn unendlich viel kostet. Am Kreuz kann man anschauen: So ist die sündige Welt. Die sündige Welt tobt sich aus an Jesus, der ohne Sünde ist.

Letztes Mal habe ich erzählt, wer alles schuld ist und welche Motive in das Geschehen hineinspielen. Das wird alles sichtbar an dem Toten am Kreuz. Aber vor allem auch: Bekenntnis, Reue, Umkehr – und Vergebung: „Vater, vergib ihnen. Sie wissen nicht, was sie tun" (Lk 23,34), betet er für seine Peiniger am Kreuz – und darunter würfeln sie darum, wer seine Kleider bekommen wird.

Jesus der Retter

Am Höhepunkt jeder Eucharistiefeier hebt der Priester den Kelch mit den Worten Jesu: „Das ist ... mein Blut, das für euch und für alle vergossen wird – zur Vergebung der Sünden." Daran merkt ihr einmal mehr, wie wichtig es ist, nicht zu vergessen, dass Jesus eben nicht zuerst ein Ethiklehrer war oder einer, der irgendwie nett ist. Sondern zuerst einmal ein Retter. Und sein Blut ist eine Art „Dusche" für uns – dieses Bild taucht immer wieder auf in der Schrift, nämlich, dass wir „rein gewaschen sind im Blut des Lammes". In der Offenbarung des Johannes etwa wird beschrieben, wie alle zusammenstehen, singen und lobpreisen. Ja, was haben die? Sie haben – ein paradoxes Bild – ihre Gewänder weiß gewaschen im Blut Jesu (Offb 7,14). Darin und dadurch sind wir geheilt.

Im Johannesevangelium haucht der Auferstandene die Jünger an, gibt ihnen seinen Geist und sagt: „Denen ihr die Sünden erlasst, denen sind sie erlassen; denen ihr sie behaltet, sind sie behalten" (Joh 20,23). Das heißt: Wenn die Kirche die Sendung Jesu fortsetzt, nämlich die Heimholung der Menschen zu Gott, in die Versöhnung mit dem Vater, dann besteht ihr Wirken eben auch zutiefst darin, Sünden zu vergeben – in erster Linie durch die, die dazu beauftragt sind, also die Apostel. Und in ihrer Nachfolge die Bischöfe und die Priester. Kirche wirkt also Vergebung der Sünden im Namen Jesu? Ja, kann sie das, wo das doch kein

Noch einmal Vergebung: durch die Kirche

endliches Wesen kann – wie wir vorhin festgestellt haben? Ja, denn in der Kirche und ihren Sakramenten handelt Jesus selbst. Daher: In ihm ist alles vergeben und seine Liebestat am Kreuz war größer, als jede Sünde sein könnte. Paulus sagt: „Wo jedoch die Sünde mächtig wurde, da ist die Gnade übergroß geworden, damit, wie die Sünde durch den Tod herrschte, so auch die Gnade herrsche durch Gerechtigkeit zum ewigen Leben, durch Jesus Christus, unseren Herrn" (Röm 5,20–21).

Begraben? Ein letzter Punkt noch zu dem Wort „begraben", wir beten ja im Credo „gekreuzigt, gestorben und begraben". Alle Texte des Neuen Testaments gehen davon aus, dass Jesus wirklich tot war. Trotzdem gibt es hin und wieder Theorien dazu, dass Jesus die Kreuzigung überlebt hätte, dann irgendwo weitergelebt und irgendwann später gestorben sei, in Indien zum Beispiel. Solche Geschichten sind nicht haltbar. Alle Texte des Neuen Testaments dazu sind gut belegt und der reale Tod Jesu ist für die Evangelisten wie auch etwa für Paulus ein fundamental wichtiges Faktum.

Und dafür, dass Jesus sehr konkret begraben wurde, gibt es unter anderem den Zeugen Josef von Arimathäa. Er war ein heimlicher Jünger Jesu; heimlich, weil er Angst hatte vor den Juden, vor seiner religiösen Umgebung, vor denen, die religiös das Sagen hatten. Josef von Arimathäa hat Jesus begraben (Joh 19,38). Und Paulus sagt uns Christen zu diesem Begräbnis, dass auch wir „mit ihm begraben wurden durch die Taufe auf seinen Tod" (Röm 6,4) – weswegen wir nun, so Paulus, „als neue Menschen" leben sollen. Wir dürfen uns also fragen: Ist durch die Begegnung mit Christus in uns wirklich etwas gestorben, habe ich etwas Altes zurücklassen können? Zum Beispiel schlechte Angewohnheiten, Mangel an Vertrauen, Egoismus? Und ist etwas neu geworden?

Ein schönes Detail dabei erzählt uns auch noch der Johannesevangelist, nämlich, dass es ein unberührtes Grab in einem Garten war (Joh 19,41). Warum im Garten? Das hatten wir doch schon beim Garten Getsemani, beim Leiden am Ölberg. Und jetzt kehrt der Garten noch einmal zurück beim Begräbnis Jesu. Bei Johannes ist diese Bemerkung sicher auch eine Anspielung auf den Paradiesgarten. Denn wo ist der Bruch zwischen Gott und den Menschen passiert? Genau, im Garten Eden! Der tote Jesus also wird in einem Garten beerdigt, er hat die Sünde besiegt und gewissermaßen aus diesem „erneuerten Garten" wieder vertrieben – und als ihm Maria von Magdala nach seiner Auferstehung begegnet, verwechselt sie ihn tatsächlich mit dem Gärtner (Joh 20,15). Hier ist derjenige, der den Menschen und die Schöpfung neu macht oder wiederherstellt – in einem Garten, in dem er regiert: Reich Gottes, Vorschein des Paradieses.

In der Theologie gibt es eine intensive Diskussion darüber, ob das leere Grab ein Beweis der Auferstehung sei und ob dieses Detail überhaupt nötig sei, um an die Auferstehung zu glauben. Braucht es das leere Grab? Manche fragen: Wenn wir da einen verrotteten Leichnam oder Knochen gefunden hätten, würde das unseren Glauben an die Auferstehung trüben oder nicht? Manche sagen Ja, manche Nein. Ich glaube, dass das Grab Jesu am Ostermorgen leer war, weil er mitsamt seinem Leib verwandelt auferstanden ist. „Verwandelt" heißt: Auf der einen Seite ist der Körper irgendwie neu, verklärt, verherrlicht – also anders, als er vorher war. Und trotzdem behält er Kontinuität mit seinem irdischen Leib.

War das Grab leer?

Diese Kontinuität mit dem irdischen Leib wird uns darin gezeigt, dass er sich anfassen lässt vom Apostel Thomas – und dass trotz der Verherrlichung des Leibes die Wundmale bleiben (Joh 20,27). An einer anderen Stelle wird erzählt, dass er mit den Jüngern isst (Lk 24,42). Freilich, wir lesen auch, dass er als der Auferstandene durch Türen (Joh 20,19) geht oder nicht gleich erkannt wird (Lk 24,16). All das weist für mich auf die beiden Seiten des Neuen hin: Auf der einen Seite ist da eine neue, die göttliche Wirklichkeit eingebrochen in unsere Welt.

Eine Wirklichkeit, die auch die menschliche Wirklichkeit verwandelt und verklärt. Andererseits gibt es auch Kontinuität mit dem Früheren. Jesus ist nicht ein ganz anderer als der Auferstandene. Er ist derselbe in neuer Art und Weise. Für mich persönlich ist es daher richtig wichtig zu lesen, dass das Grab leer war.

XII
Hinabgestiegen in das Reich des Todes, am dritten Tage auferstanden von den Toten

Einer der seltsamsten Tage im Kirchenjahr ist der Karsamstag. Irgendwie passiert da nichts, scheinbar große Leere. Aber irgendwie schlummert in diesem Tag zugleich eine große Erwartung. Ein seltsamer Zwischenzustand. Der Karfreitag davor ist mit einer großen feierlichen, aber auch inhaltsschweren Liturgie gefeiert worden. Und der Karsamstag ist der einzige Tag im ganzen Kirchenjahr, an dem kirchlich im Grunde nichts gefeiert wird, vor allem keine Eucharistie. Es ist ein Hinweis auf die Abwesenheit des Herrn, er ist gestorben, die Folter ist vorbei. Aber er ist irgendwie weg, das Grab zwar noch nicht leer, aber es liegt ein Toter darin. Und daher ist die große Frage: Wo ist Christus am Karsamstag? Was bedeutet sein irdisches Totsein?

Im Glaubensbekenntnis der Kirche beten wir: Hinabgestiegen in das Reich des Todes. Was heißt das? Ich möchte mich dieser Frage wieder über das Alte Testament nähern. Und zwar auch wieder deshalb, weil man Jesus immer besser und tiefer verstehen lernt, wenn man ihn auch als denjenigen wahrnimmt, der von seinem Volk, vom auserwählten Volk der Juden, von Israel, erwartet wird. Im Alten Testament stoßen wir nun auf das interessante Phänomen, dass es in diesem ganzen dicken Buch nur sehr wenige Hinweise auf die Frage gibt, was denn mit dem Menschen nach seinem Tod geschieht. Und das, obwohl die umgebenden Völker, wie zum Beispiel Ägypten, Babylon oder Persien, alle möglichen Mythen darüber erzählen, was die Menschen nach dem Tod erwartet – und auch Rituale wie etwa Grabbeigaben pflegen. Israel äußert sich im Vergleich dazu sehr, sehr zurückhaltend bezüglich dieser Frage. Auch wenn es natürlich Hinweise gibt. Welche?

Das Alte Testament und das Jenseits

Der Verstorbene werde mit seinen Vorfahren vereint, lesen wir zum Beispiel im Buch Genesis, was auch immer das heißt. Das wissen wir nicht so genau. Es gibt im Alten Testament auch einen mehrfachen Hinweis auf eine sogenannte „Scheol" (Jes 14,9–11; Ps 6,6). Das bezeichnet eine Schattenwelt, in der der Mensch nach seinem Tod irgendwie wirklichkeitslos weiterexistiert, kraftlos, schattenhaft, am Verschwinden, aber doch nicht ganz – eine Vorstellung, die sich nach und nach im Alten Testament, wenn auch sparsam, ausbreitet.

Aber wir hören im Alten Testament auch von immerhin zwei Totenerweckungen, durch Elija und Elischa (vgl. 1 Kön 17,22; 2 Kön 4,34), Propheten des Alten Testaments. Das müsste bedeuten, dass die „Scheol", dieser Ort, dieser Zustand, in dem sich die Toten befinden, für Gottes Wirken durch die Propheten doch irgendwie zugänglich wäre. Womöglich aber waren die wieder Erweckten aber auch noch nicht „vollständig dort", weil nicht lange tot. Die Verstorbenen in diesen Erzählungen stehen jedenfalls wieder auf, aber sie erstehen auf in diese Welt, im selben Zustand, in dem sie zuvor in ihr waren – und nicht in eine andere, etwa himmlische Welt. So wie auch der Lazarus, den Jesus aus dem Grab zurückgeholt hat, obwohl er schon am Verwesen gewesen sein soll (vgl. Joh 11,39).

Und dann gibt es im Alten Testament noch die Erzählungen, dass Prophetengestalten direkt zu Gott entrückt werden und eben nicht in einer menschlich üblichen Weise sterben. So wird der große Prophet Elija vor den Augen seines Schülers und Nachfolgers Elischa spektakulär hinauf in die Herrlichkeit Gottes enthoben (vgl. 2 Kön 2,11). Ähnlich wie Henoch, eine sehr frühe Gestalt aus dem Buch Genesis (vgl. Gen 5,24). Und weil nun Elija entrückt worden war und weil es eine Prophetie gab, nach der Elija vor dem Messias wiederkommen sollte (Sir 48,10), glaubte man dies auch im Judentum zur Zeit Jesu: Vor dem Messias müsste eigentlich Elija wiederkommen! Und tatsächlich: Jesus weiß auch um diese Prophetie – er greift sie selbst auf und bezieht sie aber dann auf Johannes den Täufer. Dieser sei eine Gestalt wie Elija, auf den diese Prophetie zutreffe und der dem Messias vorausgehe (vgl. Mt 11,14).

Entrückungen

Zurück zur „Scheol": Da nun dieses Schattenreich eine dramatische Minderung an Lebensintensität bedeutete, kam logischerweise im Volk Israel immer mehr die Vorstellung auf, dass es schon in dieser Welt einen Ausgleich geben müsse. Das heißt: Die Guten werden belohnt und den Bösen geht es schlecht. Das nennen wir den Zusammenhang von Tun und Ergehen. In den Psalmen taucht das häufig auf: Dass den einen, weil sie so tugendhaft sind, schon in diesem Leben viel gelingt – sie haben viele Kinder und sind wohlhabend. Der Böse dagegen hat zu leiden. Freilich: Dass die Welt dann tatsächlich doch nicht so ganz in dieser Vorstellung von ausgleichender

Tun und Ergehen

Gerechtigkeit funktioniert, das merken natürlich auch die Menschen im Alten Testament. Die Angelegenheit ist weit komplexer. Und so steht es dann sehr wuchtig im Buch Ijob: Es gibt offensichtlich böse Menschen, die wenigstens äußerlich ein tolles Leben haben. Und es scheint zudem sehr gute Menschen zu geben, wie Ijob, denen es in diesem Leben richtig schlecht geht.

Und so setzt sich nach und nach die Idee durch, dass es womöglich doch einen größeren Ausgleich geben muss, der dann für das neue Leben nach dem Tod erhofft wird. So kommen im späteren Judentum auch apokalyptische Vorstellungen auf. Solche sind beispielsweise bei Jesaja nachzulesen: Gott beseitigt den Tod, wenn die Welt neu geschaffen wird oder wenn der Messias kommt oder wenn die Welt neu wird (vgl. Jes Kap 65). Außerdem spricht der Prophet Daniel im gleichnamigen Buch sehr deutlich und anders als alle anderen alttestamentlichen Bücher über so etwas wie Auferstehung: „Von denen, die im Land des Staubes schlafen, werden viele erwachen, die einen zum ewigen Leben, die anderen zur Schmach, zu ewigem Abscheu" (Dan 12,2). Dies waren nun Beispiele für die im Alten Testament wenigen Hinweise auf ein Leben nach dem Tod. Wenn ihr dagegen nun das Neue Testament lest, dann geht es im Verhältnis zum Alten Testament überaus häufig um die Frage nach der Auferstehung und dem ewigen Leben.

Christus war wirklich tot

Unser Glaube lehrt uns nun, dass Christus wirklich tot war. Alle Texte des Neuen Testaments gehen davon aus, dass er tot war und das Kreuz nicht überlebt hat und nicht, wie manche Theorien behaupten, doch irgendwie noch davongekommen und später dann eines natürlichen Todes gestorben sei. Die Texte des Neuen Testaments bezeugen vielmehr unmissverständlich, dass Jesus tot war. Bis hin zu dem Bericht des Evangelisten Johannes, der erzählt, dass am Ende der Kreuzigung sogar noch dieser Soldat gekommen ist, der ihm die Lanze ins Herz gestochen hat – sodass Blut und Wasser aus der Wunde geflossen sind (Joh 19,33–34). Sofern das eine Schilderung des wirklichen Tathergangs war, wird dieses Detail auch als Indiz dafür angeführt, dass Jesus zu diesem Zeitpunkt des Lanzenstichs bereits tot war. Denn wenn der lange, qualvolle Sterbeprozess bei einem Gekreuzigten aus irgendeinem Grund beschleunigt werden sollte, hat man ihm oftmals die Beine zerschlagen, sodass er sich damit nicht mehr abstützen konnte und dann schnell erstickte. Das wird von Jesus nicht erzählt, vielmehr, dass er eben schon tot war. Nach Lage der gesamten Überlieferung im Neuen Testament können wir also sehr sicher sagen: Jesus ist den fürchterlichsten, grausamsten Tod gestorben, der in der alten Welt denkbar war – und vielleicht heute noch denkbar ist.

Weiter im Glaubensbekenntnis stoßen wir auf die Formulierung: „Er steigt in das Reich des Todes, um auch die Toten zu befreien." Unser Glaube besagt, dass der Abstieg in das Reich des Todes gewissermaßen auch eine Heilsbedeutung hat für die, die bereits vor Jesus gelebt haben und keine Möglichkeit hatten, ihn kennenzulernen. Im ersten Petrusbrief finden wir einen Vers aus der Hand des Apostels Petrus oder eines seiner Schüler, der damit sinngemäß sagt: Auch den Toten ist das Evangelium verkündet worden (vgl. 1 Petr 3,19).

Abstieg für Begegnung

Ihr wisst, dass ich den Glauben immer sehr stark vom Beziehungsgeschehen zwischen Personen her deute und verstehen will. So will ich es auch jetzt tun im Blick auf die Frage, wo Jesus eigentlich am Karsamstag war. Zunächst wieder menschliche Beziehungen als Ausgangspunkt: Menschen, die miteinander gute, stabile Beziehungen haben, fühlen sich „getragen", wie sie sagen. Wichtige Beziehungen sind eine Art Fundament im Leben, man steht irgendwie auf ihnen oder in ihnen. Und wenn einer den anderen liebt, ist das für ihn wie ein Halten,

Festhalten des anderen. Nicht „Festhalten" im Sinne von „Besitz ergreifen", sondern von „Tragen" des anderen. Einer trägt den anderen und gibt ihm so Halt. Wenn jemand sich verletzt oder traurig fühlt, dann freut er sich, wenn ihn ein anderer trägt oder mitträgt.

Und wenn nun jemand eine reife Persönlichkeit ist und auch tief in sich selbst steht und in seiner Identität gegründet ist, dann kann er auch leichter andere tragen, mittragen – leichter, als wenn er zum Beispiel innerlich labil wäre. Beziehungsfähigkeit heißt also auch: den anderen tragen können oder immer wieder auch ertragen können. Und wenn wir uns dieses Tragen bildlich vorstellen als eine Bewegung, dann heißt das auch, sich kleinmachen, gewissermaßen „unter" den anderen gehen, um ihm Halt geben zu können. Wenn ein geliebter, wichtiger Mensch stirbt, dann sagt der Trauernde oft: Mir ist, als wäre mir der Boden unter den Füßen weggebrochen. Im Verhältnis zwischen Eltern und Kindern sieht man das immer am deutlichsten: Eltern tragen bildlich ihr Kind ins Leben hinein. Aus ihrer Fähigkeit heraus, sich auch mal kleinzumachen, sich wirklich auf den anderen einzulassen, sich zu ihm hinunterzubeugen.

„Toter als tot?"

Und jetzt übertragt diesen Gedanken auf den Satz unseres Credos: „Hinabgestiegen in das Reich des Todes". – Im Philipperhymnus (Phil 2,5–11) heißt es: „Christus war Gott gleich, hielt aber nicht daran fest, wie Gott zu sein, sondern wurde wie ein Sklave den Menschen gleich." Da ist von einem Abstieg die Rede. Es ist ein Abstieg, um mit den Menschen in eine Beziehung zu kommen, in eine Beziehung, die geeignet ist, den anderen zu tragen. Und da gibt es nun Menschen, die sind nicht nur unten auf der Erde, sondern „vegetieren" in der Bilderwelt des Alten Testaments noch tiefer, eben in dieser Scheol, dieser wirklichkeitslosen Schattenwelt. Das heißt, man kann sich von hier vielleicht vorstellen, dass für Jesus nicht schon das Kreuz der letzte Punkt in der äußersten Erniedrigung ist, weil das Kreuz ja noch in dieser Welt stattfindet, sondern noch „niedriger" wäre dann der Abstieg „in das Reich des Todes", in die noch größere Gottferne, in den tiefsten Punkt des Seins. Und dann auch gewissermaßen noch einmal „darunter". Wenn die Toten in der Schattenwelt sind und er „darunter" gehen müsste, damit er sie tragen und hinaufheben kann, dann ist er gewissermaßen „niedriger" als die Toten oder „toter" als die Toten, sofern man so sprechen kann – und zwar in der vollkommen ausgegossenen Liebe und in allerletzter Solidarität mit den letzten Gottverlassenen. Um sie aufzufangen und gleichsam von unten her zu tragen.

So können wir das Liebesgeschehen Jesu vom Kreuz her als „Entäußerung" verstehen – im Philipperhymnus (Phil 2,7) stand, er entäußerte sich und wurde wie ein Sklave. Im Original steht das griechische Wort „kenosis", das „Leerwerden". Das Leerwerden oder ein „Niedrigwerden", ein „Nichtswerden", das so tief hinunterreicht, dass es den anderen „von unten" aus Liebe tragen kann. Das heißt, man kann, glaube ich, den Karsamstag so verstehen, dass Jesus gewissermaßen in die äußerste Gottverlassenheit geht, um auch denjenigen, der in der äußersten Gottverlassenheit steht, auch noch mitzunehmen.

In der alten Ikonenmalerei der Ostkirche gibt es Darstellungen, in denen dieses Geschehen des „Abstiegs" ein wenig triumphal dargestellt wird. Da sieht man zum Beispiel, wie der alte Adam in der Scheol liegt und seinen Arm ganz schwach Christus entgegenhebt. Und dann kommt Christus, ergreift ihn kräftig an diesem Arm und zieht ihn heraus. So hat man sich das „Hinabgestiegen in das Reich des Todes" bildlich vorgestellt. Ich glaube aber eher – und das kommt von einem Gedanken des Theologen Hans Urs von Balthasar: Dieser „Abstieg" war kein triumphales Ergreifen der Toten in der Schattenwelt, sondern ein Aus-Liebe-ins-Nichts-Gehen, um das „Darunter-Gehen", um den, der im Nichts lebt, herauszulieben in die Fülle des größeren Lebens.

Gibt es die Hölle?

Gibt es eigentlich nun die Hölle? Das heißt, gibt es eigentlich den Ort der äußersten Gottverlassenheit? Wobei „Ort" in diesem Zusammenhang schon ein schwieriges Wort ist, weil es so nach einer feststellbaren Räumlichkeit klingt. Wir müssen, meine ich, eher fragen: Gibt es den Zustand der äußersten Gottverlassenheit? Denn da ist ja nicht irgendwo am Ende der Welt ein Loch, in dem ganz tief ein Feuer brennt, und da hocken sie dann alle und schmoren in der Hölle. Vielmehr handelt es sich eher um einen Zustand der Gottverlassenheit, der absoluten Lieblosigkeit, den wir eben räumlich als „Ferne" denken und als Hölle. Auch hier wieder: In Beziehungen zwischen Menschen kann mir der andere Mensch ganz nah sein, obwohl er räumlich grade ganz weit weg ist. Und umgekehrt kann im übervollen Stadtbus einer massiv körperlich an mir „kleben", aber innerlich bin ich ihm ganz fern. Wir sprechen ja in räumlichen Kategorien, wenn wir Beziehungsqualitäten ausdrücken: Du bist mir nah, du bist mir fern. Und absolute Gottferne, ein letztes Nein zu ihm, ist dann eben der Zustand der Hölle, der Gottlosigkeit.

Ich persönlich habe zur Hölle eine zusätzliche Auffassung, die eine eigene theologische Meinung ist, die lehramtlich in dieser Weise, meine ich, nicht verkündet wird – auch wenn sie dem Lehramt nicht widerspricht, soweit ich sehe. Ich meine also, dass das, was wir mit Hölle meinen, erst mit dem Sterben und Auferstehen Christi „entsteht" oder „sich bildet". Warum? Nun: Christus ist das letzte „Wort", das Gott, der Vater, in die Welt hinein sagt. In Christus sagt er alles. Alles, was er an Liebe zu sagen und zu geben hat, sagt er in Jesus – und sagt es in der alleräußersten Form am Kreuz und im Sterben Jesu. Er gibt sich hin bis zum Letzten – aus Liebe. Eine größere Liebe hat die Welt nie gesehen. Und wenn nun aber Liebe nur in Freiheit den anderen ansprechen oder berühren kann, wenn Liebe nicht zwingen kann, dann muss es die Möglichkeit geben, zu dieser äußersten Liebestat Gottes auch ein letztes und äußerstes Nein des Menschen zu geben. Und erst dieses letzte Nein zu Christus bedeutet dann endgültige Verlorenheit, Hölle, ewiges Verderben, von dem die Schrift spricht. Und ja, ich halte diese Verlorenheit für eine reale Möglichkeit für den Menschen. Es geht in diesem Leben um etwas, es geht letztlich um Heil oder Verlorenheit. Und die Schrift und unsere gläubige Überlieferung haben im Grunde nie etwas anderes gesagt.

Das leere Grab und die Auferstehung von den Toten

Das leere Grab ist ein Faktum, von dem uns in der Bibel berichtet wird. Ist es also zugleich ein Beweis für die Auferstehung? Nein, es ist kein Beweis. Es könnte auch ganz anders gedeutet werden. Es steht ja auch schon im Evangelium, dass behauptet wird, die Jünger hätten den Leichnam gestohlen, damit sie nachher sagen können, dass das Grab leer war (vgl. Mt 28,11ff.). Das leere Grab ist deshalb zwar kein Beweis, aber ich glaube auch, dass es als wichtiges Detail dazugehört, dass Jesus in seinem Leib auferstanden ist – wenn auch in verwandelter Leiblichkeit. Johannes, der Apostel, geht ins Grab hinein, ins leere Grab, er sieht die Leinenbinden liegen – und dann heißt es: „Er sah und glaubte" (Joh 20,8).

Die Frauen waren dann die ersten Botinnen der Auferstehung, auch das ist ein Faktum, das uns in allen Evangelien berichtet wird. Maria von Magdala und die anderen Frauen kommen am frühen Sonntagmorgen zum Grab gelaufen und wollen den Leichnam Jesu ganz nach jüdischem Brauch einbalsamieren. Jesus war ja am Karfreitag gestorben und wurde ziemlich hastig beerdigt, denn der Sabbat war nahe und am Feiertag durfte man keine solchen Handlungen und Arbeiten mehr verrich-

Die Frauen am Grab

ten. So kamen die Frauen am Morgen nach dem Sabbat – aus unserer Sicht am Sonntag – zum Grab, um alles nachzuholen. Sie wollten ihn einbalsamieren, wie man die Toten damals einbalsamiert hat. Und sie werden dadurch die Ersten, die den auferstandenen Jesus sehen dürfen. Auch das ist übrigens ein Detail, das die Wahrheit der Bibel im Grunde bestätigt. Die Evangelisten erzählen ja ausdrücklich, dass es die Frauen waren, denen Jesus zuerst erschienen ist. Wenn sie eine schöne, erfundene, in sich logische Geschichte hätten erzählen wollen, dann hätten sie mindestens davon erzählt, dass Männer die ersten Zeugen waren. Denn Frauen galten in der Antike nicht ohne Weiteres als zeugnisfähig und glaubwürdig. Aber es hilft nichts: Sie waren da und die Evangelisten wollten ehrlich berichten. Daher also: die Frauen! Und erst danach die Apostel. Warum wurde nun ausgerechnet ihnen die Ehre zuteil, den Auferstandenen zuerst zu sehen? Thomas von Aquin (1225–1274), einer der größten Kirchenlehrer unserer Tradition, antwortet: weil sie ihn mehr geliebt haben! Das finde ich richtig schön: Die Liebe sieht mehr, sie sieht tiefer, sie sieht mit dem Herzen. Das heißt nun aber freilich umgekehrt nicht, dass der Auferstandene nicht real dagewesen wäre und nur eine Einbildung liebeskranker Frauen. Gar nicht. Er war da, real, leiblich, wenn auch aus einer anderen Wirklichkeit kommend und in sie zurückgehend.

Über 500 Augenzeugen

Danach erschien Jesus dem Petrus und dann den anderen Aposteln. Die Evangelien dokumentieren das – und zeigen ganz verschiedene Begegnungen. Häufig sind heutzutage Theorien zu hören, die zum Beispiel besagen, dass die Auferstehung Jesu nur ein Mythos oder eine massive kollektive Einbildung sei. Weil die Jünger so enttäuscht und niedergeschlagen waren, bestärkten und trösteten sie sich gegenseitig. Und dann sei plötzlich die psychologische Überzeugung gewachsen: „Ja, er ist doch immer noch da. Er lebt weiter in unseren Herzen." Aber so ist es nicht, meine ich. Die Berichte zeigen: Die Jünger haben alle wirklich etwas erlebt. Paulus schrieb rund zwanzig Jahre nach Jesu Tod: „Fünfhundert Brüdern gleichzeitig ist er erschienen und die meisten davon leben noch" (1 Kor 15,6). Das heißt, Paulus kannte die meisten Augenzeugen. Er ist sicher zu ihnen gegangen und hat gefragt: „Du, wie war denn das, als Jesus dir begegnet ist?" Das sind wichtige Stellen in der Bibel in Hinsicht auf die Frage, ob Jesus tatsächlich auferstanden ist. Aus meiner Sicht bezeugen sie dies, auch wenn sich die vier Evangelien, die Apostelgeschichte und die Briefe des Paulus nicht so ohne Weiteres harmonisieren lassen. Die Berichte sind interessanterweise ganz verschieden. Aber sie haben aus meiner Sicht gemeinsame Merkmale.

Einmal erscheint Jesus den zwei Aposteln auf dem Weg nach Emmaus und sie erkennen ihn nicht. Erst beim Brotbrechen erkennen sie ihn wieder und dann ist er plötzlich weg. Ein anderes Mal lädt er die Jünger ein, Fisch zu essen. Ein drittes Mal sagt er zu Thomas, der zuerst nicht glauben konnte, dass Jesus wirklich lebt, er solle seine Wunden berühren. Zu Maria von Magdala sagt er dagegen: „Halt mich nicht fest, fasse mich nicht an" (Joh 20,17). – Ihr seht: Ganz verschiedene Geschichten. Die Bibel berichtet auch davon, dass die Apostel zweifeln. Thomas zweifelt. Und im Matthäusevangelium erscheint Jesus auf dem Hügel in Galiläa und da heißt es: Einige hatten Zweifel (Mt 28,16ff.).

<small>Einige hatten Zweifel</small>

    Die Bibel erzählt also ganz deutlich von einer Wirklichkeit, die so in die Welt dieser Menschen damals hineinbricht, dass es einerseits schon ein reales, auch historisches Ereignis war, eben in dieser, in ihrer Zeit und Geschichte. Und mit Jesus als dem Auferstandenen hatte es auch Kontinuität mit dem, was davor war. Wir lesen etwa, dass Jesus auch die Wundmale hatte, die man anfassen konnte. Aber andererseits war diese Kontinuität zum Alten längst nicht das Ganze der Geschichte, denn zugleich war es eine ganz neue Erfahrung: Die Auferstehung bricht aus einer anderen Welt ein, da manifestiert sich ein anderes Leben, das wir nicht nur in den Kategorien dieser Welt fassen können. Aber es ist real, vermutlich würden die Augenzeugen sogar sagen: „Es war realer als alles, was wir bisher erlebt haben."

Und so etwas ist dann nicht einfach eine Fortsetzung von dem, was unsere Geschichtserfahrung uns zeigt, was mit unserem Verständnis vom Ablauf von normalen Vorgängen in unserem Leben vergleichbar wäre. Die Berichte der Bibel erzählen, dass der Auferstandene Vorstellungen sprengt, dass die Erscheinungen anders sind als erwartet. Es ist der Einbruch einer anderen Wirklichkeit in diese Wirklichkeit, aber alle machen die Erfahrung, dass diese Wirklichkeit, die sie da erleben, wirklicher ist als das, was sie sonst so erleben – eben, weil gerade diese Erfahrung dazu geeignet ist, ihr Leben zu verändern. Die Kraft dieser Erfahrungen erschüttert und verwandelt sie – und macht aus vormaligen Feiglingen jetzt Märtyrer ihrer Überzeugung.

Eine neue Welt?

Der Theologe Hans Urs von Balthasar hat auf die Frage, ob die neue Welt, wenn Gott Himmel und Erde neu erschafft, eine ganz andere Welt sein wird, eine schöne Antwort. Er sagt sinngemäß: „Nein. Ich glaube, es werden dieselben Rosen sein, aber wir werden in der Lage sein, zum ersten Mal wirklich eine Rose zu sehen." Er geht von einer Wirklichkeit aus, die tiefer, wirklicher, realer ist als alles, was man sonst so für wirklich hält. Das ist die Erfahrung der Jünger. Aber sie ist nicht zu fassen, nicht in gegenständliche Kategorien einzuordnen. Also sie ist nicht einfach nur eine Fortsetzung des alten Lebens, anders als beim auferweckten Lazarus – Jesus ist nicht einfach ins irdische Leben zurückgekehrt. Ein gutes Beispiel dafür ist die Geschichte von Maria von Magdala am Ende des Johannesevangeliums (Joh 20,11ff.). Maria steht am leeren Grab und heult sich die Augen aus. Plötzlich spricht sie einer an. Es ist der Gärtner, denkt sie. Doch dann sagt er ihren Namen und sie dreht sich um und erkennt ihn. Die Liebe erkennt! Sie umfasst seine Füße, doch er sagt: „Halte mich nicht fest."

An dieser Stelle deute ich den Unterschied so: Maria von Magdala denkt, dass endlich alles wieder ist wie vorher – also wie bei Lazarus: Der Tod war nur eine Unterbrechung des schon bekannten Lebens, das jetzt einfach weitergeht. Und Maria von Magdala mag in diesem Sinn denken: „Jetzt habe ich dich wieder, Herr Jesus, und jetzt können wir genauso weitermachen wie vorher." Aber er sagt: „Halte mich nicht fest, ich gehe jetzt zum Vater, zu meinem Vater und zu eurem Vater." Das bedeutet: „Durch mich ist mein Vater jetzt auch euer Vater geworden. Und du gehe jetzt und erzähle den Brüdern, was du erlebt hast." Ihr seht: Es gibt nicht einfach eine Kontinuität in das alte Leben hinein, die die Jünger erleben. Das neue Leben, aus der Verbundenheit mit dem Auferstandenen, ist ein Leben, das auch in uns ist und in uns bleibt – wenn wir es teilen, wenn wir es mitteilen; wenn wir die anderen lieben und mit ihnen zusammen an Christus glauben. Was Gott schenkt, wird mehr, wenn es weiterverschenkt wird!

Hatte Jesus immer noch seinen Körper nach seiner Auferstehung und Himmelfahrt? Die Antwort ist: Ja. Jesus ist leiblich vom Tod erstanden. Er sitzt mit einem Leib „zur Rechten Gottes" (Kol 3,1). Er ist irgendwie ganz bei Gott, ganz beim Vater, aber als Mensch. Jesus ist Mensch geblieben, er sieht immer noch so ähnlich aus wie wir – aber in voller Herrlichkeit. In einer Herrlichkeit, die nachher den Johannes, den Seher aus dem Buch der Offenbarung, überwältigt. Von ihm wird in diesem Buch berichtet, dass er in einer Vision den verherrlichten Jesus sieht. Und: „Als ich ihn sah, fiel ich wie tot vor seinen Füßen nieder" (Offb 1,17). Dieser verwandelte Leib in der Herrlichkeit Gottes lässt ihn vor Ehrfurcht niederfallen und anbeten. Jesus ist also leiblich auferstanden, aber er ist nicht mehr

Hat der Auferstandene einen Leib?

an Raum und Zeit gebunden. Seine Menschennatur gehört zu Gott, aber er ist wahrer Mensch und zugleich wahrer Gott – mit dem Vater vereint. Kompliziert? Die Auferstehung bleibt ein Geheimnis des Glaubens!

Jesus lebt! Wir können aber nach meiner Überzeugung mit unseren wissenschaftlichen Methoden und Mitteln, historisch oder naturwissenschaftlich, noch so viel dahinforschen, wir kriegen das letztlich nicht in den Griff, denn auch unsere Wissenschaft ist eine Wissenschaft dieser Welt und nur für diese. Daher: Wir glauben an die Auferstehung! Und die Glaubenden machen die Erfahrung: In dem Maße, in dem du an die Auferstehung glaubst, schenkt sich dir die Gewissheit, dass Jesus lebt. Alle Christen leben seit Ostern vor mehr als 2000 Jahren aus der Erfahrung „Jesus lebt". Und zwar nicht nur in Erinnerung an ein heldenhaftes historisches Geschehen von damals, sondern auch als etwas, das sich in unseren Herzen und in unseren Gemeinschaften ereignen und wiederholen kann. Jesus lebt in uns und unter uns, er schenkt Kraft und Freude, Trost und Hoffnung. Und er steigt auch in jedem von uns in die Abgründe unseres Herzens – wenn wir ihn lassen –, um alles, was im tiefsten Grund unseres Herzens liegt, was uns runterzieht und verwundet, was sündig ist und gebrochen, von unten her zu tragen, aufzusprengen, zu heilen. Und um uns bewusst zu machen: Wir sind Kinder Gottes, wir sind seine Brüder und Schwestern und gehören zum Vater.

Der dreifaltige Gott ist der Handelnde

In der Auferstehung handelt der dreifaltige Gott selber. Jesus steht auf durch den Willen und die Macht des Vaters, in der Kraft des Heiligen Geistes. In der Schrift können wir lesen: Er ist auferstanden, das heißt, Jesus ist selber auferstanden. „Ich habe die Macht, das Leben zu geben und es wieder zu nehmen" (Joh 10,18), sagt er einmal. Das klingt aktiv: Jesus wirkt es selbst. Manchmal heißt es aber auch: „Gott hat ihn von den Toten auferweckt" (Apg 13,30). Das klingt sehr passiv. Aber beides ist wahr: Immer handelt der dreifaltige Gott.

Zu Maria von Magdala hat Jesus gesagt: „Ich gehe zu meinem Vater und zu eurem Vater" (Joh 20,17). Das heißt zunächst: Als unerlöste Menschen, als Sünder, die von Gott entfernt leben, sind wir nicht so einfach Kinder Gottes, wir sind oft eher wie entlaufene Sklaven, wie der verlorene Sohn im Schweinestall. Aber wenn uns der Sohn Gottes selbst mit in diese Gemeinschaft führt und zurückbringt, sind wir durch ihn gewissermaßen Adoptivkinder Gottes, mit hineingenommen in die Gottesfamilie – durch das Blut Jesu. Christus ist Fürsprecher und Hoherpriester für uns. Wir sagen, er sitzt zur Rechten des Vaters. Er bittet für uns, er tritt für uns ein. Das Gebet zu Jesus ist daher für mich sehr zentral, eigentlich das Zentralste. Natürlich kann man auch direkt zum Vater, zum Geist beten oder die Heiligen um Fürbitte bitten. Dass Jesus zur Rechten Gottes sitzt, bedeutet: Jetzt beginnt die Herrschaft Christi und wir haben Anteil daran, wenn wir ihn in uns herrschen lassen.

Adoptivkinder Gottes

Ich habe eine Bekannte, die zwar glaubt, dass Jesus von Gott kommt und auch Gott ist, aber diese Auferstehung braucht es für sie nicht mehr. Zumindest tut sie sich schwer damit. Ich war ziemlich irritiert darüber, wie man denn an Jesus glauben kann, aber nicht an die Auferstehung. Ich bringe das eigentlich heute noch nicht ganz zusammen. Denn Paulus sagt uns: „Ist aber Christus nicht auferweckt worden, dann ist unsere Verkündigung leer, leer auch euer Glaube" (1 Kor 15,14). Das sind ganz starke Worte. Und er fügt hinzu: „Wenn aber Christus nicht auferweckt worden ist, dann ist euer Glaube nutzlos und ihr seid immer noch in euren Sünden; und auch die

Die letzten Deppen?

in Christus Entschlafenen sind dann verloren. Wenn wir allein für dieses Leben unsere Hoffnung auf Christus gesetzt haben, sind wir erbärmlicher daran als alle anderen Menschen" (1 Kor 15,17–19). – Also Paulus sagt, übersetzt: Wenn Jesus nicht auferstanden ist, sind wir die letzten Deppen, erbärmlicher als alle anderen. Wenn es also nicht stimmt, dass er auferstanden ist, auch für uns, dann sind wir total verrückt, dann laufen wir irgendeiner komischen Illusion hinterher. – Doch Paulus bestätigt dann natürlich noch die eigene Erfahrung: Natürlich ist er auferstanden – und deshalb sind wir, die zu ihm gehören, auch dabei, haben Anteil an seinem Leben, seiner Freude, seiner Herrlichkeit. Denn: „Jesus lebt!"

XIII
Aufgefahren in den Himmel. Er sitzt zur Rechten Gottes, des allmächtigen Vaters

Ich komme aus dem Kloster Benediktbeuern, wo an der Decke der barocken Basilika ein Christuszyklus aufgemalt ist. Es sind Bilder von Georg Asam, dem Vater der beiden berühmteren Asam-Söhne Cosmas Damian und Egid Quirin. Die Darstellung fängt vorne an: Geburtsszene, Szene der Taufe, Kreuzigung und Auferstehung. An diese schließt sich ein eigenartiges Bild an, auf dem man nicht viel sieht: nur einen Kreis, umrankt von Lorbeeren – und in der Mitte ist ein kleines Loch. Aus der Geschichte lernen wir, dass die Barockzeit eine Zeit war, in der die Menschen die Dinge bildlich dargestellt haben wollten, so konkret wie möglich. Mit Hilfe dieses Bildes, in dem das kleine Loch ist, sollte die Himmelfahrt gezeigt werden, und zwar auf folgende Weise: Am Himmelfahrtstag ließ der Mesner aus dem kleinen Loch ein dünnes Seil herab. Unten stand eine Christusfigur aus Porzellan, die dann am Seil befestigt und während der heiligen Messe feierlich nach oben gezogen wurde. Angeblich ist die Schnur einmal gerissen, der Porzellanchristus ist heruntergefallen und in viele Stücke zerbrochen. Der Mesner sei daraufhin eifrig mit Schaufel und Besen gekommen. Er habe die Scherben zusammengekehrt und in einen Kübel gefüllt. Diesen habe er dann an die Schnur gebunden und gesagt: „Rauf muss er auf jeden Fall!"

Bedeutet Christi Himmelfahrt also, dass Jesus wie ein Raketenmann Richtung Wolken geschossen ist, bis er nicht mehr zu sehen war, und zuvor vielleicht noch gewunken und gesagt hat: „Ich komme eh bald wieder!"? Die Heilige Schrift erzählt es in einem Bild, das zumindest in diese Richtung geht. Am Ende des Lukasevangeliums (Lk 24,51) lesen wir: „Und während er sie segnete, verließ er sie und wurde zum Himmel emporgehoben" (vgl. ähnlich: Apg 1,9). Also doch wie ein Raketenmann? Auch das Fest, das wir an diesem Tag feiern, oder eben die Formulierung im Credo spricht von: „Aufgefahren in den Himmel". – Wir feiern „Christi Himmelfahrt". Unsere Tradition lässt uns also mit dieser Vorstellung zurück, dass Jesus irgendwie nach oben „gefahren" und den Blicken der Jünger entschwunden ist. Mich beschäftigt nun unabhängig von dieser bildlichen Vorstellung, was denn eigentlich an tieferer Bedeutung „dahinter"steckt.

Die Zahl 40

Zunächst die Zahl 40: Die Schrift erzählt, dass Jesus, bevor er in den Himmel auffuhr, 40 Tage lang den Jüngern erschienen ist (Apg 1,3) – auf unterschiedlichste Arten. Die Zahl 40 ist in der Bibel eine sehr bedeutsame Zahl. 40 Tage beispielsweise ist Noach in seiner Arche, bis er an Land kommt (Gen 7,17). 40 Tage marschiert Elija durch die Wüste, bis er den Sinai erreicht und eine Gotteserfahrung machen darf, die ganz anders ist als erwartet („im leisen Säuseln" 1 Kön 19,12). 40 Jahre ziehen die Israeliten durch die Wüste (Num 32,13), ehe sie in das Gelobte Land gelangen. 40 Tage ist Mose auf dem Sinai, ehe er durch die Offenbarung Gottes die Gesetzestafeln, die Zehn Gebote, empfängt (Ex 34,28). Immer wieder taucht die Zahl 40 auf. Und Jesus wiederholt diese Zahl: Am Anfang seiner Sendung heißt es, dass er 40 Tage in die Wüste geht (Mk 1,13), bevor er öffentlich verkündet. Die 40 Tage bedeuten demnach eine Zeit der Vorbereitung, eine Zeit der Erprobung und Herausforderung, eine Zeit auch, die die Endlichkeit ausmacht, diese Welt insgesamt. In der 40 ist die Vier enthalten und diese Welt hat vier Himmelsrichtungen und vier Jahreszeiten und in der alten Philosophie vier Elemente: Umfassende Weltbeschreibung – und zugleich ein Hinweis, dass in der Bibel danach etwas kommt, das über diese Welt hinausreicht.

Über 40 Tage hinweg ist Jesus also seinen Jüngern erschienen. Dann ist er ihren Blicken und ihrem unmittelbaren Zugriff entzogen. Die Jünger gehen daraufhin mit Maria in den Abendmahlssaal oder auch in den Tempel und beten Tag und Nacht (Apg 1,13–14) – bis dann am 50. Tag („pentecoste" bzw. „Pfingsten" heißt übersetzt „50") der Heilige Geist kommt. Das Gebet kann verstanden werden als das Erwarten und die Suche nach der „Quintessenz", nach dem „fünften Element", das alle anderen in sich enthält oder das unveränderlich ist – und nicht einfach aus den vier anderen ableitbar ist. Oder das göttlich ist und sich nun ins Irdische einsenkt. 10 Tage lang, zwischen Himmelfahrt und Pfingsten, beten sie zum Herrn, bis er den Geist schickt. Auch die Zehn oder die darin enthaltene Eins ist Zeichen für Gott, für den Herrn. 40 plus 10: Der am 50. Tag geschenkte Geist ist das Herz, die Mitte der Kirche, der sie in ihrer Endlichkeit, in ihrer 40 zusammenhält.

Die 50 von Pfingsten lässt sich auch noch von der Sieben her deuten, ähnlich wie mit der Vier: Gott hat die Welt in sechs Tagen erschaffen, am siebten Tag, am Sabbat, ruht er. Jesu Auferstehung ist aber nicht an einem Sabbat, sondern an einem Sonntag, also am Tag nach dem siebten Tag, geschehen, also gewissermaßen am „achten Tag" – oder wie die Schrift sagt: „Am ersten Tag der Woche" (Lk 24,1). Die Kirche hat die Auferstehung, den Einbruch des ganz Neuen, des Göttlichen, als den Anfang der neuen Schöpfung begriffen, als den Anfang der erlösten Schöpfung. Und die 50 sind nun Sieben mal Sieben – plus Eins. Pfingsten ist der Geburtstag der Kirche, der Einbruch des Heiligen Geistes in die Jünger und ihre Gemeinschaft, der Übergang in den „achten Tag", in die Zeit der neuen Schöpfung, der erneuerten Schöpfung als Kirche.

Beim Vater und doch überall

Er wird wiederkommen, sagt das Credo und sagt die Schrift (Apg 1,11). Doch vorher geht Jesus in den Himmel. „Ich gehe hinauf zu meinem Vater und zu eurem Vater" (Joh 20,17). Oder: „Ich gehe, um einen Platz für euch vorzubereiten" (Joh 14,2), sagt er. Jesus geht zum Vater. Heißt das nun: Er ist ab sofort weg? Nein. Wir glauben vielmehr, dass er durch sein Sein beim Vater im Grunde überall sein kann. Denn, so sagt Paulus: „In ihm leben wir und bewegen wir uns und sind wir" (Apg 17,28). Wie kann man das verstehen? Vielleicht mit einem Beispiel aus der katholischen Heiligenverehrung: Viele von uns beten vielleicht zum heiligen Antonius, dem Patron für verlorene Dinge. Wer daran glaubt und etwas verlegt, verloren, vergessen hat, betet vielleicht: „Heiliger Antonius, hilf mir, meinen Schlüssel wiederzufinden." Und ehrlich gesagt: Viele sagen, das klappt oft. Nun: Es kann ja nicht sein, dass Tausende von Menschen auf der Welt gleichzeitig zum heiligen Antonius beten und er dann sagt: „Okay, jetzt müsste ich erst mal das hier abarbeiten und dann kommt der dran, danach der Nächste und dann schauen wir mal, wie es bei dem Übernächsten so geht." So müssten wir ja Jahre warten, bis der heilige Antonius fertig wird mit all unseren Bitten!

Aber glücklicherweise ist das ein Missverständnis, weil wir Menschen kaum anders denken können als in unserer Raum- und Zeiterfahrung. Aber Heilige, so glauben wir, sind ganz bei Gott und ihr Sein beim Vater und mit dem Vater bedeutet dann gleichsam eine Universalisierung ihrer Präsenz. Antonius kann für alle gleichzeitig da sein. Ähnlich, nur im Grunde viel tiefer, gilt das für Jesus: Der Vater ist überall gegenwärtig und immer und in allem. Und das Sein beim Vater bedeutet, Jesus kann zugleich beim Vater und gerade dadurch ganz nah bei uns sein. Warum? Weil alles geschaffene Sein ein Geschenk, eine Gabe der Liebe des Vaters ist – durch das er uns nah ist und bleibt, durch das er in uns wirkt und uns am Leben erhält (vgl. Kapitel IV). Wer beim Vater lebt und mit ihm – kann auch denen nahe sein, die der Vater im Sein erhält.

Wer oder wie ist Jesus im Himmel? Viele Hinweise darauf finden wir im Buch der Offenbarung des Sehers Johannes, dem letzten Buch der Bibel. Es heißt auch „Apokalypse", weil die Offenbarung mit einer endzeitlichen Vision verbunden ist. Es ist ein „wildes" Buch mit unglaublich viel und oft rätselhafter Symbolik, aber in vielen Passagen auch gar nicht so schwer zu verstehen. Und wenn ich sage „endzeitlich", dann meine ich nicht nur das konkrete Ende der Zeit und der Geschichte. Ich meine vielmehr auch, dass wir jetzt schon, genauer seit dem Kommen Jesu, gewissermaßen in der Endzeit leben, auch der Hebräerbrief spricht davon (Hebr 1,2).

<small>Blick hinter die Kulissen</small>

Denn seit seinem Kommen, seinem Tod und seiner Auferstehung ist klar: Das Schicksal der Welt und der Geschichte wird sich an ihm, an Jesus, entscheiden. Das war vorher noch nicht so deutlich. Aber jetzt entscheidet sich letztlich alles, die ganze Geschichte, an der Frage, ob und wie wir an ihn glauben und auf ihn vertrauen und wie wir zu ihm stehen. Daher schildert das Buch der Offenbarung in seiner intensiven bildreichen Symbolik nicht nur das reale Ende der Zeit, sondern es ist zugleich, als ob ein Vorhang aufgehen würde, der uns hinter die

Kulissen schauen lässt. Im Vordergrund spielt sich das Treiben menschlicher Geschichte ab – und der Vorhang geht auf und wir beginnen zu verstehen, was die Dinge in der Tiefe bedeuten. Und welcher Kampf sich im Grunde fortwährend abspielt und sich immer mehr steigert – und worum es im Tiefsten geht. Im Grunde geht es überall darum, dass Gott mit all seiner Liebe – und deshalb (!) auch mit all seinem „Zorn" (Offb 15,1) gegen gottesfeindliche Mächte – die Geschichte so zu Ende bringen will, dass er wieder bei den Menschen „wohnt". Er will einen neuen Himmel und eine neue Erde heraufführen, in der beide Wirklichkeiten, irdische und himmlische, versöhnt sind, eine neue Einheit werden: Hochzeit von Himmel und Erde. Er will, dass eine Erde entsteht, die schon himmlisch ist, weil in ihr Gott wohnt und die Menschen mit Gott verbunden leben. Wir lesen da zum Beispiel: „Der Thron Gottes und des Lammes wird in der Stadt stehen und seine Knechte werden ihm dienen. Sie werden sein Angesicht schauen und sein Name ist auf ihre Stirn geschrieben. Es wird keine Nacht mehr geben und sie brauchen weder das Licht einer Lampe noch das Licht der Sonne. Denn der Herr, ihr Gott, wird über ihnen leuchten und sie werden herrschen in alle Ewigkeit" (Offb 22,3–5).

Königlicher Menschensohn

Unsere große Tradition glaubt, dass der Seher dieses Buches derselbe Johannes ist, der das Evangelium aufgeschrieben hat und ein Jünger Jesu war. Die strenge Bibelwissenschaft bezweifelt das allerdings. Sie besagt, dass dieses Buch wahrscheinlich erst deutlich später entstanden ist, womöglich war es ein Schüler des Jüngers. Immerhin liegt die Offenbarung zumindest nah am Geist des vierten Evangeliums. Jesus ist nämlich auch hier das „Wort Gottes" (Offb 19,13) – ein Ausdruck für Jesus, mit dem auch das vierte Evangelium in einem erhabenen Prolog beginnt. Jedenfalls lesen wir in der Offenbarung: Ein Mann namens Johannes ist in der Verbannung auf der Insel Patmos (Joh 1,9). Und dort erlebt er „am Tag des Herrn" eine Vision (vgl. zum Folgenden Offb 1,10–20). Er wird in eine Art Tempel versetzt, weil er als Erstes sieben goldene Leuchter sieht oder auch einen siebenarmigen Leuchter und mitten unter ihnen sieht Johannes jemanden, der wie ein Mensch aussieht. Wörtlich kann man da auch lesen: wie ein „Menschensohn". Das ist eine Anspielung, es gibt in diesem Text viele Anspielungen auf das Alte Testament: Im Buch Daniel (Dan 7,13) etwa ist von einer Prophezeiung auf den Menschensohn hin die Rede.

Johannes sieht also diesen „Menschensohn", bekleidet mit einem Gewand, das bis auf die Füße reicht. Das bedeutet in der Sprache der Bibel, er ist ein Priester. Er sieht einen Mann im priesterlichen Gewand, um die Brust trägt er einen Gürtel aus Gold, ein Königszeichen. Könige tragen einen Gürtel aus Gold im Alten Testament bzw. in der antiken Welt. Sein Haupt und seine Haare sind weiß und leuchtend wie Wolle, weiß wie Schnee. Auch in der Vision Daniels ist von einem die Rede, dem „Herrschaft, Würde und Königtum" gegeben werden (Dan 7,14). Hier im Buch der Offenbarung sieht der Seher Johannes aber schon Christus in seiner königlichen Herrlichkeit: Augen wie Feuerflammen, Beine, die glänzen wie Golderz, das im Schmelzofen glüht, und seine Stimme wie das Rauschen von Wassermassen. In seiner Rechten hält er sieben Sterne, aus seinem Mund kommt ein scharfes, zweischneidiges Schwert und sein Gesicht leuchtet wie die machtvoll strahlende Sonne. So sieht Johannes Jesus, wie er im Himmel ist, wie er beim Vater thront. Und seine Reaktion ist: „Ich fiel wie tot vor ihm auf die Füße" (Offb 1,17). Der alttestamentliche Mensch hat schon immer gewusst, er kann Gott nicht ansehen, ohne zu sterben. Johannes fällt wie tot vor die Füße dessen, den er da als Hohepriester sieht, als königliche Gestalt in seiner vollen gottmenschlichen Herrlichkeit. Jesus aber kommt zu ihm, legt seine rechte Hand auf ihn und sagt: „Fürchte dich nicht" – wie so oft in der Bibel! Wenn Jesus auftaucht – auch in seiner Herrlichkeit oder wenn die Jünger plötzlich spüren oder sich denken: „Um Gottes willen, wer ist denn das eigentlich?" Dann sagt er: „Fürchtet euch nicht! Ich bin es" (z. B. Mt 14,27). – Und hier in der Himmelsvision jetzt wieder, Johannes hört aus dem Mund des Verherrlichten: „Fürchte dich nicht!" „Ich bin der Erste und der Letzte und der Lebendige. Ich war tot, doch nun lebe ich in alle Ewigkeit und ich habe die Schlüssel zum Tod und zur Unterwelt" (Offb 1,17–18).

Mehr als ein netter Rabbi

Oft neigen wir ja heute dazu, Jesus auf den netten Rabbi zu reduzieren, der in den buchstäblichen Jesuslatschen durch die Lande gezogen ist, Kindern über den Kopf gestreichelt hat und zu allen lieb war. Sicher, das war er auch immer wieder. Aber so ein Bild wird ihm alles andere als gerecht! Es ist vielmehr nur eine schlechte Karikatur von Jesus. Jesus ist so viel mehr! Er ist sowohl der Präexistente, der immer schon beim Vater war und ist und bleibt. Er ist auch das kleine Baby in der Krippe von Betlehem, er ist auch der Gefolterte, Tote am Kreuz und er ist auch der Verherrlichte, der im Himmel ist und der – darüber werden wir im nächsten Kapitel sprechen – einmal über die Welt richten wird. Wir wissen aus dem Evangelium, dass der Menschensohn in seiner Herrlichkeit wiederkommen wird. Wir wissen, dass er uns alle und die ganze Welt gleichsam vor sich „aufmarschieren" lassen wird – und er wird ihr Richter sein.

Der himmlische Thron Gottes

Im vierten Kapitel der Offenbarung sieht der Seher den Thron Gottes, zunächst ohne Jesus, „das Lamm", der kommt erst im nächsten Kapitel entscheidend hinzu. Hier zunächst: Dem, der auf dem Thron sitzt, huldigen zuerst vier seltsame Wesen. Die vier Wesen werden als sehr mächtig und herrlich geschildert. Sie haben verschiedene Charakteristika. Eines sieht aus wie ein Löwe, eines wie ein Stier, ein anderes sieht aus wie ein Mensch, ein viertes wie ein Adler. Und die Wesen haben jedes sechs Flügel und viele, viele Augen. Und sie huldigen dem, der auf dem Thron ist, sie huldigen Gott, dem Allmächtigen, mit dem Ruf „Heilig, heilig, heilig". Diese Schau der vier Wesen finden sich ähnlich im Buch Ezechiel wieder, wo der Prophet ebenfalls eine Himmelsvision hat (vgl. Ez 1,10). Und die Huldigung mit den Heilig-Rufen steht so auch in der Vision des Propheten Jesaja (Jes 6,2ff.) Übrigens: In der heiligen Messe der katholischen Liturgie singen wir als Teil des Hochgebetes ebenfalls immer ein Sanctus, ein Heilig-Lied mit dem dreifachen Heilig-Ruf, mit dem wir gewissermaßen einstimmen in diese himmlische Liturgie, in den Gesang der Wesen, der Engel und der Heiligen.

Die Deuter der Schrift haben sich oft die Frage gestellt: Was ist mit diesen seltsamen Wesen gemeint? Eine für mich plausible Interpretation ist: Das sind die Kräfte und Mächte, die stellvertretend für die ganze Schöpfung Gott anbeten. Die Schöpfung selbst ist nicht anbetungswürdig, sondern es ist umgekehrt: Die Schöpfung betet den Schöpfer an. Und dann steht der Löwe für die Kraft und für die Macht der Schöpfung in all ihrer Gewalt – was wir manchmal im Gewitter erleben oder wenn die Meereskräfte toben; die Schöpfung hat Kraft. Der Stier steht womöglich für die Fruchtbarkeit der Schöpfung; denn ein Fruchtbarkeitssymbol in der Antike ist der Stier. Oder er steht auch für das Thema Opfer in der alten Welt. Der Stier ist oft Opfergabe und könnte die Selbsthingabe der Schöpfung bezeichnen, in der es auch so etwas wie Opfer gibt, nämlich, dass eines vom anderen lebt. Der Mensch steht für die Weisheit; die Schöpfung ist in sich vernünftig, bringt den Menschen hervor, der Erkenntnis hat und sogar sich selbst erkennen kann. Und der Adler steht für das Aufstrebende, das Neue der Schöpfung, für die Zukunft, für den Blick über das Ganze, für den Zusammenhang von Schöpfung und Himmel. – Das ist für mich eine plausible Erklärung. Die Kirchenväter haben übrigens relativ schnell begonnen, unsere vier Evangelien auch diesen Wesen zuzuordnen. Also der Löwe steht für Markus; der Lukas steht für den Stier, der Johannes für den Adler und der Matthäus für den Menschen – eine Zuordnung, die manches von den Evangelien in seinen Charakteristiken ausdrückt.

Die 24 Ältesten

Jedenfalls nehmen wir mal das als Deutung an: Die Schöpfung huldigt dem Schöpfer. Im Anschluss an die vier Wesen treten 24 Älteste hinzu, verneigen sich und legen ihre Krone nieder vor dem Thron und huldigen dem, der auf dem Thron sitzt. Die Frage, wer die 24 Ältesten sind, wird unterschiedlich beantwortet. Einige sagen, es sind Engelwesen um den Thron Gottes. Oder eine andere Deutung: In der alten Mythologie und in den alten Schöpfungserzählungen gab es 24 Himmelsgestirne, die irgendwie als Götter und als göttlich angebetet wurden. Und die Bibel sagt sehr klar: Alle Wesen beten Gott an und sind nicht selbstständig in sich Götter. Also womöglich sind hier Engelwesen oder solche Repräsentationen der Gestirne gemeint und nicht zuerst das, was wir denken, wenn wir „Älteste" hören, nämlich Priestergestalten.

Eine andere Erklärung könnte sein: Es weist wieder auf den Alten und den Neuen Bund hin, also auf die zwölf Stämme Israels und die zwölf Apostel, die für die Sammlungsbewegung Jesu stehen, der sein Volk wieder einen wollte. Wir wissen es nicht sicher. Aber schön ist die Geste: Diese 24 Großen legen ihre Krone, ihre goldenen Kränze auf ihrem Haupt, vor dem Thron Gottes nieder! Mögen Geschöpfe Engel oder Propheten oder noch so herrliche Könige sein: Vor Gott legen wir alles, was uns auszeichnet, nieder und beten an (vgl. Offb 4,10–11). Denn, so sagt Paulus jedem von uns: „Was hast du, was du nicht empfangen hättest?" (1 Kor 4,7).

Der Sinn der Heiligen Schrift

Dann, am Anfang des fünften Kapitels der Offenbarung – der Seher schaut immer noch eine Szenerie im Himmel – erscheint eine Buchrolle mit sieben Siegeln in der Hand dessen, der auf dem Thron sitzt. Es ertönt die Frage: Wer kann die Buchrolle öffnen und das Buch mit sieben Siegeln lesen, entziffern, entschlüsseln? (Offb 5,2). Keiner meldet sich und der Seher fängt an zu weinen, weil das scheinbar so traurig und dramatisch ist. Und da spricht ihn eine Stimme an: „Weine nicht! Siehe, gesiegt hat der Löwe aus dem Stamm Juda, der Spross aus der Wurzel Davids; er kann das Buch und seine sieben Siegel öffnen" (Offb 5,5). Die nächste Szene zeigt dann ein Lamm – und das Lamm öffnet die Schriftrolle. Das Lamm ist natürlich ein Bild für Jesus – das Lamm, das geschlachtet ist. Johannes der Täufer sagt, als er ihn zum ersten Mal sieht: „Seht, das Lamm Gottes" (Joh 1,29). – Johannes ist der Sohn des Priesters Zacharias. Das heißt: Wenn er von einem „Lamm" spricht, bedeutet das nicht zuerst, dass er sieht, dass Jesus so mild und freundlich und demütig ist wie ein Lamm. Sondern er sieht, dass da ein „Opfertier" kommt, das Lamm Gottes, das geschlachtet werden wird!

Dieses Lamm öffnet die Buchrolle, das sprichwörtliche Buch mit den sieben Siegeln. Und ich erzähle das deswegen, weil sich die Bibelwissenschaftler natürlich fragen, was das für ein Buch ist. Es gibt im Grunde zwei Antwortversuche:

Buch mit sieben Siegeln

1.) Die ganze Weltgeschichte ist in diesem Buch aufgeschrieben und die Frage, was der Sinn von dem Ganzen ist, stellt sich zugleich auch mit der Frage, wer das Buch öffnen oder lesen kann.
2.) Mit dem Buch ist die Bibel gemeint und die Frage lautet: Was ist der Sinn, der innerste Schlüssel, die Bibel zu lesen?

Die Kirchenväter haben wie selbstverständlich die zweite Lesart gewählt und sagen: Wir lesen die Bibel und versuchen, sie zu verstehen. Aber im Grunde können wir sie nur mit Jesus als Schlüssel lesen und verstehen. Er allein kann die Siegel lösen. Das ist natürlich problematisch für unsere jüdischen Geschwister, solches zu sagen. Aber für uns Christen bedeutet es eine ganz wichtige Tradition: Wir verstehen im Grunde das ganze Alte Testament nur von Jesus her. Gibt es für diese christliche Lesart des Alten Testaments auch Belege in der Bibel? Natürlich. Zum Beispiel im Lukasevangelium am Ende, bei der Erzählung mit den beiden Jüngern, mit denen Jesus nach seiner Auferstehung nach Emmaus wandert. Die Jünger fangen an, mit ihm über das zu reden, was in Jerusalem passiert ist. Und dann erzählt er ihnen aus der Schrift, aus Gesetz, Propheten und Psalmen, was alles über ihn darinsteht (vgl. Lk 24,27). Und sie merken wirklich: Der schließt uns die Schrift auf, der gibt uns einen Schlüssel an die Hand. Mehr noch: Er selbst ist der Schlüssel! Und sie rennen nachher zurück nach Jerusalem, nachdem sie ihn erkannt hatten, und rufen: „Brannte nicht unser Herz in uns, als er unterwegs mit uns redete und uns den Sinn der Schriften eröffnete?" (Lk 24,32). Jesus ist die Mitte der ganzen Schrift und schenkt uns den Sinn der ganzen Schrift. Ich würde durchaus die erste Lesart oben noch hinzunehmen: Jesus erschließt zusammen mit der Heiligen Schrift auch den Sinn der ganzen Weltgeschichte. An ihm entscheidet sich alles.

Das Alte Testament erklärt sich uns von Jesus her

Warum ist es noch wichtig, auch das Alte Testament von Jesus her zu lesen? Weil wir zum Beispiel immer wieder einmal konfrontiert werden mit der Frage nach der Gewalt in der Bibel, besonders im Alten Testament. Gibt es da nicht viele, viele Gewaltszenen, die geschildert werden; die manchmal sogar von Gott befohlen werden? Gott befiehlt beispielsweise, dass ganze Völker vernichtet werden oder dass die Ägypter im Meer ertrinken (vgl. etwa Dtn 20,16–17)? Oder die Todesstrafe, die Steinigung für Ehebrecher und solche Dinge? Steht das nicht so drin? Doch, es stimmt, im Alten Testament gibt es viel Grausamkeit. Und oft werden auch wir als Christen damit konfrontiert, wenn wir zum Beispiel darauf hinweisen, dass andere Religionen Gewalt sehr viel schneller rechtfertigen. Christen haben allerdings von Anfang an gesagt: Wir müssen lernen, das Alte Testament gewissermaßen durch die Brille oder besser durch das Herz Jesu zu lesen. Beispiel: Wenn wir die vielen Vorschriften betrachten, die es in Israel rund um den Opferkult gab, oder die Reinigungsvorschriften im Zusammenhang damit, dann können wir sagen: Diese sind für uns nicht mehr so relevant wie für unsere jüdischen Geschwister, denn Jesus ist ja selbst an die Stelle des Tempels und der Opfertiere getreten. Er selbst ist die Versöhnung von Himmel und Erde, göttlicher Wohnort bei uns. Er ist selbst das Opferlamm Gottes in Person. An diesen Themen ist die Orientierung am Alten Testament also nicht mehr einfach gültig oder übertragbar auf unser gläubiges Leben.

Nun ist aber die Frage: Können wir das auch über das Thema „Gewalt" sagen? Was bedeutet das für die Grausamkeiten, die in der Bibel geschildert werden? Zum einen gilt: Ja, es werden in der Bibel Grausamkeiten geschildert, aber nicht alles, was da geschildert wird, soll auch so sein, geschweige denn, wäre es der Wille Gottes. Nicht jede brutale Geschichte, die erzählt wird, erzählt etwas von dem, was Gott will. Es wird einfach erzählt, weil die Autoren es wichtig fanden. Zweitens aber und noch wichtiger ist: Wir können sagen, seit Jesus gibt es keine Rechtfertigungsmöglichkeit mehr, dass wir im Namen unseres Glaubens Gewalt anwenden. Denn er selbst hat alle Gewalt erduldet! Aber befiehlt Gott nicht im Alten Testament, Menschen hinzurichten? Christen deuten das so: Gott will das Böse bekämpfen und vernichten. Und wo es im Alten Testament um Gewalttaten geht, die von Gott ausgehen, dann stehen die meistens im Zusammenhang damit, dass Gott sein Volk schützen und zweitens das Böse bekämpfen oder vernichten wollte. Und tatsächlich wächst im Verlauf der alttestamentlichen Erzählungen immer mehr auch die Einsicht, dass und wie Gott sein Volk erzieht. Er erzieht es dahin, ihn nicht nur als den zu erkennen, der mit dem Volk in den Krieg zieht und Schlachten gewinnt. Vielmehr versteht Israel nach und nach, dass

Gewalt im Alten Testament?

der eigentliche Kampf zwischen Gut und Böse nicht so sehr gegen die „bösen anderen" stattfindet, sondern im Grunde ein Kampf im Herzen jedes Menschen mit der eigenen Sündhaftigkeit oder Gottferne ist. Daher taucht auch vermutlich spät im Alten Testament die eigenartige Gestalt des sogenannten Gottesknechtes auf, der in vier Dichtungen, also vier Liedern, im Jesajabuch besungen wird (42,1–9; 49,1–6; 50,4–9; 52,13 – 53,12). Hier ist nicht einer, der Gewalt ausübt, sondern der sie erleidet und der für sein eigenes Volk die Sünden trägt.

Der eigentliche Gottesknecht

Die Christen haben diese Texte sehr bald auf Christus selbst bezogen. Er erleidet ein Maß an Gewalt bis zum bittersten Ende und erleidet damit – weil er Gott und Mensch zugleich ist – die Gewalt gegen die Menschheit schlechthin. Er geht mitten hinein in die Bosheit der Menschen und der Welt und besiegt sie von innen her. Aber er geht der Bosheit bis auf den Grund, bis auf den Grund des Todes – und darüber hinaus. Jeder, der sich mit ihm innerlich verbindet und an ihn glaubt, darf darauf hoffen, dass auch seine eigene Bosheit und Gewaltbereitschaft dort mit am Kreuz hängt, ausgetragen und ausgelitten bis in den Tod. Und dass sie besiegt wird über den Tod hinaus. Hatte Gott als der Verbündete seines Volkes einst noch dazu beigetragen, dass zum Beispiel die Ägypter als Gottesfeinde ertrunken sind, so wächst nach und nach unter den gläubigen Juden und vor allem unter den Christen die Erkenntnis: Es gibt auch den Gottesfeind in mir selbst – und er hängt nun mit am Kreuz! Im Grunde hängen dort auch die ertrunkenen Ägypter oder die vernichteten Kanaaniter oder diejenigen aus dem eigenen Volk, die getötet wurden, weil sie das Goldene Kalb angebetet hatten (vgl. Ex 32,27). Jesus nimmt alle Gewalt auf sich – und verwandelt sie in die Möglichkeit, das Böse durch Gewaltlosigkeit, durch das Gute und durch stellvertretendes Leiden zu überwinden.

Was bedeutet diese Deutung der ganzen Heiligen Schrift aber nun auch für die Gebote sittlichen Zusammenlebens? Wir hatten schon gesehen (oben Kap. V), dass Jesus als der eigentliche Interpret der Tora, des jüdischen Gesetzes, auftritt. Er stellt die Gesetze vor, erläutert und vertieft sie. Beispiel: Hatte Mose noch erlaubt, einen Scheidebrief auszustellen, sagt Jesus jetzt: „Nur, weil ihr so hartherzig seid, hat Mose euch erlaubt, eure Frauen aus der Ehe zu entlassen. Am Anfang war das nicht so" (Mt 19,8). Am Anfang der Schöpfung habe Gott Mann und Frau verbunden, sie seien ein Fleisch. Und was Gott verbunden habe, dürfe der Mensch nicht trennen (vgl. Mt 19,6). Das zeigt: Jetzt geht es eigentlich wieder darum, dass wir von Grund auf aus dem Ursprung erneuert werden durch Jesus. Er ist gekommen, die Menschen in der Tiefe ihres Ursprungs zu heilen, zu erneuern, und weist auf den eigentlichen Sinn des sittlichen Zusammenlebens hin – und ist damit auch der Schlüssel für unser Verstehen dieser Dinge. Das heißt: Es gibt Kontinuität vom Alten Testament zum Neuen Testament. Aber Jesus vertieft und erneuert das Ganze und zeigt seinen eigentlichen Sinn. Und wir lernen mit seine Hilfe, die ganze Bibel als „das Buch mit den sieben Siegeln" von ihm her zu lesen und zu deuten.

Und die sittlichen Gebote?

Weiter mit der biblischen Himmelsschau: Gottes Zorn

Nachdem im 5. Kapitel der Offenbarung des Johannes das Lamm erschienen ist, das die Buchrollen und ihre Siegel öffnet, da rollt in der Öffnung der weiteren Siegel eine Welle von Gottes Zorn oder Gottes Strafen über die Welt los. Da kommen die sogenannten apokalyptischen Reiter, später die apokalyptischen Posaunen, noch später die apokalyptischen Schalen des Zornes – und die Welt erlebt ganz viel Schlimmes und schreckliche Katastrophen. Eine Welt, die im Grunde von Gott nichts wissen will, zieht seinen Zorn auf sich – oder vielleicht besser gesagt: Sünde als Leben wider die Ordnung mündet in die Katastrophe. Wir können durchaus weltliche Parallelen sehen, ohne schon Gott bemühen zu müssen. Der Lebensstil der Menschen im grenzenlosen Konsum führt zur ökologischen Katastrophe in der Welt. Analog kann das auch für ein Leben der Menschen gedeutet werden, die leben, als ob es Gott nicht gäbe: So ein Leben zieht für den Einzelnen und die Gemeinschaft katastrophale Folgen nach sich. Oder in einem anderen Bild: Das Feuer der Liebe Gottes zeigt sich dem, der von Gott nichts wissen will, wie ein von außen wahrgenommenes Verbranntwerden.

Die 144.000 Im 7. Kapitel aber, und das ist interessant, wiederholt sich eine ähnliche Huldigungsszene wie im 4. und 5. Kapitel der Offenbarung: himmlischer Lobpreis vor Gottes Thron. Wieder sind die Wesen und die Ältesten da – und auf einmal sind auch 144.000 Menschen aus den 12 Stämmen Israels dabei. Wieder eine symbolische Zahl: Zwölf mal Zwölftausend, also viele, viele Menschen aus dem auserwählten Volk Gottes werden dabei sein im himmlischen Gottesreich. Aber dann wird auch noch von einer großen Schar von Menschen aus allen Nationen und Völkern gesprochen, die vor dem Thron und dem Lamm stehen und anbeten und huldigen. „Es sind die, die aus der großen Bedrängnis kommen; sie haben ihre Gewänder gewaschen und im Blut des Lammes weiß gemacht. Deshalb stehen sie vor dem Thron Gottes und dienen ihm bei Tag und Nacht in seinem Tempel" (Offb 7,14–15). Und mit dem, der auf dem Thron sitzt, huldigen sie zugleich auch dem Lamm, also dem verherrlichten Jesus.

Fortwährende Liturgie? Das heißt: Der himmlische Gottesdienst ist hier in der Offenbarung (in Kap. 7 wie auch schon vorher in Kap. 5) einer, der auch das Lamm, der Jesus in die Mitte stellt. Und mit dem

Lamm sind nun alle dabei, die es mit hineingeholt hat: alle Menschen, die es gerettet hat, die sich haben retten lassen – auch durch Bedrängnis hindurch. Das ist die Szene, die sich im Buch der Offenbarung aufspannt. Und warum erzähle ich das? Weil Jesus in den Himmel aufgefahren ist und dort die himmlische Liturgie gewissermaßen weitergeht! Immerfort wird Gott angebetet, gefeiert von den Menschen oder den Wesen, die dort sind.

Und was bedeutet „immerfort Liturgie feiern"? Es bedeutet, dass, wenn wir ebenfalls dorthin kommen sollten, was wir alle hoffen, dass wir dann das machen dürfen, wovon unser Herz voll ist, wonach es sich sehnt, was seine tiefste Erfüllung ist: Wir dürfen Gott erkennen, Gott schauen, uns an ihm freuen. Wir feiern ihn, weil uns die Augen und das Herz übergehen, weil wir ihn sehen in seiner Herrlichkeit. Unser Herz ist dafür gebaut, zu lieben und Wahrheit zu erkennen. Das heißt: Wir werden in allem gestillt, im Übermaß erfreut, wir werden jubeln in dieser Herrlichkeit. Das ist das Szenario: Jesus ist in den Himmel aufgefahren und ist dort der Fürbitter beim Vater, er selbst ist dort der mit dem Vater Angebetete und Verherrlichte; er ist dort aber auch der, der wiederkommen wird und die ganze Schöpfung einer Verwandlung zuführen wird, gewissermaßen einem Ende dieser Zeit, die in eine neue Zeit münden wird. Was das dann bedeutet, das Gericht, darüber werden wir im nächsten Kapitel nachdenken.

Wenn wir im Credo auch noch bekennen, dass Jesus „zur Rechten des Vaters" sitzt, dann ist damit die antike Vorstellung verbunden, dass zur Rechten eines Herrschers, zur Rechten eines Königs und seines Throns, gewissermaßen der Kanzler oder der Regierungschef sitzt. Also derjenige, der fürs Operative zuständig ist. Oder im Bild eines Feldherrn: der von erhöhtem Aussichtsposten im Auftrag des Königs die Truppen lenkt und dirigiert. Hier sitzt der mit dem großen Überblick, mit der Gesamtschau – der die Dinge lenkt und dem die Regierung über-

Zur Rechten des Vaters?

tragen ist. Dieses Bild vom Sitzen zur Rechten (vgl. Eph 1,20) wird ergänzt durch das Bild, nach dem der Vater Jesus „alles zu Füßen" (Eph 1,22) gelegt hat. Jesus hat im Auftrag Gottes die Herrschaft über alles, weshalb ja das Reich Gottes zugleich das Reich Jesu wie das Reich des Vaters ist. Paulus deutet dieses Bild noch weiter aus, wie einen Auftrag, den Jesus im Namen des Vaters ausführt, den er zu Ende bringt, um dann alles dem Vater zu übergeben oder zurückzugeben. Im ersten Korintherbrief (15,24) heißt es: „Danach kommt das Ende, wenn er jede Macht, Gewalt und Kraft vernichtet hat und seine Herrschaft Gott, dem Vater, übergibt."

XIV
Von dort wird er kommen, zu richten die Lebenden und die Toten

Im Grunde teilen alle Christen ein oder mehrere Glaubensbekenntnisse – und die Aussagen unseres Credos, die wir in diesen Vorträgen verhandeln, werden von den allermeisten christlichen Gemeinschaften geteilt. Nun geht es aber vielen Getauften so, dass man das zwar gut gelernt hat und im Gottesdienst brav sagt, aber ob man es wirklich glaubt, ist nochmal eine andere Frage. Davon habe ich ja schon eingangs gesprochen. Und womöglich ist eines der am schwersten zu glaubenden Themen das in diesem Kapitel: Wir bekennen nämlich im Credo alle gemeinsam, dass Jesus als Richter aller Lebenden und Toten wiederkommen wird – und dass bei seiner Wiederkunft auch die Welt verwandelt wird: in einen neuen Himmel und eine neue Erde.

Die Naherwartung

Schon im Neuen Testament fragten sich die Leute: Ja, stimmt das eigentlich? Kommt Jesus wirklich wieder? Denn ohne Frage sehen wir aus einigen Texten im Neuen Testament, dass es unter den Anhängern Jesu die sogenannte Naherwartung gab: die begründete Annahme, dass der Herr wiederkommen wird – und zwar bald. In der Apostelgeschichte wird gleich zu Beginn berichtet, wie sie ihn auffahren sehen in den Himmel und ihm erstaunt hinterherstarren. Jedenfalls sagt dann ein Engel zu ihnen: „Was steht ihr da herum und schaut zum Himmel? Genauso wie ihr ihn habt auffahren sehen, so wird er wiederkommen" (Apg 1,11). – Und wahrscheinlich haben die Jünger gemeint, das wird dann wohl bald so weit sein. Aber tatsächlich war es dann eben gar nicht so bald so weit, zumindest nicht in unseren zeitlichen Kategorien gerechnet. Die Wiederkunft des Herrn nennt man theologisch Parusie, ein griechisches Wort. Das Problem, das damit für jeden aufmerksamen Bibelleser im Neuen Testament auftaucht, nennt man „Parusieverzögerung". Jesus selbst gibt Hinweise im Neuen Testament, dass er bald wiederkommen wird, zum Beispiel im Matthäusevangelium: „Amen, ich sage euch: Diese Generation wird nicht vergehen, bis das alles geschieht" (Mt 24,34). Und wenn man das 24. Kapitel am Stück liest, dann erwähnt Jesus darin auch sich selbst als den wiederkommenden Menschensohn (z. B. in 24,37).

Paulus sagt in seinem Brief an die Thessalonicher, der vermutlich älter ist als die Evangelien in ihrer jetzigen Form: „Denn dies sagen wir euch nach einem Wort des Herrn: Wir, die Lebenden, die noch übrig sind bei der Ankunft des Herrn, werden den Entschlafenen nichts voraushaben" (1 Thess 4,15). Paulus denkt also zunächst einmal, dass er die Wiederkunft des Herrn noch erleben wird; es sind schon ein paar gestorben, aber das macht für ihn zunächst keinen Unterschied. Alle, die Toten und die Lebenden, werden vor ihn hinkommen und die, die zu ihm gehören, werden nach der Vorstellung des Paulus mit Jesus entrückt werden (vgl. 1 Thess 4,17). Es gibt also einige Stellen, die die Naherwartung deutlich machen. Und ich möchte auf das Problem nicht allzu lange eingehen, ich sage nur, wie man vielleicht damit umgehen kann.

Denn zugleich findet man – sowohl bei Jesus wie Paulus wie an anderen Stellen – Hinweise, mit denen die Autoren des Neuen Testaments schon selbst sagen: Das Problem ist uns bewusst! Bedeutet seine Wiederkunft wirklich auch seine baldige Wiederkunft? Zum Beispiel wieder bei Matthäus: Der auferstandene Jesus schickt die Jünger hinaus und sagt: „Geht zu allen Völkern und macht alle Menschen zu meinen Jüngern; tauft sie auf den Namen des Vaters und des Sohnes und des Heiligen Geistes und lehrt sie, alles zu befolgen, was ich euch geboten habe" (Mt 28,19–20).

Das Problem der Naherwartung

Also, wenn dieser Satz ernst gemeint ist, kann das Geforderte nicht im Zeitraum der nächsten ein bis zwei Jahre passieren, sondern das wird wahrscheinlich richtig lange dauern. Jesus sagt noch im selben Satz, dem allerletzten Satz dieses Evangeliums: „Und siehe, ich bin mit euch alle Tage bis zum Ende der Welt" (Mt 28,20). An dieser Stelle geht man auch nicht davon aus, dass er morgen meint, wenn er vorher alle Welt zu Jüngern Jesu machen will. Beim späteren Paulus gibt es auch schon Stellen, an denen er mit seinem eigenen Tod rechnet, zum Beispiel im Philipperbrief, wo es heißt: „Es zieht mich nach beiden Seiten: Ich sehne mich danach, aufzubrechen und bei Christus zu sein – um wie viel besser wäre das!" (Phil 1,23). Also, der etwas ältere Paulus denkt sich, dass er bald sterben und zu Christus gehen wird. Das heißt, er wird offensichtlich nicht mehr selbst den Zeitpunkt erleben, an dem Jesus wiederkommt, obgleich er zuvor damit gerechnet hatte.

Das ist also ein Thema innerhalb des Neuen Testaments, das schon die Jüngergemeinde reflektiert und überlegt, wie sie damit umgehen soll. Eine Antwort gibt der noch spätere zweite Petrusbrief. Dieser ist womöglich das jüngste Dokument im Neuen Testament. Natürlich geht es auf Petrus zurück, aber die meisten Bibelwissenschaftler sagen, dass dieser Text erst Anfang des zweiten Jahrhunderts geschrieben worden ist. Der Autor des Petrusbriefes schreibt in der Tradition des ersten Apostels Folgendes: „Dies eine aber, Geliebte, soll euch nicht verborgen bleiben, dass beim Herrn ein Tag wie tausend Jahre und tausend Jahre wie ein Tag sind" (2 Petr 3,8). – Gott ist geduldig mit uns. Er will, dass sich alle bekehren. Deswegen kommt er wohl noch nicht morgen wieder, sondern für ihn sind tausend Jahre wie ein Tag. Und es ereignen sich vermutlich noch viele Dinge in der Geschichte von Kirche und Welt, ehe er wiederkommt. Immer wieder werden der Wiederkunft vorausgehende Kriege und Naturkatastrophen genannt. Eine rätselhafte Sache ist auch die im Lukasevangelium genannte „Zeit der Heiden", die sich erfüllen müsse (Lk 21,24). Und Paulus deutet vermutlich in einem ähnlichen Sinn an, dass die „Heiden" erst reich werden müssten durch das Evangelium, ehe sich das dadurch „eifersüchtig" gewordene Israel zum Evangelium bekehrt (vgl. Röm 11,11–12). Es ist möglich, dass damit gemeint ist, dass das Evangelium tatsächlich erst auch in die hintersten Winkel der Welt kommen muss – und dass dann Israel auch im größeren Stil zu Christus findet –, ehe sich schließlich die vorausgehenden großen „Wehen" (Mk 13,8) vor der Wiederkunft des Herrn ereignen.

Bleibt wachsam!

Immer gilt jedoch – und es wird von Jesus selbst noch betont –, dass niemand den Zeitpunkt der Wiederkunft und das Ende dieser Welt kennt, nicht einmal er selbst, sondern nur der Vater im Himmel (Mt 24,36). Manche endzeitlich orientierten Glaubensgemeinschaften wie die Zeugen Jehovas haben schon mehrmals Termine errechnet, wann das sein wird – aber bis jetzt ist es jedenfalls noch nicht eingetroffen. Das heißt freilich nicht, dass uns die Wiederkunft Christi egal sein darf. Im Gegenteil. Denn durch die Schrift hindurch werden mehrere Aspekte im Hinblick auf die Wiederkunft des Herrn immer wieder betont:

Jesus kommt plötzlich. „Wie ein Dieb in der Nacht" (24,34), heißt es im Matthäusevangelium: Wenn das so unerwartet passiert, dann werden sich die einen wundern, die einen werden mitgenommen, die anderen werden nicht mitgenommen. Die Folgerung: Bleibt wachsam, bleibt aufmerksam! Lebt im Licht, ihr seid nicht Kinder der Finsternis, ihr seid Kinder des Lichtes. Bleibt dabei, damit euch der Tag des Herrn nicht wie ein Dieb überrascht!

Dem Wiederkommen des Herrn gehen Katastrophen voraus. Kriege, Erdbeben, Sterne, die vom Himmel fallen, und vieles andere mehr.

Die Wiederkunft wird die Welt erneuern. Auch das ist Thema des zweiten Petrusbriefs (2 Petr 3,13) – dass Gott wiederkommt und damit das Alte, das Nichtige, das von Gott Entfernte vergeht. Die Welt wird mit dem Kommen Christi erneuert, es wird einen neuen Himmel und eine neue Erde geben. In der katholischen Kirche wird (anders als in manchen Gemeinschaften, die aus der Reformation hervorgegangen sind, oder in einigen Freikirchen) grundsätzlich festgehalten, dass diese beiden Ereignisse in eins fallen werden: die Wiederkunft des Herrn und die Schaffung eines neuen Himmels und einer neuen Erde.

Eine tiefere Deutung des Ganzen

Ich möchte euch noch eine geistliche Deutung zu all diesen Hinweisen zur nahen oder ferneren Wiederkunft des Herrn geben. Mir ist aufgefallen, dass viele geistliche Autoren, tief denkende Männer und Frauen, die den Glauben intensiv bezeugen, ihre eigene Erfahrung, ihr gläubiges Leben in der Gegenwart des Herrn als die eigentliche Wirklichkeit ihres Lebens sehen. Und aus dieser Erfahrung, dass sie tief verbunden mit ihm leben, nehmen sie mit ihrem Blick auf unsere geschichtliche und materielle Welt wahr, dass alles irgendwie brüchig und vorläufig ist. Oder dass alles, was ohne Gott ist, nichtig ist. Es ist vergänglich; es wird vergehen. Und das gibt mir die Möglichkeit, das Wort vom zweiten Petrusbrief „Tausend Jahre sind wie ein Tag für den Herrn" auch so zu deuten: Entweder ich lebe oberflächlich vor mich hin und lass die Tage und Jahre kommen und gehen und denke mir, dass der Herr noch lange nicht kommt – dann lebe ich gewissermaßen in der Spanne von „tausend Jahren" ein veräußerlichtes Leben. Oder aber ich lebe so in der Gegenwart Gottes, dass ich zumeist in seinem Tag lebe, in dem einem Tag Gottes, in der eigentlichen, tieferen Erfahrung von seiner Wirklichkeit.

Also, für Menschen, die diese Erfahrung machen, von der ich versuche zu sprechen, ist das Kommen des Herrn dann nicht etwas, was sich zeitlich ausstreckt auf die nächsten 1000, 2000 oder 10 000 Jahre, sondern man hat den Eindruck, die andere, die eigentliche Wirklichkeit, von der sie sprechen, ist nur wie durch einen Schleier oder einen Vorhang von dem entfernt, was wir hier für die normale Wirklichkeit halten, eben den Ablauf von tausend Jahren. Sie leben mit dem Herrn und deswegen wird ganz vieles von dem, was sie jetzt in der normalen Welt erleben, relativiert und irgendwie nichtig oder weniger bedeutsam. Und weil dieses so ist, ist für sie der Herr jetzt schon ganz nahe – und zwar unabhängig davon, ob es in der geschichtlichen Zeit noch einen Tag, ein Jahr oder noch 1000 Jahre dauert, bis er wiederkommt. Eine Möglichkeit also, das zu deuten: Wer innerlich verbunden mit dem Herrn lebt, für den relativiert sich auch, ob das Kommen des Herrn jetzt morgen ist oder nachher oder erst in 100 Jahren, denn er ist in geheimnisvoller Weise schon ganz nahe. Ich denke, diese Erwartung bedeutet auch das „Wachen", von dem Jesus oft spricht. Wer in seiner Gegenwart lebt, für den kann Jesus immer kommen. Er wird ja längst erwartet – und überrascht nicht wie ein Dieb in der Nacht.

Das individuelle Gericht

Mehrere Texte im Neuen Testament weisen darauf hin, dass ein Mensch schon vor dem, was wir den Jüngsten Tag oder das Letzte Gericht oder das Wiederkommen des Herrn oder den neuen Himmel und die neue Erde nennen, ein individuelles Gericht erfährt, und zwar, wenn er stirbt. Im Hebräerbrief lesen wir: „Und wie es dem Menschen bestimmt ist, ein einziges Mal zu sterben, worauf dann das Gericht folgt, so wurde auch Christus ein einziges Mal geopfert, um die Sünden vieler hinwegzunehmen; beim zweiten Mal wird er nicht wegen der Sünde erscheinen, sondern um die zu retten, die ihn erwarten" (Hebr 9,27). Also hier wird ein Unterschied gemacht zwischen: Einer stirbt und kommt vor das Gericht – und dann kommt Jesus noch einmal, um alle die zu retten, die ihn erwarten.

Jetzt möchte ich mit euch darüber nachdenken, wie man das individuelle Gericht verstehen kann. Was bedeutet eigentlich „Gericht"? Zunächst zwei Stellen aus dem Johannesevangelium: „Wer an ihn glaubt, wird nicht gerichtet; wer nicht glaubt, ist schon gerichtet, weil er nicht an den Namen des einzigen Sohnes Gottes geglaubt hat" (Joh 3,18). Oder: „Wer meine Worte nur hört und sie nicht befolgt, den richte nicht ich; denn ich bin nicht gekommen, um die Welt zu richten, sondern um die Welt zu retten" (Joh 12,47). – Interessant, nicht? Jesus ist immer irgendwie der Richter, aber er ist zunächst einmal gekommen, um die Welt zu retten, nicht um sie zu richten. „Wer sich retten lässt, kommt nicht ins Gericht", steht gewissermaßen im ersten Vers, der da mit 3,18 angegeben ist, aber es wird auch hier fortgesetzt: Wer mich verachtet und meine Worte nicht annimmt, der hat schon seinen Richter. – Hier tritt sehr deutlich das Gericht hervor, das Schicksal von jedem Einzelnen. Und es wird im Grunde gesagt, dass das Maß dieses Gerichtes von der Qualität unserer Beziehung zu Christus abhängt.

Ich habe dazu drei Beispiele, die das Gericht vorstellbar machen könnten. Das erste Beispiel bezieht sich auf uns als gläubige und vielleicht engagierte Christen, das zweite Beispiel auf jemanden, der zwar getauft, aber vielleicht weit weg ist – kann der trotzdem gerettet werden? Und das dritte Beispiel steht für jemanden, der gar nichts mit dem Christentum zu tun hat.

Fremd-
gegangen

Stell dir vor, du hast einen Ehepartner, eine Ehepartnerin. Aber du hast beruflich einen wichtigen Einsatz im Ausland zu machen – für ein Jahr. Weil ihr sehr verliebt seid, telefoniert ihr jeden Tag, schreibt euch Nachrichten und die Verbindung ist prima. Nach zwei oder drei Monaten wird es dir ein bisschen langweilig und da gibt es die nette Kollegin, den netten Kollegen. Ihr versteht euch blendend. Die Sehnsucht wächst und du fängst an, ein bisschen mit dem Feuer zu spielen. Die Beziehung zu Hause, das Skypen, E-Mailen etc. findet immer noch statt, wird vielleicht ein bisschen weniger, weil du innerlich schon etwas weiter entfernt bist. Und so wächst dieses eine neue Verhältnis stärker und das andere gerät ein wenig aus den Augen, aus dem Sinn – aber du weißt natürlich noch um deine Beziehung daheim. Aber irgendwie – der oder die Partnerin gerät in Distanz und der oder die andere ist so wirklich, so tatsächlich hier, anfassbar, angreifbar. Und jetzt stell dir vor, du bist kurz davor, dich mit ihm oder ihr auf eine Liebelei einzulassen. Und mehr: Du gehst fremd. Und jetzt stell dir zugleich vor, deine Partnerin bzw. dein Partner daheim denkt sich: Oh, es ist nicht mehr ganz so schön, nicht mehr ganz so innig; ich will etwas dafür tun, dass es wieder richtig innig wird – und bucht heimlich einen Flug, fliegt ins Ausland, will dich überraschen. Dein Partner/deine Partnerin stürmt also in dein Zimmer – und findet dich in den Armen der anderen

Person vor. – Ein Schock, nicht wahr? Stell dir einfach vor, wie es dir dabei geht, wie du hier überführt wirst.

So in etwa, glaube ich, kann man sich Gericht vorstellen; im Sinn von: Der Herr kommt irgendwann. In jedem Fall nach deinem Tod – und der kann sehr plötzlich daherkommen. Du hast den Herrn ja schon gekannt, in Taufe, Kommunion, Firmung, im Gottesdienst. Aber die Frage ist: Hast du dich wirklich für ihn interessiert? Glaubst du, dass er wirklich dein Freund sein will? Hast du die Beziehung gepflegt, war er wichtig in deinem Leben? Du weißt, dass sein wichtigstes Gebot ist, ihn zu lieben, mit Herz und Verstand! Und dann kommt er plötzlich und du bist mit der Frage konfrontiert, ob dich das entsetzt und überführt – oder ob es dich wirklich freut, weil du schon so lange mit ihm unterwegs warst. Denkst du: „Wie schön, dass du endlich da bist, Herr!"? Oder denkst du: „Um Gottes willen, mit was für Mist habe ich mich alles beschäftigt und dich dabei total vergessen!"? Er wird dich voller Wahrhaftigkeit und Liebe ansehen – und in seinem liebenden Blick auf dich ist Überführung – und ist deswegen auch Gericht. Wer bei ihm bleibt, auf ihn vertraut, an ihn glaubt, sich freut, kommt nicht ins Gericht. Wer irgendwo anders ist innerlich, den schaut er an und du weißt, du bist überführt: Und dann ist das Gericht nicht von ihm gemacht, sondern du weißt, du warst es selbst.

Und von diesem Bild her würde sich für mich auch so etwas wie das „Fegefeuer" erklären. Stell dir einfach vor, Christus schaut dich mit liebendem Blick an und sieht alles, alles. Er liebt all dein Gutes, aber er sieht auch all das Negative, was du getan und nicht bereut hast oder nicht wiedergutgemacht hast. Und du weißt genau, du kannst diesen Blick noch nicht aushalten. Du vergehst unter diesem Blick, du willst ihm begegnen, du sehnst dich wirklich danach, aber du kannst es noch nicht. Deine Augen sind noch viel zu empfindlich, um voll in die Sonne zu schauen und dich daran zu freuen. Du weißt also: Du musst da erst noch hinwachsen, hinreifen, da muss

Fegefeuer

in dir noch etwas geläutert werden. Du brauchst noch mehr Tiefe, Reinheit, Klarheit, du brauchst das Gebet der Kirche, aber du streckst dich aus nach ihm, nach Gott, nach Jesus. Im Grunde ist der Herr dann wie der Zahnarzt, der bohrt, bis der letzte Dreck draußen ist. Tut weh, aber erst dadurch wird der Patient gesund. Fegefeuer in diesem Sinn ist auch ein Zustand und kein Ort – aber ein Zustand, der schon zum Himmel gehört und nicht zur Hölle.

Chance in letzter Minute

Die zweite Geschichte über mein Verständnis von Gericht – sie ist wahr (ich habe sie bei Kardinal Christoph Schönborn gefunden) – hat zuerst ein alter Russe erzählt, der nicht besonders gläubig war. Dieser alte Russe war der Chef einer Fremdenlegion, zu der auch ein deutscher Soldat gehörte, der für seine Grausamkeit und seine abweisende Wesensart bekannt war. Niemand mochte ihn, keiner wollte etwas mit ihm zu tun haben. Bei seinem letzten Kampfeinsatz der Legion wurde dieser böse Soldat allerdings sehr schwer verletzt und lag auf dem Sterbebett. Er rief seinen Offizier, den alten Russen, und der dachte sich: Um Gottes willen, soll ich jetzt zu diesem Ekel hingehen? Okay, er liegt auf dem Sterbebett, ich gehe hin. Und er ging hin und war völlig überrascht, dass ihm ausgerechnet dieser grobe Deutsche eine Frage stellt, die ihn das erste Mal begreifen ließ, was Christentum bedeutet. Er fragte: „Herr Offizier, was glauben Sie? Wenn ich jetzt dann rüberkomme, wird mir Jesus etwas von sich geben?" Der Offizier entgegnete: „Ich verstehe nicht – wie meinen Sie das eigentlich?" Und der Soldat antwortete: „Ja, wenn ich da jetzt rüberkomme und da stehen sie alle, die Heiligen oder die, die irgendwie zu Gott gehören, dann habe ich da nichts zu suchen. Aber wenn mir Jesus etwas von sich gibt, dann können sie nichts mehr gegen mich sagen."

Das ist eine Geschichte, die vielleicht vergleichbar ist mit der von dem Schächer am Kreuz, der in der letzten Minute seines Lebens Jesus um Verzeihung bittet. Und Jesus sagt: „Heute noch wirst du mit mir im Paradies sein" (Lk 23,43). Diese beiden Geschichten von dem Fremdenlegionär wie auch die vom Schächer im Evangelium sind für mich sehr bewegend, denn ich glaube, dass Gott bis zur letzten Minute jedem eine Chance geben kann und womöglich auch gibt. Das heißt, da ist eine Spannung im Leben von jedem von uns zwischen dem, was ich gemeint habe mit Beziehungspflege – wir sollen bei ihm dabeibleiben, innerlich wach bleiben, auf ihn bezogen sein. Und trotzdem kann es auch bei einem, der Gott zeitlebens vergessen hat, bis zur letzten Minute die Chance der Bekehrung geben. Ich würde allerdings nicht darauf spekulieren, nach dem Motto: Jetzt mach ich Highlife – und dann bekehre ich mich kurz vor Schluss. Gott lässt ja nicht einfach mit sich spielen. Daher ist es auch kein Automatismus und es ist nicht gesagt, dass man sicher diese Chance bekommt und ebenso wenig wie es gewiss wäre, dass man – gesetzt den Fall, man bekommt sie – die Chance auch erkennt und sie ergreift. Aber grundsätzlich gilt: Ja, der Herr kann auch dem Mörder, der bereut, noch in letzter Sekunde vergeben!

Die dritte Geschichte ist mir bei der Frage eingefallen, ob eigentlich die Menschen, die nie eine Chance hatten, Jesus kennenzulernen, nicht gerettet werden – im Gericht. Stellt euch vor, ein Mensch lebt auf einer einsamen Insel, als ein Beispiel für jemandem, der Jesus nie kennenlernen konnte. Ich mach das Beispiel aber jetzt nicht mit Jesus, sondern zunächst mit Musik: Denkt euch, dieser Mensch wäre ein sehr begabter Musiker, er hat Musik und Melodien in sich, aber er hat auf seiner Insel nur wenig Möglichkeit, Musik zu machen: Er singt vielleicht oder baut sich aus Kokosnüssen Trommeln und aus Bambus ein Saiteninstrument oder eine Flöte. Aber eines Tages fährt ein Schiff vorbei und er hört eine Melodie von Mozart. Und er denkt mit seiner musikalischen Seele: „Oh, das ist Musik! Das bringt in mir alles zum Klingen, auf das hin möchte ich eigentlich unterwegs sein. Das möchte ich lernen,

Mensch auf der Insel

das möchte ich hören, da will ich dabei sein!" Aber blöderweise fährt das Schiff vorbei und die Musik verklingt. Kann der Mensch ihren Klang in sich wachhalten? Kann er dem innerlich folgen, bleibt das in ihm? Kann er diese Melodie seines Lebens zeitlebens hören?

Was ich mit diesem Vergleich sagen will: Stellt euch jemanden vor, der Jesus nie kennengelernt hat, aber wirklich das Wahre und das Gute in seinem Leben tun will, wirklich seinem Gewissen folgen will, dankbar etwas von der Freude des Geschaffenseins spürt, annimmt und dieser Spur folgt, der wird auch immer wieder die Schwierigkeit haben, sein Gewissen zu bilden, es zu formen an großen, guten Taten der anderen, an der Wahrheit, die er sucht. Und wenn er bei dieser Suche bleibt und dann stirbt und seinem Richter Jesus in seiner vollen Herrlichkeit begegnet, dann wird er womöglich erstaunt ausrufen: „Ach, du warst das! Du warst die heimliche Melodie meines Lebens!" Und Jesus wird sagen: „Ja, ich war das. Komm, du gehörst zu mir, in mein Reich." So meine ich, kann man dahin denken, wie Menschen gerettet werden durch Jesus, ohne ihn je kennengelernt zu haben. Denn ich glaube, der Schöpfer ist derselbe wie der Erlöser: Die Melodie des Schöpfers bleibt in uns eingesenkt, die Melodie des Erlösers klingt noch schöner, noch inniger als die erste, sie ist ihr aber sehr ähnlich.

Aber, meine Lieben, dem Wahren und Guten, seinem Gewissen wirklich zu folgen, ist echt nicht so leicht. Versuch nur einmal einen Tag lang wirklich ganz gut zu sein – in Gedanken, Worten und Werken –, dann wirst du merken: So gut bist du gar nicht. Und es bräuchte eigentlich wirklich Hilfe und Gnade und Orientierung. All das bekommst du in der Kirche, im Wort Gottes, in den Sakramenten, in deiner persönlichen Beziehung zum Herrn – und im Dienst der Liebe am anderen. Nehmen wir noch einmal den Mann auf der Insel mit seiner Musik: Wenn dieses Schiff, auf dem Mozart rauf und runter gespielt wird, auf dem die Besatzung alle Werke von Mozart, sein Leben, seine Botschaften kennen würde – wäre der Mann von der Insel nicht, wenn er denn gekonnt hätte, natürlich auf das Schiff gegangen, damit er die Melodie nie mehr vergisst? Wäre diese Musik nicht sein Lebensinhalt geworden, wenn er gekonnt hätte? Die Kirche ist unser Schiff, hier wird die Melodie unseres Lebens als Christen gespielt! Zugegeben, bei Weitem nicht immer von den besten Leuten, aber immer in der Gegenwart des Herrn, der bei ihr bleibt.

In der Wir-Form leben

Was ist also die Herausforderung an uns? Mit dem Herrn in Verbindung zu leben. Ich glaube, wach sein heißt so etwas wie: in der Wir-Form mit Jesus leben zu lernen. Stell dir zwei Verliebte vor, die sind innerlich verbunden, auch wenn sie gerade getrennt sind. Sie teilen ihre Erlebnisse miteinander, sie lassen einander ins jeweilige Leben eintreten und sind mit dem anderen immer irgendwie dabei. Und wenn von einem der Verliebten ein alter Bekannter anruft und fragt, ob man am Abend etwas gemeinsam unternehmen wolle, ist dann nicht der erste Gedanke: Was haben wir – also mein Partner und ich – heute Abend vor, ehe die Frage des Anrufers beantwortet werden kann? Einfach weil der geliebte Partner immer irgendwie Vorrang hat. Die Wir-Form des Lebens hat Vorrang. Der andere ist irgendwie schon immer dabei. Oder – anderes Beispiel – eine Mutter, die ein neugeborenes Kind hat, die lebt immer irgendwie in der Wir-Form mit ihrem Kind, egal, wo sie gerade ist. Das Kind ist innerlich überall dabei.

Ich glaube, es ist eine Herausforderung für uns, im Glauben zu lernen, in der Wir-Form zu leben, sich auf die Wirklichkeit der Gegenwart Jesu zu beziehen. Vielleicht könnt ihr das mal ausprobieren in den nächsten Tagen oder Wochen. Mit allem, was ihr anfangt: immer wieder mit einem kurzen Stoßgebet um die Gegenwart des Herrn bitten und zu sagen: Herr, lass mich das auch für dich tun, um deinetwillen. Lass mich unter deinem Segen sein für das, was ich tue. Die Liebe üben, die von ihm kommt; in der Kirche sein, bleiben am Ort seiner Gegenwart.

Das Letzte Gericht

Das deutsche Wort „richten" hat den schönen Aspekt, dass es einerseits „urteilen" und „verurteilen" bedeutet, aber andererseits auch „aufrichten", „wieder ganz machen" – beispielsweise „richte" ich mein kaputtes Auto. Das passt gut, denn Jesus ist nicht gekommen, die Welt zu richten, um sie zu verurteilen, sondern um sie zu retten. Das heißt, es sollen ein neuer Himmel und eine neue Erde entstehen, in denen die Gerechtigkeit wohnt.

Doch dahin kommen wir in der Welt offenbar nicht in einer Entwicklung, die kontinuierlich ist hin zu einem „Es wird immer besser". Wisst ihr, schon seit der Aufklärung denken die Menschen, es gäbe eine kontinuierliche Aufwärtsentwicklung der Menschheit, weil sie immer mehr erkennt und weiß. Betrachten wir allerdings objektiv die Geschichte, dann müssen wir feststellen: Das vergangene Jahrhundert war das grausamste Jahrhundert, das Menschen je angerichtet haben – mit Millionen von Morden. Die Systeme, die meinten, ohne Gott auszukommen, waren die grausamsten und mörderischsten von allen – obwohl wir in der Geschichte der Aufklärung die Vernunft und die Moral so hochgehalten haben. Und im letzten Jahrhundert und in diesem gab es mehr christliche Märtyrer als in der gesamten Geschichte der Menschheit zuvor.

Allein diese Beobachtungen zeigen uns: Es wird nach christlicher Überzeugung nicht einfach eine kontinuierliche Entwicklung geben, sodass die Menschen durch eigene Einsicht immer besser werden, moralisch besser, mehr wissend – bis sie dann endlich im selbst geschaffenen Paradies sind und alles gut und schön wird. Die Schrift sagt vielmehr sehr deutlich, dass die Kräfte des Bösen und des Chaos zunehmen werden, dass ein massiver Abfall von Gott provoziert und offensichtlich auch zugelassen wird, als wäre das eine Art letzte Läuterung, durch die die Kirche hindurchmuss, um gerettet zu werden. Kosmische und menschlich bedingte Katastrophen ziehen herauf bis hin zu einer Art End-Entscheidung, durch die sich das Volk Gottes noch einmal hindurchringen muss, um wirklich auch in den schweren Zeiten ihr tiefes Ja zu Gott, zu ihrem Bräutigam Jesus zu sagen. So sagt es uns zumindest das Buch der Offenbarung und so sagen es die Evangelien voraus. Die Geschichte der Menschheit wird vor dem Kommen des Herrn ein Katastrophenszenario erleben. Aber, so sagt Jesus zugleich voll Ermutigung: „Wenn (all) das beginnt, dann richtet euch auf und erhebt eure Häupter; denn eure Erlösung ist nahe" (Lk 21,28).

Sterben lernen ins Leben

Platon hat über den Menschen gesagt: Philosophieren lernen oder ein Philosophierender werden, heißt Sterben lernen. Für Platon war Philosophieren die höchste Form des Menschseins und Menschwerdens, es war die Kunst, die Welt im Licht der Wahrheit zu schauen und zu lernen, im Licht der Wahrheit zu leben und – wie sein Lehrer Sokrates – auch für sie zu sterben. Die Christen haben diesen Gedanken mit Freude aufgegriffen und gesagt: Platon hat viel erkannt, aber wir sagen, Philosophieren heißt Sterben lernen ins größere Leben. Denn diese Welt ohne Gott, in der wir leben, ist vergänglich. Aber wenn ich mit Jesus lebe, habe ich schon teil an dem Leben, das niemals aufhört. Und darin zu bleiben, heißt für die Christen Sterben lernen, im echten und im übertragenen Sinn. Im übertragenen Sinn heißt es: ihn wirklich mehr lieben zu lernen als alles in der Welt. Und im buchstäblichen Sinn heißt es: im letzten Akt dieses Lebens das eigene Leben auch noch einmal vertrauensvoll in die Hände dessen zu geben, der es uns gegeben hat und der das größere Leben in Person ist: „Ich bin die Auferstehung und das Leben, wer an mich glaubt, wird leben, auch wenn er stirbt" (Joh 11,25). Das heißt dann auch für mich und meine persönliche Geschichte analog zur Geschichte der Welt: Auch individuell geht dem neuen Leben eine Katastrophe voraus, nämlich der leibliche Tod, ehe wir ins neue Leben zum Herrn kommen.

In der Offenbarung steht gegen Ende: „Da hörte ich eine laute Stimme vom Thron her rufen: Seht, die Wohnung Gottes unter den Menschen! Er wird in ihrer Mitte wohnen und sie werden sein Volk sein; und er, Gott, wird bei ihnen sein. Er wird alle Tränen von ihren Augen abwischen: Der Tod wird nicht mehr sein, keine Trauer, keine Klage, keine Mühsal. Denn was früher war, ist vergangen" (Offb 21,3–4). Darauf leben wir hin.

XV
Ich glaube an den Heiligen Geist

Ich bin ja seit einiger Zeit ein wenig Brad-Pitt-Fan – wegen seiner Ehrlichkeit. In einem Interview hat der Schauspieler kürzlich offenherzig über seine familiären Probleme berichtet. Ihr wisst, er war mit Angelina Jolie verheiratet, hat drei adoptierte und drei eigene Kinder. Die beiden galten lange als so ziemlich die schönsten Menschen der Welt, als das perfekte Traumpaar. Menschen, bei denen man den Eindruck hatte, hier kann eigentlich nichts schiefgehen: reich, berühmt, schön, sozial engagiert, beliebt. Aber auf einmal hieß es: „Brangelina" gibt es nicht mehr! Und in dem erwähnten Interview sagt Brad Pitt diesen erstaunlichen Satz: „Die Wahrheit ist, wir sind doch alle nicht gut in Beziehungen!"

Warum fange ich einen Vortrag über den Heiligen Geist mit Brad Pitts Zitat an? Weil es im Leben immer um Beziehung geht und um die Qualität von Beziehung. Und weil der Heilige Geist Beziehung schlechthin ist, Liebesbeziehung schlechthin. Der Heilige Geist ist auch nicht zu denken ohne die Frage danach, was uns eint als Menschen, als Gemeinschaft der Kirche, was uns hilft, in Gemeinschaft zu wachsen. Oder umgekehrt: Wo Individualismus und Materialismus wachsen und wo einer mit dem anderen immer weniger zu tun haben will, da könnt ihr sicher sein, dass der Heilige Geist nicht dabei ist. In unserer katholischen Kirche ist der Heilige Geist womöglich eines der Themen, das am wenigsten verstanden wird, aber eigentlich ist es eines der wichtigsten für uns alle.

Die Firma und die Fußballmannschaft

Denkt euch eine Firma, die ein Mensch gegründet und sein ganzes Leben hineingelegt hat. Und die Firma war auch richtig erfolgreich, die Mitarbeiter identifizierten sich mit ihr und freuten sich über die gute Arbeit. Und dann gibt ihr Gründer die Firma irgendwann an seine Kinder weiter. Da spielt dann oft so etwas wie die „Philosophie der Firma" eine große Rolle. Die Kunden wollen sicher sein, dass der „Geist" des Gründers nach wie vor lebendig ist. Die Firma wächst weiter, irgendwann wird sie ein riesiger Konzern. Was ist noch ihr Innerstes? Ist da noch ein Funken vom Geist des Gründers vorhanden?

Oder denkt euch eine Fußballmannschaft. Die zusammengekauften Stars sind nicht automatisch eine Mannschaft. Es braucht eine Form des Miteinanders, eine Art gemeinsamen Geist – meistens hofft man, das geht vom Trainer aus, dass der irgendwie in der Lage ist, einen Geist in die Mannschaft zu tragen, die sie eint; ansonsten ist auch eine Mannschaft von Stars ein Haufen, in dem alles durcheinandergeht.

| Mehr als die Summe der Teile | Das führt uns zu der Erkenntnis, dass das Ganze, wenn es um Gemeinschaft geht, immer mehr ist als die Summe der Teile. Also wenn du sagst „ich und mein bester Freund" oder „ich und meine beste Freundin", dann seid ihr zwei in eurer Beziehung irgendwie mehr als nur eins plus eins. Ihr habt etwas, ein Drittes, auf das ihr euch miteinander bezieht. Ihr sagt „unsere Freundschaft, unsere Beziehung, unsere Gemeinschaft, unse- |

re Liebe", wie auch immer, aber es ist ein Drittes, das euch verbindet. Interessant finde ich dazu auch diese Beobachtung: Wenn der eine sagt „unsere Freundschaft" und der andere Freund sagt auch „unsere Freundschaft", dann meinen die beiden irgendwie dasselbe und trotzdem sieht der eine „unsere Freundschaft" nochmal ein bisschen anders als der andere, sie beziehen sich auf dasselbe und doch hat jeder einen anderen Blick darauf. Das heißt, da ist irgendwie ein Gemeinschaftsraum entstanden, innerlich und äußerlich, in den wir als Freunde gewissermaßen eintreten, in dem wir uns finden, und der ist mehr als nur Eins-plus-Eins. Es ist ein Raum von Freundschaft, den wir als Freunde entstehen lassen. Und wir spüren dabei, durch mein Engagement für die Freundschaft und dein Engagement für die Freundschaft entsteht eben zugleich etwas Neues, eine neue Beziehung, die es so vorher nie gab. Sie ist einzigartig – und deshalb ist sie zugleich auch das, was mehr ist als nur wir beide isoliert voneinander. Und dieses Dritte ist sogar ein wenig unabhängig von uns beiden, eben nicht einfach identisch mit uns, sondern zusätzlich da – eben, weil uns beide dieser Raum auch „umgreift". Das meint: Das Ganze ist mehr als die Summe seiner Teile.

Der Heilige Geist ist in so einem Sinn die tiefste Wirklichkeit, die die Kirche als Gemeinschaft derer eint, die zu Jesus gehören. Denkt euch jetzt noch einmal das Beispiel vom Geist eines Firmengründers. Jesus gibt sich hinein in diese Welt, sammelt Menschen, sammelt Jünger, die er intensiv trainiert, damit sie ihn verstehen, damit sie von innen her kapieren, was er eigentlich will und wer er ist. Die Jünger gehen in seiner Nähe, in seinem Geist und versuchen, andere Menschen mit hineinzunehmen, auf ihn hin, den Gründer.

<small>Der Geist des Gründers</small>

Sofern du getauft bist, hast du Anteil an dieser Wirklichkeit der Kirche. Und ich will dir versichern, der Heilige Geist ist nicht etwas, das du nicht erfahren kannst. Er ist auch nicht etwas nur Gedachtes. Sondern du bist Teil der Gemeinschaft der Kirche und ja, die ist manchmal auch ein bisschen ein Haufen von umherirrenden Menschen wie die trainerlose Fußballmannschaft. Aber je tiefer du dich darauf einlässt, je tiefer du fragst, wer Jesus ist und was dein Leben von ihm her bedeutet, desto mehr beginnt der Heilige Geist, auch in dir zu wirken. Ich glaube, man kann sagen: Je „kirchlicher" du wirst – im richtig verstandenen Sinn von Kirche, desto heiler und daher auch heiliger bist du. Und desto besser erkennst du auch, wer deine Brüder und Schwestern sind, die im gleichen Geist unterwegs sind. Wir spüren eine Art Verwandtschaft.

In der Umgangssprache oder auch in nichtkirchlichen Kontexten stellen wir manchmal die Frage: Wes Geistes Kind ist eigentlich dieser Mensch? Ich will dir damit sagen: Glaube nicht, dass der Heilige Geist erstens nur etwas für Heilige ist oder für Leute, die irgendwie mal gelebt und an Pfingsten ein Ereignis hatten, an dem du nie teilhaben wirst – nein. Du bist getauft im Heiligen Geist und du bist gefirmt im Heiligen Geist. Die Frage ist für uns nur: Wie finden wir tiefer in die Wirklichkeit des Geistes hinein? Das ist eine Lebensaufgabe. Wenn wir gefragt werden, wes Geistes Kind wir sind, müsste unsere Antwort immer deutlicher werden: des Geistes Jesu.

Geist und Ungeist

Aber jetzt Vorsicht: Es gibt auch den Ungeist, auch in der Kirche. Der Ungeist ist etwas, das eigentlich unter dem Vorzeichen des Guten daherkommt und uns zu einen scheint, aber in Wahrheit spaltet. Wenn ich also sage, dass es immer um die Qualität von Beziehung geht, dann zeigt sich Ungeist beispielsweise folgendermaßen: Zwei Kollegen verstehen sich auf Anhieb, sie fühlen sich auf derselben Wellenlänge, lachen über die gleichen Dinge, finden die gleichen Leute komisch. Da sehen sie auch zufällig gleich einen, den sie total komisch finden oder sogar blöd. Und sie fangen an, über ihn Witze zu machen, die auf Kosten dieses Menschen gehen. Sie machen sich über ihn lustig. Das Schöne daran? Sie verstehen sich, sind vereint, teilen den gleichen Humor. Es ist ein „Geist", der Gemeinschaft stiftet, auf einer witzigen Ebene. Aber, wie gesagt, der Ungeist kommt unter dem Schein des Guten daher. Denn was die beiden Kollegen eint, hat auch etwas Ausschließendes, Spaltendes, Negatives, Verneinendes dem Dritten gegenüber, den sie so komisch finden. Und schließlich entstehen womöglich auch Verletzungen. Und am Ende ist oft alles durcheinander. So oft, wenn wir dem Ungeist auf den Leim gehen, im Kleinen wie im Großen, ist alles durcheinander – oder es ist schlechte Einheit entstanden: Die einen gegen die anderen, Feindschaft durch Abgrenzung. Deswegen heißt der Teufel in der Schrift auch der „diabolos", wörtlich „der Durcheinanderwerfer". Aber, meine Lieben, auch er ist eben Geist. Und irgendwie hat dieser auch etwas mit Beziehung zu tun, im umgekehrten Sinn, denn in der Verkehrung von Beziehungen zerstört er, spaltet er, lügt er.

Das Band der Einheit zwischen Vater und Sohn

Wer ist der Heilige Geist? Jetzt kommt noch einmal ein wenig Trinitätstheologie. Ich habe im Kapitel VI schon etwas ausführlicher davon gesprochen. Hier noch einmal ein Aspekt zur Erinnerung: Eben habe ich gesagt, dass es dich und deinen Freund gibt und ihr zwei eine Beziehung habt, die irgendwie mehr ist als nur „ich und sie" oder „ich und er" – weil es da noch irgendwie den „Raum" deiner Freundschaft gibt oder die „Atmosphäre" der Freundschaft, in die ihr hineintretet. Stellt euch vor: Ihr seid irgendwo an der Uni, in der Schule, im Beruf und am Abend habt ihr eine Verabredung mit dem Freund, der Freundin. Ihr trefft euch und die Gemeinschaft zwischen euch beiden eröffnet einen anderen Raum, in dem ihr dann innerlich seid. Ihr geht nicht einfach in das Lokal, sondern ihr geht zum Freund, tretet ein in den Raum der Freundschaft. Den kann ich nicht einfach „machen", nicht einfach produzieren.

Er ist schon irgendwie da, schon eröffnet. Es gibt schon dieses Verbindende, eben „unsere Freundschaft", „unsere Gemeinschaft", „unsere Liebe" – eben mehr als die Summe der Teile. In der Heiligen Dreifaltigkeit können wir uns das so zumindest annähernd denken: Es gibt den Vater und den Sohn. Und ihre Beziehung wird vom Geist umgriffen, in ihm sind sie beide geeint. Der Geist geht aus beiden hervor und ist doch ein Dritter, ein Unterschiedener, der verbindet. Oder eine andere schöne Beschreibung ist: Der Liebende (Vater), der Geliebte (Sohn) und die Liebe (Heiliger Geist).

Und das Schöne ist: Jesus hat uns diesen Geist auch zugesagt und gesandt. Denselben Geist! Das heißt, er will, dass wir teilnehmen an der Liebesgemeinschaft des dreifaltigen Gottes! Unglaublich, nicht wahr? Aber das ist – einmal mehr wiederholt – das Evangelium! Jesu Kommen ist eine „Rückholaktion" für die Menschen in die Gottesliebe und Gottesgemeinschaft. Daher glauben wir auch, dass der Geist tiefere Einheit unter den Menschen herstellen kann als jede nur weltliche Liebe. Er eint in der Unterschiedenheit. – Das ist mir ein ganz wichtiger Punkt. Ich erlebe das immer wieder, wenn Christen zusammenkommen. Wenn es Christen sind, denen es wirklich ernst ist, dann merken wir oft immer tiefer, dass Einheit nicht uniformiert, nicht einfach jeden gleichmacht. Vielmehr spürt man: In der Liebe Christi, in seinem Geist, kann jeder Mensch er selbst werden und trotzdem ganz auf Gott und den anderen Menschen bezogen sein – in seiner Einmaligkeit.

In der Unterschiedenheit

Ihr kennt doch bestimmt J. R. R. Tolkiens Trilogie „Herr der Ringe"? Zumindest die Verfilmung. Da gibt es die Guten und die Bösen. Und ist euch schon mal aufgefallen, dass die Bösen alle immer ziemlich komplett normiert sind? Alle sind gleich, alle sehen ziemlich gleich aus, alle handeln ziemlich gleich berechenbar? Die berühmten „Orks" zum Beispiel! Und die Guten dagegen sind ein wilder Haufen von Individuen, die alle irgendwie eine innere Einheit haben, aber ganz verschieden sind. Jeder Einzelne hat da seine besondere Stärke und sie tun sich zusammen. Jeder ist darin zutiefst er selbst und jeder ist mit seiner Gabe genau in dieser Einheit gebraucht.

So ist das, wenn der Heilige Geist eint: Er eint in der Unterschiedenheit. Wir spüren, Liebe drängt zur Einheit. Menschen, die sich lieben, wollen sich vereinen, auch körperlich. Sie wollen eins sein, sie wollen irgendwie auch einander ähnlich werden in ihrem Empfinden. Aber eine Liebe, die noch nicht geheilt ist, die will so oft, dass der andere genau so ist, wie der eine es gerne hätte. Dagegen Liebe, die aus dem Heiligen Geist anfängt zu leben, die kann frei geben und frei lassen; die sehnt sich auch nach Einheit, aber in der Unterschiedenheit – nicht in der Einförmigkeit. Ich bin persönlich überzeugt, in dieser tiefen Qualität der Erfahrungen des Denkens gibt es das nur im Christentum. Warum? Weil unser Geist der Geist Jesu ist: Einheit in der Unterschiedenheit.

In der Trinität, in Gott, ist alles eins – in der Liebe. Wenn wir in der Liebe auf uns Menschen schauen, dann merken wir, dass auch wir uns nach Einheit sehnen. Wir wollen uns in der Liebe, in der Freundschaft einen und wir merken, wir haben dabei alle unsere Grenzen, denn wir sind erstens endliche Menschen und zweitens auch sündige und gebrochene Menschen. Daher erleben wir zwar schon Einheit, aber eben immer nur im Rahmen solcher Grenzen, wir sind in dieser Welt noch unterwegs zur vollen Einheit. Dagegen: Wenn in Gott selbst Einheit aus Liebe gegeben ist, dann ist das notwendig absolute Einheit, weil in Gott, dem einzig Absoluten, alles absolut ist. Und trotzdem gibt es gerade in Gott zugleich Verschiedenheit: Der Vater ist nicht der Sohn und der Sohn ist nicht der Geist und der Geist ist nicht der Vater. Und wenn es also in Gott diese Verschiedenheit gibt, dann ist diese auch absolute Verschiedenheit. Und damit ist wieder etwas von diesem Geheimnis von Drei-in-Eins gesagt, also von Vater und Sohn, die im Geist geeint sind, ganz eins sind, ein Gott! Und zugleich sind sie dieser

Absolute Einheit, absolute Verschiedenheit

eine Gott in absoluter Verschiedenheit. So etwas lässt uns den natürlichen Verstand stillstehen, aber in der Liebe, im Geist der Liebe schließt es sich auf.

Bibelzitate zum Heiligen Geist

Ich möchte mit euch jetzt über einige biblische Aussagen zum Heiligen Geist nachdenken. Paulus sagt zum Beispiel: „Keiner kann sagen: Jesus ist der Herr, wenn er nicht aus dem Heiligen Geist redet" (1 Kor 12,3). Ein erstaunliches Wort, nicht wahr? Natürlich kannst du einfach so daherreden: Jesus ist der Herr. Aber wenn das deine ehrliche Überzeugung ist, wenn du sagst: Jesus ist mein Herr, und ich bin selber nicht der Herr meines Lebens, er führt mich, er leitet mich, ihm will ich dienen – dann redest du aus dem Heiligen Geist, sagt Paulus. Denn so eine innere Haltung, so eine Zustimmung zu Jesus als Herrn, die kann sich selbst niemand einfach nehmen oder machen. Sie wächst in dir, du willst in ihr leben, du willigst natürlich auch selbst ein und diese Einwilligung wird allmählich immer tiefer und ausdrücklicher, dann spürst du selbst: So wirkt Gottes Geist.

Oder dieses Wort: „Der Beistand aber, der Heilige Geist, den der Vater in meinem Namen senden wird, der wird euch alles lehren und euch an alles erinnern, was ich euch gesagt habe" (Joh 14,26). Christen fragen oft, ob es eigentlich wichtig ist, dass man sich in der Bibel auskennt. Die Frage ist eher für mich, ob es wichtig ist, dass du durch die Bibel einigermaßen weißt, wer Jesus ist. Es ist überaus wichtig, dass du ihn kennst und erkennst und lieben lernst. Und wenn du spürst, du möchtest das tiefer erkennen, dann kannst du ziemlich sicher sein, dass der Heilige Geist in dir etwas in Bewegung setzt. Wenn du erkennst, du möchtest Jesus ehrlich und tiefer verstehen, dann ist er in jedem Fall am Werk. Freilich auch hier gibt es Gefahren: Mancher „macht" sich den Jesus und sein Bild von ihm so, wie er ihn gerne hätte – oft zur Durchsetzung eigener Interessen oder Ideologien –, und dann ist ziemlich sicher nicht der Heilige Geist am Werk.

Ein weiteres Schriftwort: „Wenn ihr mich liebt, werdet ihr meine Gebote halten. Und ich werde den Vater bitten und er wird euch einen anderen Beistand geben, der für immer bei euch bleiben soll, den Geist der Wahrheit, den die Welt nicht empfangen kann, weil sie ihn nicht sieht und nicht kennt. Ihr aber kennt ihn, weil er bei euch bleibt und in euch sein wird" (Joh 14,15–17). Wenn ihr mich liebt … Es gibt einen inneren Zusammenhang zwischen der Suche nach Jesus und der Wirksamkeit des Heiligen Geistes in dir. Wenn du keine Lust auf Jesus hast und keine Lust hast, tiefer einzusteigen, wenn du ihn ablehnst, dann ist das ziemlich sicher nicht vom Heiligen Geist, sagt unsere Schrift. Dagegen kommt dieser innere Zusammenhang immer wieder vor, besonders im Johannesevangelium: die Liebe zu Christus und das Wirken des Heiligen Geistes in dir.

Vater sagen

Es hat niemanden gegeben, der so tief über Gott gesprochen hat wie Jesus, natürlich. Und das kostbarste Wort, das Jesus uns diesbezüglich geschenkt hat, war „Vater". Ich hätte so gerne mal gehört, wie er „Vater" sagt, wie er es ausgesprochen hat. Aber, meine Lieben, wenn wir lernen, seine Geschwister zu werden, ihn zu lieben, dann lernen wir, in seinem Geist und gewissermaßen auch mit ihm „Vater" zu sagen. Paulus bestätigt das, wenn er sagt: „Weil ihr aber Söhne seid, sandte Gott den Geist seines Sohnes in unser Herz, den Geist, der ruft: Abba, Vater" (Gal 4,6). Der Geist wirkt in uns, dass wir „Abba" sagen, und „Abba" ist eher ein Kosewort für Vater, bedeutet eher „Papa" als irgendwie abstrakt „Vater". Jeder von uns betet oft „Vater im Himmel …" Das ist schön, dass wir es oft beten, aber meinen wir dann damit auch in unserem Herzen: „Vater, du schaust auf mich, ich bin dein Kind, ich gehöre zu dir"? Wenn wir es so empfinden, dann wirkt in uns der Heilige

Geist! Er führt uns zu Jesus und er lässt uns im Herzen tiefer „Vater" sagen als sonst.

Wie wirkt der Geist im Leben Jesu? Wir glauben etwa, dass er Jesus im Schoß der Jungfrau Maria gezeugt hat, und er bestätigte Jesus als den geliebten Sohn des Vaters bei seiner Taufe im Jordan. Diese beiden Hinweise sind nur beispielhaft genannt, denn es gab im Leben Jesu keinen Moment, in dem er nicht gewissermaßen im Vater lebte, in der Verbindung mit dem Heiligen Geist. Das heißt, der Heilige Geist ist der, der alles tut: Was Jesus tut, erwirkt er in ihm.

Frischer Wind, lebendiges Wasser

Jesus rief im siebten Kapitel des Johannesevangeliums: „Wer Durst hat, komme zu mir, und es trinke, wer an mich glaubt! Wie die Schrift sagt, aus seinem Inneren werden Ströme von lebendigem Wasser fließen" (Joh 7,37–38). Und der Evangelist ergänzt: „Damit meinte er den Geist, den alle empfangen sollten, die an ihn glauben. Aber der Geist war noch nicht gegeben, weil Jesus noch nicht verherrlicht war" (Joh 7,39). Hinter dieser Formulierung steckt die Erfahrung der Jünger, dass der Tod Jesu den Geist überhaupt erst umfassend und für alle freigesetzt hat. Jesus stirbt und durch sein Sterben schenkt er der Welt den Geist, der in ihm ist. Und tatsächlich glaube ich, dass dieses Bild vom lebendigen Wasser als Bild vom Heiligen Geist im Johannesevangelium etwas sehr Treffendes ist. Menschen, die tief im Glauben stehen, sprechen, singen und beten – und du spürst, dass das eine gewisse Kraft, Schönheit, eine Leichtigkeit hat; das fließt raus, das ist nicht etwas, was sie durch Leistung, durch intensive Vorbereitung, durch alle möglichen Anstrengungen erworben haben – wenn auch solches bisweilen dazugehört –, aber das, was daran eigentlich berührt, ist der Strom des lebendigen Wassers, von dem man spürt, er ist nicht aus ihm oder ihr selber. Wasser ist auch geschmeidig, es durchdringt alles – und ist damit Sinnbild für die Kraft des Geistes, die alles durchdringen kann.

Jesus gibt am Kreuz den Geist auf (Joh 19,30), wie der Johannesevangelist formuliert. Wörtlich übersetzt kann man auch sagen, er „übergibt" den Geist. Die Mutter Jesu und der geliebte Jünger stehen unter dem Kreuz dabei. Und man kann sagen, für die zwei da unten ist jetzt gerade schon Pfingsten, denn sie realisieren: Dieser sterbende Leidensmann ist es wirklich, er ist der, der den Geist gibt. Und sie werden hier an dieser Stelle unter dem Kreuz auch von ihm „neu geboren" (Joh 3,3), zumindest der geliebte Jünger, der ja auf Weisung Jesu eine neue Mutter erhält. Es ist die Mutter Jesu, die hier auch als eine Art Bild für die ganze Kirche steht. Die Kirche besteht aus den neu Geborenen, die unter dem Kreuz gläubig auf den schauen, der sie im Leid erlöst und die durch ihn zu einer neuen Familie geformt werden.

Auch als Auferstandener gibt Jesus den Geist den Jüngern. Der Auferstandene begegnet den Jüngern, haucht sie an und gibt ihnen die Vollmacht, Sünden zu vergeben (Joh 20,22–23). Das ist an dieser Stelle auch ein Rückverweis von Johannes an den Anfang der Schöpfung und die Schöpfungserzählung, wo Gott dem Menschen den Lebensatem einhaucht (vgl. Gen 2,7). Gott haucht ihm den Lebensatem ein – trotzdem fällt der Mensch von Gott ab, wird Sünder. Jesus kommt, stirbt am Kreuz – der Auferstandene begegnet den Jüngern und macht sie zu neuen Menschen, indem er ihnen den Lebensgeist gibt, seinen Geist. Und damit gibt er ihn auch der ganzen Kirche. Das Pfingstfest wird in der Bibel (Apg 2,1ff.) als ein unglaublich wuchtiges Ereignis geschildert. Das zeigt: Der Heilige Geist hat in der Kirchengeschichte viele Wirkweisen, aber wenigstens zwei sehr ausdrücklich. In der einen Weise wirkt er im Schweigen, im Stillen, im Gebet. Die hörende Maria kann man hier nennen. Sie empfängt ihr Kind, trägt es neun Monate aus in der Kraft des Heiligen Geistes. Man sieht und hört nichts von ihr und auf einmal ist das Kind da. Und bis das Kind ein Mann ist und in die Öffentlichkeit geht, vergehen noch einmal 30 Jahre im Stillen, in denen der Geist in ihm wirkt. – Und die

Mehrmaliges Pfingsten

andere Wirkweise, oder sagen wir mal am anderen Ende der Skala, ist das wuchtige Herabfallen des Heiligen Geistes auf eine Gemeinschaft, die gar nicht so genau weiß, wie ihr geschieht und auf einmal mit Fähigkeiten begabt wird, die sie nie vorher hatte.

Ich persönlich habe, ehrlich gesagt, den Heiligen Geist noch nie in einer solchen wuchtigen Weise erlebt, kenne aber Menschen, die von solchen Ereignissen erzählen. Allerdings habe ich selbst immer wieder Gemeinschaftserfahrungen gemacht, wo plötzlich irgendwie etwas Neues da war – nicht so sehr mit Brausen und Feuer. Aber du bist in einer Gemeinschaft, ringst vielleicht miteinander um einen Weg oder um Positionen – und auf einmal spürst du, dass der Geist Gottes da jetzt etwas Neues anbahnt. Einen neuen Weg. So etwas können wir nicht aus uns selber. Zudem glaube ich auch, dass ich im persönlichen Leben, etwa auf dem Weg meiner Berufungssuche oder im Dienst als Priester und Bischof, immer wieder erfahren darf, wie mich der Geist Gottes führt und stärkt.

Übrigens erhoffe ich mir auch von diesem Buch, dass es nicht ganz ohne die Hilfe des Heiligen Geistes geschrieben wurde – und dass vielleicht der eine oder andere sich davon auch berühren lässt. Oder dass es Gemeinschaft stiftet oder dass es euch hilft, draußen mehr und tiefer von Jesus zu erzählen. Es soll zu seiner Ehre sein und zum Segen für die Menschen.

Bezeichnungen für den Geist: Salbung, Taube, Finger, Siegel, Tröster

Sein Name ist „Heiliger Geist"; im Lateinischen „spiritus", im Griechischen „pneuma", „ruach" im Hebräischen, das heißt „Atem", „Wind". Der Heilige Geist weht, wo er will. Er ist nicht fixierbar. Du bist nicht schon automatisch deshalb, weil du die Sakramente empfangen hast, subjektiv voll vom Heiligen Geist. Du hast ihn zwar empfangen und wir glauben auch, dass er bleibt. Aber es gehört immer auch eine innere Disposition dazu: die innere Bereitschaft, mit ihm mitzuwirken. Der Geist lädt ein, wirbt, stärkt, vertieft und anderes mehr, aber er zwingt nicht, weshalb man auch gegen ihn agieren und leben kann. Daher mahnt uns Paulus auch: „Löscht den Geist nicht aus!" (1 Thess 5,19).

Das Wasser als Bild für den Heiligen Geist habe ich eben schon genannt. Auch das Feuer – „Man muss selber von ihnen brennen", sagt Augustinus, „um andere entzünden zu können." Christus ist außerdem der Gesalbte schlechthin, das heißt, er ist im tiefsten Sinn der am tiefsten erfüllte Geistträger, der je über die Erde gelaufen ist. Auch wir sind in unserer Taufe gesalbt worden. Priester, Könige und Bischöfe werden gesalbt. Die Salbung ist ein Bild für das heilende, auch das wohlriechende, das angenehme Wirken des Geistes. Ein vor allem in der Kunst beliebtes Bild für den Heiligen Geist ist die Taube – in der Bibel kommt dieses Bild allerdings nur einmal vor, an der Stelle, wo Jesus getauft wird (Mt 3,16), und ich finde es, ehrlich gesagt, nicht so gut, dass es so häufig verwendet wird. Wenn wir den Heiligen Geist mit Hilfe der Taube darstellen, bedeutet das Bild natürlich etwas von Frömmigkeit und Einfachheit, Demut, Sanftmut, Friedfertigkeit des Geistträgers oder Ähnliches. Aber, platt gesagt, der Heilige Geist ist kein Vogel. Viel wahrscheinlicher ist, dass wir manchmal einen Vogel haben und ihn für den Heiligen Geist halten.

Ein weiteres Bild ist der Finger. „Ich habe mit dem Finger Gottes die Dämonen ausgetrieben", sagt Jesus (Lk 11,20). Auch die Hand ist bisweilen ein Bild vom Heiligen Geist, weil wir durch Auflegung oder Salbung mit der Hand den Geist weitergeben. Das Siegel ist ein ähnliches Bild wie die Salbung. Nur ist das Siegel auch ein theologischer Begriff für uns, weil wir, wenn

Geist der Wahrheit

wir getauft sind, die Taufe nicht mehr ungeschehen machen oder irgendwie von uns „abkratzen" können. Wir sind gewissermaßen besiegelt mit der Taufe und mit der Firmung. Das ist wie eine Art Stempel in eurer Seele. Ihr könnt euch jeden Tag dagegen entscheiden, aber ihr bleibt besiegelt und damit auch disponiert für den Heiligen Geist. Der Heilige Geist ist auch Tröster und Beistand in der Bibel. Wenn du leidest, kämpfst, Trost brauchst, glauben wir, dass er dir das geben kann.

Er wird auch „Geist Christi", „Geist der Kindschaft", „Geist der Wahrheit", „Geist der Verheißung", „Geist der Herrlichkeit" genannt. Das sind alles Dinge, die sich auf Christus beziehen und auf unsere Situation in ihm. Wichtig nochmal: Der Heilige Geist ist eine eigenständige Person, die auch selber angebetet und angerufen werden kann. Wie kann man das verstehen? Ein ganz einfaches Bild dafür, das wie alle Bilder etwas erklärt, aber auch nie ganz: Ein Mann und eine Frau tun sich zusammen, lieben einander. Ihre Familie entsteht mit dem ersten Kind. Das Kind ist gewissermaßen der personifizierte Ausdruck dessen, was ich vorhin versucht habe zu sagen. Die Eltern stehen in ihrer Liebe in dieser Gemeinschaft, die mehr ist als nur die zwei, und auf einmal kommt da aus dieser Fruchtbarkeit eine eigenständige Person heraus, die auch eine Art Symbol ist, eine fleischgewordene, personengewordene Wirklichkeit eben dieser Beziehung. In ihrem Kind schauen die Eltern die Fruchtbarkeit ihrer Liebe an – als eigenes Menschenwesen. So weit das Bild. Und es hilft uns vielleicht zu verstehen, wie wir sagen können: Vater und Sohn sind im Geist geeint. Aber der Heilige Geist als Ausdruck dieser Liebesgemeinschaft ist auch ganz er selbst, unterschieden von beiden und eine eigenständige Person. Der Geist ist also auch ein Du – und nicht einfach nur eine Kraft oder Ähnliches.

Das innere Haus

Ein letztes Bild für den Heiligen Geist ist das innere Haus in dir. Paulus sagt: „Wisst ihr nicht, dass ihr Gottes Tempel seid und der Geist Gottes in euch wohnt?" (1 Kor 3,16). Wir haben also ein inneres Haus, einen inneren Tempel. Und du selbst bist verantwortlich dafür, dass es keine verrauchte Spelunke wird, in der es stinkt und dunkel ist. Stell dir vor, du bist getauft, der Heilige Geist ist damit gewissermaßen im Fundament eingezogen. Über diesem Fundament sind unzählige Zimmer mit vielen Fenstern und Türen erbaut. Jeder Raum steht als Bild dafür, was du machst, wen du gern hast, wen du nicht leiden kannst, wofür du Zeit verwendest – all das, dein Leben, was dir wichtig ist, sortiert sich in die Zimmer deines Hauses. Der Heilige Geist will nun dein ganzes Haus durchdringen. Du hast die Möglichkeit, die Kellertür zuzulassen und dein Ding zu machen, oder du hast die Möglichkeit, die Tür aufzumachen und ihn in alle Bereiche deines Lebens eindringen und nach und nach durchdringen zu lassen. Du entscheidest, ob die Kellertür aufgeht und ob er jedes Zimmer deines Hauses bewohnen darf.

Der Geist ist ein Trainer. Das heißt, du kriegst immer wieder mal den Impuls, dies oder das zu machen. Also: Da braucht jemand Hilfe, ich sollte, glaube ich, hingehen. Oder doch lieber im Internet surfen oder auf der Couch liegen bleiben? – Der Heilige Geist ist einerseits einer, der dich antreibt, inspiriert, dir Impulse gibt, aber nie zwingend. Du kannst dich immer dagegen entscheiden. Warum? Weil Liebe nicht zwingen kann. Liebe ist immer ein Appell an die Freiheit des anderen. Liebe kann nicht zwingen. Dort, wo Liebe zwingt, wird sie zum Problem. In der Pädagogik gibt es die Situation, wo Liebe manchmal konsequent sein muss und Liebe manchmal auch anschiebt und nötigt. Aber da ist das Verhältnis zuerst ein pädagogisches. Normalerweise, wenn ihr gleichberechtigte Partner und Partnerinnen seid, einander liebt und der eine den anderen zu etwas zwingt, dann ist es in der Regel nicht Liebe, sondern Egozentrik – meistens. Der Heilige Geist zwingt dich nicht, er inspiriert, er gibt leisen Anschub, er wirbt um dich, aber er zwingt dich nicht. Er schenkt Kraft und Freude. Aus der Schrift und aus der Erfahrung wissen wir: Der Heilige Geist tut im Grunde nichts, wenn er nicht eingeladen wird, wenn du nicht mit ihm kooperierst. Er ist da, er wirbt um dich und er liebt dich.

Ein Vorsatz: den Heiligen Geist einladen

Ein Jünger, der ein Zeuge nach außen sein kann und überzeugt von Jesus reden kann, muss einer sein, der selber in dem Bewusstsein lebt: Ja, ich bin ein Freund Jesu und mir geht es darum, im Heiligen Geist zu wachsen – zu ihm hin. Nimm dir in dieser Woche für die Dinge, die dir wichtig sind, für deine Begegnungen, für deine Aufgaben doch mal vor, immer zuerst den Heiligen Geist einzuladen – einfach als Übung. Du hast Aufgaben, du hast Termine, du hast Treffen mit Menschen. Wenn es dir wichtig ist, halte mal kurz inne und sage: Heiliger Geist, hilf mir jetzt in dieser Bewegung, in dieser Begegnung, in dieser Aufgabe, komm, hilf mir, das zu machen.

Johannes der Täufer

Wahrscheinlich haben einige von euch in der Schule Ethikunterricht gehabt. Was lernt man in der Ethik? Wie gerechtes Leben geht, wie Gerechtigkeit geht. Die Frage, was überhaupt Gerechtigkeit ist. Das kann man zum Beispiel von Platon und Aristoteles lernen, von Immanuel Kant. Was ist Gerechtigkeit? Auch der Prophet Johannes, der, wie die Bibel erzählt, in der Wüste lebt, steht in der Tradition der Frage, was eigentlich Gerechtigkeit, was ein gutes Leben ist. Die Leute kommen zu ihm und fragen: Lieber Johannes, was sollen wir denn machen? Du predigst, dass der Erlöser ankommt oder jemand, der größer ist als du, was sollen wir denn machen? Und Johannes sagt relativ einfach: Wer zu viel hat, soll dem anderen etwas abgeben. Und wenn Soldaten unter euch sind, die sollen keine Gewalt anwenden und niemanden erpressen und misshandeln und sich mit ihrem Sold begnügen. Und die Zöllner – die galten als verruchte Leute, weil sie immer auf ihren eigenen Vorteil aus waren – sollen halt nicht mehr Geld nehmen, als festgesetzt ist. – Also einfach: gerechtes Leben (vgl. Lk 3,10–14).

In dieser Tradition steht Johannes auch mit den anderen Propheten. Jesus wird sagen, Johannes sei der Größte der Propheten gewesen und auch der Letzte der Propheten, der den Messias angekündigt hat. So geht also gutes Leben? Als Kirche werden wir ja permanent verdächtigt, dass wir vor allem Moral und Ethik lehren. Wie geht gutes Leben – stimmt das schon, ist es das schon? Johannes sagt freilich auch noch: „Ich taufe euch nur mit Wasser. Es kommt aber einer, der stärker ist als ich, und ich bin es nicht wert, ihm die Schuhe aufzuschnüren. Er wird euch mit dem Heiligen Geist und mit Feuer taufen" (Lk 3,16).

Wir spüren: Es geht nicht nur um Ethik und Moral, es geht um eine neue Existenz, es geht darum, aus Feuer und dem Heiligen Geist getauft zu werden. Was bedeutet es, mit dem Heiligen Geist getauft zu werden? Aber wie gibt Jesus diesen Geist? Johannes weist schon auf das rätselhafte Lamm Gottes hin, ein Opfertier! Jesus wird den Geist geben, indem er stirbt. Mir ist dazu folgendes Bild eingefallen: Stellt euch vor, da kommt einer, der ist so voll vom Geist Gottes, aber er kann ihn erst vollständig geben, wenn er sich völlig verausgabt, völlig hingibt. Stellt euch vor, eine Parfumflasche voller kostbarem Parfum, sie fällt auf den Boden und zerbricht. Und der ganze Raum wird erfüllt vom Duft des Parfums. So gibt Jesus den Heiligen Geist, durch seinen Tod, sein Zerbrochenwerden am Kreuz, seine Auferstehung, durch Pfingsten – ganz und für alle.

Er tauft mit Geist und mit Feuer, sagt Johannes. Das heißt, Jesus gibt uns Anteil von sich aus am göttlichen Leben, ohne dass wir es verdienen und trainieren könnten. Das ist ein wichtiger Punkt: Ethik, meine Lieben, kann man trainieren. Wenn

Mehr als nur Training

ein kleines Kind ein Geschenk bekommt, sagt die Mama: „Sag schön Danke zum Onkel." Und wenn das Kind es vergisst, wiederholt sie jedes Mal aufs Neue: „Sag schön Danke." So lernt das Kind irgendwie die Tugend der Dankbarkeit und lernt auch, diese zu äußern. Tugend kann man trainieren. Seid nett zueinander, seid nicht wie die Rüpel, sondern respektiert den anderen. – Kann man lernen, kann man sich antrainieren. Und das ist gut, wir sollen solche Dinge einüben. Aber, meine Lieben, wenn wir uns moralisch gutes Verhalten letztlich nur antrainieren und nie verinnerlichen, dann ist die Gefahr, dass man es sich als eigene Leistung anrechnet und sich für etwas Besseres hält, riesig. Nach dem Motto: Ich habe so viel trainiert – ich bin der Allerbeste. Ich vertraue auf meine eigenen ethischen und moralischen Muskeln, ich halte mich für super. Das heißt, ganz oft geht so mit dem ethischen Bemühen die Geringschätzung des anderen daher. Jesus geht nicht zuerst zu denen, die sich schon für die Gerechtesten halten – interessant, nicht? Warum? Weil die in ihrem eigenen stolzen Herzen dazu neigen, die anderen zu verachten.

Also ganz wichtig, immer und immer wieder dürfen wir uns das sagen lassen: Das Geschenk des Glaubens ist nicht zuerst Moral. Wir sagen nicht zu den Menschen, die zu uns in die Kirche kommen: Erst wenn du dich anständig aufführst, hast du einen Platz in der Kirchenbank. Oft aber, meine Lieben, ist das manchmal das übliche Programm in unseren Gemeinden. Da wird dann getuschelt: „Jetzt ist der schon das dritte Mal geschieden und hockt sich auch noch in die Kirche!" Ja, meine Lieben, für solche ist Jesus da. Für die ist er gekommen. Es geht nicht zuerst um Moral, es geht zuerst um die Begegnung mit dem Herrn – und die verändert unser Leben und hoffentlich auch unser Verhalten. Denn natürlich ist es auch so: Wenn du wirklich einmal von dieser Liebe berührt worden bist, wenn du ihren Kuss in deinem Herzen empfangen hast, dann willst du anders leben. Und dann spürst du, dass es Verrat wäre, jetzt doch wieder ins alte Leben zurückzufallen. Daher: Ja, aus der

Liebe Gottes zu uns folgt die Ethik, folgt die Moral, die neue Moral (z. B. Feinde lieben!) – aber sie ist nicht das Erste. Zuerst hat immer schon Gott an uns gehandelt.

Einmal habe ich ein älteres Ehepaar getroffen. Die Frau hat gesagt: „Es fühlt sich an, als wären wir schon ein paar hundert Jahre beieinander." Daraufhin habe ich geantwortet: „Das sieht man ein bisschen." Wenn Ehepaare ganz lang beieinander sind und sich mögen, werden sie sich immer ähnlicher. Kennt ihr das nicht? Der Mensch wird dem ähnlicher, was er liebt. Er wird dem ähnlicher, an was er sein Herz verliert, weil sein Herz dann geformt wird von dem, was er liebt. Und, meine Lieben, der Mensch kann im Grunde nicht anders, als lieben wollen. Freilich, wenn einer ein Egozentriker ist, dann liebt er lauter Dinge, die sein Ego aufblasen – und liebt doch nicht richtig. Er will dauernd seine vordergründigen Bedürfnisse stillen, aber leider machen ihn die Bedürfnisse dann auch dem ähnlicher, was er liebt. Wenn für einen das Allerhöchste der Schweinsbraten und das halbe Bier ist, dann sieht man diesem Menschen das an, was er liebt. Wenn einer das Geld über alles liebt, dann springt ihm der Geizkragen oft buchstäblich aus dem Gesicht. Oder lustige, aber tragische Erfahrung: Es gibt ältere, einsame Damen, die niemanden mehr haben außer ihren kleinen Schoßhund. Und den überschütten sie mit ihrer Liebe, ziehen ihn an, geben ihm die Flasche und binden dem ein Schleifchen ans Ohr – und du denkst: Ja, der arme Hund. Und du denkst dir gleichzeitig: Das arme Frauchen! Warum? Weil die auch einander ähnlicher werden – und es tut weder dem Hund noch dem Frauchen gut. Der Mensch ist nämlich geboren zu lieben, was größer ist als er selbst – und in diesem Größeren alles andere. Was ist das erste Gebot? Du sollst den Herrn, deinen Gott, lieben mit ganzem Herzen, ganzer Seele, ganzer Kraft. Warum? Weil Jesus will, dass wir ihm ähnlicher werden!

Was der Mensch liebt

Die Frau am Jakobsbrunnen

Jetzt geht es um eine Bibelstelle, die eine Art Herzensstelle für mich ist – aber auch, glaube ich, für die ganze Kirchengeschichte.

„So kam er zu einer Stadt in Samarien, die Sychar hieß und nahe bei dem Grundstück lag, das Jakob seinem Sohn Josef vermacht hatte. Dort befand sich der Jakobsbrunnen. Jesus war müde von der Reise und setzte sich daher an den Brunnen; es war um die sechste Stunde. Da kam eine Frau aus Samarien, um Wasser zu schöpfen. Jesus sagte zu ihr: Gib mir zu trinken! Seine Jünger waren nämlich in die Stadt gegangen, um etwas zum Essen zu kaufen. Die Samariterin sagte zu ihm: Wie kannst du als Jude mich, eine Samariterin, um etwas zu trinken bitten? Die Juden verkehren nämlich nicht mit den Samaritern. Jesus antwortete ihr: Wenn du wüsstest, worin die Gabe Gottes besteht und wer es ist, der zu dir sagt: Gib mir zu trinken!, dann hättest du ihn gebeten und er hätte dir lebendiges Wasser gegeben" (Joh 4,5–10).

Zunächst mal bis dahin. Im Johannesevangelium ist fast jedes Detail wichtig. Eines der wichtigsten ist hier: Jesus kommt zu einem Brunnen und es wird auf den Stammvater Jakob verwiesen. Die Juden, die im ersten Jahrhundert das Alte Testament gekannt haben, die wussten, dass an einem solchen Brunnen entscheidende Dinge passiert sind. Zum Beispiel hat der Stammvater Isaak seine Frau Rebekka an einem Brunnen gefunden. Auch Jakob zog aus und fand seine beiden Frauen, Lea und Rahel, an einem Brunnen. Mose fand seine Frau in der Wüste an einem Brunnen. Der Brunnen ist offenbar ein geheimnisvoller Ort im Alten Testament, an dem die wichtigsten Stammväter ihre Frauen finden. Und jetzt sitzt Jesus hier um die Mittagszeit, um die sechste Stunde, an einem Brunnen. Wenn man sich ein bisschen in der antiken Welt auskennt, weiß man, dass um die sechste Stunde keine Frau mit einem riesigen Wasserkrug zu einem Brunnen geht. Warum? Erstens weil sie da niemanden trifft, weil es brüllend heiß ist und sie nicht allein da sein will. Die meisten Leute in der Antike, die zu einem Brunnen gehen und ihre Wasserkrüge schleppen, die kommen abends oder morgens, wenn es kühl ist. Und sie kommen, um da die anderen zu treffen und Neuigkeiten auszutauschen. – Diese Frau hier aber kommt um die sechste Stunde in der Mittagshitze.

Noch ein wichtiges Detail: Samaria. Was war Samaria? Das war damals der wichtigere Teil des sogenannten Nordreiches. Israel war nach dem Tod des Königs Salomo in zwei Reiche gespalten. Wenn ihr das vergleichen wollt mit unserer Situation, dann kann man sagen, die Katholischen und die Evangelischen in den schlimmsten Zeiten ihrer konfessionellen Auseinandersetzung. Die Juden verkehrten nicht mit den Samaritern, obwohl sie zum gleichen Volk gehören, und der Jude überhaupt schon gar nicht mit einer Frau.

Das erste Wort, das Jesus zu der Frau sagt, ist: „Gib mir!" – Meine Lieben, wir lesen gleich eine Bekehrungsgeschichte, wenn wir weiterlesen. Aber Jesus sehnt sich zuerst danach, von uns etwas zu empfangen, was uns wichtig ist: „Gib mir zu trinken!" Jesus sehnt sich danach, dass er von ihr etwas bekommt, was ihr wichtig ist: Wasser ist an diesem Ort kostbar. Weiter in der Stelle: „Sie sagte zu ihm: Herr, du hast kein Schöpfgefäß und der Brunnen ist tief; woher hast du also das lebendige Wasser? Bist du etwa größer als unser Vater Jakob, der uns den Brunnen gegeben und selbst daraus getrunken hat, wie seine Söhne und seine Herden? Jesus antwortete ihr: Wer von diesem Wasser trinkt, wird wieder Durst bekommen; wer aber von dem Wasser trinkt, das ich ihm geben werde, wird niemals mehr Durst haben; vielmehr wird das Wasser, das ich ihm gebe, in ihm zu einer Quelle werden, deren Wasser ins ewige Leben fließt" (Joh 4,11–14). – Das heißt, Jesus schenkt ein besonderes Wasser. Aus dem Johannesevangelium wissen wir, dass dieses Wasser der Heilige Geist ist. Jesus schenkt etwas, das, wenn er es verschenkt, nicht weniger, sondern mehr wird. Die Gaben, die Gott schenkt, werden, indem man sie selber verschenkt, nicht weniger, sondern mehr. Alles andere, was wir so verschenken, Geld, Besitz, wird weniger, wenn wir es verschenken. Die Liebe Gottes und der Glaube aber werden nicht weniger, wenn wir sie verschenken, sondern mehr.

Lebendiges Wasser

Wenn wir geistlich sprechen: Hier ist das Wasser, das zum ewigen Leben führt. – Was ist das Wasser, nach dem wir uns als Menschen, die sich schwertun mit dem Glauben, permanent sehnen? Worin, denken wir, besteht die Erfüllung in dem, wonach wir uns sehnen? In den üblichen Dingen: Anerkennung, Reichtum, körperliches Wohlbefinden, Wohlleben, Macht. Nach solchen Dingen strebt der normale Mensch. Du musst etwas werden und etwas leisten, verklickert dir die Gesellschaft. Und gleichzeitig suggeriert sie dir: Wenn du das nicht hinkriegst, dann bist du nichts. Wir fallen darauf herein, meine Lieben. Ich habe schon manche Erfolge in meinem Leben gehabt, zufrieden machten sie mich nicht. Aber weltlicher Erfolg macht in der Regel süchtig nach mehr. Zehntausend Facebook-Likes machen süchtig nach zwanzigtausend, zwei Millionen Facebook-Likes machen süchtig nach fünf Millionen. Du kriegst den Kragen nicht voll mit den Dingen, von denen du meinst, dass sie dich glücklich machen in dieser Welt.

Jesus dagegen schenkt das Wasser, das nicht mehr durstig macht. Die Frau versteht dieses Angebot sehr gegenständlich-konkret; sie fragt, wo er denn sein Schöpfgefäß hat, anders komme er doch nicht in den Brunnen. Diese Erzählweise des Evangelisten nennt man übrigens ein „johanneisches Sprachspiel" oder ein „johanneisches Missverständnis". Johannes bewegt sich mit der Erzählsprache gerne auf verschiedenen Ebenen. So führt er durch die Sprache immer mehr in ein tieferes inhaltliches Verständnis hinein: Es geht ums Wasser, aber Jesus meint ein anderes Wasser. Er führt in die tiefere Ebene. Und die Frau befindet sich eben hier an der Schwelle, wo sie vom bloß gegenständlichen Verständnis übergeht in ein tieferes Verständnis. Ihr Herz öffnet sich und sie ahnt, dieser Mann am Brunnen hat mehr zu sagen und zu geben als bloß einen Krug Wasser.

„Da sagte die Frau zu ihm: Herr, gib mir dieses Wasser, damit ich keinen Durst mehr habe und nicht mehr hierherkommen muss, um Wasser zu schöpfen! Er sagte zu ihr: Geh, ruf deinen Mann und komm wieder her!" (Joh 4,15–16). – Diese Aufforderung kommt sehr unvermittelt und fast ein bisschen brutal, nicht? Zuerst geht es hier um Wasser, Brunnen und Trinken – und eine nette Begegnung. Sie spürt, er hat etwas zu geben, sie möchte das Wasser – und er sagt, geh, ruf deinen Mann. Eigentlich merken wir: Jesus berührt hier sofort die tiefste Wunde ihres Lebens. Die tiefste Wunde ihres Lebens ist, wie der Text weiter zeigt: Sie hat fünf Männer gehabt und den, den sie jetzt hat, der ist nicht ihr Mann. Damit wisst ihr auch, warum diese Frau allein am Mittag zum Brunnen geht, denn sie ist wahrscheinlich eine gesellschaftlich Ausgestoßene, verschrien im ganzen Ort. Meine Lieben, im übertragenen Sinn ist es egal, ob ihr an dieser Stelle diese Frau habt. Ihr könnt hier auch die Kirche einsetzen oder eure eigene Seele, die Bedeutung bleibt: Jesus will den Sünder erlösen und mit dem Wasser des ewigen Lebens beschenken. In diesem Sinne kommt die Frau in all ihrer Bedürftigkeit und all ihrer Gebrochenheit zu ihm.

Die Frau am Brunnen

„Ich habe keinen Mann", erwidert die Frau. „Denn fünf Männer hast du gehabt und der, den du jetzt hast, ist nicht dein Mann. Damit hast du die Wahrheit gesagt", stellt Jesus fest (Joh 4,18). – Das berührt mich zutiefst, weil sie eigentlich nicht wirklich die ganze Wahrheit sagt. Aber Jesus sucht auch noch diesen Punkt, an dem sie in dem, was sie sagt, recht haben könnte. Etwa so: „Ich habe keinen Mann" – okay. Du hast zwar einen, aber irgendwie ist er nicht dein Mann, stimmt. Ich nehme es jetzt mal so hin, dass du einen Anflug davon hast, die Wahrheit sagen zu wollen. Wisst ihr, was das ist?

Im Grunde hilft er der Frau behutsam in die Beichte, damit sie vor ihm in aller Wahrhaftigkeit stehen kann. Und wisst ihr, warum das mit der Wahrhaftigkeit so wichtig ist? Damit der Geist fließen kann.

„Die Frau sagte zu ihm: Herr, ich sehe, dass du ein Prophet bist. Unsere Väter haben auf diesem Berg Gott angebetet; ihr aber sagt, in Jerusalem sei die Stätte, wo man anbeten muss. Jesus sprach zu ihr: Glaube mir, Frau, die Stunde kommt, zu der ihr weder auf diesem Berg noch in Jerusalem den Vater anbeten werdet. Ihr betet an, was ihr nicht kennt, wir beten an, was wir kennen; denn das Heil kommt von den Juden. Aber die Stunde kommt und sie ist schon da, zu der die wahren Beter den Vater anbeten werden im Geist und in der Wahrheit; denn so will der Vater angebetet werden. Gott ist Geist und alle, die ihn anbeten, müssen im Geist und in der Wahrheit anbeten" (Joh 4,19–24).

Im Geist und in der Wahrheit

Eine Bekannte, die schon länger unterwegs ist auf der Suche nach Glauben, die sich mehr und mehr darauf einlässt, mit Gott, mit Jesus unterwegs zu sein, sagte einmal zu mir: „Wissen Sie, in der Zeit, während der ich jetzt auf der Suche war, ist mein Glauben ein bisschen intensiver geworden – ich habe die letzten Jahrzehnte nicht mehr gebeichtet und ich spüre, jetzt wäre es an der Zeit." Warum? Weil Gott, wenn ich aufrichtig vor ihn hinkomme, meine Aufrichtigkeit vertiefen und vermehren will. „Gott will im Geist und in der Wahrheit angebetet werden" (Joh 4,23), schreibt Johannes. Aber auch in der Wahrheit deiner eigenen Situation. Denn der Wunsch nach persönlicher Wahrhaftigkeit und die Wirkung des Geistes gehen zusammen – dein Gebet wird umso tiefer, je ehrlicher du mit dir selbst ins Reine kommst – und mit Gott. Als Christen fragen wir uns ja oft, wie wir zu einer Gotteserfahrung, wie wir näher zu Gott hinkommen. Meine Lieben, diese Bibelstelle aus dem Johannesevangelium zeigt uns: Bevor wir überhaupt damit anfangen, ist Gott schon da. Wäre Gott ein großer Helikopter, der über uns kreist, bräuchte er lediglich einen Platz zum Landen. Einen einigermaßen bereiteten Boden. Das können wir tun: den Boden des Herzens bereiten, indem wir ihn freiräumen, indem wir wahrhaftig werden, damit Gott darauf landen kann.

Oder wenn wir im Bild vom Wasser bleiben: Das Wasser möchte gewissermaßen durch unser Herz hindurchfließen, uns beschenken, klar sein, reinigen und dann auch sprudeln. Wenn es da aber so viele Verstopfungen und Hindernisse gibt, dann wird das allerdings schwierig. So gelangen wir natürlich schnell zum Thema Moral. Diese steht jedoch erst an zweiter Stelle. Jesus zieht uns an, wir haben Sehnsucht nach dem Leben, von dem er spricht, und er will uns erneuern durch seinen Geist – und mit ihm schenkt er uns die Kraft zum neuen Leben. „Die Frau sagte zu ihm: Ich weiß, dass der Messias kommt, der Christus heißt. Wenn er kommt, wird er uns alles verkünden. Da sagte Jesus zu ihr: Ich bin es, der mit dir spricht" (Joh 4,25–26). – Das, meine Lieben, ist eine Stelle, da kann man vor Ehrfurcht in die Knie gehen. Wie heißt der Name Gottes im Alten Testament, im Buch Exodus? „Ich bin, der ich bin" (Ex 3,14) oder anders: „Ich bin der Ich-bin-da". Und hier im Johannesevangelium findet eine Begegnung mit einer Sünderin statt, am Brunnen. Und Jesus wiederholt das Wort Gottes und sagt: Ich bin jetzt da. Ich rede mit dir, ich bin es.

Die Kraft zum neuen Leben

Unmittelbar danach heißt es: „Die Frau ließ ihren Wasserkrug stehen, kehrte zurück in die Stadt und sagte zu den Leuten: Kommt her, seht, da ist ein Mensch, der mir alles gesagt hat, was ich getan habe: Ist er vielleicht der Christus?" – Das heißt, sie glaubt jetzt schon, weil sie vorhersagt: „Da kommt der Messias, der wird uns alles sagen. Wenn er kommt, wird er uns alles verkünden. Er hat mir alles gesagt, alles, was für mein Leben wichtig und entscheidend ist." Ein schönes Detail ist: Sie lässt ihren Wasserkrug stehen. Das hat auch eine geistliche Bedeutung, die besagt: Ich brauche das alles jetzt nicht mehr, ich bin angekommen dort, wo alle meine Sehnsüchte erfüllt werden, ja sogar überboten werden – weil ich jetzt den Sinn meines Lebens weiß. Das ist mir ein wichtiger Punkt: Bevor die Frau sucht, ist sie schon gefunden. Gott ist immer schon da. „Nicht ihr habt mich erwählt, ich habe euch erwählt" (Joh 15,16). Das kommt hier sehr deutlich zum Ausdruck.

Moralische Klarheit

Die Frau am Brunnen steht für uns alle. Wir sind alle Sünder, jeder von uns ist Sünder oder Sünderin. Und jeder weiß um seine Durchschnittlichkeit und um seine Kämpfe. Aber die Frage ist: Wollen wir in unserer Durchschnittlichkeit, unserer Sündigkeit bleiben oder wollen wir sie immer wieder Jesus hinhalten, dass er sie verwandeln kann? Das befähigt uns, mehr und mehr im Heiligen Geist unterwegs zu sein.

Es gibt Menschen in der Verkündigung, auch in unserer Kirche, wo man das Gefühl hat, die sind nicht klar, die leben vielleicht ein Doppelleben in Beziehungsdingen, Gelddingen oder anderem. Und ich bin sicher, dass es etwas nimmt von der Kraft und der Fruchtbarkeit ihrer Verkündigung. Man kann bestimmte Dinge sagen, die fromm und schön klingen, aber niemanden ins Herz treffen, weil jeder irgendwie spürt, dass das auch dem Prediger nicht wirklich aus dem Herzen kommt. Denn damit es aus dem Herzen kommt, ist die Liebe zum Herrn nötig, die uns hilft, ihm ähnlicher werden zu wollen – selber machen können wir das sowieso nicht. Ich kann mit einer Beichte nicht mein komplettes Leben umdrehen, aber, wenn ich bekannt habe, was in mir nicht stimmt, und ich befreiter wieder rausgehen kann, dann sehne ich mich mehr nach Gott als vorher. Ich weiß nicht, ob euch das vielleicht schon einmal aufgefallen ist: Wenn ihr nach der Beichte innerlich klar seid, ist die Sehnsucht nach Gott größer als davor. Warum? Weil wir, wenn wir uns in unserem Alltagsschmarrn verlieren, eigentlich nichts mit ihm zu tun haben wollen. Weil es in uns die Bereiche gibt, wo wir böse sind, bequem und unwillig. Und das, obwohl wir glauben dürfen, dass er eigentlich das Beste aus uns herauslieben will – lieben, nicht prügeln!

Das hat mich zu diesem Goethe-Zitat geführt. Goethe hat in seiner Gedichtsammlung „Zahme Xenien" geschrieben: „Wär das Auge nicht sonnenhaft, die Sonne könnt es nie erblicken. Läg nicht in uns des Gottes Kraft, wie könnt uns Göttliches entzücken?" Ich interpretiere das so: Wenn du das, was in dir verquer ist, freiräumst durch das Angebot der Vergebung, dann erwächst in dir eine Regung, mit der du spürst: Das zieht mich jetzt zu dem hin, der mich so gemacht hat, dass ich ihm ähnlicher bin.

Wie wirkt der Heilige Geist?

Ja, was heißt eigentlich Evangelisierung? Eine schöne Definition dafür ist: „Ein Bettler sagt dem anderen Bettler, wo es das gute Brot gibt." Wir sind alle Bettler, der Bischof, der Pfarrer auch, jeder. Jeder lebt nicht von dem Brot, das er aus sich selber hätte, sondern von dem, das er empfangen hat. Aber wir helfen einander zu sagen, wo es das gute Brot gibt. Oder in dem Bild: wo der Brunnen ist, wo Jesus steht.

Wie wirkt der Geist? Eine gute Prüfstelle dafür ist der Galaterbrief (Gal 5,16–23). Paulus unterscheidet immer zwischen den Werken des Fleisches und der Frucht des Geistes. Normalerweise strebt der Mensch in unserer Gesellschaft nach mehr: mehr Anerkennung, mehr Reichtum, mehr Erfolg, mehr Besitz, mehr Lustempfinden und so weiter. Dieses Streben des Fleisches führt allerdings, sagt Paulus, zu Unzucht, Unsittlichkeit, ausschweifendem Leben, Götzendienst, Zauberei, Feindschaft, Streit, Eifersucht, Jähzorn, Eigennutz, Spaltungen, Parteiungen, Neid, Missgunst, Trink- und Essgelage und Ähnliches mehr. Eine ganze Palette.

Die Früchte des Geistes sind nach Paulus: Liebe, Freude, Friede, Sanftmut, Geduld, Selbstbeherrschung, Treue, Güte, Freundlichkeit. Wenn du spürst, dass davon etwas in dir wächst und du z. B. mit manchen Menschen, die dich nerven, geduldiger wirst, du in einem größeren inneren Frieden bist und weniger deinen Durst mit Dingen stillen willst, die nicht so toll sind – oder wenn du spürst, dass du reinen Tisch machen möchtest und dir dafür vielleicht Hilfe suchst, beichten gehst oder schlechte Gewohnheiten aufgibst –, wenn solche Dinge in dir wachsen, auch die Sehnsucht nach Gott wächst, dann darfst du, glaube ich, darauf vertrauen, auf dem richtigen Weg und im Geist Gottes unterwegs zu sein.

Wofür bist du da?

Wofür bist du da? Um dich von Jesus retten zu lassen – und dann von ihm Zeugnis zu geben. Du darfst die Frau am Brunnen sein, die fragt: Wo ist denn dieses Wasser? Gib mir das, ich hätte es gern – um dann verbunden mit Jesus zu leben und dich von ihm verändern zu lassen. Noch einmal: Die Liebe macht uns dem ähnlicher, den wir lieben – dort, wo du stehst und lebst, in Wort und Tat. Du willst wissen, was der Sinn deines Lebens ist? Der Epheserbrief sagt: „Wir sind zum Lob seiner Herrlichkeit bestimmt" (Eph 1,12). Musst du deswegen in deiner Arbeit lauten Lobpreis machen? Nein. Aber du darfst still für dich sagen: „Herr, jetzt geh ich den Dienst an, der passt mir nicht: Aber, Herr, ich tu es für dich." Oder: „Herr, jetzt will ich mit diesem Menschen reden, das ist auch dein Geschöpf, auch wenn es mir schwerfällt, mit ihm zu reden: Herr, für dich." Wenn wir lernen, Dinge für Gott und die Menschen zu tun, dann werden wir darin Menschen, die seine Herrlichkeit loben. Und das ist der Sinn unseres Lebens.

„Wir sind seine Geschöpfe, in Christus Jesus dazu geschaffen, in unserem Leben die guten Werke zu tun, die Gott für uns im Voraus bereitet hat" (Eph 2,10). Wenn ihr fragt, was eure Berufung ist – sage ich erst einmal: Sei dort, wo du bist, ein Zeuge, eine Zeugin der Liebe, der Freundlichkeit, der Güte, des Gotteslobes. Und wenn du dann sagst: „Ja, aber ich gehe vor die Tür und denke mir, ob ich die Umwelt retten soll oder den armen, alten oder kranken Menschen – oder tausend andere Dinge." Dann glaube ich: Es gibt etwas, das Gott für dich bereitet hat und das nur du tun kannst. Du musst nicht die ganze Welt retten, die ist schon gerettet durch Jesus. Aber er will dich vielleicht an einen Ort stellen, an dem du spürst: „Hier bin ich gefragt, hier bin ich gerade unvertretbar und unersetzbar."

Dort, wo du bist, ist der Herr schon da, ist auch schon etwas von dem Brunnen da. Und wenn du versuchst, dich auf das einzulassen, was gerade da ist, um seinetwillen und um der Menschen willen, wächst in dir die Fähigkeit, den nächsten Schritt zu sehen und dann noch einen und noch einen. Und dann kann es sein, dass du an den Punkt kommst und sagst: Ja, ich muss vielleicht doch woanders hingehen. Aber das ist in der Regel nicht etwas, was dir einfach nur im Kopf herumgeht, sondern was sich ganz konkret aus dem Gehen des Weges ergibt. „Con-crescere" ist ein schönes lateinisches Wort, es heißt „zusammenwachsen". Wenn du kon-kret wirst, ein Mensch im Hier und Jetzt, wenn du zusammengewachsen, integriert bist und nach und nach „ganz" wirst, dann lernst du im Gehen des Weges deine nächsten Schritte kennen. Die Antwort auf die Frage, wo du hingehörst, wächst in diesem Sinne organisch. Schritt für Schritt. Dazu habe ich noch eine kleine Übung: Fange möglichst viele Dinge, die du jeden Tag tust, mit einem kurzen inneren Gebet an, indem du Jesus darum bittest, dass du es so tun kannst, dass es für ihn ist.

Konkret werden in der Liebe

XVI
Die heilige katholische Kirche, Gemeinschaft der Heiligen, Vergebung der Sünden

Das Thema Kirche ist tatsächlich der Punkt, der Katholiken, Evangelische und Freikirchen in ihren konfessionellen Zugängen zum Glauben mit am meisten unterscheidet. Die Frage, wer oder was „die Kirche" ist, trennt uns im Grunde am stärksten. Damit ihr versteht, was aus katholischer Sicht Kirche ist, werde ich als katholischer Bischof zuerst und vor allem die katholische Perspektive vertreten – auch wenn evangelische Freunde unter uns sind. Danach werdet ihr, hoffe ich, auch sehen, warum für das katholische Kirchenverständnis auch das Bischofsamt bedeutsam ist.

In der Heiligen Schrift gibt es einen Text aus dem Hebräerbrief, mit dem sich vielleicht alle Konfessionen anfreunden können. Der Autor des Hebräerbriefs schreibt den Gläubigen: „Ihr seid vielmehr zum Berg Zion hinzugetreten, zur Stadt des lebendigen Gottes" (Hebr 12,22) und er meint damit das himmlische Jerusalem. Zum himmlischen Jerusalem gehören tausende Engel, eine festliche Versammlung, die Gemeinschaft der Heiligen, Gott, der Richter aller, Jesus, der den Bund gestiftet hat, den Bund durch sein Blut, „das mächtiger ruft als das Blut Abels" (Hebr 12,24). Das Blut Abels verweist, wenn ihr euch erinnert, ganz an den Anfang des Alten Testaments: Kain erschlug Abel und sein Blut, das gewissermaßen den Acker tränkte, forderte die Aufmerksamkeit und die Zuwendung Gottes heraus. Die Stelle besagt: Wir sind alle miteinander Kirche und – ganz wichtig – immer auch verbunden mit der Kirche im Himmel, mit den Engeln und den Heiligen. Also, wenn wir im Gottesdienst miteinander singen, dann nehmen wir teil am Lobpreis im Himmel, wo immerfort Gott angebetet und geliebt wird. Es gibt also ein geheimnisvolles Ineinander von irdischer Kirchengestalt und der himmlischen Gemeinschaft der Kinder Gottes.

Das Geheimnis der Kirche – drei markante Personen

Ich habe drei Personen ausgewählt, mit denen ich versuche, Zugänge zum Geheimnis der Kirche vorzustellen. Das Thema ist eigentlich riesig. Als Theologieprofessor habe ich früher eine zweistündige Semestervorlesung darüber gehalten – und jetzt versuche ich, das Ganze in einem Kapitel unterzubringen, aber nur mit ganz markanten Aspekten. Also drei Personen: Maria, Petrus und Paulus.

Jeder von euch hat Erfahrungen mit Gemeinschaften. Stell dir vor, du bist Schüler oder Schülerin und kommst in eine neue Klasse. In der neuen Klasse hältst du am besten erst einmal die Klappe, wenn du nicht ein riesiges Selbstbewusstsein hast. Du versuchst wahrzunehmen, wie die Gemeinschaft tickt, was aktuell die Themen sind, wie alle miteinander umgehen. Du versuchst wahrzunehmen, wer der Chefsprecher oder die Chefsprecherin ist, wer das Ganze irgendwie am meisten beeinflusst – und dann versuchst du, dich nach und nach einzufügen, suchst deinen eigenen Platz in der Gemeinschaft, suchst nach Nähe von Menschen, die dir sympathisch sind. Und so lernst du nach und nach, deinen Mund aufzumachen, deine Meinung zu sagen und am Gespräch teilzunehmen. Das ist normal, wenn man in so eine Gemeinschaft hineinwächst. Gemeinschaften sind Orte, an denen wir uns normalerweise innerlich nach und nach öffnen und uns aber auch bestimmen lassen von so etwas wie dem Geist einer Gemeinschaft, davon habe ich im letzten Kapitel auch schon gesprochen, wenn ihr euch an die Fußballmannschaft erinnert.

Geist der Gemeinschaft

Kirche ist eine Gemeinschaft, die Überzeugungen teilt. Und je weiter du dich diesen Überzeugungen öffnest, desto mehr macht das etwas mit dir und desto mehr wird dein Leben davon geprägt werden. Viele Menschen haben deshalb den Verdacht, dass Kirche manipuliert. Die wollen irgendetwas von uns, sagen sie: „Da gibt es so ein paar Kleriker, einen Papst, Bischöfe, Pfarrer, die wollen unsere Kirchensteuer, unser Geld, absolute Macht, die wollen uns unterdrücken." Möglich ist es: In jeder Gemeinschaft gibt es – wie ich sagte – einen guten Geist und so etwas wie einen Ungeist. Du kannst auch manipuliert werden. Wenn du im Fußballstadion stehst und die tolle Gemeinschaft der Fans untereinander genießt – und auf einmal finden alle Fans Ausländer blöd, dann kann es sein, dass dich das mitnimmt und du auf einmal irgendwelche Überzeugungen bekommst, die du gar nicht haben wolltest. Insofern ja, Manipulation ist möglich. Deshalb ist es wichtig, bei allem, was wir als Kirche glauben: Prüft es gut und fragt euch, ob darin ein Geist ist, der dir im Leben weiterhilft, ein Geist der Liebe und der Freiheit.

Maria – Wohnort Gottes unter den Menschen

Es geht um Kirche, die Erfahrung von Gemeinschaft – und mein erster Punkt ist Maria. Warum? Weil meine liebste Definition von Kirche ein biblisches Wort ist: Kirche ist „Wohnort Gottes unter den Menschen" (Offb 21,3). Wenn du das Wort „Kirche" hörst, denkst du vielleicht zuerst an ein Gebäude oder an eine Struktur. Oder du denkst zuerst an Skandale, die in den Medien stehen. Oder du denkst an die Pfarrei und euren Pfarrer und die Gemeinschaft. Und ja, auch das ist alles irgendwie Kirche, sind Facetten von Kirche. Aber, meine Lieben, von der Schrift her ist Kirche zuerst „Wohnung Gottes unter den Menschen".

Und jetzt – das ist die katholische Perspektive – kann man fragen, wer eigentlich im tiefsten Sinn Wohnort Gottes unter den Menschen ist. Wer ist das? Und da gibt die Schrift die einfache Antwort: Das ist die Mutter des Herrn. Der heilige Lukas stellt Maria in seinem Evangelium sogar als den Tempel schlechthin dar.

Vielleicht erinnert ihr euch an die Szene, wo zunächst der Engel Gabriel zu Zacharias, dem Priester, in den Tempel kommt, während Zacharias seinen Dienst dort tut (Lk 1,5ff.). Der Engel sagt zu Zacharias sinngemäß: „Deine Frau Elisabet wird ein Kind bekommen. Ihr seid jetzt zwar schon ziemlich alt, aber das passiert trotzdem." Und Zacharias zweifelt und glaubt das nicht wirklich – er wird stumm, bis Johannes geboren wird. Und der Evangelist Lukas beschreibt unmittelbar nach dem Dialog zwischen Zacharias und dem Engel im Tempel eine Szene, wo derselbe Engel zu Maria nach Hause kommt. Und es findet ein ganz ähnlicher Dialog statt, nur noch mit dem Hinweis, dass der Heilige Geist Maria „überschatten" (Lk 1,35) wird. Und dass Maria zwar nachfragt, wie das geschehen soll, aber sie glaubt, sie stellt sich zur Verfügung – und es geschieht!

Die „Überschattung"

Ein Jude aus dem ersten Jahrhundert denkt an dieser Stelle, vor allem bei dem Wort „überschatten", womöglich gleich an das sogenannte Offenbarungszelt, mit dessen Hilfe Gott die Israeliten durch die Wüste geführt hat. Wenn sich Gottes Herrlichkeit darüber niedergelassen hat, „überschattete" eine Wolke das Offenbarungszelt – und es wurde gleichsam zum Wohnort von Gottes Gegenwart. Und dann konnte nur Mose da hineingehen, weil er auserwählt und dafür vorbreitet war. Und später, als Salomo zum ersten Mal den Tempel in Jerusalem baute, zog dort auf geheimnisvolle Weise die Herrlichkeit Gottes ein (1 Kön 8,11) – und überschattete den Tempel – und macht ihn zur „Wohnstätte" Gottes (1 Kön 8,13). – Im Lukasevangelium nun kommt der Engel, so wird es erzählt, zu einer Frau und sagt zu ihr: „Der Heilige Geist wird dich überschatten und du wirst ein Kind gebären." Das heißt von der Symbolik her, dass Maria der Tempel ist, in den Gott einzieht. Sie ist der neue Tempel, der Wohnort Gottes in der Welt, Wohnort dessen, der der Neue Bund zwischen Gott und Menschen in Person ist. Und deshalb, meine Lieben, ist es für mich überaus wichtig und hilfreich und hoffentlich auch für euch, dass wir Kirche immer zuerst als Person verstehen, bevor alles andere dazukommt:

Kirche ist zuerst eine Person, in der Gott wohnt – und dann eine Gemeinschaft von Personen, von Menschen, in denen und unter denen Gott wohnt.

Korporative Person

In der Bibel gibt es das Prinzip der korporativen Person. Gott verheißt zum Beispiel dem Abraham, dem Stammvater: „In deinen Nachkommen werden alle Völker gesegnet sein" (Gen 22,18). Oder er sagt zum Enkel von Abraham, zu Jakob: „Dein Name soll Israel sein" (Gen 35,10) – und Israel ist nachher der Name eines Volkes, weil aus Jakob zwölf Söhne hervorgehen, die die zwölf Stämme Israels bilden. So etwas bedeutet, dass dann in dieser einen Person das ganze Volk personifiziert oder repräsentiert ist. Er ist die korporative Person, die alle

Glieder in sich vereint. Für Juden – so wie sie das Alte Testament verstehen – ist dieses Phänomen noch stark biologisch bestimmt – und von der Zugehörigkeit zum Volk her. Paulus wird später sagen: „Dem Fleisch nach entstammt ihnen der Christus" (Röm 9,5). Und er meint das jüdische Volk, sein eigenes Volk. Die Kirche wiederum macht die Erfahrung, dass es eine korporative Person natürlich auch in diesem jüdischen Verständnis und in der konkreten Bezogenheit auf das Volk gibt, dass es sie aber ebenso und noch tiefer im Geist gibt. Wir glauben zum Beispiel, dass Maria so sehr Kirche ist, dass sie gewissermaßen der Anfang von allem, der Ursprung von allem und das Urbild davon ist. Schon die Kirchenväter, zum Beispiel Basilius der Große, Origines oder Augustinus, haben gesagt: Maria ist die Kirche, ist Personifikation von Kirche schlechthin, also ebenso korporative Person.

Wie kann man das auf unsere Erfahrungswelt übertragen? Stell dir vor, du bist in einem Unternehmen beschäftigt und wünschst dir ein gutes Betriebsklima. In eurer Abteilung gibt es eine oder zwei Personen, die irgendwie die Seele des Betriebs sind. Manchmal merkt man erst, wie viel schlechter das Klima wird, wenn die eine Seele des Betriebs plötzlich weg oder länger krank ist, eben, weil von ihr so viel ausgeht, weil sie, ob sie will oder nicht, die prägende Gestalt für das Klima ist. Das heißt: Es gibt offensichtlich Menschen, die eine Umgebung so von ihrer Güte, Liebesfähigkeit, Offenheit, Zugänglichkeit prägen, dass sie die Atmosphäre von so einem Betrieb verändern können. In ihnen ist irgendwie der Geist dessen, was diese Gemeinschaft von Personen ausmacht. Und ja, es sind reale Personen, mit einem bestimmten Radius ihrer Wirkungskraft. Der Geist sucht sich immer konkrete Personen. Die Kirche glaubt nun: Am tiefsten ist die Frage, wer oder was Kirche ist, in Maria verkörpert, weil sie der Wohnort Gottes in der Welt ist. Willst du den Geist von Kirche kennenlernen? Willst du wissen, wo und wie Gott zur Welt kommt? Dann geh zu ihr – und lerne, wer die Kirche ist.

Einheit in Verschiedenheit

Noch ein Phänomen, das ich als Ordensmann gut erzählen kann: Es gibt so etwas wie eine prägende Fruchtbarkeit über das bloß biologische Leben hinaus. Ich bin Salesianer Don Boscos und mein Ordensvater ist der heilige Don Bosco. Der hat sich ganz viel um junge Menschen gekümmert, damit sie gut ins Leben und in den Glauben kommen, besonders um die Armen, damals die Straßenkinder. Irgendwann gab es Leute, die mit ihm leben, mit ihm in Gemeinschaft sein und sich auch um Jugendliche kümmern wollten. Daraus ist eine Ordensgemeinschaft entstanden: die Salesianer Don Boscos.

Don Bosco ist der „Vater" dieser Gemeinschaft und hat ihr einen bestimmten Geist, eine bestimmte Atmosphäre mitgegeben. In der Charakteristik, wie Don Bosco eben war: voller Gottvertrauen, offen, zugänglich, gütig, mutig, froh, beherzt und als Pädagoge und Priester immer ganz für die Jugendlichen da. Seine Nachfolger – und das ist interessant – waren auf ihre Art ganz eigene Typen, auch die, die mit ihm unterwegs waren. Jeder war ganz anders, ein Original, und trotzdem hat man gespürt, dass sie alle etwas Bestimmtes eint. Sie sind alle irgendwie von Don Bosco geprägt. Das, meine Lieben, ist eine wunderbare Erfahrung: Wenn ich heute in Myanmar, Japan, China oder Afrika in ein Salesianerhaus gehe, dann fühle ich mich immer irgendwie daheim. Weil ich meine Brüder treffe und die Verwandtschaft spüre. Obwohl Afrika, Myanmar, Indien und meine Mitbrüder dort so verschieden sind – irgendetwas eint uns. Wir sagen, das ist der Geist Don Boscos. In geistlich tieferem Sinne ist das der Heilige Geist, der in Don Bosco in so einer besonderen Prägung erfahrbar ist, und der ihn mit einem so besonderen Charisma begabt hat. Und das Spannende ist dabei: Es geht weiter! Don Boscos Fruchtbarkeit reicht über seinen Tod hinaus – hinein in viele Generationen. Er ist wie ein Baum, den der Heilige Geist mitten in seine Kirche gepflanzt hat – und an ihm wachsen so viele Äste, Zweige und Blätter, die alle mit Don Bosco in Verbindung sind und doch eben ganz sie selbst.

Das beantwortet schon die Frage, ob ich als Salesianer eine Kopie Don Boscos werden muss. Oder darf ich so sein, wie ich bin? Das Geheimnis des Heiligen Geistes ist, dass du auf der einen Seite immer mehr du selbst werden darfst und andererseits immer mehr im Geist Don Boscos oder im Heiligen Geist wirken lernst, dass er dich verwandelt. Sodass man spürt: Dieser Mensch ist einerseits wirklich er selbst mit unverwechselbaren Gaben und Charismen, aber andererseits merkt man auch: Der ist durch und durch ein Sohn Don Boscos. Der Geist Gottes führt dich also tiefer zu dir selbst und deshalb (!) und darin näher zu Gott. Es ist wieder wie bei unseren Gedanken über die Trinität: Einheit in der Verschiedenheit. Und eben das sagt ganz viel über das Geheimnis der Kirche, über das Geheimnis der Fruchtbarkeit in der Kirche und letztlich auch über das Geheimnis Mariens aus.

Wir Katholiken glauben nämlich, dass überall, wo Jesus in der richtigen Weise verehrt wird, eine gewisse Gemeinschaft von Kirche entsteht – aus einem freien „Ja" heraus. Jesus wünscht sich ein freies „Ja". Und das freieste, tiefste, existenziellste Ja, das je gesprochen worden ist, war Marias Zusage: „Ich bin dabei, bin Gottes Dienerin", sagte sie, „mir geschehe nach deinem Wort!" (Lk 1,38). Hier liegt der Anfang von Kirche. Kirche als Gemeinschaft, als korporative Person. Frage dich, wo deine Glaubensüberzeugungen entstanden sind: Du wirst dies wahrscheinlich nie zuerst mit Büchern in Verbindung bringen. Du bringst es wahrscheinlich immer zuerst mit Personen in Verbindung. Und je glaubwürdiger diese Personen sind, desto mehr wird dich das, wenn du dich öffnest, beeindrucken, prägen oder beeinflussen. Natürlich gibt es auch die Möglichkeit, dass du manipuliert wirst, keine Frage. Das aber kannst du durchschauen. Denn eine Gemeinschaft, die Christus ganz in ihrer Mitte hat, die zeichnet sich, wie Maria, besonders durch ein Charakteristikum aus: Es geht ihr nie zuerst um sich, es geht ihr immer um Christus. Eine Gemeinschaft, die Christus in der Mitte hat, wird auch automatisch eine offene Gemeinschaft bleiben. Eine, die sich wünscht, dass auch andere Christus begegnen.

Aus einem freien Ja heraus

Leider haben wir in der Kirche immer wieder solche Phänomene, die am Ende oft doch nur oder vor allem vom rein menschlichen Geist bestimmt werden. Wir kennen zum Beispiel, dass jemand in bester Absicht etwas beginnt und zum Beispiel einen Familienkreis gründet. Sie treffen sich, beten miteinander und kümmern sich gemeinsam um ihre Kinder. Aber irgendwann stellt sich heraus, dass es dort gar nicht mehr so sehr um Jesus geht: Sie genügen sich selbst, treffen sich nur noch um ihres gegenseitigen Nutzens willen. Und so kommt es, nach und nach, dass in dieser Pfarrei nach vierzig Jahren noch derselbe Familienkreis da ist, mächtig geschrumpft, natürlich. Aber es kommt ja auch niemand Neues hinein, weil er zu einer geschlossenen, exklusiven Veranstaltung von ein paar Freunden wurde. Und es letztlich nicht darum ging, Menschen wirklich zum Herrn zu führen. Ich will so etwas jetzt auch nicht einfach schlechtreden, aber die Frage stellen: Ist das dann wirklich Kirche? Denn ich meine, dort, wo der Herr in der Mitte ist, sind Gemeinschaften immer offen – weil Jesus Grenzen überschreitet.

Grenzen überschreiten

Im Evangelium nach Matthäus (etwa Mt 8,2ff.) wird von einem Leprakranken erzählt, der zu Jesus kommt. Solche Menschen, auch Aussätzige genannt, mussten fortwährend „unrein, unrein!" schreien, wenn sie sich in die Nähe von Menschen begaben – damit man ihnen ja nicht zu nahekam. Nach jüdischem Gesetz von damals sollte einer, der an Lepra litt oder einen anderen Aussatz oder Ausschlag hatte, zu einem Priester zur „Untersuchung" gehen. Wenn dieser dann den Aussatz bestätigte, wurde der Betroffene aus der Gesellschaft ausgestoßen – furchtbar brutal. Ohne Arbeit, Unterkunft und Geld waren diese Menschen gezwungen zu betteln. Als „Unreine" durften sie natürlich auch nicht mehr in den Tempel gehen, der doch die Mitte des religiösen und gesellschaftlichen Lebens in Israel war.

Und jetzt, meine Lieben, lesen wir im Evangelium: Jesus begegnet dem Leprakranken, vielmehr noch: Er geht sogar auf ihn zu, indem er die Hand nach ihm ausstreckt und ihn berührt (vgl. auch Lk 5,13). Ich denke mir, was muss der kranke Mann Mut gehabt haben in seiner Situation. Er spricht Jesus an und sagt: „Wenn du willst, dann mache mich rein." Und er fällt vor ihm auf die Knie. Was macht Jesus? Er überschreitet dramatisch die Grenzen seiner Gesellschaft, wie so oft. Denn Jesus beschäftigt sich mit den Zöllnern, den Prostituierten, die durften alle nicht in den Tempel. Aber er, der Heilige, der ja auch der Tempel in Person ist, der Mensch, der voll von Gottes Gegenwart ist, er geht raus zu ihnen, zu den Blinden, zu den Kindern, zur Samariterin. Immer überschreitet er Grenzen und holt die Ausgestoßenen zu sich. Er ist in Person eine Sammlungsbewegung für Israel. Und in solchen Gemeinschaften, die sich auf diesen Jesus berufen, in solchen Gemeinschaften bleiben wir als Kirche auch offen, Grenzen überschreitend. Und viele gläubige Menschen aus allen Zeiten, die wirklich hinausgegangen sind in die Welt – um Menschen zu Jesus zu führen, die haben so oft die innere und äußere Entdeckung gemacht: Wohin wir auch gehen, er ist auf geheimnisvolle Weise immer schon da. Ja, es stimmt, er ist da und bleibt da. Aber wir brauchen auch einander, um uns immer neu zu erzählen und im Vertrauen zu bestärken, wie wir erfahren haben, dass er da ist. Und ja, wenn wir im Vertrauen unterwegs sind, dann erleben wir: Jesus wirkt heute noch Wunder.

In und mit Jesus ist die Kirche deswegen – und das ist versöhnend für unsere Geschwister aus den anderen Konfessionen – immer nur eine. Jesus ist ja der Bräutigam, die Kirche die Braut – und wenn dieses wunderbare Bild vom Bund Gottes richtig ist, dann hat auch Jesus nur eine Braut. Er ist monogam. Die Kirchenspaltungen durch die Jahrhunderte sind deshalb natürlich auch ein Skandal. Jesus hat ausdrücklich darum gebetet, dass alle, die an ihn glauben, eins seien (Joh 17,22).

Im großen Apostolischen Glaubensbekenntnis bekennen wir, dass die Kirche eine ist und heilig, katholisch (das heißt

„Dass sie eins seien"

hier „umfassend", nicht „römisch-katholisch") und apostolisch. Wir glauben – das ist jetzt wieder römisch-katholisch gedacht –, dass die Kirche in Maria und natürlich in Jesus selbst heilig ist – und nicht zuerst in Petrus. Wenn zum Beispiel die Kirche nicht mit Maria, sondern mit Petrus begonnen hätte, dann hätte er das Ding ziemlich schnell in den Sand gesetzt – wie wir vom Gründonnerstagabend wissen. Aber die Kirche ist nicht mit Petrus losgegangen. Maria war schon lange Kirche, da war Petrus überhaupt noch nicht auf dem Plan. Sie ist die Heilige schlechthin als Geschöpf, weil in ihr Gott gewohnt hat. Und bisweilen wünsche ich mir sehr, dass unseren vielen Geschwistern aus der evangelischen Kirche oder aus den Freikirchen einmal aufgehen könnte, dass in Maria das „sola gratia", das ihnen so wichtig ist, voll verwirklicht ist! Dann bekämen wir auch von hier einen Ansatzpunkt für die Ökumene. Im Lukasevangelium begrüßt sie der Engel mit der Anrede: „Sei gegrüßt, du Begnadete!" (Lk 1,28). Daher meine ich: Auch in Maria ist die Kirche insgesamt „eine", eine Kirche, weil durch ihr Jawort Gott selbst im vollen Sinn in ihr Wohnung nehmen konnte. Dieses entscheidende Jawort geht deshalb allen anderen Antworten voraus, die Menschen auf Jesus geben – und schließt sie gewissermaßen stärkend mit ein.

Petrus und das Amt: Die Spannung zwischen Amt und Person

Nun kommen wir zu Simon Petrus, der ja nach der Schrift auch eine Art korporative Person ist und für die Kirche steht. Im Matthäusevangelium, im 16. Kapitel, findet ihr die Stelle, die wir Katholiken am häufigsten als Begründung für das Amt des Petrus, also auch für das Amt des Papstes, bemühen. Da fragt Jesus seine Jünger: „Für wen halten die Menschen mich?" Und die Jünger antworten so: „Die einen halten dich für Johannes den Täufer, andere für Elija, wieder andere für Jeremia oder sonst einen Propheten" (Mt 16,14). Jedenfalls kommen da verschiedene Antworten. Und vielleicht sagen die Jünger auch noch solche Sachen wie: „Na ja, manche sagen, du bist so ein Wanderprediger oder du bist ein Zauberkünstler – was die Leute halt so reden." – Und Jesus will es nun von den Jüngern genau wissen: „Und ihr, was sagt ihr? Wer glaubt ihr, wer ich bin?" Simon Petrus antwortet: „Du bist der Christus (das heißt: der Gesalbte, der Messias), der Sohn des lebendigen Gottes." Und auf dieses Bekenntnis des Simon sagt Jesus: „Selig bist du, Simon Barjona; denn nicht Fleisch und Blut haben dir das offenbart, sondern mein Vater im Himmel. Ich aber sage dir: Du bist Petrus und auf diesen Felsen werde ich meine Kirche bauen und die Pforten der Unterwelt werden sie nicht überwältigen" (Mt 16,17–18). Jesus sieht in der Aussage des Petrus also eine Offenbarung des Vaters; offenbar wirkt der Vater in Petrus, sodass Petrus die Wahrheit darüber sagen kann, wer Jesus tatsächlich ist. Denn das ist in unserem Glauben tatsächlich mit eines der wichtigsten und zentralsten Dinge: sagen und vor allem glauben zu können, wer Jesus ist!

Und diese Fähigkeit, eingegeben vom Vater, aus der lässt Jesus ein Amt werden, einen Dienst am Glauben und an der Einheit: Petrus ist berufen, in einem starken, tiefen, felsenhaften Glauben der Welt immer wieder neu zu sagen, wem und was wir glauben; das heißt: wer Jesus ist. Und er soll darin auch die Brüder stärken (vgl. Lk 22,32). Dieses „Amt" hat Petrus nicht aus sich selber. Sein eigenes „Fleisch und Blut", das sehen wir sofort in der nächsten Szene, wird schwach. Denn unmittelbar nach diesem Dialog mit Jesus, der seine Kirche auf ihn baut, kündigt derselbe Jesus in etwa Folgendes an: Er müsse nach Jerusalem gehen, wo ihm ziemlich übel mitgespielt werden wird. Ja, er werde gefangen genommen und gefoltert werden – sogar getötet. Aber nach drei Tagen werde er auferstehen (vgl. Mt 16,21). Petrus versteht das mit der Auferstehung sowieso noch nicht. Aber er hört auf dem Ohr seines unerlösten

Herzens vielleicht Folgendes: „Mein Freund, mein Herr, soll gequält werden und sterben!" Und Petrus reagiert, wie vermutlich jeder gute Freund reagieren würde. Er sagt: „Um Gottes willen, das soll doch nicht passieren!" Als Interpretation sage ich: Fleisch und Blut bei ihm reagieren so. Vielleicht sagt er auch: „Lieber Jesus, jetzt läuft es doch gerade so gut, schau, wie uns die Leute nachgehen, wie sie dir glauben, das kann und darf nicht passieren!" Und was sagt Jesus, der gerade eben, nur einen Moment vorher, auf Petrus seine Kirche gebaut hat? Er sagt: „Satan, geh weg von mir. Du willst nur, was die Menschen wollen" (Mt 16,23).

Mensch aus Fleisch und Blut

Petrus hat ein Amt, gegeben von Jesus und vom Vater – aber er ist eben auch noch eine einfache Person aus Fleisch und Blut, mit alldem, was da gereinigt, durchkämpft, durchlitten und vom Heiligen Geist durchwirkt werden muss. Wir sehen ja später in der Schrift auch, wie er unter dem Kreuz jämmerlich versagt. Er, der „große Felsenmann", verleugnet den Herrn dreimal – ausgerechnet in der Stunde, in der es darauf ankäme. – Ich möchte euch fragen: Wann wird Petrus wirklich der Fels der Kirche? Ich glaube, nachdem der auferstandene Jesus dem Petrus neu begegnet und ihn trotz seiner dreimaligen Verleugnung dreimal fragt: „Liebst du mich?" (vgl. Joh 21,15–19). Und Petrus versteht endlich, dass der Herr ihn immer noch liebt! Und er versteht auch, dass sich die Frage, ob er ein guter Hirte der Herde Jesu sein wird, am Ende entscheidet an der Frage, ob und wie sehr er ihn liebt! Und wie sehr er sich von Jesus selbst lieben und führen lässt. Und tatsächlich: Am Ende seines Lebens wird Petrus auf ähnlich grausame Weise sterben wie sein Herr: am Kreuz. Und Jesus deutet dieses Sterben im Evangelium sogar an (vgl. Joh 21,18–19).

Wir sehen: Die Kirche ist in Maria schon da, ehe Petrus da ist. Aber Jesus erwählt einige aus seinen Gefährten, besonders den Petrus, denen er die besondere Aufgabe gibt, die Kirche zu leiten, ihr zu dienen, den Glauben zu verkünden, die Sakramente zu spenden und vor allem auch: Sünden zu vergeben! Am Ostertag, so berichtet uns Johannes, erscheint der Auferstandene den Jüngern, haucht sie an und sagt: „Empfangt den Heiligen Geist." Und er fügt hinzu: „Wem ihr die Sünden vergebt, dem sind sie vergeben; wem ihr die Vergebung verweigert, dem ist sie verweigert" (Joh 20,22–23). In Petrus und den Aposteln hat die Kirche also auch ihre amtliche Seite, der besonders das Lehren, das Leiten und das Heiligen der Menschen im Glauben zukommt.

Die Apostel sind damit gleichsam die ersten Amtsträger in der Kirche Jesu Christi. Diese Kirche, diese Gemeinschaft Jesu, ist zunächst eine Art Sammlungsbewegung. Jesus ist ja zuerst in sein eigenes Volk, das jüdische Volk, gesandt. Und die zwölf Apostel sind eine Art geistliche Wiederholung der ursprünglichen Entstehung des Volkes aus den zwölf Stämmen Israels, aus den Söhnen Jakobs – in diesem Sinn sind auch sie korporative Persönlichkeiten. Die Zwölf repräsentieren das neue Israel. Sie waren drei Jahre lang fast ununterbrochen bei ihm und mit ihm, Tag und Nacht. Jesus hat zwar immer wieder zu ganz vielen Menschen gesprochen, er hat ganz viele geheilt, oft heißt es: „Er heilte alle" (z. B. Mt 12,15). Aber zwölf ausgewählte Männer hat er intensiv trainiert, drei Jahre lang, er hat mit ihnen gelebt, gearbeitet, gebetet. Er hat sie hinausgeschickt und wieder erwartet, er hat sie korrigiert und unterwiesen. Er hat sie aufgefordert auszuruhen und war immer wieder ihr Lehrer und Diener zugleich. Sie haben ihn beobachtet beim Leben, Reden, Handeln, beim Umgang mit den Menschen, beim Austreiben der Dämonen, beim Heilen der Kranken, beim Wirken von Wundern – vor allem beim Lieben und Dienen. Drei Jahre lang intensives persönliches Training. Warum? Damit die Apostel ihn später wirklich repräsentieren konnten. Damit sie in gewisser Hinsicht werden wie er. Sie sollten beten und predigen wie er, sie sollten Sünden vergeben, taufen, das Abendmahl feiern, heilen und Dämonen

_{Drei Jahre Training}

austreiben und alle Menschen zu Jüngern Jesu machen (vgl. Mt 28,19).

Das dreistufige Amt

Im Laufe der frühen Kirchengeschichte haben die Apostel dann ihre eigenen Nachfolger gesucht und durch Auflegung der Hände eingesetzt – das können wir schon in der Schrift sehen (z. B. 2 Tim 1,6). Auch zeichnen sich schon früh Helfer der Apostel ab, die sogenannten Ältesten (Presbyter, Priester; vgl. etwa Apg 14,23), ebenso wie die Diakone, die stärker als die Apostel die soziale Not der Menschen mitberücksichtigen sollten (z. B. Apg 6,2–3). Daraus entwickelt sich früh in der Kirche ein dreistufiges Amt: Apostel (Bischöfe), Priester und Diakone – die ihr Amt in ununterbrochener Reihenfolge durch Handauflegung weitergegeben haben. Dies nennt man – weil es von den Aposteln herkommt – die apostolische Sukzession, die ununterbrochene Weitergabe des Sendungsauftrages der Kirche in den Ämtern.

Der Amtsträger, vor allem der Bischof und der Priester, repräsentieren Jesus ganz real in der Feier der Sakramente, vor allem in der Eucharistie. Wenn ein Priester die heilige Messe feiert, spielt er nicht nur wie ein Schauspieler Theater, er tut nicht, als ob er Jesus wäre, sondern wir sagen: „Er handelt in persona Christi." In gewisser Weise ist er in diesem Augenblick Jesus selbst, denn Jesus handelt durch ihn. Er wirkt durch den Priester das Wunder der Wandlung von Brot und Wein. Wir haben etwas Vergleichbares auch im weltlichen Recht: Nämlich die Stellvertretung durch Erteilung einer Vollmacht. Das heißt, eine Person muss zum Abschluss eines Rechtsgeschäftes, das sie betrifft, nicht selbst anwesend sein, sondern kann sich wirksam vertreten lassen. Und zwar so, dass in der Anwesenheit des Vertreters die Person selbst als anwesend gilt. Eine ähnliche Art der vollmächtigen Stellvertretung gibt es in den Sakramenten durch den Priester. Der Priester schenkt in seinem Tun im Gottesdienst eine geistliche Wirkung, die von Jesus kommt, weil er von Jesus selbst bevollmächtigt ist. Und er baut auf diese Weise Kirche auf, weil die Eucharistie auch Kirche ist. Als Kirche sind wir nämlich in einem anderen tiefen Bild, das Paulus uns schenkt: „Leib Christi". Paulus schreibt in 1 Kor 10,17: „Ist das Brot, das wir brechen, nicht Teilhabe am Leib Christi? Ein Brot ist es, darum sind wir viele ein Leib; denn wir alle haben teil an dem einen Brot."

In der katholischen Kirche glauben wir, dass vor allem jeder Bischof in der erwähnten apostolischen Sukzession steht. Wir lesen, dass die Apostel ihren Nachfolgern die Hände aufgelegt und sie für das Dienstamt geweiht haben. Auch Paulus hat die Hände aufgelegt und hat andere geweiht. Wir Katholiken glauben, dass seither ununterbrochen eine Kette zu den Nachfolgern der Apostel besteht – und das sind die Bischöfe. Den Bischöfen wird immer eine Ortskirche zugeteilt, wir nennen sie Bistum oder Diözese. Und warum trägt der Bischof einen Ring? Weil seine Weihe symbolisch seine Verbindung, gleichsam seine „Hochzeit" mit seiner Braut, der Ortskirche, symbolisiert. Die innige Verbindung mit der Kirche von Passau ist mir, in diesem Bild gesprochen, von Jesus zugeteilt worden. So hat sich das Apostelamt ausgeprägt über die ganze Welt. Auch die Priester und Diakone, die wir weihen, weihen wir durch Handauflegung. Auch sie stehen damit in der ununterbrochenen apostolischen Sukzession – seit den Aposteln. Dieser wichtige Teil unseres Kirchenverständnisses gehört zu den Punkten, die uns von unseren Geschwistern aus anderen Kirchen trennen, insbesondere von denen, die aus der Reformation entstanden sind. Für uns geht es deshalb nicht so ohne Weiteres ohne diese tiefere Bedeutung des Priesteramtes. Wir verstehen die Weihe ins Amt des Diakons, Priesters und Bischofs auch als Sakrament – wie auch die Ostkirche, aber eben anders als unsere evangelischen Geschwister. Dass wir nun auf der einen Seite Maria verehren und auf der anderen Seite den Papst und die Bischöfe als so bedeutsam erachten, hängt zutiefst zusammen. Zwischen

Apostolische Sukzession

diesen Polen eines Kirchenverständnisses leuchtet auch wieder dieses bräutliche Verhältnis auf und die sakramentale Verfassung von Kirche: Kirche als Braut und Jesus als Bräutigam.

Eine objektive Wirklichkeit

Das heißt auch, dass in diesem Verständnis, zum Beispiel des Priesteramtes, die Gegenwart der Gnade Gottes sichtbar und erfahrbar wird. Und zwar garantiert und unabhängig davon, ob ich gerade gut oder schlecht drauf bin, ob ich gerade der letzte Sünder oder ein Heiliger bin. Wenn ich morgen im Dom die Messe feiere, aber kurz zuvor den Mesner erschießen würde, weil ich gierig auf die Kirchenkasse wäre – wäre die Messe dann gültig gefeiert? Ja, wäre sie! Oder wenn ich im selben Zustand in den Beichtstuhl ginge und die Beichte abnähme – wäre die Beichte gültig? Ja, wäre sie. Diese Verlässlichkeit von dem, was Katholiken glauben und feiern, ist gewährleistet durch dieses Amt, das Gott gestiftet hat und unwiderruflich gibt. Ich bleibe Priester – egal, was kommt. Und zwar nicht durch die subjektiven Befindlichkeiten meiner Person, sondern durch das unverlierbare Amt. Und selbst wenn mir der Papst verbieten würde, die Messe zu feiern, eben weil ich zum Beispiel etwas verbrochen hätte, dann wäre ich dennoch immer noch Priester. Ich dürfte das Amt nur nicht mehr ausüben. Freilich gilt natürlich auch: Der Amtsträger, der dem Herrn Jesus, den er da repräsentiert, mit seinem persönlichen Leben dramatisch widerspricht, muss das sicherlich auch persönlich vor seinem Herrn einmal verantworten.

Unsere evangelischen Geschwister verstehen das anders. Bei uns geht das sogar so weit, dass man sagt „ubi episcopus, ibi ecclesia": Wo der Bischof ist, da ist die Kirche. Klar, das ist für unser heutiges Verständnis ein bisschen stark vom Amt her gedacht, aber das gehört auch in unsere Theologie mit hinein. Es ist eben der Akzent „apostolische Kirche". Ich als Bischof fühle mich dem Glauben der Apostel verpflichtet. Und den habe ich insbesondre in meinem Bistum unverkürzt zu verkünden. Ich habe die Hand auf den Altar gelegt und versprochen, dass ich diesen Glauben der Apostel auch verteidigen werde. Das heißt: Ich kann auch nicht einfach alles anders machen, wenn Menschen etwas mehrheitlich wünschen! Und natürlich: Ich glaube auch persönlich, was die Kirche glaubt – und versuche, das hier in all unseren gemeinsamen Abenden ja auch zu erklären.

Erfahrungen von Kirche in der Welt: Paulus

Paulus, als die dritte Gestalt der Kirche, die ich noch kurz darstellen will, ist auch Amtsträger, aber einer mit einer besonderen Mission. Er ist völlig überzeugt, er habe sein Amt unmittelbar von Jesus bekommen. Und trotzdem geht er laut Galaterbrief und persönlichem Zeugnis zu Petrus nach Jerusalem und lässt sich sein Evangelium von ihm bestätigen – obwohl er so sicher darin ist (vgl. Gal 2,2). Und obwohl er es so voller Freimut und Gewissheit verkündet. Einmal sagt er sogar: „Und wenn ein Engel vom Himmel käme und euch ein anderes Evangelium verkündete als ich, verflucht sei er!" (Gal 1,8).

Paulus lässt sich von Petrus das Evangelium aber auch deshalb bestätigen, weil Petrus eben der Chefapostel ist, der Erste unter den Aposteln. Petrus hat damals noch stärker die Binnenperspektive; er kümmert sich um die Christen, die aus dem Judentum kommen, an die auch die Erstverkündigung von Jesus gegangen ist (vgl. Gal 2,9). Im Gegensatz dazu hat Paulus die Aufgabe, hinauszugehen, Grenzen zu überschreiten, die sogenannten Heiden (also die Nichtjuden im damaligen Sprachgebrauch) zu Jesus zu führen und Gemeinden zu gründen. So entstand aber zugleich die große Frage und ein Streit zwischen Paulus und Petrus und den anderen Aposteln in der Frage: Muss eigentlich jemand, der Christ werden möchte, zuerst Jude werden? Der Abstammung nach entstammte Jesus den Juden, er hatte eine jüdische Mutter, war beschnitten und lebte zunächst mit Maria und Josef gemäß dem jüdischen Gesetz. Müssen also alle zukünftigen Christen, so war die Frage unter den Aposteln, auch erst einmal das Gesetz des Mose übernehmen und sich beschneiden lassen?

Paulus macht nun auf seinen Reisen die konkrete Erfahrung, dass Menschen, die vorher keine Juden waren, sich auf seine Predigt hin unmittelbar zu Christus bekehren – und anfangen, neu zu leben und in die jungen Gemeinden einzutreten. Auf dem ersten sogenannten Apostelkonzil rangen deshalb Paulus und Petrus und die anderen Jünger Jesu um eine Lösung und sie entschieden schließlich: Paulus hat recht. Man muss nicht zuerst Jude werden, wenn man Christ werden will (vgl. Apg 15,28). Und durch diese weitreichende Einsicht und Entscheidung kam es zur unglaublich effektiven Ausbreitung des Evangeliums in die damalige Welt – eben weit über das Judentum und Israel hinaus. Und so kam es, dass auch die meisten von uns heute „getaufte Heiden" sind. Das heißt, wenn Paulus und seine Begleiter nicht gewesen wären oder wenn es damals nicht das Apostelkonzil gegeben hätte, wäre das Christentum womöglich nicht über den Status einer jüdischen Sekte oder Teilgruppe hinausgewachsen.

Bis an die Grenzen der Erde

Diese Entscheidung damals war also viel weitreichender als alle Entscheidungen, die spätere Konzile getroffen haben: nämlich, dass die Kirche auch eine Kirche der Heiden sein darf, die sich taufen lassen. Das ist die paulinische Mission gewesen. Meine Frage ist immer: Wie tief muss Paulus die Begegnung mit Jesus getroffen haben, dass er so weit hinausgehen kann, „bis an die Grenzen der Erde" (Apg 1,8). Im zweiten Korintherbrief, Kapitel 11,23ff., zählt Paulus auf, was er alles erlitten hat: Er überlebte einen Schiffbruch auf dem Meer, er war öfter im Gefängnis als alle anderen, er wurde gefoltert und gesteinigt, bekam Stockschläge, ertrug Kälte und Hunger, trieb auf hoher

See – und so weiter und so fort. Einmal schreibt er, in der Provinz Asien hätten sich alle (!) von ihm abgewandt (2 Tim 1,15)! Wir sehen: Paulus hat unglaublich viel gelitten und am Schluss ist er auch noch geköpft worden.

Wie kann einer so weit hinausgehen, so viel ertragen? Nur, wenn er tief im Eigenen steht. Ganz oft kommt bei Paulus der Satz: Er ist „in Christus" (z. B. Röm 8,1). Er ist aber nicht nur irgendwie bei Christus, sondern er fühlt sich in Christus. Wir reden, wenn wir vom Herzen sprechen, meistens in räumlichen Kategorien: Jemand hat ein weites Herz, da hast du Platz darin. Christus ist das Herz der Welt und du hast in seiner Mitte Platz. Darüber habe ich früher schon gesprochen. Und Paulus weiß sich so tief „in Christus" geborgen, dass er im Römerbrief die folgenden großartigen Zeilen schreiben kann: „Was kann uns scheiden von der Liebe Christi? Bedrängnis oder Not oder Verfolgung, Hunger oder Kälte, Gefahr oder Schwert? In der Schrift steht: Um deinetwillen sind wir den ganzen Tag dem Tod ausgesetzt; wir werden behandelt wie Schafe, die man zum Schlachten bestimmt hat. Doch all das überwinden wir durch den, der uns geliebt hat. Denn ich bin gewiss: Weder Tod noch Leben, weder Engel noch Mächte, weder Gegenwärtiges noch Zukünftiges, weder Gewalten der Höhe oder Tiefe noch irgendeine andere Kreatur können uns scheiden von der Liebe Gottes, die in Christus Jesus ist, unserem Herrn" (Röm 8,35–39).

„In Christus"

Weil Paulus diese Zuversicht hat, deswegen kann er so weit hinausgehen. Aber auch er braucht die Gemeinschaft, braucht die Weggefährten, die Glaubensgeschwister. Wir brauchen auch alle einander. Aber ich hoffe, dass auch von uns der eine oder andere einmal richtig weit hinausgeht, dorthin, wo keiner irgendetwas von Jesus wissen will, und sagen kann: „Freunde, ich gehöre zu ihm! Und ich will euch helfen, zu ihm zu finden." – Das ist auch unsere Sendung: „Geht hinaus in alle Welt und macht alle zu meinen Jüngern" (Mt 28,19).

Noch einmal: Was also ist die Kirche?

Vielleicht wissen einige von euch, dass es bei uns vor gut 50 Jahren eine große Kirchenversammlung gegeben hat. Das war das 2. Vatikanische Konzil. Da waren mehrere tausend Bischöfe aus der ganzen Welt mit dem Papst und Beraterinnen und Beratern versammelt und haben überlegt, wer die Kirche von heute ist und was sie für die Welt bedeutet. Da ging es zum Beispiel auch um die Erneuerung der Liturgie, die Erneuerung der Ökumene, das Verhältnis zu anderen Religionen, die Religionsfreiheit, das Verhältnis zu den Wissenschaften und anderes mehr. Ganz viel ist von diesem Konzil ausgegangen. Und in einem wichtigen Text mit dem Titel „Lumen Gentium" wurde ein wesentlicher Satz über die Kirche gesagt: „Die Kirche ist ja in Christus gleichsam das Sakrament, das heißt Zeichen und Werkzeug für die innigste Vereinigung mit Gott wie für die Einheit der ganzen Menschheit" (Lumen Gentium 1). Ein Sakrament ist für uns ein Zeichen, in dem die Gegenwart Gottes gewissermaßen im Anschaulichen erfahrbar wird, ja, geschenkt wird. Und jetzt sagt das Konzil hier das erste Mal: Die Kirche selbst ist ein Sakrament. Die Kirche selbst ist ein sichtbares Zeichen. In der Kirche kannst du Gott selbst begegnen und mit ihm vereint werden und in ihr hoffentlich die gesamte Menschheit. Das ist unser Verständnis von Kirche. Deshalb ist die Kirche viel mehr als nur menschengemacht, auch wenn es in ihr natürlich Menschengemachtes gibt. Sie ist aber zumindest in ihrer innersten Mitte von Gott gewirkt und von Gott beschützt.

Die Kirche ist deshalb eben nicht zuerst Struktur, Gebäude, Institution, auch nicht zuerst Verkünderin einer Morallehre, sie ist Wohnort Gottes unter den Menschen und Gemeinschaft aller, die zu Gott gehören. Das heißt in unserem Sinn „katholisch", „umfassend". So ist im Glaubensbekenntnis, wenn wir sagen, „ich glaube an die eine heilige katholische und apostolische Kirche", nicht die römisch-katholische Kirche gemeint – auch wir Katholiken meinen das nicht. Wir meinen mit Kirche, dass sie die ganze Menschheit umfasst. „Katholisch" heißt „umfassend", ein ganz wichtiger Punkt.

<small>Gemeinschaft der Heiligen</small>

Dazu gehört auch die Gemeinschaft der Heiligen: Die Heiligen sind alle die, in denen Gott wohnt, in denen Jesus wohnt. Sie sind die Verbindung von Himmel und Erde. Genauso wie die Vergebung der Sünden, die Auferstehung der Toten und das ewige Leben. Diese Punkte habe ich schon behandelt, als ich über Jesu Leben und Tod gesprochen habe.

Ein letztes Zitat von Augustinus, aus dem 4. oder vom Anfang des 5. Jahrhunderts: „Kirche sind die Menschen, die Jesus und einander mit der Liebe lieben, mit der er sie liebt." Das ist gewagt, nicht? Das heißt schon mal, es gibt in dieser Welt eine Liebe, die von Jesus kommt, die er ist und die er schenkt. Und Kirche sind wir in dem Maß, in dem wir einander und ihn mit der Liebe lieben, die er uns schenkt.

<small>Und über allem: die Liebe</small>

XVII
Auferstehung der Toten und das ewige Leben. Amen.

Meine Lieben, heute wäre eigentlich die Rede über die Auferstehung der Toten und das ewige Leben dran. Ich denke aber, ich habe über diese beiden Punkte schon vorher, vor allem in den Kapiteln XIII und XIV, intensiv gesprochen, daher konzentriere ich mich auf das „Amen", also auf die zustimmende Bekräftigung des Ganzen. Ich möchte zusammenfassend noch einmal sagen und mit Hilfe der Schrift auch zeigen, wie sehr Jesus der Grund unseres Glaubens ist und sein Ziel – und wie er in der Lage ist, unsere Sehnsucht zu erfüllen. Paulus schreibt an die Kolosser: „Ihr habt also Christus Jesus als Herrn angenommen. Darum führt auch, wie es ihm entspricht, euren Lebenswandel! Bleibt in ihm verwurzelt und auf ihn gegründet, gefestigt durch den Glauben, in dem ihr unterrichtet wurdet! Seid voller Dankbarkeit!" (Kol 2,6–7).

In den vergangenen Kapiteln haben wir über unser Credo gesprochen, uns unser Glaubensbekenntnis neu vergegenwärtigt, um zu verstehen, worum es da geht. Jetzt möchte ich mit euch eine Art Zusammenfassung machen und diejenigen, die wollen, dazu einladen, am Ende ihr Amen dazu zu sagen, so wie wir es zumindest beim katholischen Gottesdienst jeden Sonntag tun.

Worauf stehst du?

Worauf stehst du so? Diese Frage ist im Deutschen doppeldeutig. Zuerst einmal: Was ist eigentlich der Grund, auf dem wir alle miteinander stehen? Es ist doch interessant: Wenn es im Leben eine Delle gibt, wo es nach unten geht, dann hat das zwar oft äußere Gründe, aber wir empfinden gleichzeitig auch innerlich, dass uns irgendwie der Boden wegbricht, dass wir innerlich den Halt verlieren, dass wir nicht mehr so getragen sind.

Auf die Frage, was im Leben Krisen auslöst und dazu führt, dass uns der innere Boden wegbricht, sodass wir das Gefühl haben, im Leben geht es bergab, werden oft ähnliche Dinge benannt: das Zerbrechen von Freundschaft, das Verlassenwerden, Untreue, ein Todesfall von einem nahen Bekannten oder Verwandten, von einer lieben Person. Dann natürlich solche Dinge wie: Ich-bin-nicht-dabei, Ich-bin-ausgegrenzt oder Ich-werde-bloßgestellt-von-anderen oder Ich-werde-gemobbt oder -missachtet oder Ich-habe-irgendetwas-ausgefressen oder Schuld auf mich geladen und spüre, dass ich innerlich nicht mehr getragen werde, innerlich nicht mehr daheim bin. Aber auch: Angst oder Ängste, die uns umtreiben, oder Krankheiten, die uns plagen, Abhängigkeiten oder auch zerbrochene Abhängigkeiten. Dazu könnte man wahrscheinlich noch viele Erfahrungen aufzählen, aber der Krisenauslöser, der vermutlich am häufigsten wiederkehrt, ist, dass Beziehungen kaputtgehen oder beeinträchtigt werden oder dass man keine Beziehungen findet, die einen tragen.

Worauf stehe ich also im Leben? Nicht nur im Sinne von Das-macht-mir-Spaß oder Das-mag-ich, sondern: Was gibt mir im Leben Sinn und Sicherheit? Natürlich die Erfahrung, dass da jemand ist, der mich anerkennt, Menschen, die mit mir leben und mir zeigen, dass es gut ist, dass ich da bin, und zwar einfach so. Dazu gehören vor allem stabile Beziehungen und dass wir Liebe und Geliebtsein erfahren. Und ähnlich wichtig ist es, dass wir Sinnerfahrungen machen: Etwas zu tun, wofür wir uns einsetzen möchten, weil es wichtig oder sinnvoll ist, und zugleich etwas, das wir gerne machen; etwas, bei dem wir die Erfahrung machen: „Es ist wichtig, dass ich dabei bin und dass ich dabei nicht beliebig ersetzbar oder austauschbar bin wie eine Nummer." Mit der Sinnerfahrung hängt auch die Freude zusammen, möglicherweise auch Erfolg und Anerkennung durch das, was die Gesellschaft erfolgreich nennt: materielle Sicherheit, Macht, Einfluss, akademische Titel, einen angesehenen Beruf. Ihr seht schon, alles das sind Dinge, die für Menschen wichtig sind, weil sie Sicherheit, Sinn und Halt geben, einen Grund geben, auf dem wir stehen. Schnell wird aber auch klar: Diese Dinge haben nicht alle die gleiche Qualität. Manche Menschen besitzen Reichtum, Anerkennung und vieles mehr und spüren vielleicht trotzdem in ihrem Inneren, dass sie bodenlos, grundlos sind.

Was ist das Wichtigste in deinem Leben?

In diesem Zusammenhang fällt mir mein kleiner Neffe ein. Als er sieben Jahre alt und ich mal wieder bei meiner Schwester zu Besuch war, saß er auf der Treppe, in seinen Fußballklamotten. Ich sprach ihn auf sein Trikot an und er sagte: „Weißt du, Onkel Stefan, Fußball ist einfach mein Leben." Für den Buben war damals Fußball das Wichtigste im Leben, obwohl er natürlich zur Schule ging, Freunde hatte und seine Eltern liebte. Irgendetwas im Leben ist gerade immer das Wichtigste – und zwar das, dem ich den wichtigsten Wert gebe. Die anderen Dinge, die auch noch wichtig sind, ordne ich darum und daneben herum. Hauptsache das, was mir gerade wichtig ist, hat am meisten Platz. Das heißt, wenn der Bub in die Schule gehen muss und die Eltern sagen, dass das auch wichtig ist, gibt es einen Konflikt. Der Bub muss dann verstehen lernen, was jetzt tatsächlich wichtiger ist.

Denken wir das Beispiel fiktiv mal weiter: Vielleicht erkennt der Bub ein paar Jahre später, dass er begabt ist mit Gitarrespielen. Er lernt zu musizieren und hat richtig Freude daran. Und je mehr Freude er daran hat, desto mehr versucht er, das zusammen mit anderen zu machen. Er geht in den Schulchor oder ins Schulorchester oder er sucht sich Gleichgesinnte, die mit ihm eine Band gründen. Wieder muss er dieses Hobby in sein Leben einsortieren: Wenn mir das jetzt so wichtig ist, welchen Stellenwert haben dann die Schule, der Fußball, die Familie – beispielsweise?

Nehmen wir an, der Bub, inzwischen ein junger Mann, beendet die Schule. Jetzt muss er einen Beruf lernen. Die Prioritäten verschieben sich erneut: Jetzt muss er sich entscheiden, welchen Stellenwert der Beruf, die Freunde und die Hobbys im Verhältnis zu dem haben, was er beruflich macht. Wir wissen: Wenn irgendetwas Wichtiges in mein Leben kommt, muss ich immer wieder neu werten, neu organisieren, neu mein Leben verändern.

Stellt euch vor, er verliebt sich jetzt. Plötzlich wird alles andere, was vorher wichtig war, einen anderen Stellenwert bekommen, wird weniger wichtig. Vor allem Freunde kriegen das schnell zu spüren. Und Fußball interessiert ihn plötzlich auch nicht mehr so sehr, jetzt verbringt er vor allem seine Zeit mit ihr. Ihr kennt das bestimmt: Paarbeziehungen einerseits, Freundeskreis andererseits – das harmoniert nicht immer automatisch.

Ein paar Jahre später gründet der junge Mann dann eine Familie. Und natürlich sortiert sich um seine Familie nochmal alles neu. Und so fort. Die Frage ist jetzt natürlich: Wo hat denn da so etwas wie Glaube noch Platz? Neben all den Pflichten, Aufgaben, schönen Freizeitangeboten und Hobbys? Wie bringe ich den Glauben, wenn ich ihn denn habe, da mit hinein? Und, wenn ja, wo gehört der eigentlich hin? Ist der in dieser Weise wichtig wie andere Dinge wichtig sind? Wie Beziehungen, Hobbys, Beruf? Oder ist der Glaube vielleicht in einer anderen Weise wichtig?

Gott mit ganzem Herzen lieben?

Schauen wir mal in das Evangelium. Da gibt es zum Beispiel die dramatische Stelle, wo Jesus sagt: „Wer Vater und Mutter mehr liebt als mich, ist meiner nicht wert" (Mt 10,37). – Oder: „Darum sollst du den Herrn, deinen Gott, lieben mit ganzem Herzen und ganzer Seele, mit deinem ganzen Denken und mit deiner ganzen Kraft" (Mk 12,30). Die Frage, die sich von solchen herausfordernden Sätzen stellt, ist also nicht: Wo in den verschiedenen Bereichen meines Lebens könnte der Glaube auch noch ein wenig Wichtigkeit bekommen, einen Platz irgendwo zwischen Familie, Beruf, Freunden, Hobbies? So nach dem Motto: „Sonntags zwischen 10 und 11 Uhr habe ich auch noch etwas Zeit für meinen Glauben und die Kirche." Wir spüren, dass das angesichts solcher Sätze im Evangelium nicht richtig wäre. Der Glaube ist nicht nur ein weiterer Aspekt, der mein Leben dekoriert, so wie meine Mitgliedschaft im FC-Bayern-Fanclub oder meine Zugehörigkeit zur Feuerwehr.

Es geht auch nicht einfach um einen abstrakten „Glauben" im Sinn von „irgendwas Höheres wird es schon geben". Es geht tatsächlich um Jesus, den Christus, der uns Freunde genannt hat und von dem wir erfahren haben, dass er der „Logos" ist (Joh 1,1), also der Sinn von allem. Wenn wir das ernst nehmen, bekommt in seinem Licht alles andere einen tieferen Sinn – oder es wird weniger wichtig, weil es in diesem Licht nicht mehr so sinnvoll erscheint. Wo also Jesus, meine Beziehung zu ihm, beginnt, die Mitte einzunehmen, da verschieben sich die anderen Sinnerfahrungen und bekommen neue Wertungen. Denn alle genannten Dinge und viel mehr machen für Menschen irgendwie Sinn – aber Jesus ist der Sinn von allem. Vielleicht lasse ich nun manches bleiben und vielleicht merke ich: Um die Person oder um die Sache muss ich mich mehr kümmern. Oder diesem Menschen sollte ich in meinem Leben mehr Raum geben.

Das ist gewissermaßen eine Umschreibung dessen, was man christlich Bekehrung nennt: Wenn Jesus der war, der für uns gekreuzigt, gestorben und auferstanden ist – passt es dann, dass wir ihn nur halbherzig lieben? Nur mal so gefragt: Wenn er der für uns menschgewordene Gott ist – geht das dann eigentlich, dass wir ihn nur halbherzig lieben? Wenn wir wirklich glauben, dass er ist, wer er ist, dann können wir eigentlich nur dieses eine wollen: ihn mit ganzem Herzen lieben. Wir glauben und erfahren immer wieder auch, dass ein solches Leben, das Gott in den Mittelpunkt stellt, geisterfüllt wird. Wir glauben, dass im Leben von Menschen, für die er die oberste Priorität ist, der Geist, der Heilige Geist, also Gottes Geist dieses Leben durchwirkt.

Jesus nur halbherzig lieben?

Paulus nennt diese typisch menschliche Eigenheit, dass mein Ego Herr meines Lebens sein möchte, das Dominiertsein vom Fleisch (vgl. Gal 5,17). Im Grunde will ein „fleischlich" gesinnter Mensch – so wie Paulus den Begriff versteht – von Gott nichts wissen – und ist vor allem von vordergründigen Bedürfnissen seines Egos getrieben. Dort aber, wo Gott die Mitte in meinem Leben ist, wird unser Ego kleiner, es weiß zwar um sich selbst, aber nur mehr im Sinn eines demütigen Ich-Bewusstseins. Überlegt mal, wie Menschen „Ich" sagen. Ist nicht jedes Ich-Sagen eines sehr egozentrischen Menschen eine echte Selbstoffenbarung? Wie so ein Mensch „Ich" sagt und

Paulus und das Fleisch

was er da hineinlegt, merkt man in der Regel. Das gilt auch für ganz Fromme: Es ist möglich, wenigstens äußerlich richtig fromm und trotzdem ein großer Egozentriker zu sein. Das ist ein wichtiger Punkt, bei dem die Christen nicht automatisch eine Ausnahme sind. Es ist nämlich nicht automatisch so, dass man schon ein liebender Mensch ist, der aus Christus lebt, wenn man viel betet und fastet oder fromme Übungen macht. Das haben die Schriftgelehrten und Pharisäer, die Jesus kritisiert, auch getan. Die Frage ist aber immer: Wo hast du wirklich dein Herz? Ist dir dein Gebet schon innerlich geworden oder machst du es vor allem, weil es dazugehört, weil es viele machen, weil du brav sein willst, weil du es eben nicht anders gelernt hast ...? Ich habe schon weiter oben gesagt: „Vater unser" zum Beispiel kann man schnell mal runterbeten, aber wirklich in deinem Herzen zu glauben, dass du einen Vater hast, der für dich sorgt, ist noch einmal etwas ganz anderes!

Jesus als stabiler Grund

Paulus hat gesagt: „Einen anderen Grund kann niemand legen als den, der gelegt ist: Jesus Christus" (1 Kor 3,11). Wenn uns Beziehungen wegbrechen, fallen wir oft in ein Loch, dann bricht uns sozusagen emotional der Boden unter den Füßen weg. Paulus dagegen stand unerschütterlich auf dem Grund, den er in Jesus gefunden hatte. So sehr, dass er es permanent aushielt, im Gefängnis zu sein, ausgepeitscht und gefoltert, aber auch verraten und verlassen zu werden. Er hat trotzdem immer weitergemacht. Warum? „Ich habe keinen anderen Grund als Christus!", sagte er. Und so ist er der größte Missionar der Christenheit geworden. Christus als stabiler innerer Grund, den einem nichts und niemand mehr wegnehmen kann – davon erzählt die Schrift an einigen Stellen. Wir Christen sind dazu aufgerufen, in Jesus verwurzelt und auf ihn gegründet zu leben. Der Hebräerbrief bringt eine schöne Definition vom Glauben: „Glaube aber ist: Grundlage dessen, was man erhofft" (Hebr 11,1). Die Frage an jeden von uns lautet: Ist es möglich, dass auch mein Glaube so tief gegründet wird, so tief-gründig wird, dass er auch mich in jeder Lebenssituation hält? In jedem Fall ist es immer ein Weg, niemand ist je ein für alle Mal fertig mit seinem Glauben. Glaube reift – auch durch Höhen und Tiefen hindurch. Aber wie ich ganz zu Anfang dieser Serie sagte: Wesentlich ist der Glaube als vertrauensvolle Beziehung nicht zu etwas, sondern zu jemandem, zu Jesus als einem Du!

Der Grund, auf dem wir Christen stehen dürfen, ist also schon gelegt. Das ist aber noch nicht alles. Der Mensch ist ein Wesen der Sehnsucht, und zwar sehr grundsätzlich. Sehnsucht zielt allerdings auf etwas, das es noch nicht zu greifen gibt. Etwas, das ich ersehne, dem ich entgegengehe, das irgendwie zukünftig, irgendwie vor mir ist. Ich erstrebe, ich ersehne etwas oder jemanden. Und deine Sehnsucht ist mehr als nur irgendeine Eigenschaft in dir. Wir glauben als Christen, dass der Mensch als ein Wesen der Sehnsucht gebaut ist.

Wunsch oder vielmehr Sehnsucht?

Sehnsucht sagt viel darüber aus, wer du im Innersten bist. Doch was ist der Unterschied zwischen einem Wunsch und einer Sehnsucht? Ein Wunsch ist zuerst einmal sehr konkret: Ich wünsche mir ein neues Handy. Oder ich wünsche mir, dass diese oder jene Person mit mir zusammenkommt. Ich wünsche mir eine gute Note in der Abschlussprüfung. Ich wünsche mir alles Mögliche. Sehnsucht dagegen wird interessanterweise, je tiefer sie ist, umso unbestimmter. Sie hat kein so ganz klares Ziel, keine so ganz klare Richtung mehr. Wonach sehnen wir uns? Auf dem inneren Grund all unserer Wünsche liegt Sehnsucht. Es gibt keine scharfe Grenze zwischen Wunsch und Sehnsucht, weil die Wünsche sich auch aus Sehnsucht speisen.

Aber je tiefer unsere Sehnsucht wird, desto mehr scheint sie sich zu lösen von konkreten Objekten oder konkreten Wünschen auf eine bestimmte Sache hin. Sehnsucht erwacht manchmal ganz unerwartet: durch ein Gespräch, eine Begegnung, durch das Hören irgendeines Wortes oder einer Melodie. Oder du siehst irgendetwas und auf einmal erwacht eine Sehnsucht in dir. Oder: Du bist auf einem Berg, am Meer, du siehst großartige Landschaften und dein Herz geht dir auf und du willst mehr davon. Im Gottesdienst, im Gebet, gibt es diese Empfindung natürlich auch. Das kann viele Auslöser haben in dieser Welt.

Sehnsucht nach Heimat

Wohin zieht mich die Sehnsucht? Nur ein paar Beispiele: Eine große Sehnsucht haben wir nach Heimat und eigenartigerweise auch nach Ferne. Aber vielleicht ist das ja ein und dasselbe: eine Heimat, die wir nicht hier haben. Wir sehnen uns nach Lieben-Können und Geliebt-Sein, nach authentischen, wahrhaften, echten Beziehungen und Freundschaften, nach einem Leben in Fülle. Ist es nicht auch interessant, dass wir in uns die Sehnsucht nach Wahrheit haben, weil wir ungefähr wissen, was wirklich Wahrheit oder Wahrhaftigkeit ist? Oder nach Frieden, weil wir eine Ahnung davon haben, was wirklicher Friede ist? Oder nach Güte, nach Gerechtigkeit – alles Dinge, die wir in unserem Herzen haben und irgendwie kennen. Und wir spüren gleichzeitig, dass wir im Leben immer nur Bruchstücke davon verwirklichen können. Es gibt in unserem Bemühen nicht die letzte Wahrhaftigkeit. Wir sehnen uns nach Frieden und erleben eine Welt, die im Unfrieden liegt. Auch in unserem eigenen Leben herrscht oft nicht der volle Friede. Wir wissen, was Liebe eigentlich ist, und tun uns so schwer, wirklich Liebe zu leben. Das sind alles Dinge, zu denen es uns hinzieht – all das würde ich zusammenfassen mit dem großen Wort „Glück". Damit meine ich nicht das kurze Glückhaben, zum Beispiel, im Lotto gewonnen zu haben, sondern eher Glückseligkeit, einen Zustand. Seligkeit ist meistens das biblische Wort dafür, Seligpreisungen hat Jesus für uns. Im Englischen ist es leichter: Glück haben im Sinn von „Glück gehabt" meint „luck"; aber Glück im Sinn von Glücklich-Sein bedeutet „happiness".

Wir müssen und dürfen auch sagen: „Ich sehne mich nach Glück." Ist das egoistisch? Thomas von Aquin hat gesagt: „Der Mensch ist so gebaut, dass er gar nicht anders kann, als sich nach Glück zu sehnen." Er meint das Wort „Glück" ebenfalls in einem tiefen Sinn, eben nicht im Sinn eines Lottogewinns, sondern eben im Sinn von Seligkeit. Wir sehnen uns in diesem Sinn nach Glück.

Sehnsucht ist verantwortlich für die größten Leistungen von Menschen – Menschen, die ihrer Sehnsucht Raum geben und richtig damit umgehen, sind oft die kreativsten, liebesfähigsten und schöpferischsten Menschen, die wir kennen. Wenn wir Sehnsucht jedoch missdeuten, kann sie auch für echte Katastrophen, zerbrochene Beziehungen und sogar Kriege verantwortlich sein. Das hängt damit zusammen, dass Sehnsucht eben auch Bedürftigkeit offenbart. Sehnsucht ist etwas, das uns auf einen Mangel hinweist: Ich sehne mich nach etwas, das ich irgendwie noch nicht habe, und suche deswegen nach Stillung. Es ist gut, dass wir Sehnsucht haben. Aber es ist falsch, zu meinen, Sehnsucht müsste sofort gestillt werden.

Sehnsucht zeigt einen Mangel

Vielmehr ist es so, dass, wenn du einmal wirklich etwas von Wahrheit erkannt hast, von Schönheit berührt bist in deinem Herzen oder wirklich Liebe erfahren hast, die einfach nur dich meint – dass dich das zutiefst erfüllt und zufrieden macht. Und gleichzeitig wächst die Sehnsucht nach mehr. Genauso ist es auch andersherum, wenn du selber fähig bist, jemanden um seinetwillen zu lieben. Das heißt, die Sehnsucht wird einerseits gestillt, andererseits zielt sie gleichzeitig darüber hinaus.

Und eben das zeigt uns letztlich: Unsere Sehnsucht nach mehr Wahrheit, Liebe, Schönheit, Gerechtigkeit und Freiheit zielt auf das Unendliche. Christen sagen auch: auf DEN Unendlichen. Wir glauben, dass wir als Menschen ein Herz haben, das am Ende nicht von irgendetwas in dieser Welt gestillt wird. Nichts in dieser Welt stillt deine Sehnsucht komplett, nichts. Warum? Weil du ein Herz hast, das so gebaut ist, dass nur der

Unendliche es stillen kann, weil es fähig ist, den Unendlichen in sich wohnen zu lassen. Merkst du es auch hier wieder? Du bist ein Tempel, eine Kirche, du bist berufen, Wohnort Gottes in der Welt zu sein.

Unruhig ist unser Herz ...

Der große Kirchenvater Augustinus (354–430) hat den schönen Satz gesagt: „Unruhig ist unser Herz, bis es ruht in dir." Gott hat uns diese Sehnsucht ins Herz gelegt, weil auch er Sehnsucht nach uns hat, nach der Beziehung zu uns. Er sehnt sich nach unserem freien Ja zu ihm. Der irische Schriftsteller George Bernard Shaw hat dazu einmal den seltsamen Satz gesagt: „Es gibt im Leben zwei Tragödien. Die eine ist, dass man sich einen Herzenswunsch nicht erfüllen kann. Die andere, dass man sich seinen Herzenswunsch erfüllt hat." Habt ihr schon mal die Erfahrung gemacht, dass ihr euch mit großer Sehnsucht nach irgendetwas ausstreckt und dass ihr es dann auch erreicht, schließlich in den Händen habt und dann denkt: „Wie schön, aber was jetzt? War es das schon?" Als Kind wolltest du zum Beispiel unbedingt das Meerschweinchen haben und hast dich so sehr danach gesehnt. Und dann hast du es bekommen und nach zwei Wochen gemerkt: „Na ja, so spannend ist ein Meerschweinchen auch wieder nicht." Und ab dann musste jedes Mal die Mama den Käfig misten!

Die Tragödie der Sucht

Die Tragödie aber, von der George Bernard Shaw spricht, ist nur dann eine Tragödie, wenn wir gewissermaßen glaubenslos unsere Sehnsucht auf etwas Innerweltliches steuern, wenn wir glauben, dass durch irgendetwas in dieser Welt unsere tiefste Sehnsucht erfüllt wird. Wenn wir also denken, dass die tolle Familie, der tolle Swimmingpool, die berufliche Karriere, der Doktortitel etc. die „Must-haves" des Lebens sind. Natürlich kann es auch schön und gut sein, all das zu haben. Aber wenn du glaubst, dass diese Dinge deine tiefsten Sehnsüchte stillen, dann läufst du Gefahr, dich zum Sklaven dieser Dinge zu machen. Im Extremfall sehen wir dies bei Süchtigen – Menschen, deren Sehnsucht droht, sie kaputt zu machen. Wir sind alle potenzielle Süchtige. Warum? Es gehört zum Wesen der Sucht, dass sie per definitionem nicht gestillt werden kann, dass sie gegen Unendlich geht. Sucht ist die pervertierte, aufs Innerweltliche gerichtete Sehnsucht. Sie hört nicht mehr auf – und kriegt nie genug, aber sie hat letztlich aufs falsche Pferd gesetzt, von dem sie nicht mehr loskommt.

Richtig geleitete Sehnsucht dagegen schadet nicht, im Gegenteil. Vielmehr mündet sie in allem immer mehr in Lob, in Dank, in Gebet. Beim Liebenden im Streben nach absichtsloser Liebe. Beim Künstler im Streben nach mehr Schönheit und Vollkommenheit. Bei einem arbeitenden Menschen darin, dass er durch seine Arbeit Gott verherrlichen will. Beim gläubigen Menschen darin, dass auch andere von seiner Freude berührt werden. Wenn du also deine Sehnsucht so lenken kannst, dass sie auf den Unendlichen hin ausgerichtet ist, dann bist du, meine ich, richtig unterwegs.

Ans Ziel kommen

Nicht nur die Apostel, sondern auch alle Menschen, die mit Jesus unterwegs waren und sich auf ihn eingelassen haben, haben gespürt, dass sie bei ihm sozusagen „nach Hause" kommen. Sie haben gemerkt: Er und das, wovon er spricht, ist das Ziel meiner Sehnsucht. Jetzt bringe ich noch ein paar Beispiele. Ich habe vorhin gesagt, Jesus sei der Grund meiner Sehnsucht. Und ich möchte euch einfach zeigen, wie sehr in der Heiligen Schrift all diese Dinge, nach denen man sich sehnen kann, aufgezählt werden und wo die Menschen gespürt haben, bei ihm komme ich an, bei ihm komme ich nach Hause. Er ist das Ziel meiner Sehnsucht. Diejenigen, die sich – damals schon – nicht auf Jesus eingelassen haben, für die ist er zur Bedrohung geworden und für ihre innerweltlichen, oft ichhaften Ziele – weshalb sie ihn letztlich auch loswerden wollten.

Heimat	„Im Haus meines Vaters gibt es viele Wohnungen. Wenn es nicht so wäre, hätte ich euch dann gesagt: Ich gehe, um einen Platz für euch vorzubereiten?" (Joh 14,2). Wir haben einen Platz, den Jesus für uns im Himmel vorbereitet hat. Unser Fernweh, unsere Sehnsucht nach Heimat streckt sich aus nach dieser Wohnung beim Vater.
Liebe	„Wie mich der Vater geliebt hat, so habe auch ich euch geliebt. Bleibt in meiner Liebe!" (Joh 15,9). Oder denkt an Paulus, der sagt: „Was kann uns scheiden von der Liebe Christi? Bedrängnis oder Not oder Verfolgung, Hunger oder Kälte, Gefahr oder Schwert?" (Röm 8,35). Paulus hat das alles erlebt und kommt zu dem Schluss: „Denn ich bin gewiss: Weder Tod noch Leben, weder Engel noch Mächte, weder Gegenwärtiges noch Zukünftiges noch Gewalten, weder Höhe oder Tiefe noch irgendeine andere Kreatur können uns scheiden von der Liebe Gottes, die in Christus Jesus ist, unserem Herrn" (Röm 8,38).
Freundschaft, Familie	Jesus sagt: „Ihr seid meine Freunde" (Joh 15,14). Zu Maria Magdalena, der ersten Zeugin der Auferstehung, sagt er: „Geh aber zu meinen Brüdern und sag ihnen: Ich gehe hinauf zu meinem Vater und eurem Vater, zu meinem Gott und eurem Gott" (Joh 20,17). Wir sind, meine Lieben, Familie in ihm, neue Familie in ihm. Ihr alle seid Brüder und Schwestern. Und das Schöne ist: Diejenigen, die entschieden mit Jesus gehen wollen, die erkennen einander. Sie spüren, „wes Geistes Kind" der andere ist – auch wenn jeder von uns seine Grenzen und Unvollkommenheiten hat. Aber wir sind Verwandte.
Wahrheit	Paulus sagt im Kolosserbrief: „In ihm sind alle Schätze der Weisheit und der Erkenntnis verborgen" (Kol 2,3). Er selber sagt: „Ich bin der Weg und die Wahrheit und das Leben; niemand kommt zum Vater außer durch mich" (Joh 14,6). Meine Lieben, wir kennen eine Wahrheit, die nicht einfach nur in theoretischen Sätzen daherkommt, sondern wir kennen eine

konkrete Person, die von sich sagt: „Ich bin die Wahrheit." Ja, bei ihm kommen wir an, bei ihm spüren wir eine Wahrheit, die immer noch tiefer auszuloten ist, weil wir nie mit ihrer Größe und Schönheit fertigwerden.

Jesus sagt: „Dann werdet ihr die Wahrheit erkennen und die Wahrheit wird euch befreien" (Joh 8,32). Oder im selben Kontext: „Wenn euch also der Sohn befreit, dann seid ihr wirklich frei" (Joh 8,36). – Sünde, Selbstverneinung, Ängste, Süchte machen unfrei. Wer bei Jesus ankommt, bei seiner Liebe, seiner Wahrhaftigkeit und seiner Vergebung, der kann erleben, wie er von innen her in eine Freiheit findet, die nichts anderes in der Welt geben kann.

Freiheit

Jesus sagt: „Ich bin gekommen, damit sie das Leben haben und es in Fülle haben" (Joh 10,10). Und er sagt zugleich: „Dies habe ich euch gesagt, damit meine Freude in euch ist und damit eure Freude vollkommen wird", erklärt Jesus (Joh 15,11). Das Leben in der Beziehung mit dem Herrn verspricht nicht, dass es frei ist von Not, Leid und Verfolgung. Aber er verspricht, dass wir auch mitten in alledem immer noch Zugang zu einer Quelle haben, zu ihm selbst haben, die uns in der Erfahrung der Freude und des erfüllten Lebens hält.

Tiefes und erfülltes Leben

„Jesus aber betete:" – meine Lieben, das ist ein Gebet, das er am Kreuz spricht – „Vater, vergib ihnen, denn sie wissen nicht, was sie tun!" (Lk 23,34). – Derjenige, der da gerade zu Tode gefoltert wird, bittet für seine Folterer! Das heißt, meine Lieben, es gibt nichts, was wir tun könnten an Sünde, was so gravierend wäre, dass es uns nicht vergeben werden könnte. „Seid gütig zueinander, seid barmherzig, vergebt einander, weil Gott euch durch Christus vergeben hat" (Eph 4,32). Wenn du meinst, dass ausgerechnet deine Schuld oder Sünde so unangenehm oder so groß ist, dass sie am Kreuz nicht vergeben worden wäre, dann denkst du ehrlich gesagt ziemlich klein

Barmherzigkeit und Vergebung

vom Kreuz! Gib es ihm, gib ihm immer wieder alles, kehr immer wieder um, erneuere immer wieder dein Leben an seiner Seite – und dir wird auch selbst immer mehr die Fähigkeit zuwachsen, ein barmherziger und vergebender Mensch zu sein – weil du in dir Vergebung erfahren hast.

Frieden

Jesus sagt uns: „Kommt alle zu mir, die ihr mühselig und beladen seid! Ich will euch erquicken. Nehmt mein Joch auf euch und lernt von mir; denn ich bin gütig und von Herzen demütig; und ihr werdet Ruhe finden für eure Seele. Denn mein Joch ist sanft und meine Last ist leicht" (Mt 11,28–30). Und Paulus ergänzt: „Er ist unser Friede" (Eph 2,14). In jeder heiligen Messe sprechen wir uns gegenseitig diesen Frieden zu, den die Welt nicht geben kann. Er kommt aus der Beziehung zum Herrn.

Heil und Heiliges

In der Apostelgeschichte (Apg 4,12) lesen wir: „In keinem anderen ist das Heil zu finden. Denn es ist uns Menschen kein anderer Name unter dem Himmel gegeben, durch den wir gerettet werden sollen." In Jesus ist Rettung, Rettung von Sünde und Tod, von Lieblosigkeit und Gottferne. In ihm ist Gottesnähe, Vergebung und der Anfang des neuen Lebens, in ihm ist das Heil. Und Petrus sagt: „Wir sind zum Glauben gekommen und haben erkannt: Du bist der Heilige Gottes" (Joh 6,69). Im Gehen mit Jesus, im Leben mit ihm, im liebenden Miteinander, vor allem auch mit denen am Rand, erleben wir, dass jeder von uns berufen ist, ein heiler, ein heilbringender Mensch zu sein, heilig.

Schönheit

Der Psalmist singt: „Du bist der Schönste von allen Menschen, Anmut ist ausgegossen über deine Lippen; darum hat Gott dich für immer gesegnet" (Ps 45,3). Das haben die Christen immer auf Jesus bezogen und er selber bittet den Vater, dass alle, die er ihm gegeben hat, dort bei ihm sind, damit sie seine Herrlichkeit sehen, eine Herrlichkeit, die der Sohn schon hatte, bevor die Welt geschaffen war (vgl. Joh 17,5 und 17,24): Wir sollen seine Herrlichkeit sehen! Und wir dürfen mit Paulus glauben, dass „die Leiden der gegenwärtigen Zeit nichts bedeuten im Vergleich zu der Herrlichkeit, die an uns offenbar werden soll" (Röm 8,18). Auch wir werden die Majestät und Schönheit, die Herrlichkeit Gottes schauen – und werden selbst erkennen, wie wir Abglanz dieser Herrlichkeit sind.

„Verurteilt und umgebracht habt ihr den Gerechten, er aber leistete euch keinen Widerstand" (Jak 5,6). Meine Lieben, Jesus ist der Grund, auf dem wir stehen, der schon gelegt ist, er ist der Gerechte schlechthin – und er ist das Ziel all unserer Sehnsucht, dem wir entgegengehen – sagt unser Glaube, sagt aber leider oft nicht die durchschnittliche Verkündigung unserer Kirche. Ich glaube freilich, dass es im Menschenherzen beides gibt: das Unheil, die Angst, die Gier – und zugleich die tiefe Sehnsucht nach alledem, was ich aufgezählt habe. Auch die Sehnsucht nach Gerechtigkeit. Wenn wir aber unseren Glauben selbst herunterdampfen auf ein wenig Ethik der Nettigkeit, dann amputieren wir zugleich unser Menschenherz, unsere Berufung nach dem Großen, nach Mehr als nur einem „ganz normalen Leben". Gerechtigkeit

Eine Einladung

Papst Benedikt hat in einer seiner ersten Predigten einmal gesagt: „Wer sich auf Jesus einlässt, verliert nichts und er gewinnt alles." Wir haben jetzt viele Kapitel lang das Credo durchdacht. Am Ende habe ich noch einmal versucht, zusammenzufassen, wie Jesus der Grund unseres Lebens und das Ziel unserer Sehnsucht ist.

Meine Einladung an euch lautet nun: Diejenigen, die möchten, können nun bewusst ein Gebet mit mir sprechen, in dem ihr euer Taufversprechen erneuert. Das ist deswegen sinnvoll, weil wir das – gerade im katholischen Bereich – so selten machen. Wir sind zwar getauft und gefirmt, aber meistens wissen wir gar nicht mehr, was wir da getan oder gesagt haben. Um dieses Wissen gewissermaßen zu erneuern, dass wir Menschen sind, die mit Jesus gehen wollen. Man muss da nicht fertig sein, jeder ist auf dem Weg. Aber die Antwort zu geben und zu sagen: Herr, ich will, dass du mein Herr bist, ich will, dass du der Grund meines Lebens bist, und ich glaube, dass du das Ziel meiner Sehnsucht bist – das ist eine persönliche Bekräftigung eures Glaubens. Sodass wir neu verstehen: „Ja, wir glauben, dass er unser Herr ist. Ich glaube, Herr, du bist es!" Das, ehrlich gesagt, ist auch ein persönliches Zeugnis, nach dem Motto: Ich habe mein ganzes Leben lang nach Wahrheit, Liebe und Freiheit gesucht. Ich bin auch tatsächlich angekommen und die Sehnsucht wird jeden Tag größer, ganz beim Herrn anzukommen.

Das Gebet ...

Jesus, was für eine Kraft liegt in Deinem Namen – für mich und für die ganze Welt. Jesus, ich glaube an Dich und will Dir immer mehr vertrauen. Ich glaube, dass Du der Grund bist, auf dem ich stehe, und das Ziel meiner Sehnsucht, nach dem ich strebe. Ich danke Dir, dass Du als mein Retter und Erlöser auch für mich am Kreuz gestorben bist und mir Liebe, Vergebung und ewiges Leben schenkst.

Ich möchte Dich und das, was Du für mich getan hast, heute ganz bewusst von Neuem annehmen. Ich möchte Ja und Amen sagen zu dem, was mir in meiner Taufe schon geschenkt worden ist: Ja, zu Dir und Deinem Geist, der in mir lebt.

Ich glaube, dass Du es gut mit mir meinst, dass Du mich liebst und dass Du gute Pläne für mich hast. Ich vertraue Dir heute mein Leben an und will mit Dir leben als meinem Freund und Herrn. Nimm mich an Deiner Hand und führe mich durch Deinen Heiligen Geist. Und mache aus mir einen Menschen, der auch für andere Zeuge Deiner Liebe sein kann.

Amen.

Zum Autor

Dr. Stefan Oster SDB, geboren 1965 in Amberg/Oberpfalz, wurde 2014 zum Bischof von Passau geweiht. Nach einer Ausbildung zum Zeitungs- und Hörfunkredakteur und seinem Studium trat er dem Salesianerorden bei. Die Deutsche Bischofskonferenz wählte ihn von 2016 bis 2021 zum Vorsitzenden der Jugendkommission. Seit 2021 ist er stellvertretender Vorsitzender und zugleich Mitglied der Kommission Ehe und Familie. Mit seinen Gottesdiensten und außergewöhnlichen Aktionen, mit klarer Sprache und geistreichem Humor begeistert er viele junge Menschen für Glaube und Kirche.

Stichwortregister

Symbole
40 (Bedeutung) 228, 229
144.000 (Bedeutung) 242

A
Ablenkung 127, 160
Abraham 91, 144, 294
Ägypten 91, 92, 98, 118, 147, 190, 212
Allmacht 60, 61, 62
Altes Testament 39, 51, 75, 85, 87, 90, 91, 92, 105, 106, 107, 118, 129, 146, 185, 212, 213, 214, 216, 233, 237, 238, 239, 240, 241, 280, 285, 291
Amt 143, 184, 300, 301, 302, 304, 305, 306, 307
Angst 46, 47, 52, 56, 57, 156, 183, 185, 189, 202, 203, 204, 208, 313, 325, 327
Apostel 13, 14, 94, 136, 141, 142, 143, 165, 171, 175, 207, 209, 215, 219, 220, 221, 236, 248, 303, 304, 305, 307, 308, 323
Atheismus 13
Auferstandene, der 54, 99, 122, 138, 153, 171, 174, 209, 211, 219, 220, 221, 223, 225, 226, 271, 317
Auferstehung 42, 61, 98, 119, 122, 136, 138, 143, 149, 175, 176, 209, 214, 219, 220, 221, 223, 224, 225, 227, 229, 231, 238, 260, 277, 301, 311, 312, 324
Augustinus 57, 81, 110, 273, 295, 311, 322

B
Bach, Johann Sebastian 24, 25
Barmherzigkeit 325
Barrabas 184, 186, 188
Bedeutung 25, 29, 95, 151, 167, 204, 228, 283, 285, 305
Beethoven, Ludwig van 19
Beichte 284, 286, 288, 306
Bekehrung 80, 248, 255, 308
Beschneidung 144, 308
Beziehung 35, 37, 39, 44, 47, 48, 49, 50, 51, 54, 59, 100, 105, 106, 121, 133, 160, 161, 170, 172, 196, 197, 199, 201, 202, 203, 205, 215, 216, 218, 252, 253, 255, 256, 261, 262, 263, 264, 265, 266, 274, 313, 314, 316, 317, 318, 319, 320, 321, 322, 325, 326
Bibel 14, 31, 32, 34, 44, 45, 53, 55, 60, 63, 77, 79, 84, 85, 87, 89, 91, 93, 105, 106, 114, 120, 121, 129, 136, 138, 139, 149, 154, 155, 173, 179, 193, 219, 220, 221, 222, 228, 231, 233, 236, 237, 238, 239, 241, 268, 271, 273, 274, 276, 294
Böse, das 13, 61, 68, 78, 80, 84, 85, 155, 158, 169, 187, 189, 190, 191, 213, 239, 240, 259, 266
Brot 21, 97, 101, 122, 172, 287, 304, 305
Bruder Konrad 176
Buchrolle 120, 236, 237, 241
Bund 89, 90, 91, 92, 94, 97, 98, 102, 129, 130, 144, 145, 177, 206, 236, 291, 294, 299

C
Charisma 142, 143, 296, 297
Christus 8, 25, 38, 39, 41, 45, 46, 55, 57, 62, 87, 101, 102, 105, 119, 120, 121, 124, 125, 132, 140, 142, 147, 148, 160, 161, 164, 169, 182, 187, 205, 208, 211, 214, 216, 217, 218, 219, 223, 225, 226, 233, 240, 247, 248, 249, 251, 252, 253, 269, 273, 274, 285, 288, 295, 297, 301, 308, 309, 310, 312, 316, 318, 324, 325

D
Dämonen 119, 165, 172, 177, 273, 303
Deismus 74
Deist 67, 68
Demut 7, 31, 104, 174, 273
Diakon 304, 305
Don Bosco 43, 296
Dreifaltigkeit 108, 117, 125, 266
Dualismus 74
Dualisten 68

E
Egoismus 43, 50, 169, 208
Einheit 111, 117, 131, 143, 175, 199, 232, 265, 266, 267, 296, 297, 301, 310
Einladung 172, 327
Elite 177
Endzeit 93, 168, 231
Entscheidung 8, 27, 38, 40, 100, 121, 150, 155, 156, 157, 172, 259, 308
Erbsünde 198

Erlöser 39, 102, 140, 256, 276, 329
Erlösung 15, 33, 85, 168, 259
Erstursache 17, 19, 65, 66, 67, 77, 83
Erwartung 61, 93, 176, 211, 250
Ethik 171, 207, 276, 277, 279, 327
Evangelisierung 287
Evangelium 7, 31, 45, 46, 52, 81, 98, 99, 100, 119, 130, 133, 136, 138, 139, 140, 142, 146, 147, 149, 153, 169, 171, 172, 174, 175, 177, 179, 181, 182, 184, 186, 188, 205, 215, 219, 220, 221, 228, 232, 234, 235, 246, 247, 248, 255, 259, 266, 269, 293, 294, 298, 300, 302, 307, 308, 316
Evolutionstheorie 12, 16, 24, 64, 69
Existenz 13, 64, 90, 96, 127, 277
Exorzismen 172

F

Familie 47, 48, 53, 54, 88, 98, 121, 134, 146, 149, 205, 271, 274, 298, 315, 316, 322, 324
Fegefeuer 253
Fels 13, 301, 302
Fleisch 56, 78, 105, 106, 124, 129, 142, 203, 241, 287, 295, 301, 302, 317
Form 11, 23, 31, 41, 70, 71, 73, 102, 115, 142, 165, 192, 193, 199, 218, 246, 257, 259, 262
Frau 14, 106, 139, 144, 174, 219, 220, 241, 249, 280
Freiheit 18, 19, 20, 21, 22, 35, 39, 40, 41, 57, 60, 64, 68, 82, 83, 84, 115, 127, 172, 194, 195, 201, 218, 275, 292, 321, 325, 328
Freunde 30, 47, 150, 182, 183, 187, 263, 290, 309, 314, 315, 316, 324
Freundschaft 37, 52, 59, 101, 166, 168, 187, 202, 262, 265, 267, 313, 320, 324
Frieden 46, 61, 93, 96, 123, 153, 164, 166, 175, 176, 287, 288, 320, 326

G

Gabe 18, 34, 35, 72, 73, 75, 79, 112, 113, 115, 116, 117, 146, 163, 231, 267, 280
Gebet 34, 38, 43, 44, 46, 78, 128, 156, 157, 170, 174, 182, 183, 225, 229, 254, 271, 284, 289, 318, 320, 323, 325, 327, 329
Gebote 34, 89, 91, 95, 177, 181, 229, 241, 269
Geheimnis 24, 30, 81, 105, 108, 117, 133, 138, 139, 174, 176, 224, 267, 291, 297
Geist 24, 25, 68, 69, 70, 74, 78, 84, 187, 191
Gemeinschaft 7, 14, 45, 54, 55, 81, 101, 141, 162, 181, 225, 230, 242, 261, 262, 263, 264, 265, 272, 274, 290, 291, 292, 293, 294, 295, 296, 297, 303, 309, 311
Gerechtigkeit 51, 89, 90, 93, 95, 164, 166, 192, 208, 214, 258, 276, 320, 321, 327
Gericht 38, 41, 169, 171, 182, 243, 251, 252, 253, 254, 255, 258
Gesalbter 102
Geschichte 15, 30, 39, 43, 62, 119, 120, 175, 185, 221, 227, 231, 232, 248, 258, 260
Gesellschaft 74, 140, 147, 153, 160, 161, 175, 179, 282, 287, 298, 299, 314
Gesetz 25, 88, 89, 90, 91, 92, 95, 99, 101, 133, 146, 179, 181, 184, 188, 238, 241, 298, 308
Getsemani 182, 209
Gewalt 15, 62, 169, 177, 191, 203, 235, 238, 239, 240, 244, 276
Glück 8, 46, 161, 320, 321
Gott 11, 12, 17, 24, 26, 29, 54, 60, 66, 79, 80, 81, 105, 116, 128, 138, 224, 225, 227, 234, 316
Gottesgebärer 129
Gottesknecht 240
Gotteslästerung 100, 178, 180, 187
Grab 174, 208, 209, 210, 211, 213, 219, 222
Grenze 267, 298, 299, 307, 308, 324
Grund 76, 82, 84, 190, 224, 312, 319, 327

H

Haus 66, 93, 125, 126, 159, 176, 178, 180, 274, 324
Heiden 51, 103, 145, 146, 248, 307, 308
Heil 8, 36, 38, 39, 96, 99, 126, 141, 145, 219, 284, 326
Heiland 38, 140
Heilige 27, 30, 78, 126, 135, 145, 158, 176, 230, 264, 290, 291, 293, 296, 300, 311
Heiliger Geist 45, 58, 78, 104, 108, 122, 125, 126, 127, 128, 132, 133, 164, 198, 224, 230, 247, 261, 264, 266, 267, 268, 269, 270, 271, 272, 273, 274, 276, 277, 286, 297, 302, 303, 329
Heiligkeit 52
Heilsnotwendig 38
Heilung 21, 157, 177, 204
Heimat 46, 88, 133, 138, 147, 320, 324
Herr (Jesus) 99

Herz 40, 46, 49, 53, 54, 55, 58, 61, 62, 110, 111, 115, 120, 121, 152, 153, 154, 155, 156, 157, 158, 159, 160, 163, 164, 165, 167, 170, 171, 197, 199, 200, 201, 206, 316, 317, 318, 320, 321, 322

Himmel 38, 63, 75, 105, 106, 107, 119, 120, 142, 159, 165, 206, 222, 227, 228, 230, 231, 232, 233, 234, 235, 236, 239, 243, 245, 246, 248, 249, 251, 254, 258, 269, 291, 301, 307, 311, 324, 326

Himmelfahrt 223, 227, 228, 229

Hochmut 57, 158, 197, 198

Hölle 35, 218, 254

I

Identität 48, 50, 58, 92, 202, 203, 216

Inkarnation 123, 124

J

Jakobsbrunnen 280

Jenseits 212

Jerusalem 88, 94, 97, 168, 177, 180, 186, 238, 284, 291, 294, 301, 307

Johannes, der Evangelist 52, 53, 54, 97, 98, 106, 107, 108, 117, 119, 139, 184, 207, 208, 209, 215, 222, 232, 235, 251, 270, 271, 280, 281, 282, 284, 285, 303

Johannes, der Täufer 97, 130, 213, 237, 276, 277, 301

Josef 85, 107, 132, 133, 143, 146, 149, 308

Judas 14, 134, 176, 183, 188, 189

Judentum 180, 213, 214, 307, 308

Jünger 58, 138, 139, 142, 157, 168, 176, 182, 183, 188, 189, 207, 208, 219, 220, 221, 222, 223, 228, 229, 230, 232, 233, 238, 246, 247, 263, 270, 271, 276, 280, 300, 308

Jungfrau 122, 133, 134, 270

K

Kampf 41, 45, 121, 153, 190, 191, 232, 240

Karsamstag 211, 215, 217

katholisch 8, 15, 26, 42, 69, 98, 134, 142, 193, 249, 281, 290, 297, 299, 300, 305, 306, 311

Kausalkette 20, 64

Kinder, unschuldige 147

Kindheit Jesu 143, 145, 147, 150

Kirche 7, 13, 14, 16, 17, 33, 35, 38, 39, 44, 45, 46, 54, 55, 79, 89, 94, 101, 102, 109, 119, 121, 124, 126, 127, 128, 129, 130, 131, 134, 135, 138, 140, 141, 142, 143, 152, 160, 207, 211, 229, 230, 248, 249, 254, 256, 258, 259, 261, 263, 264, 271, 277, 278, 283, 286, 290, 291, 292, 293, 294, 295, 296, 297, 298, 299, 300, 301, 302, 303, 304, 305, 306, 307, 308, 310, 311, 316, 322, 327

Kirchengeschichte 14, 271, 280, 304

Klarheit 254, 286

König 87, 91, 105, 141, 145, 147, 163, 184, 185, 186, 188

Konsequenzen 80, 172, 192

kontingent 64, 65, 66

Konzil 33, 38, 134, 142, 308, 310

Kreuz 61, 94, 98, 132, 134, 141, 148, 173, 174, 176, 188, 190, 191, 192, 193, 205, 206, 208, 214, 216, 217, 218, 234, 240, 254, 271, 277, 302, 325, 329

Kreuzigung 138, 149, 175, 178, 190, 208, 215, 227

Kunst 17, 23, 24, 82, 83, 259, 273

Künstler 17, 19, 24, 82, 111, 323

Kyrios 99, 100, 120

L

Lamm 97, 98, 120, 234, 237, 241, 242, 277

Lehramt 39, 102, 141, 142, 218

Leib 48, 49, 70, 73, 74, 77, 78, 80, 101, 119, 124, 128, 154, 160, 162, 173, 209, 219, 223, 305

Leid 13, 21, 60, 62, 84, 85, 136, 189, 190, 205, 209, 240, 271, 325, 327

Lewis, Clive Staples 40, 182

Liebe 7, 13, 30, 31, 34, 35, 37, 42, 44, 49, 53, 54, 56, 57, 59, 60, 61, 62, 67, 72, 76, 77, 79, 80, 81, 83, 84, 91, 99, 101, 104, 110, 117, 124, 127, 128, 131, 140, 148, 159, 161, 163, 165, 169, 171, 172, 188, 190, 191, 192, 196, 197, 199, 206, 217, 218, 220, 223, 231, 232, 242, 253, 256, 258, 263, 266, 267, 269, 274, 275, 278, 279, 282, 286, 287, 288, 289, 292, 309, 311, 314, 320, 321, 323, 324, 325, 328, 329

Liturgie 211, 235, 242, 243, 310

Lobpreis 43, 59, 189, 242, 288, 291

Logos 71, 109, 131, 316

Lukas 31, 94, 98, 130, 149, 180, 183, 184, 228, 235, 248, 293, 294, 300

M

Mangel 131, 185, 189, 198, 203, 208, 321
Maria 122, 125, 127, 128, 129, 130, 131, 132, 133, 134, 143, 146, 149, 270, 271, 291, 293, 294, 295, 297, 300, 302, 306, 308
Maria Magdalena 54, 106, 134, 209, 219, 221, 222, 223, 225, 324
Markus, Evangelist 153, 174, 175, 177, 180, 235
Materie 69, 70, 71, 73, 77, 78
Matthäus, Evangelist 45, 132, 166, 170, 179, 180, 221, 235, 246, 247, 249, 298, 300
Menschensohn 182, 232, 233, 234, 246
Michelangelo 19
Monist 69
Moral 171, 182, 195, 258, 277, 278, 285, 286, 311
Mutter 106, 111, 127, 129, 130, 132, 134, 137, 143, 181, 200, 257, 271, 293, 308, 316

N

Naherwartung 246, 247
Natur 17, 18, 19, 20, 21, 22, 25, 36, 45, 60, 64, 67, 79, 83, 119, 122, 125, 129, 145, 172, 173, 195, 200
Naturgesetze 20, 22, 71
Neues Testament 34, 38, 39, 87, 105, 106, 107, 118, 119, 133, 142, 178, 180, 181, 182, 208, 214, 215, 241, 246, 247, 248, 251
Nichts, das 18, 67, 75, 76, 77, 81, 202, 217

O

Oberflächlichkeit 159
Offenbarung 62, 76, 84, 92, 120, 130, 142, 168, 207, 223, 229, 231, 232, 233, 234, 236, 241, 242, 259, 260, 301
Opfer 92, 97, 130, 178, 206, 235
Opfergabe 52, 146, 178, 235, 237, 239, 277
Opferkult 98, 239

P

Pantheismus 67, 74
Papst 27, 28, 33, 46, 54, 102, 142, 161, 162, 292, 306, 310, 327
Partnerschaft 161
Passion 174, 185
Paulus 41, 42, 44, 46, 56, 57, 58, 62, 78, 79, 86, 88, 89, 90, 93, 94, 95, 96, 99, 100, 101, 102, 103, 106, 119, 134, 144, 145, 164, 172, 189, 191, 195, 200, 202, 208, 221, 225, 230, 236, 244, 246, 247, 248, 268, 269, 273, 274, 287, 291, 295, 305, 307, 308, 309, 312, 317, 318, 324, 326, 327
Person, korporative 294, 295, 297, 300
Petrus 13, 14, 105, 138, 142, 143, 165, 182, 188, 215, 220, 248, 291, 300, 301, 302, 307, 308, 326
Pfingsten 58, 229, 264, 271, 277
Pontius Pilatus 136, 173, 184
Priesteramt 305, 306
Propheten 51, 89, 90, 92, 93, 95, 96, 102, 129, 179, 180, 185, 212, 213, 214, 235, 236, 238, 276, 277, 284

R

Reich Gottes 54, 55, 57, 59, 146, 148, 152, 153, 158, 162, 163, 164, 165, 166, 167, 168, 170, 171, 172, 209, 244
Reinigung 145, 146, 180, 239
Religion 15, 126, 140, 141, 238, 310
Repräsentation 236, 304
Retter 139, 140, 207, 329
Reue 204, 207
Richter 38, 93, 121, 185, 234, 245, 251, 256, 291

S

Sabbat 45, 177, 181, 182, 183, 219, 229
Sakrament 33, 34, 44, 208, 256, 273, 303, 304, 305, 310
Salbung 87, 169, 272, 273
Sämann 114
Samaria 281
Scham 56
Scheitern 175, 176
Scheol 212, 213, 216, 217
Schönheit 19, 59, 78, 79, 83, 270, 321, 323, 325, 326, 327
Schöpfer 18, 19, 24, 39, 63, 67, 68, 73, 79, 84, 87, 107, 124, 197, 200, 235, 236, 256
schöpferisch 18, 19, 83, 321
Schrift 38, 55, 83, 84, 118, 120, 130, 134, 139, 140, 141, 143, 145, 149, 185, 190, 202, 203, 207, 219, 224, 228, 230, 235, 236, 238, 241, 248, 258, 265, 269, 270, 275, 290, 293, 300, 302, 304, 309, 312, 318, 323
Schuld 129, 147, 178, 187, 188, 199, 204, 205, 313, 325
Seele 23, 73, 110, 121, 124, 125, 126, 128, 132, 140, 146, 161, 162, 190, 194, 201, 255, 274, 279, 283, 295, 316, 326
Sehnsucht 46, 49, 53, 58, 82, 171, 252, 285, 286, 288, 312, 319, 320, 321, 322, 323, 324, 327, 328, 329
Sein 59, 65, 67, 71, 72, 73, 74, 77, 82, 94, 101, 109, 150, 171, 230, 231
Senfkorn 165, 167
Sex 14, 160, 161
Sexualität 14, 154, 160, 161
Sieg 39, 176, 203
Siegel 120, 236, 237, 241, 272, 273
Skandal 14, 15, 178, 179, 293, 299
Sohn 38, 39, 51, 54, 55, 61, 79, 93, 95, 99, 104, 105, 106, 107, 108, 117, 118, 125, 130, 134, 139, 142, 146, 149, 168, 174, 182, 186, 187, 188, 192, 203, 237, 265, 266, 267, 270, 274, 301, 325, 326
Sokrates 182, 193, 194, 259
Sprache 11, 34, 58, 97, 109, 133, 154, 155, 173, 233, 282
Sterben 12, 25, 38, 41, 47, 50, 52, 65, 71, 106, 147, 166, 174, 184, 189, 202, 213, 218, 233, 247, 251, 259, 270, 302
Sterben lernen 259
Sucht 159, 322, 323
Sukzession 304, 305
Sünde 33, 38, 60, 84, 97, 119, 178, 189, 190, 191, 192, 193, 194, 195, 196, 197, 202, 204, 205, 207, 208, 209, 242, 251, 325, 326
Sündenfall 56, 78, 129, 183, 193, 195, 198

T

Tat 13, 85, 95, 197, 199, 288
Taufe 38, 102, 125, 144, 159, 163, 169, 208, 227, 253, 270, 273, 274, 277, 303, 308, 329
Tempel 78, 89, 92, 93, 96, 97, 98, 130, 146, 149, 175, 180, 181, 182, 229, 233, 239, 274, 293, 294, 298, 299, 322
Teufel 31, 84, 177, 182, 203, 265
Theist 68
Thron 53, 93, 163, 232, 234, 236, 242, 260
Tod 12, 13, 38, 46, 47, 61, 74, 81, 84, 113, 119, 135, 136, 140, 142, 147, 161, 168, 175, 187, 191, 193, 202, 203, 204, 208, 212, 214, 215, 221, 223, 231, 234, 240, 247, 253, 260, 270, 277, 281, 296, 309, 311, 324, 326
Tora 179, 241
Tradition 38, 134, 141, 143, 144, 185, 194, 220, 228, 232, 237, 248, 276, 277
Training 277, 303
Trinität 117, 265, 267, 297
Tugend 33, 36, 37, 42, 43, 278

U

übernatürlich 22, 36, 37
Überschattung 293, 294
Übung 45, 276, 289, 318
Umkehr 54, 55, 204, 207
Ungeist 187, 204, 264, 292
Unterschiedenheit 266, 267
Urknall 12, 16
Ursache 15, 17, 18, 19, 20, 21, 22, 63, 64, 66, 67, 77, 78, 81

V

Vaterunser 148, 205
Vergebung 54, 92, 97, 98, 124, 147, 148, 165, 172, 178, 192, 204, 205, 207, 208, 255, 271, 287, 290, 303, 311, 325, 326, 329
Vergeltung 56
Verkündigung 100, 141, 142, 143, 152, 167, 193, 225, 286, 307, 327
Vernunft 74, 109, 194, 258
Verschiedenheit 267, 296, 297
Versöhnung 178
Verstand 36, 39, 154, 158, 253, 268
Vertrauen 7, 23, 26, 27, 35, 43, 49, 52, 79, 99, 129, 132, 144, 170, 195, 196, 198, 199, 201, 208, 299
Verwandlung 97, 175, 243
Vision 223, 231, 232, 233, 235

W

Wachsamkeit 170, 248, 249
Wahrheit 7, 13, 15, 22, 23, 28, 36, 41, 42, 53, 69, 78, 79, 131, 141, 172, 184, 193, 194, 203, 204, 220, 243, 256, 259, 261, 264, 269, 273, 274, 283, 284, 301, 320, 321, 324, 325, 328
Waise 52, 53, 54
Warten 170, 229
Wasser 69, 122, 196, 215, 270, 273, 277, 280, 281, 282, 283, 285, 288
Weg 7, 8, 35, 42, 53, 114, 138, 140, 141, 146, 156, 157, 163, 186, 188, 191, 195, 196, 203, 221, 272, 288, 289, 319, 324, 328
Wein 97, 304
Weltkirche 33
Werden, das 82
Wiedergutmachung 205, 206
Wille 36, 70, 154, 158, 224, 239
Wind 270, 272
Wirklichkeit 59, 69, 71, 74, 109, 110, 116, 117, 124, 138, 153, 155, 157, 164, 165, 194, 210, 220, 221, 222, 250, 257, 263, 264, 274, 306
Wissenschaft 13, 14, 16, 22, 23, 48, 122, 224, 310
Wunder 61, 136, 303
Wunsch 24, 46, 53, 284, 319

Z

Zeuge 187, 220, 276, 329
Ziel 50, 52, 53, 59, 113, 120, 154, 187, 312, 319, 323, 327, 328, 329
Zorn 189, 232, 241
Zufall 12, 64, 69
Zweifel 42, 221
Zweitursache 19